법학총서

법정신분석학입문

한국영화와 법의 정신분석학적 이해

이상돈 · 민윤영

法 文 社

머 리 말

이 책은 매우 독특하다. 법이 정신분석학과 만나기도 힘든데, 영화와도 만나고 있으니 말이다. 물론 서구의 학계에서는 이 셋 가운데 어느 둘의 만남, 그러니까 <영화와 정신분석학>, <법과 영화>, 또는 <법과 정신분석학>이 만난 경우는 더러 있었다. 하지만 이 책처럼 그들 셋이 동시에 만나는 경우는 아직까지 없었다. 이렇게 법과 영화 그리고 정신분석학이 함께 하는 작업은 학문적으로 무엇을 생성시킬 수 있을까? 누구나 지적 호기심과 흥분을 떨쳐버리기 어렵다.

1.

첫째, 우선 법이 정신분석학을 만나는 것은 국민참여재판의 시행으로 그 중요성이 새롭게 인식된 법심리학을 풍성하게 해줄 것이다. 그러나 우리나라 심리학계와 의학계에서 줄곧 외면되어 온 정신분석학은 단지 재판대에 선 피고인 개인의 정신병을 진단하고 치료하는 역할에 머무르지 않는다. 그보다 정신분석학과 법이 함께 작업할 때, 법의 무의식에 억압된 욕망의 지층을 의식할 수 있게 된다. 이런 의식화는 근대사회 이후 이성과 합리를 좇은 법의 그림자가 인종청소나 집단학살과 같은 파괴적인 모습으로 현실화되지 않도록, 인간과 법의 정신의 건강함을 돌보는 데 꼭 필요하다.

둘째, 법과 영화가 만나는 것도 매우 생산적이다. 이는 법과 문학이 만났을 때와 비슷하다. 그러나 이 둘의 만남은 단지 문학 속의 법담론을 시각적으로 구현하는 것에 그치지 않는다. 또한

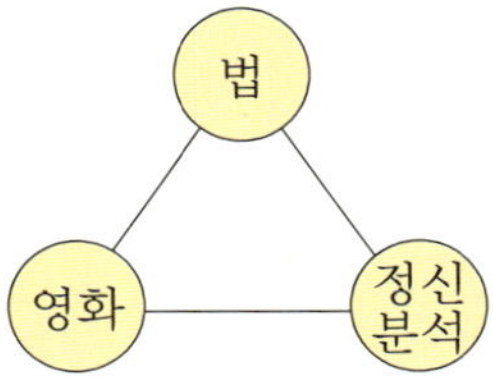

영화가 법의 대중적 이해를 위한 수단이 되고, 법이 영화의 소재가 되는(‘영화 속의 법’ law in cinema) 외적 교류에 그치지도 않는다. 더 나아가 할리우드 영화들이 취하는 단정적인 스토리텔링의 전략을 법이 배워오는 것은 더더욱 우리의 기대와 멀다. 물론 법이 말하는 진실이란 ‘영화적 구성물’일 수 있다는 최근의 인식론적 성찰은 매우 놀라운 것이다. 그러나 법과 영화의 만남에서 우리가 주목하는 것은 법이 정신분석학적 성찰을 통해 갖게 된 자기의식을, 언어에 의한 복잡한 논증을 거치지 않고도, 영화적 감동과 함께 단번에 모든 관객들이 공유할 수 있다는 점이다. 말의 논리보다 오감과 육감이 발달한 한국인에게 영화는 어쩌면 법이 자기를 실현하는 가장 효과적인 매체이자 동반자가 될 수 있다.

셋째, 이렇게 정신분석학이 법을 만나고, 법이 영화를 만나면, 영화가 정신분석학과 만나는 방식도 이제까지와는 다른 차원을 가질 수 있다. 종래 정신분석학적인 영화비평은 영화를 통해 정신분석학을 더 쉽게 이해하게 하는 설명적 비평이거나, 정신분석학의 관점에서 영화가 주는 사회적 영향에 대해 비판하는 것이었다. 이를테면 관객이 영화에 의해 피학적으로 자신의 욕망을 조작하게 되는 현상이나 영화가 관객의 억압된 충동을 활성화시키는 현상이 비판될 수 있었다. 이럴 경우에 영화는 환자가 되고 정신분석학은 치료자가 된다. 그러나 법의 파트너가 된 영화는 정신분석학적 치료의 대상으로부터 치료의 주체로 변화할 수 있다. 왜냐하면 억압의 가장 중요한 기제인 법이 성찰적으로 자기를 실현하는 매체가 됨으로써 영화는 그 자체로 관객에게 ‘무의식의 거울’, 바꿔 말해 광학적 무의식이 되어줄 수 있기 때문이다. 그렇기에 영화는 이제 더 이상 일방적으로 정신분석학의 설명적 방편이 되거나 비판적 대상이 되는 것이 아니라, 그 자신이 스스로 정신분석학적 비평의 주체가 될 수 있다. 또한 바로 그런 비평의 과정 속에서 법은 무의식을 의식화하고, 인간정신의 건강함을 돌보는 제도로 거듭나게 된다. 그러므로 우리는 법의 형성과 정신분석 그리고 영화의 감상은 궁극에는 하나가 될 수 있다고 믿는다.

2.

우리는 이와 같은 영화, 법 그리고 정신분석학이 함께 하는 작업에 적합한 영화가 무엇일까 고민해보았다. 물론 할리우드 등의 외국 영화들에서도 좋은 소재를 고를 수 있다. 그러나 한국의 법이 세계화될 전망을 갖는 시대에, 그런 작업은 한국인이 만든 한국 영화로 해야겠다는 생각을 하게 되었다. 그래서 지난 10여 년간 대중적으로 성공을 거둔 작품들과 문제성 있는 작품들 15편을, 우리나라 영화 산업의 발전을 주도해 온 CJ 엔터테인먼트의 라이브러리에서 골랐다. 이 15편의 영화들은 CJ 엔터테인먼트가 제작, 투자 또는 배급 중 어느 하나 이상을 담당한 영화들이다. 이 영화들에 대한 법정신분석학적 작업을 마쳐갈 즈음에 우리는 한국영화가 얼마나 훌륭하고 값진 예술품들인지를 진정으로 깨닫게 되었다. 그렇기에 문화사회주의자들의 비판에도 불구하고, 지난 십수년간 영화 산업과 미디어 산업에 투자를 아끼지 않으신 CJ그룹 이재현 회장님, 한국 엔터테인먼트와 영화 그리고 미디어 산업의 세계화를 앞장서 주도하시는 CJ그룹 이미경 부회장님께 존경과 감사의 마음을 갖게 된다.

이 책의 작업을 위한 한 과정으로 나는 2009년 2학기 고려대학교 대학원에서 <영화와 정신분석학, 그리고 법> 세미나를 개최하였다. 원생들과 함께 영화를 관람하고 비판과 토론도 같이 했다. 그 세미나에 참여한 원생들에게 감사의 마음을 잊지 않는다. 이 책이 전개하는 CJ 영화들에 대한 법정신분석학적 비평의 주된 내용은 내가 세미나 시간 중에 강의한 것들을 담고 있다. 나에게서 지난 4년반 동안 기초법학과 법정신분석학을 공부한 민윤영 양이 그 강의내용을 멋진 텍스트로 만들었다. 그 과정에서 민윤영 양은 정신분석학의 핵심문헌들을 소화하여 나의 비평이 특히 프로이트(Freud), 융(Jung), 라깡(Lacan) 그리고 데리다(Derrida)의 사상과 만날 수 있게 해주었다. 또한 어떤 부분은 본인의 비평을 직접 보완해 넣기도 했다. 그렇게 해서 만들어진 초고를 내가 다시 읽으면서 다듬었다. 그렇기에 이 책은 나와 민윤영 양의 공저가 되는 것이 마땅하다. 사실 미래의 본격적인 법정신분석학 작업은 민윤영 양의 전문영역으로 예정되어 있다.

마지막으로 이 책이 단지 교양서나 대중적인 글로 오해되지 않았으면 한다. 영화를 다룬다고 해서 대중적인 것은 아니다. 이 책은 매우 학술적이다. 하지만 이 책은 실용적이며, 가독성도 매우 높다. 그래서 일반인도 이 책에 쉽게 접근할 수 있다. 아무쪼록 법학도와 법률가는 물론이고, 영화를 사랑하는 모든 사람들, 그리고 정신의 건강을 갈망하는 모든 이들로부터 이 책이 사랑을 듬뿍 받았으면 하는 바람을 가져본다.

2010년, 봄의 기운을 느끼며
고려대학교 연구실에서
이 상 돈

주요목차

세부목차

제 1 부 법의 심연으로서 무의식

[1] 초자아와 이드 사이의 법: 〈박쥐〉

[2] 정신과 육체를 소통시키는 꿈으로서 법: 〈음란서생〉

[3] 춤추는 자아와 소통적 법: 〈마더〉

[4] 아름다운 정상과 추한 비정상의 변증으로서 법 : 〈오아시스〉

제2부 법의 성(性)

[5] 남성성과 여성성의 호환으로서 법: 〈천하장사 마돈나〉

[6] 남근성으로서 법과 여성성으로서 사랑: 〈해피엔드〉

[8] 환상적 자아에서 성숙한 자아로 이전시키는 법: 〈아내가 결혼했다〉

제 3 부 법, 해체와 소통

[10] 하이멘으로서 법: 〈공동경비구역 JSA〉

[11] 성과 속의 이분법을 해체하는 법: 〈나쁜 남자〉

[12] 선과 악이 만나는 배꼽으로서 법: 〈지구를 지켜라〉

제 4 부 법과 트라우마의 치유

[13] 의식의 전일성과 균형으로서 법: 〈해운대〉

[14] 트라우마의 전이로서 법: 〈화려한 휴가〉

[15] 쾌락원칙과 도덕원칙 사이의 법: 〈연애의 목적〉

영화정보

아래의 자료는 CJ 엔터테인먼트가 제공한 것입니다. 제작비 및 관객수는 배급사 자체의 집계 자료입니다. 다만 관객수에서 *는 영화진흥위원회 집계 서울 관객수(2003년 이전 전국 관객 집계 없음)이고, **는 배급사 추정치입니다.[1]

	연도	감독	주연	제작사	상영 시간	장르	제작비 (억원)	관객수 (만명)
[1] 박쥐	2009	박찬욱	송강호, 김옥빈, 신하균	모호필름	133분	드라마, 멜로	65.6	225
[2] 음란서생	2006	김대우	한석규, 이범수, 김민정	비단길	139분	드라마, 코미디	48.8	260
[3] 마더	2009	봉준호	김혜자, 원빈	바른손	128분	드라마, 스릴러	62.5	302
[4] 오아시스	2002	이창동	설경구, 문소리	이스트필름	132분	드라마	18**	53*
[5] 천하장사 마돈나	2006	이해준, 이해영	류덕환, 백윤식	싸이더스 FNH	116분	드라마	29.1	67
[6] 해피엔드	1999	정지우	최민식, 전도연	명필름, 청년필름	99분	드라마, 멜로	13**	54*
[7] 질투는 나의 힘	2003	박찬옥	배종옥, 박해일	청년필름	125분	로맨스, 드라마	12	25
[8] 아내가 결혼했다	2008	정윤수	김주혁, 손예진	주피터필름	119분	드라마, 멜로	33.4	183
[9] 친절한 금자씨	2005	박찬욱	이영애, 최민식	모호필름	112분	드라마, 스릴러	46	465
[10] 공동경비구역 JSA	2000	박찬욱	송강호, 이병헌, 이영애, 신하균	명필름	109분	드라마, 미스터리	30**	251*
[11] 나쁜 남자	2002	김기덕	조재현, 서원	엘제이필름	100분	드라마	13.5**	30*
[12] 지구를 지켜라	2003	장준환	신하균, 백윤식	싸이더스	118분	미스터리, 코미디	33	5.7
[13] 해운대	2009	윤제균	설경구, 하지원	JK필름	120분	드라마	137	1152
[14] 화려한 휴가	2007	김지훈	김상경, 안성기, 이요원	기획시대	118분	드라마	91.8	729
[15] 연애의 목적	2005	한재림	박해일, 강혜정	싸이더스	118분	드라마, 로맨스	28.5	173

1) 필자들의 관심에서 이 통계를 합산하여 평균을 내보면, 이 책에서 우리가 비평한 CJ 영화 15편의 평균치는 상영시간이 119분, 제작비가 44.1억 그리고 관객수는 265만명이다.

사진출처

[박쥐]
사진1: 박쥐 홈페이지 http://www.thirst-2009.co.kr/
사진2: 박쥐 홈페이지 http://www.thirst-2009.co.kr/
사진3: 박쥐 홈페이지 http://www.thirst-2009.co.kr/
사진4: 박쥐 홈페이지 http://www.thirst-2009.co.kr/

[음란서생]
사진1: CJ엔터테인먼트 영화 라이브러리
http://www.cjent.co.kr/movie/movie_detail3.asp?movie_no=199
사진2: 네이버 영화
http://movie.naver.com/movie/bi/mi/basic.nhn?code=43547
사진3: 네이버 영화
http://movie.naver.com/movie/bi/mi/basic.nhn?code=43547
사진4: 네이버 영화
http://movie.naver.com/movie/bi/mi/basic.nhn?code=43547

[마더]
사진1: 마더 홈페이지 http://www.mother2009.co.kr/
사진2: 마더 홈페이지 http://www.mother2009.co.kr/
사진3: 마더 홈페이지 http://www.mother2009.co.kr/

[오아시스]
사진1: CJ엔터테인먼트 영화 라이브러리
http://www.cjent.co.kr/movie/movie_detail3.asp?movie_no=63
사진2: 네이버 영화
http://movie.naver.com/movie/bi/mi/basic.nhn?code=34093
사진3: 네이버 영화
http://movie.naver.com/movie/bi/mi/basic.nhn?code=34093

[천하장사마돈나]
사진1: 네이버 영화
http://movie.naver.com/movie/bi/mi/basic.nhn?code=57805
사진2: 네이버 영화
http://movie.naver.com/movie/bi/mi/basic.nhn?code=57805

[해피엔드]
사진1: CJ엔터테인먼트 영화 라이브러리
http://www.cjent.co.kr/movie/movie_detail3.asp?movie_no=16
사진2: CJ엔터테인먼트 영화 라이브러리
http://www.cjent.co.kr/movie/movie_detail3.asp?movie_no=16

[질투는 나의 힘]
사진1: 네이버 영화
http://movie.naver.com/movie/bi/mi/basic.nhn?code=33362
사진2: 네이버 영화
http://movie.naver.com/movie/bi/mi/basic.nhn?code=33362

[아내가 결혼했다]
사진1: CJ엔터테인먼트 영화 라이브러리
http://www.cjent.co.kr/movie/movie_detail3.asp?movie_no=290
사진2: 네이버 영화
http://movie.naver.com/movie/bi/mi/basic.nhn?code=45416
사진3: CJ엔터테인먼트 영화 라이브러리
http://www.cjent.co.kr/movie/movie_detail3.asp?movie_no=290

[친절한 금자씨]
사진1: 네이버 영화
http://movie.naver.com/movie/bi/mi/basic.nhn?code=38766
사진2: 네이버 영화
http://movie.naver.com/movie/bi/mi/basic.nhn?code=38766

[공동경비구역JSA]
사진1: CJ엔터테인먼트 영화 라이브러리
http://www.cjent.co.kr/movie/movie_detail3.asp?movie_no=24
사진2: CJ엔터테인먼트 영화 라이브러리
http://www.cjent.co.kr/movie/movie_detail3.asp?movie_no=24

[나쁜남자]
사진1: 네이버 포토
http://imagesearch.naver.com/search.naver?where=idetail&rev=6&query=%B3%AA%BB%DB%B3%B2%C0%DA&from=image&ac=1&sort=0&res_fr=0&res_to=0&merge=0&spq=1&start=25&a=pho_l&f=tab&r=25&u=http%3A%2F%2Fimagebingo.naver.com%2Falbum%2Fimage_view.htm%3Fuid%3Dbaburayo%26bno%3D20681%26nid%3D484&thumbnail=http%3A%2F%2Fthumbview02.search.naver.com%2Fthumbnails%3Fq%3Dhttp%3A%2F%2Fcbingoimage.naver.com%2Fdata3%2Fbingo_49%2Fimgbingo_72%2Fbaburayo%2F20681%2Fbaburayo_18.jpg&signature=744899050078&gdid=

[지구를 지켜라]
사진1: 네이버 영화
http://movie.naver.com/movie/bi/mi/basic.nhn?code=36344
사진2: 네이버 영화
http://movie.naver.com/movie/bi/mi/basic.nhn?code=36344

[해운대]
사진1: CJ엔터테인먼트 영화 라이브러리
http://www.cjent.co.kr/movie/movie_detail3.asp?movie_no=326
사진2: CJ엔터테인먼트 영화 라이브러리
http://www.cjent.co.kr/movie/movie_detail3.asp?movie_no=326

[화려한 휴가]
사진1: 네이버 영화
http://movie.naver.com/movie/bi/mi/basic.nhn?code=58018
사진2: CJ엔터테인먼트 영화 라이브러리
http://www.cjent.co.kr/movie/movie_detail3.asp?movie_no=224
사진3: CJ엔터테인먼트 영화 라이브러리
http://www.cjent.co.kr/movie/movie_detail3.asp?movie_no=224

[연애의 목적]
사진1: CJ엔터테인먼트 영화 라이브러리
http://www.cjent.co.kr/movie/movie_detail3.asp?movie_no=158
사진2: 네이버 영화
http://movie.naver.com/movie/bi/mi/basic.nhn?code=39863
사진3: 네이버 영화
http://movie.naver.com/movie/bi/mi/basic.nhn?code=39863

제 1 부 법의 심연으로서 무의식

(1) 초자아와 이드 사이의 법: 〈박쥐〉

(2) 정신과 육체를 소통시키는 꿈으로서 법: 〈음란서생〉

(3) 춤추는 자아와 소통적 법: 〈마더〉

(4) 아름다운 정상과 추한 비정상의 변증으로서 법: 〈오아시스〉

Part 1

[1] 초자아와 이드 사이의 법: <박쥐>

〈박쥐〉의 줄거리

정체불명의 바이러스에 감염된 환자들은 속수무책으로 죽어가고, 신부(神父) 상현(송강호 분)은 치료제 개발을 위한 비밀스러운 실험에 자원한다. 결국 죽음에 이른 상현은 연구소에서 받은 수혈로 인해 뱀파이어로 되살아난다. 상현은 도덕관념 때문에 도저히 사람을 살해할 수 없어서, 혼수상태로 누워있는 환자의 피를 링거를 통해 빨아먹으며 연명한다. 사람들은 실험에서 살아 돌아온 상현을 '붕대감은 성자' 라고 칭하고, 아들 강우(신하균 분)의 병을 낫게 해달라며 라여사(김해숙 분)가 그를 찾아온다. 이렇게 상현은 어린 시절 친구인 강우와 그의 아내 태주(김옥빈 분)를 만나게 된다. 강우는 약간 지능이 모자라고, 태주는 음울한 모습이다. 상현은 강우네 집에서 벌어지는 마작 모임에 함께 하면서, 태주의 몸에 욕망을 가지게 된다. 태주를 함부로 대하는 강우나 라여사와는 달리, 상현은 태주를 존중하며 조심스럽게 손을 내민다.

태주는 라여사와 강우와의 삶이 마치 지옥같이 지긋지긋하다. 그래서 그녀는 밤이 되면 맨발로 거리를 달리고, 자신의 몸을 자해하면서 고통스러운 매일을 보내고 있다. 잠자고 있는 강우의 숨소리에 짜증이 나서 도저히 참을 수 없던 태주는 속옷차림인 채로 길거리로 뛰어나가고, 그날 골목 끝에 서 있는 상현과 마주치게 된다. 자신의 모습에서 부끄러움을 느낀 태주는 도망치듯 뛰어가지만, 상현은 어느새 다가와서 맨발인 태주에게 자신의 구두를 신겨준다. 태주는 돌아서서 상현을 말없이 들여다본다.

다시 태주의 집에서 마작 모임이 열리고, 이 날 태주와 상현은 몸을 섞는다. 이전의 모습과 달리 눈에 띄게 생기 있어진 태주. 태주와 상현은 이제 서로에 대한 욕망에 주저 없이 빠져들기 시작한다. 상현은 태주에게 자신이 뱀파이어임을 고백하고, 태주는 상현이 뱀파이어라는 것을 즐거워한다. 상현은 태주가 자해하면서 생긴 상처를 강우가 입힌 상처라고 오해하는데, 태주는 해명하지 않음으로써 강우를 살해하도록 부추긴다. 아버지와도 같던 노신부(박인환 분)에게 자신은 더 이상 사제가 아니라고 선언하고, 아예 라여사의 집에 머물게 된 상현은 지하에서 잠을 자던 중 태주가 자해를 하며 내는 신음 소리를 듣게 되고, 강우를 살해하기로 결심한다. 태주와 상현은 증거를 남기지 않기 위해 댐으로 가서 강우를 살해한다. 상현은 자신의 죄를 고백하면서 노신부에게 사제경을 부탁하고, 사제경을 듣던 중 노신부마저도 살해하고 만다.

강우가 죽은 후에 훨씬 발랄해진 태주. 반면 강우가 죽었다는 사실에 충격을 받은 라여사는 쓰러져서 전신이 마비된다. 태주와 상현은 강우를 살해했다는 죄책감 때문에 끊임없이 강우의 환영에 시달린다. 라여사의 생일날, 상현은 태주가 무심코 한 말로 인해 강우가 태주를 해친 적이 없다는 것을 알게 된다. 상현은 태주의 거짓말 때문에 자신이 강우를 살해했다는 사실에 혼란스러워하고, 태주는 강우가 자신을 해치지 않았더라도 상현은 결국 자신을 차지하기 위해 강우를 죽였을 것이라고 말한다. 갈등이 점차 고조되고, 태주는 강우에게 가겠다며 상현에게 자신을 죽여달라고 애원한다. 상현은 눈물을 흘리면서 태주를 죽인다. 피를 토하며 죽은 태주를 껴안고 울던 상현은 태주의 피에 식욕을 느끼게 되고, 게걸스럽게 태주의 피를 빨아먹는다. 그러던 중 라여사의 시선과 눈이 마주친 상현은 그런 자신의 모습에 부끄러움을 느끼고, 태주에게 자신의 피를 먹여서 그녀를 뱀파이어로 다시 살려낸다.

병원에서 피를 가져오거나 자살을 원하는 사람들에게서 피를 마시는 상현과 달리, 태주는 사람들을 사냥해서 피를 마신다. 상현은 태주의 그런 행동을 비난하지만, 그럼에도 태주가 살아있는 사람의 피를 마시지 못해서 고통스러워하자 직접 사람을 집으로 불러들여 태주가 피를 마실 수 있도록 도와준다. 태주가 피를 게걸스럽게 빨아먹는 소리에 괴로워하며 귀를 막는 상현. 한편 이런 상황을 모르는 마작 멤버들은 다시 태주의 집에 모이게 되고, 라여사는 시선과 손가락으로 태주와 상현이 강우를 살해했다는 것을 알린다. 진실이 모두 폭로되자 태주는 마작 멤버들을 살해한다. 상현은 경찰들이 이 집을 수색하러 올 것이라는 이유로 태주를 설득해서, 그날 밤에 라여사, 태주와 함께 그 집을 떠난다. 상현은 태주가 잠든 사이 허허벌판으로 차를 몰고 가고, 잠이 깬 태주는 날이 밝아온다며 어떻게든 햇빛을 피하려고 온갖 방법을 다 동원한다. 상현은 그런 태주의 행동을 방해하고, 결국 태주와 상현은 라여사가 지켜보는 가운데 나란히 앉아서 햇빛을 받으며 함께 소멸한다.

Ⅰ. 합리적 자아로서 법

1. 무의식과 욕망의 발견

프로이트(Freud)의 가장 고유한 공헌은 무의식을 이론화했다는 것이다. 프로이드는 인간의 정신에는 의식으로 통제할 수 없고, 의식이 알 수조차 없으며, 의식작용과는 전혀 다른 고유한 작동 기제를 가진 영역이 있다는 것을 발견했다. 무의식은 우리가 의식할 수는 없지만 우리의 정신 안에 분명히 존재하고, 우리의 생각과 행동을 결정하는 힘을 발휘한다. 현재는 프로이트가 주장한 무의식의 존재가 상식적으로 받아들여지고 있지만, '의식'이 인간 정신의 전부라고 여겨졌던 의식철학의 전통에서 바라볼 때 그의 주장은 매우 전복적인 것이었다. 그는 무의식을 중심에 두고, 인간 정신을 지형학적이고 역학적으로 설명하는 모델을 제시했다. 그의 이론에 따르면, 인간의 정신은 초자아(superego)-

자아(ego)-이드(id)라는 세 심역으로 구조화되어 있으며, 이 세 심역은 역동적으로 서로 관여한다.

[초자아-자아-이드] ㈎ **무의식의 지형학적 위치** 프로이트의 이론은 주로 '초자아-자아-이드'라는 개념으로 널리 알려져 있다. 그런데 프로이트가 초자아-자아-이드라는 개념틀을 자신의 이론의 골격으로 삼은 것은 1920년부터이며, 그 이전에는 의식-전의식-무의식의 개념틀을 사용했다. 의식-전의식-무의식은 제1지형학이라고 불리며, 프로이트가 1920년에 확립한 초자아-자아-이드는 제2지형학이라고 불린다. 그가 제1지형학에서 제2지형학으로 이론을 수정하게 된 것은 제1지형학이 정신 작용의 '역동성'을 반영하기에 한계가 있었기 때문이다. 그러나 제2지형학으로 넘어갔다고 해서 제1지형학의 사고를 폐기하는 것이 아니며, 의식과 무의식은 여전히 유효한 개념으로서 사용된다. 제2지형학의 이드는 제1지형학에서 무의식의 특성들로 규정되었던 요소들을 모두 갖고 있으며, 자아와 초자아는 의식적 부분과 무의식적 부분을 모두 가지고 있다. 무의식은 이드, 자아, 초자아라는 세 심역에서 모두 발견되는 것이다. 따라서 어떤 심역도 의식작용을 통해 투명하게 해명될 수는 없다.

㈏ **이드-자아-초자아의 개념** 제2지형학에서 자아와 초자아는 이드로부터 순차적으로 발생된다. 이드는 자신의 욕구를 외부 현실과의 조정 없이 무조건적으로 관철하려고 하는데, 이럴 경우 주체의 자기보존을 담보할 수가 없게 된다. 그래서 현실과 이드의 명령을 조율하기 위해서 '자아'라는 심역이 이드로부터 출현한다. 초자아는 자아의 출현 후에 발생하는 것으로, 자아이상과 금지를 내용으로 한다. 오이디푸스 콤플렉스의 시기를 지난 후에 부모의 명령을 내면화함으로써 생성되는 초자아는 자아에 대한 검열관이자 재판관으로 기능하며, 자아를 지배하는 심역이다. 초자아는 단지 '그렇게 해서는 안된다' — 예를 들어, 어머니를 성적으로 욕망해서는 안된다 — 는 금지만을 내용으로 하는 것은 아니며, '그렇게 하라'는

규범 또한 그 내용으로 한다. 자아는 외부적 현실,[1] 초자아, 이드의 명령들을 중재하고 조율함으로써 주체의 자기보존을 담보하는 역할을 하며, 이드는 에로스와 타나토스라는 욕동을 내용으로 하는 것으로, 자신의 욕망의 무조건적인 충족을 추구한다.

㈐ **도덕-현실-쾌락의 원칙** 초자아, 자아, 이드는 각각 서로 다른 원칙에 따라 작동하는데, 초자아는 도덕원칙, 자아는 현실원칙, 이드는 쾌락원칙에 따른다. 도덕원칙은 도덕명령을, 현실원칙은 자기보존을, 쾌락원칙은 욕망의 즉각적인 실현을 추구한다. 이처럼 세 심역이 서로 다른 원칙에 따라 작동하기 때문에, 정신 작용은 언제나 세 원칙들 사이의 역동적이고 역학적인 충돌과 타협형성의 결과물이다. 세 심역 중 어느 하나도 다른 것들을 완전히 지배하지 못하며, 상대적 자율성[2]만을 가질 뿐이다.

여기서 초자아는 쉽게 말해 부모의 요구와 금지가 내면화된 도덕을 의미하며, 자아는 생각하는 자아(cogito ergosum) — 즉 이성적 자아 — 를,[3] 그리고 이드는 유전된 본능으로, 삶의 욕동인 에로스와 죽음의 욕동인 타나토스를 내용으로 하는 심리적 에너지(리비도)의 저장소를 의미한다. 이와 같은 프로이트의 발견은 서구사상사에 비추어보면 자연스러운 발전흐름이라고도 할 수 있는데,[4] 신의 권위와 형이상학적 · 종교적 도덕에서 해방되어

1) 프로이트의 이론에서 외부적 현실은 초자아, 자아, 이드와 함께 제4의 심역으로 등장하기도 한다.

2) 상대적 자율성은 장 라플랑슈/장 베르트랑 퐁탈리스, 『정신분석사전』(임진수 옮김)(열린책들, 2005), 355쪽 참조.

3) 프로이트는 자아가 이성적이고 의식적인 부분 뿐 아니라 무의식적인 부분으로도 이루어져 있다고 보고 있지만, 이 글에서는 근대법의 문제로 정신분석학을 응용하는 실천적 목적을 위해 자아를 생각하는 자아로 설정하고 있다.

4) 프로이트 이전의 심층심리에 대한 사상적 흐름으로 예를 들면, 하만, 야코비, 그리고 쇼펜하우어와 니체 등이 있는데, 특히 니체에게서는 심층심리학의 핵심적 사고의 단초를 발견할 수 있다. 무의식의 사상사에 대해서는 김정현, 「니체의 심층심리학: 무의식의 개념을 중심으로」, 『철학』(49권, 1996), 153~155쪽 참조; 정신분석학은 부르주아의 학문이었다. 부르주아는 세속화와 함께 성장하여 종교적 두려움에서는 해방되었지만 자신의 무의식에 대한 두려움을 갖고

인간의 이성으로 눈을 돌린 근대는 그 후 이성이 알지 못하며, 이성의 힘으로 다 통제되지 않는, 뿐만 아니라 이성을 지배하는 알 수 없는 힘을 발휘하기도 하는 인간 정신 안의 광활한 영역, 즉 욕동과 충동의 세계를 발견하기 시작한 것이다.

2. 합리적 자아로서 근대법의 외면

이렇게 인간의 욕망의 차원에 대한 인식이 성장하였지만, 근대법은 여전히 인간의 정신에는 초자아와 자아의 차원만이 있다는 생각에 기초한 채 발전해왔다. 근대법은 초자아와의 관계 속에서, 즉 초자아에 대항하거나 혹은 초자아를 지향하면서 '생각하는 자아'의 가능성을 보장하는 법으로서, '합리적인 자아의 법'이다. 이런 근대법의 기획에 이드와 무의식의 차원은 아예 등장하지 않고 배제되어 있다. 근대법이 자연법의 법전화이며, 곧 실천이성의 법이라고 말하는 것도 같은 맥락에 있다. 그러나 근대법의 이성적 기획은 부정의 변증 속에서 한계를 드러냈고, 근대법의 이성적 기획이 의도치 않게 야기한 불행들은 인간이 그리고 근대법이 지금까지 돌보지 않았던 충동적·본능적 차원, 즉 무의식의 차원을 돌보아야 함을 말해준다. 무의식을 인정하고 돌보지 않는 한, 인간은 행복해질 수가 없는 것이다. 이런 성찰은 포스트모던적인 법의 세계로 나아가는 디딤돌이며, 법정신분석학의 고유한 기여점이다.

있었다. 이와 같은 배경 속에서 정신분석학은 성장했다. 예컨대 『지킬 박사와 하이드씨』가 합리주의적 사고의 지킬 박사의 내면에 두렵고 혐오스러운 존재, 하이드가 있음을 그린 것도 이런 점을 잘 나타내고 있다. 이런 분석에 대해서는 F.R. Ankersmit, "Freud as the last natural law theorist", *Political Representation* (Stanford University Press, 2002), 68~74쪽 참조.

(1) 초자아로서 상현의 슬픈 도덕성

사진1. 상현과 태주

초자아와 이드의 개념과 그 특징은 <박쥐>의 상현(송강호 분)과 태주(김옥빈 분)에게서 인상적으로 표현된다. 태주와 상현의 사진(사진1)은 초자아와 이드의 특징 및 그 둘의 관계를 압축적이고 생생하게 표현하고 있다. 초자아로의 지향을 상징하는 상현은 핏기 없는 창백한 얼굴을 한 채, 표정도 딱딱하게 굳어 있다. 그는 냉엄한 눈초리로 자신의 명령을 따르는 객체들을 내려다보고 있고, 자신의 명령을 어길 시에는 한 치의 동요도 없이 가혹한 처벌을 내릴 듯하다. 그가 입고 있는 새하얀 와이셔츠는 초자아의 오염되지 않은 고결한 도덕성을 상징한다.

그러나 초자아로 가득 찬 상현의 눈빛은 생기를 잃었고, 그는 슬프고 외로워보인다. 상현이 상징하는 초자아는 칸트(Kant)의 정언명령과 비교될 수 있다.[5] 칸트의 정언명령은 자아가 처해 있는 현실을 고려하지 않고 주어지며, 그 명령은 절대적이다. 태주를 만나기 전, 상현이 스스로를 다지며 외우던 기도문에서 초자아의 엄격함과 자학에 이를 만큼의 냉혹함이 뿜어져 나온다.

"주 예수 그리스도의 이름으로 저에게 다음과 같은 것을 허락하소

5) 이에 대해서는 "칸트의 정언명령이 오이디푸스 콤플렉스의 직계후예"라고 설명하는 지그문트 프로이트, 「마조히즘의 경제적 문제」, 『정신분석학의 근본개념』(윤희기 · 박찬부 옮김)(열린책들, 2007), 428쪽; Klaus Mladek, "The psychic life for punishment(Kant, Nietzsche, Freud)", in Austin Sarat and Patricia Ewick(eds.), *Punishment, Politics, and Culture* (JAI Press, 2003), 특히 221~222쪽 참조.

서. 살이 썩어가는 나환자처럼 모두가 저를 피하게 하시고, 사지가 절단된 환자와 같이 몸을 마음대로 움직일 수 없게 하시고...오직 주 예수 그리스도의 자비만이 저를 구원하게 하소서."

이처럼 초자아를 지향하며 자신을 형성하는 상현의 이미지는 —물론 근대법은 신부인 상현만큼 자학적이지 않지만—근대법의 이미지와도 같다.

(2) 이드로서 태주의 음울한 생명력

반면 이드를 상징하는 태주의 눈빛은 상현과는 전혀 다르다. 그녀의 눈은 생기 있게 번뜩이고 욕망이 담겨 있으며 힘이 있다. 이드는 초자아에 가려 뒤에 숨어 있지만, 호시탐탐 튀어나가 욕망을 실현할 틈을 노리고 있다.[6] 무의식 안의 인간의 충동은 도덕, 법 등을 통해 일시적으로 억압될 수는 있지만, 절대로 소멸되지 않는다.

"나는 부끄러움 타는 사람이 아니에요."

라며 맨 가슴을 열어 보여주던 태주처럼, 이드는 수치심, 죄책감을 모르며 원시적 생명력을 가지고 있다. 태주는 비정상적인 라여사(김해숙 분)의 세계에 갇혀 살면서 보통의 사람들과 같은 도덕관념을 형성할 기회가 없었고 사회화도 되지 못한, 아기와 같은 상태이다. 그녀는 오로지 자신의 욕망에만 집중하며, 한번 움

6) 욕망은 "어떠한 금지의 표시도 없는 완전히 긍정적인 용어"가 되고자 하는 것이다. 이에 대해서는 장 라플랑슈·장 베르트랑 퐁탈리스, 『정신분석사전』(임진수 옮김)(열린책들, 2005), 157쪽. 언제나 분출될 통로를 모색하는 이드는 자아에게 위험으로 인식되고, 이런 위험에 대한 신호로서 자아는 불안을 발생시킨다. 프로이트의 불안 이론에 대한 해석은 홍준기, 「불안과 그 대상에 관한 연구: 프로이트·라캉 정신분석학과 키에르케고르의 비교를 중심으로」, 『철학과 현상학 연구』(17권, 2001), 236~240쪽 참조.

켜잡은 것은 놓지 않는다. 호기심도 많다. 뒷일을 생각하는 적도 없다. 뱀파이어가 된 후의 태주는 천하무적의 무법자와 같은 모습이다. 그녀는 인간이 쳐놓은 도덕이라는 울타리를 훌쩍 뛰어넘어있다. 마음 내키는 대로 살인을 하고 피를 빨아먹으면서도 조금의 죄책감도 보이지 않는다. 이런 태주의 성격은 프로이트가 말한 무의식의 특성들을 체화하고 있다.

영화 내내 태주는 다채롭고 변화무쌍한 표정을 보여주지만, 상현은 욕망을 탐할 때에도 어딘가 굳어 있다. 그러나 이렇게 다채롭고 생기 있는 태주도 행복해 보이지는 않으며 음울한 느낌을 준다. 이런 태주의 음울함은 『선악의 저편』에서 독일의 철학자 니체(Nietzsche)가 종교적·형이상학적 도덕의 단죄와 억압으로 인해, 본능이 자신의 생명력을 건강하게 발현하지 못하고 왜곡되고 뒤틀려졌으며, 정신적 질병을 일으키는 것으로 전락하고 말았다고 개탄했던 것을 떠올리게 한다.[7] "그리스도교는 에로스에 독을 타 먹였다:－그로 인해 에로스는 죽지는 않았지만, 타락해 부도덕해졌다"[8]는 니체의 표현은 태주의 음울함이 태주가 상징하는 본능과 욕망의 본래 모습이 아니라, 이성과 도덕에 의해 왜곡된 음울함일 수 있음을 생각하게 한다. 그런데 이 왜곡은 '두려움'으로

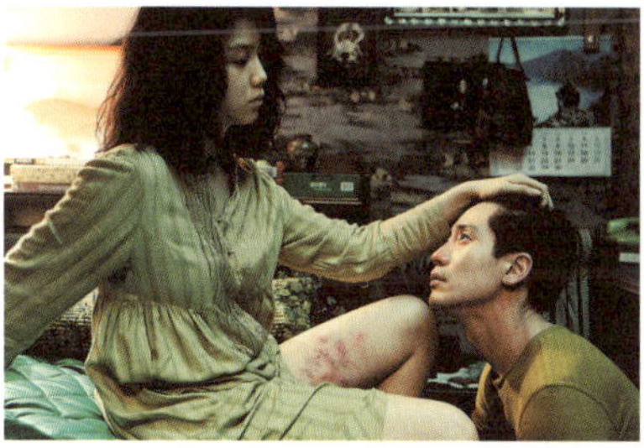

사진2. 자해한 태주와 안타까워하는 강우

7) 내면으로 억압된 본능들은 자학적으로 발현되면서 양심의 가책과 죄의식을 낳고, 이는 인간의 동물적 에너지의 약화로 이어진다는 니체의 사고는 James Miller, "Carnivals of Atrocity: Foucault, Nietzsche, Cruelty", *Political Theory* (Vol.18 No.3, August 1990), 476쪽 참조.

8) 프리드리히 니체, 『선악의 저편 · 도덕의 계보』(김정현 옮김)(책세상, 2002), 130쪽.

인한 것이다. 의식으로 통제되지 않는 낯선 나의 충동은 두려움을 불러일으키기에, 사람들은 그 충동에 직면하기보다는 그것을 외면하고자 한다. 사람들이 가장 두려워하는 것, 그리고 가장 불안해 하는 것은 '자기 자신의 리비도'인 것이다.[9)]

(3) 근대법의 반성

근대법은 자신이 돌보지 않고 방치했거나, 두려움과 혐오감을 가지며 외면하고, 또는 억압해서 왜곡해버린 욕망의 모습을 직시하고 그와 소통함으로써, 보다 더 인간의 행복을 위하는 법으로 거듭날 수 있다. 이와 같은 개방성은 음울한 이드를 그대로 수용하는 것을 의미하지 않는다. 바로 이 개방성, 즉 자아를 매개로 한 초자아와 이드의 소통을 통해서 이드의 왜곡된 모습이 해체되고 본능이 자신의 건강한 생명력이 되찾을 수 있는 가능성이 열리는 것이다. 그렇기에 근대법의 반성이란, 상현 뒤에 가려 있으면서도 생생하게 살아있는 태주의 눈빛을 법으로 가져오는 것이다. 그 눈빛 속에, 지금은 불법으로 단죄되지만 미래에는 법이 될 씨앗이 담겨져 있다.

Ⅱ. 에로스와 타나토스 사이의 법

1. 법의 주체로서 자아의 정신분석학적 재해석

근대법의 맥락이 초자아와 자아 둘 사이의 관계 — 형이상학적·종교적 도덕과 윤리에 대항하면서도 그에 지향하여 사유하

9) 지그문트 프로이트, 「불안과 본능적 삶」, 『새로운 정신분석 강의』(임홍빈·홍혜경 옮김)(열린책들, 2007), 114쪽.

는 주체를 정립하는 것 — 이었고, 이드는 여기서 배제되어 있었다면, 무의식의 차원을 인정하는 법의 맥락은 초자아-자아-이드, 이 셋의 관계가 되고, 법은 초자아와 이드 사이의 '소통의 매체'로 새롭게 자리매김된다. 다시말해 근대법이 '합리적 자아의 법' 이었지만, 프로이트가 말하는 자아의 기능 — 초자아의 도덕원칙과 이드의 쾌락원칙을 조율하는 현실원칙으로서의 기능 — 을 하지 못한 채, 초자아에 대한 대항 혹은 지향으로서만 자리매김 되었다면,[10] 법정신분석학적으로 재해석된 법은 초자아와 이드 사이의 '소통'을 담당하는 자아, 즉 소통의 매체로서의 역할을 부여받는다.

[자아심리학과 정신분석학] **㈎ 초자아와 이드의 중재자로서 자아** 프로이트는 후기로 들어서면서 점점 더 자아를 자신의 이론에서 중요하게 다룬다. 프로이트가 자아개념을 어떻게 이해했는지는 그가 자아를 이드, 초자아, 외부 세계라는 "세 주인을 섬겨야 하고 따라서 세 가지 위험, 즉 외부세계, 이드의 리비도, 초자아의 가혹함에서 오는 위험으로부터 위협받고 있는 가련한 존재"[11]라고 비유한 것에서 잘 드러난다. 자아는 초자아와 이드, 그리고 외부 현실의 요구들을 중재하는 중재자이자 소통자이고, 정신계의 중심에 자리한다. 하지만 초자아, 이드 그리고 외부 현실의 요구들은 자아가 능숙하고 여유롭게 다룰 수 있는 것들이 아니며, 강력하고 서로 충돌하는 요구들이기에 소통자로서 자아는 불안정한 상태에 있는 것이다.

㈏ 자아의 의식적 차원과 무의식적 차원 자아는 초자아-자아-

---

10) 근대법이 초자아에 대한 대항이면서 동시에 지향인 것은 상현의 모습을 보면 쉽게 이해될 수 있다. 사유하는 근대적 주체로서 상현은 초자아, 즉 카톨릭의 명령에 대항하며 자신의 욕망을 추구하고 자신의 세계를 구축하고자 하지만, 그럼에도 여전히 도덕원칙으로 귀속하려는 지향성 또한 보인다.

11) 지그문트 프로이트, 「자아와 이드」, 『정신분석학의 근본개념』(윤희기·박찬부 옮김)(열린책들, 2007), 402쪽.

> 이드라는 세 심역 중에서 가장 합리적인 심역이지만, 프로이트의 이론에서 자아의 합리성은 데카르트류의 합리성과는 분명 다르다. 프로이트는 자아가 부분적으로는 의식으로, 그리고 또 부분적으로 무의식으로 이루어져 있다고 보았다. 다시 말해 자아는 의식적인 부분과 무의식적인 부분을 모두 가지는 것이다. 자아의 무의식성을 얼마나 수용하는가에 따라 프로이트 이후 정신분석학파의 입장이 갈렸다. 미국의 자아심리학은 프로이트의 자아 개념 중 합리성을 강조하는 반면 라깡(Lacan)은 자아의 무의식성을 더 강조했고, 라깡은 자아의 합리성과 자아의 강화를 통한 사회적응을 목표로 하는 자아 심리학이 반-프로이트적이라고 맹렬하게 비판했다.[12] 이러한 라깡의 관점은 라깡이 데카르트의 '나는 생각한다. 고로 나는 존재한다'를 뒤집어서 '나는 존재하지 않는 곳에서 생각한다. 그러므로 나는 내가 생각하지 않는 곳에서 존재한다'고 말한 것에서 대표적으로 잘 드러난다. 데카르트의 자아가 곧 의식적 자아였다면, 라깡의 자아는 무의식의 측면이 더 강조된다.[13]

초자아와 이드를 소통시키는 자아가 의식적 부분 뿐 아니라 무의식적 부분으로도 이루어져 있는 것처럼, 자아로서 법도 의식적 부분이 있음과 동시에 무의식적 부분 또한 가지고 있다. 이 책은 아직 충분히 조명받지 못하고 있는 법의 무의식에 주목한다.[14] 초자아와 이드의 소통은 에로스와 타나토스의 길항작용을

---

12) 라깡은 자아심리학이 환자의 자아를 강화함으로써 환자를 사회에 성공적으로 적응시키는 것을 지향하는 것은 기존의 윤리와 도덕에 환자를 길들이는 것에 지나지 않는 것으로서, 자신의 욕망과 마주하게 하는 것인 정신분석의 윤리를 상실한 것이라고 비판한다. 뿐만 아니라 보다 더 근본적으로 라깡은 자아심리학이 무의식을 전적으로 거부하고 회피한다는 점을 문제시한다. 자세히는 브루스 핑크, 『에크리 읽기: 문자 그대로의 라캉』(김서영 옮김)(도서출판b, 2007), 81~123쪽 참조.

13) 데카르트와 라깡의 자아 개념의 차이와, 라깡에게 무의식은 어둡거나 부정적인 것이 아니라는 점에 대해서는 마단 사럽, 『알기쉬운 자끄 라깡』(김해수 옮김)(백의, 1996), 72쪽 참조.

14) 법무의식이라는 개념을 사용한 우리나라의 문헌으로는 이상돈, 『법미학』(법문사, 2008), 172~173쪽 참조; 우리나라에 번역 소개된 법의 무의식적 측면에

통해 매개된다. 에로스와 타나토스의 작용 속에서 초자아와 이드가 소통되는 것이다.

2. 에로스와 타나토스의 협력과 대립으로서 삶

프로이트는 에로스와 타나토스를 한 개인의 삶을 구성하는 두 축으로, 영원히 서로를 견제하는 두 힘이라고 설명했다. 에로스는 삶에로 향하는 힘 — 삶의 욕동이라고 일컬어지며, 성 욕동과 자기 보존 욕동을 포함하는 개념 — 이고 타나토스는 죽음에로 향하는 힘 — 죽음의 욕동이자 파괴 본능 — 인데, 달리 말해보자면 에로스는 '합일'과 '결합'을 지향하는 힘이며 타나토스는 '해체'를 향하는 힘이라고 할 수 있다.[15] 타나토스는 무생물 상태로 돌아가고자 하는 해체 지향성인데, 에로스는 이와 같은 타나토스가 외부를 향해 표출되도록 타나토스의 힘의 방향을 돌림으로써 주체를 보존한다.[16] 에로스에 의해 외부로 방향이 돌려진 타나토스는 외부의 대상에 대한 파괴와 공격의 본능으로 발현된다. 그러나 타나토스의 모든 힘이 외부로 향해지는 것은 아니고, 죽음

대한 해외연구의 예로는 알리싸 리 존스 엮음, 『법은 아무것도 모른다』(강수영 옮김)(인간사랑, 2008) 참조.

15) 에로스와 타나토스가 에너지의 근원이며, 심리학과 생물학이 연결된 개념이라는 점은 R. J. Bocock, "Freud and the centrality of instincts in psycho-analytic sociology", *British Journal of Sociology* (Vol. 28, No. 4, Dec., 1977), 474쪽 참조; 프로이트는 이 두 개념을 생물학적으로 설명하면서, 에로스는 유기체의 세포들이 결합상태를 이루어 생명을 유지하고자 하는 힘이고, 타나토스는 유기체가 자신의 유기적 연결 상태를 분해해서 무생물의 상태로 돌아가고자 하는-이전 상태로 회귀하고자 하는-힘이라고 말한다. 이에 대해서는 지그문트 프로이트, 「자아와 이드」, 『정신분석학의 근본개념』(윤희기·박찬부 옮김)(열린책들, 2007), 382~383쪽 참조; 본능이론의 발전과정에 대한 프로이트의 설명은 지그문트 프로이트, 「문명 속의 불만」, 『문명 속의 불만』(김석희 옮김)(열린책들, 2007), 295~302쪽 참조.

16) "산다는 것은 사랑하는 것이고, 삶은 사랑을 통해 죽음을 연기시키는 것"이라는 이상돈 교수의 성찰(이상돈, 『욕망은 행복을 낯설게 한다』(연극과인간, 2003), 19~23쪽)은 이와 같은 프로이트의 생각과도 상통한다.

충동은 여전히 내부를 향하는데, 이는 자기처벌욕구와 죄책감으로 발현된다.

에로스와 타나토스의 두 축은 서로 무관하게 존재하는 것이 아니라, 역동적으로 상호작용하고 길항작용을 펼치면서 삶을 구성한다. 에로스와 타나토스는 서로 대립하는 힘으로 작용하기도 하고, 새디즘이나 마조히즘의 경우처럼 서로 분리되기 어렵게 연합하여 작동하기도 한다. 그러나 에로스와 타나토스는 지속적인 상호작용 후에도 결코 하나로 통합되지 않으며, 영원히 서로를 견제하는 두 힘으로 남는다. 따라서 프로이트의 이해에 따르면, 삶은 곧 '에로스와 타나토스라는 이원적인 두 힘 사이의 협력과 대립'이라는 끊임없는 작업의 소산인 것이다.[17)]

3. 소통적 자아로서 법

법은 '도덕을 따를 것을 명령하는 초자아'와 '욕망에 따를 것을 명령하는 이드', 그리고 '외부 현실' 사이를 중재하고, 이 요구들이 균형을 이루도록 소통시키는 '자아'의 역할을 맡는다. 또한 초자아와 이드의 소통은 에로스와 타나토스의 길항작용을 통해 매개되는데, 법은 삶을 추구하는 본능인 에로스와 죽음을 추구하는 본능인 타나토스가 변증적으로 균형을 이루어서 삶을 이끌어가도록 하는 소통의 매체이기도 하다. 그러니까 법은 초자아와 이드 사이에 있는 것이고, 에로스와 타나토스 사이에 있는 것이다.

---

17) 지그문트 프로이트, 「문명 속의 불만」, 『문명 속의 불만』(김석희 옮김)(열린책들, 2007), 297쪽; 지그문트 프로이트, 「자아와 이드」, 『정신분석학의 근본개념』(윤희기·박찬부 옮김)(열린책들, 2007), 383쪽 참조.

Ⅲ. 영화 <박쥐>에서 법의 모습

1. 죄의 원천으로서 에로스의 무한화

이런 법의 기능을 영화 <박쥐>를 통해서 살펴보자. 영화의 전반부에서 자아는 이드 쪽에 치우쳐 있으며, 에로스가 타나토스보다 더 강력한 힘을 발휘한다. 이 때 이드는 현실원칙이나 도덕원칙을 무시한 채 극단적으로 추구되고, 도덕률(초자아)은 파괴된다.

"전 이제 모든 쾌락을 갈구 합니다."

라는 상현의 고백과 함께 시작된 도덕률의 파괴는 상현이 친구의 아내인 태주와의 에로스를 실현하기 위해 천주교의 절대적 도덕명령인 십계명을 어기고, 자신의 신부(神父)성을 파괴하며, 극단적으로 자신의 어린시절 친구인 강우(신하균 분)와 자신의 아버지와 같은 노신부(박인환 분)를 살해하는 것으로 나타난다. 이 과정에서는 에로스가 내부로 향하려는 타나토스를 외부로 향하도록 하는데 성공하며, 타나토스는 에로스에 긴밀히 연합하여 오로지 외부를 향한 공격본능 — 노신부와 강우의 살해 — 으로서만 분출된다. 나

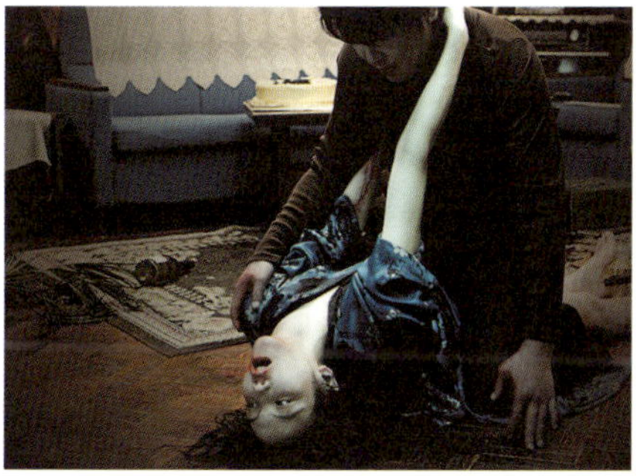

사진3. 상현의 피를 마시고 부활한 태주

아가 태주가 상현과의 에로스와 타나토스의 격렬한 변주 속에서 영생을 얻는 시점에서는 내부로 향하는 타나토스는 전혀 남지 않는다.

2. 책임으로서 타나토스의 무한한 내부화

그러나 타나토스는 에로스와 함께 삶을 구성하는 '영원한' 힘이며, 주체를 무생물의 상태로 회귀시키려는 타나토스의 힘은 결코 소멸하거나 에로스에 의해 완전히 지배되지 않는다. 그렇기에 지배 당하던 타나토스가 폭발적인 힘을 가지고 에로스를 지배하고, 태주와 상현의 삶을 지배하기 시작한다.

에로스가 도덕의 반대편인 이드 쪽에서 발현되었다면, 타나토스는 에로스를 억압하는 도덕(초자아)과 손을 잡는다.[18] 영원할 것 같은 서로에 대한 에로스의 추동에 따라 강우와 노신부의 살해까지 거침없이 나아갔던[19] 상현과 태주에게 죄책감이 머리를 들기 시작한다. 죄책감은 타나토스가 내부화되는 대표적인 현상이다. 죄책감에 시달리던 둘 사이에 섹스는 점차 사라지고, '사람을 살해하지 말라'는 도덕률을 사이에 둔 갈등만 증폭된다.

> "내가 얼마나 노력했는 줄 알아? 사람 안 죽이려고. 그게 얼마나 힘든 줄 알아? 뱃속에서는 피에 굶주린 짐승이 난리치는데. 너 때문에 무너진 거야. 널 구하려고..."
>
> "핑계대지 마, 당신은 결국 죽였을 거야. 무슨 이유를 대든 죽이고

---

18) 이드와 초자아의 연합은 문명을 유지하는 과정에서 자연스럽게 발생한다. 이에 대해서는 이 책 [마더] 단락의 삽입글 참조.

19) 프로이트는 극단적인 사랑에 빠진 사람이 범죄로 거침없이 나아가는 현상에 주목하고, 이런 상황에 빠진 사람의 경우, 그 사람의 자아이상(초자아)이 사랑의 대상으로 대체된 것이라고 설명한다. 극단적 에로스는 도덕해체의 현상을 수반하는 것이다. 이에 대해서는 지그문트 프로이트, 「집단 심리학과 자아 분석」, 『문명 속의 불만』(김석희 옮김)(열린책들, 2005), 125쪽 참조.

나를 차지했을걸."

사진4. 강우의 환영에 시달리는 상현과 태주

상현은 본래 자신에게 각인되어 있었던 초자아의 명령으로 다시 회귀하고, 끊임없이 사람을 살해하는 태주를 제거하기로 결심하게 된다. 그는 에로스의 실현을 위해 자행된 살해에 속죄하는 의미로 라여사가 지켜보는 가운데 태주와 함께 소멸한다. 이는 타나토스의 에로스에 대한 완전한 승리이며, 근원적인 죄책감의 해소이고, 파괴되었던 도덕률의 회복이다.

영화의 후반부에서 자아(법)는 초자아에 더 가깝게 위치해 있으며, 타나토스의 힘이 더 강력하다. 죽음을 앞두고 상현과 태주가 나누는 대화는 영생을 꿈꾸며 지옥을 믿는 초자아와, 에로스 또는 타나토스라는 본능의 즉각적인 방출을 궁극의 목표로 삼는 이드의 차이를 육성으로 전달해준다.

"태주씨랑 오래오래 살고 싶었는데... 지옥에서 만나요."
"죽으면 끝. 그동안 즐거웠어요, 신부님."

3. 법의 성찰

(1) 에로스와 타나토스의 균형과 소통

자아가 초자아와 이드 사이에서 중립을 지키며 이 두 요청이 조화롭게 균형을 이루도록 할 때, 주체는 에로스와 타나토스의 균형 속에서 건강한 삶을 영위할 수 있다. 반면 자아가 초자아나 이드 사이의 힘의 균형을 유지하지 못해서 한 쪽으로 기형적으

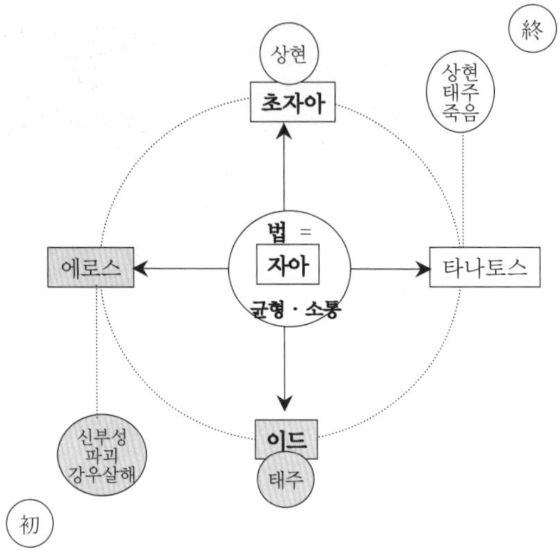

로 기울어질 때 주체는 심리적 장애를 갖게 되고, 불균형의 정도가 심해지면 결국 자기보존에 실패하고 파괴되고 만다. 즉 자아의 '초자아와 이드 사이의 소통과 균형 매개 기능'이 굴절 없이 잘 수행되는 것은 주체의 삶에 있어 핵심적이다.

이와 같은 자아의 소통과 균형 매개기능은 법이 추구해야할 기능이다. 법은 '이드와 초자아 사이'에 있는 것이어야 하고, 그럴 때 에로스와 타나토스가 팽팽한 긴장 상태로 균형 잡힌 채 유지될 수 있으며, 그를 통해 인간의 삶이 건강하고 생동감 있게 살아질 수 있는 것이다. 그렇기에 법은 자아가 이드에 함몰되거나 초자아에 완전히 짓눌리지 않도록, 초자아와 이드 사이에서 서로의 관점을 끊임없이 실어다 날라주는 소통의 매체로서 기능해야한다. 이드와 초자아에게 끊임없이 서로의 관점을 이식시키는 것을 통해서만 법은 어느 하나에 함몰되지 않을 수 있으며, 이처럼 균형을 잘 잡고 있을 때에만 자기자신을 잃어버리지 않고 법으로서 존립할 수 있는 것이다.

(2) 법의 정신분석학적 과제

'초자아와 이드의 소통의 매체로서 법'이 구체적으로 어떤 모습을 하게 될 것인지를 연구하는 것은 법정신분석학의 미래 과제이다. 다만 여기서는 그런 소통의 매체로서 법을 구현하고 있는 법원칙의 예를 하나 들어보기로 한다. 헌법재판의 핵심이라고 할 수 있는 비례성원칙을 생각해보자. '균형'을 핵심으로 하는 정신분석학적 법 개념은 비례성원칙 구현의 안내자가 될 수 있을 것이다. 그 기여 가능성은 법정신분석학이 문화의 해체적 재구성을 위한 성찰을 제공한다는 점에서 비롯된다. 어떤 법률의 균형성 여부에 대한 판단은 그 법률이 놓여있는 문화적 맥락에 따라 다를 것이므로,[20] 초자아와 자아 그리고 이드 사이의 대화를 활성화시켜서 문화를 보다 더 인간적인 방향으로 재구성해나가는 것을 시도하는[21] 법정신분석학은 법률의 균형성 판단이 보다 더 인간적인 방향으로 나아갈 수 있도록 기여할 가능성을 가지고 있는 것이다.

20) 비례성원칙 가운데 균형성원칙의 가치판단적 성격에 관해서는 이상돈, 『헌법재판과 형법정책』(고려대학교 출판부, 2005), 99~100쪽 참조.

21) 이와 같은 법정신분석학의 기획에 대해서는 이 책 [아내가 결혼했다] 단락 참조.

[2] 정신과 육체를 소통시키는 꿈으로서 법: <음란서생>

〈음란서생〉의 줄거리

조선 최고의 명문장가인 사헌부 장령 김윤서(한석규 분)는 야망이 없고 고지식하며, 온건한 성품에 소박한 인간미가 있는 서생이다. 어느 날 왕(안내상 분)은 윤서에게 자신이 가장 총애하는 후궁 정빈(김민정 분)이 아끼는 그림이 모사된 그림이니, 표구한 자를 잡아오라는 어명을 내린다. 어명을 따르기 위해 의금부 도사 이광헌(이범수 분)과 함께 시장에 있는 황가(오달수 분)의 유기전을 조사하던 윤서는 유기전 안쪽에서 음란서적을 필사하고 있는 필사장이 영감(김기현 분)을 만나게 된다. 황가는 유기전을 차려놓고, 음란서적을 유통하는 일을 하고 있었던 것이다. 그러던 중 시장 잡배들과 싸움이 일어나고 윤서는 싸움 중에 그만 기절하고 만다. 광헌의 집에서 정신을 차린 윤서는 광헌이 그린 그림들에서 깊은 인상을 받는다. 다음날 윤서는 표구한 사람에 대한 정보를 얻기 위해 필사장이를 찾아가고, 영감이 필사하고 있던 음란서적을 읽어보게 된다. 황가는 음란서적의 묘미에 대해서 묻는 윤서에게 '진(眞)맛'이라는 그 세계의 전문용어를 가르쳐준다. 윤서는 음란의 세계에 빠져들고, 상소문을 쓰려고 펼친 종이에 자신도 모르게 '음부'라는 글자를 쓸 지경에 이른다.

정빈이 사건을 해결해주어 고맙다며 윤서를 초대하고, 윤서는 이날 궁중 예법을 넘어서면서, 정빈에게 달려든 벌을 쫓아준다. 그런 윤서의 모습에 정빈은 호감을 갖게 된다. 윤서도 자꾸만 정빈의 모습이 떠오르고, 정빈에게서 받은 영감을 발휘해 내명부를 주인공으로 하는 음란소설을 써내려간다. 윤서는 그 글을 황가에게 보여주고, 연재를 하기로 약속한다. 윤서의 책 『흑곡비사』는 인기가 아주 많아서, 독자들로부터 '대꾸하는 글'이 달리는 새로운 현상을 일으킬 정도이다. 하지만 인봉거사의 인기에는 못미치는 데, 경쟁심을 느낀 윤서는 삽화를 그려넣기로 마음먹는다. 광헌의 그림에서 뿜어져나오던 역동성과 음란함을 기억하고 있던 윤서는 광헌에게 삽화를 부탁하고, 몇 번 거절하던 광헌도 윤서의 책을 읽어보고는 기꺼이 동참한다.

한편 정빈은 조내관을 통해 윤서에게 궁 밖에서 따로 만나자는 뜻을 전하고, 사가에서부터 정빈을 흠모해왔고 정빈에 대한 사랑으로 스스로 내시가 된 조내관은 질투와 염려가 뒤섞인 마음으로 윤서에게 정빈을 사사로이 만나지 말라고 충고한다. 정빈과 윤서는 선화사에서 만나는데, 정빈이 키스를 하려 하자 겁이 더럭 난 윤서는 정빈을 혼자 내버려두고 도망치듯 가버린다. 윤서는 그 날의 일을 소재로 삼아 『흑곡비사』를 계속 쓴다. 황가와 필사장이, 모사장이 그리고 윤서는 다양한 남녀의 교합자세에 대해 회의를 하고, 윤서는 굉장히 음란하고 특별한 자세를 생각해낸다. 광헌이 그 자세를 삽화로 그리는데 어려움을 겪자 윤서가 광헌에게 그 자세를 직접 보여주겠다고 한다. 정빈과 다시 만난 윤서는 상상만 하던 교합자세를 실천에 옮기고, 그 순간 광헌은 문틈으로 그 모습을 지켜보고 삽화를 그린다. 장안에는 『흑곡비사』의 주인공이 정빈이라는 소문이 파다하게 나고, 정빈이 윤서에게 삽화를 그린 자를 말해달라고 하지만 윤서는 입을 열지 않는다. 정빈은 자신과의 사랑보다 삽화가와의 약조를 더 중시하는 윤서의 태도에 배신감을 느끼고, 삽화를 그린 자를 말하라며 모진 고문을 가한다. 윤서는 고통스러운 고문에도 광헌의 이름을 말하지 않고, 보다 못한 광헌이 윤서를 탈출시키려고 하다가 그만 조내관을 비롯한 내시부 감찰대에게 발각당하고 만다. 윤서를 다시 궁으로 후송하던 중, 윤서가 입을 열어 정빈에게 해가 미칠 것을 염려한 조내관이 윤서를 죽이려 한다. 그 순간 내시부 감찰대의 내시가 조내관을 막아서며 조내관을 죽인다. 왕은 조내관이 정빈을 사랑한다는 것을 알고 있었기 때문에, 그가 윤서를 죽이려

할 것을 예상하고, 내시부에 윤서를 살려서 궁으로 데려오라는 명을 따로 내린 것이다. 왕은 정빈과 함께 있는 자리로 윤서를 불러오고, 윤서가 도망치도록 모르는 척 했던 정빈은 깜짝 놀라 왕에게 선처를 구한다. 질투에 사로잡힌 왕이 윤서를 거세하라는 명령을 내리자, 정빈은 자기 혼자 좋아해서 이렇게 된 것이니 윤서를 살려달라고 한다. 그런 정빈을 바라보던 윤서는 마침내 자신의 마음을 고백하고, 정빈과 윤서는 저승에서 만나자는 약조를 한다. 그들의 대화를 듣고 있던 왕은 정빈과 윤서를 죽이려 하지만, 그래봐야 저승에서 만날 것이니 다 무슨 소용이냐며 두 사람을 살려준다. 하지만 윤서의 이마에는 '음란'이라는 낙인이 찍히고 멀리 섬으로 귀양 보내진다. 윤서는 그곳에서 마조히즘 동성애 소설을 쓰고, 동영상도 구상한다.

Ⅰ. 정신의 법

오랫동안 대륙법계의 영향을 받아온 우리나라 법학은 정신의 학문(정신과학)이어 왔다.

1. 정신과 육체의 분리

정신은 관념철학의 전통에서 보면 형이상학(metaphysics)의 핵심이며, 육체(physic)에 대립하는 것으로 사고되어 왔다. 형이상학으로서 정신은 육체를 넘어서 있는 것인 반면, 육체는 정신의 해방으로 코드화된다. <음란서생>에서 정신의 해방으로서 육체는 '꿈'으로 함축되는데, 영화 속의 인물들은 정신의 세계와 육체의 세계를 오가면서 정신과 육체의 변증을 보여준다. 정신의 세계는 왕으로 대변되는 윤리적 권력의 세계이고, 정신의 세계의 반대편에 있는 육체의 세계는 '진(眞)맛'으로 대표되는 꿈의 세계이다. 이 육체의 세계, 꿈의 세계는 음화(淫畵)를 유통하는 세력으로 대변되는 세계로서, 왕의 정치적 권력의 기반을 흔든다.[1] 정신과 육체가 변증되는 <음란서생>은 정신과학적 법학을 해체하는 새로운 법학의 패러다임을 잉태하고 있다.

2. 정신의 권력으로서 왕과 현실의 법

<음란서생>에서 왕은 현실의 법을 상징한다. 왕은 정신의 세계에서 권력을 집결시키는 힘을 가진 존재이다. 현실의 법은 그런 왕의 존재와 유비적인 구조를 갖는다.

(1) 정신의 권력적 현실을 구성하는 요소들

왕은 성리학과 같은 윤리적 지식과 가부장적 권위를 통해 '왕의 체제'를 공고히 하며, 이와 같은 왕의 세계는 곧 정신의 세계이다. 왕의 체제는 네 가지 요소를 인프라로 갖고 있는데, 그 중 첫 번째가 윤리적 지식을 생산하는 유림, 즉 서생들이다. 정신의 세계를 다루는 지식은 권력생산의 물적 토대가 되기 때문에, 왕은 자신의 지배체제를 유지하기 위해 그런 정신적 지식을 생산하는 학자들을 필요로 한다. 영화에서 윤서는 그런 학자를 대표한다.

사진1. 왕 곁에 있는 정빈

그 다음으로 모든 '가부장의 가부장'으로서 왕은 권위를 확보하기 위해서, 자신의 가부장적 권위에 복종하며 복속되는

1) 음란은 반사회적인(anti-social) 힘을 폭발시키는 요소로 법적으로 규제되어 왔다는 점은 Thomas C. Grey, "Eros, Civilization and the Burger Court", *Law and Contemporary Problems* (Vol.43, No.3, The Burger Court: Reflections on the First Decade, Summer, 1980), 91쪽.

여성을 필요로 한다. 이 요소를 상징하는 정빈은 가부장의 정신적 권력에 예속되어 있으면서 가부장의 권력을 누리는 혜택을 갖는다.

다음으로는 지식을 통해 형성한 권력을 현실에 집행하는 권력의 집행관이 필요하다. 영화 속의 이광헌은 집행관으로서 권력이 존재함을 사람들에게 확증시키는 존재이다. 마지막으로 윤서, 정빈, 광헌이 각각 상징하는 지식, 사랑, 힘이 모두 '부재'하는 것을 상징하는 존재도 필요하다. 조내관이 바로 그런 존재이다. 다시 말해 왕이 지식, 사랑, 힘이 '있는' 자라면, 내시는 왕에게 있는 그 모든 것들이 '없는' 존재로서 존재한다. 이런 부재의 존재는 왕이 존재하고 있음을 더욱 부각시켜서 보여줌으로써 왕의 체제를 더욱 탄탄하게 한다. 내시는 왕의 상징의 절대적 부재로서 바로 그 왕의 상징을 더욱 순수하게 하는 것이다.

(2) 정신의 법과 기호들

이처럼 영화 속의 윤서, 정빈, 광헌, 조내관은 각각 지식의 생산, 가부장에 귀속된 여성, 권력의 집행, 그리고 이것들을 순수한 형태로 극화시키는 부재의 상징으로서 왕의 권력을 구성하는 요소들이 된다.

이 요소들을 법의 세계로 옮겨 본다면, 윤서는 정신의 이념을 구현하는 법지식을 생산하는 법학자이며, 광헌은 그 지식의 기반 위에서 구축된 권력을 현실에 옮기는 법실무가라고 할 수 있다. 정빈은 법의 정신으로 생산된 윤리에 속박되어 있는 개인이다. 이 개인에게 허락된 사랑은 플라토닉 러브이기 쉽다. 또한 조내관은 법의 구성요소들이 모두 결핍되어 있는 존재로서 법이 구성하는 힘을 극적으로 표현해준다. 왕은 정신의 정점에 있는 최고 정신이고 절대적 가부장이기 때문에, 최고의 '실정법'을 상징한다. 영화 속의 캐릭터들은 이처럼 모두 법의 기호들이다.

이 기호들의 의미를 집결해보면 정신의 세계에 편중된 법과 법학의 모습이 그려진다.[2] 정신의 결정체로서 이성, 그 이성의 결정체로 순화된 법의 정신으로서 자연법론과 관념철학의 깊고 오랜 영향을 받은 (특히 독일법계의) 법학이 그런 모습의 전형을 이룬다. 그리고 '권위적 합법주의'에 물든 법실무는 자연법론과 관념철학적 법학의 상속인으로서 정밀한 권력집행의 기계가 된다.

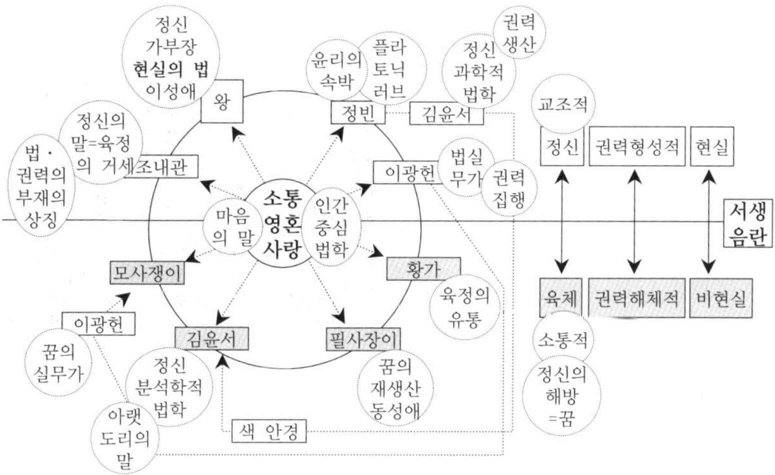

Ⅱ. 육체의 꿈과 권력해체

영화 <음란서생>은 이런 법과 법학 그리고 법실무가 법의

2) 정신과학적 법학에 대해서는 문헌해석학적 법학, 정신과학적 법학, 사회과학적 법학, 힉제적 법학 등 법학의 학문성을 논하는 이상돈, 『기초법학』(법문사, 2008), 657~658쪽 참조.

단지 한 단면에 불과한 것임을 우리에게 생생한 영상언어로 말한다. 정신의 법에 대척관계에 놓이는 육체의 법을 무의식의 세계에서 끌어올려 우리 앞에 펼쳐 놓는 것이다.

1. 정신과 길항하는 육체의 세계

정신의 권력적 현실에서 잊혀진 육체의 세계는 앞의 도표에서 보듯 정신의 법을 구성하는 기호들과 정확히 대칭적인 구조로 설계된다. 이 구조는 융(Jung)이 말하는 '의식의 전일성'을 구상화하는 사각형을 두 겹으로 배치한 팔각형3)의 모습을 띤다.

(1) 육체의 꿈을 구성하는 요소들

영화의 설계도를 보면 육체의 꿈, 즉 정신의 권력을 해체하는 꿈의 행위자들이 네 명 등장한다. 이를테면 음란물을 유통시키는 유통업자 황가, 육체의 꿈을 재생산하는 필사장이 영감4), 원래는 왕의 세계에 속

사진2. 유기전 쪽방에 모여서 작업을 하는 음란물 삼인방, 황가, 모사장이, 필사장이 영감

3) 여기서 조선시대에는 서양의 lucky 7 전통과는 달리 8에서 안정의 수(예: 팔괘, 팔각정)를 인정하는 문화가 있었음을 이해할 수 있다.

4) 위 도표에서 필사장이 영감이 왕의 반대편에 위치하는 것은 정신의 세계에서 가장 높은 자인 왕과 정반대로, 필사장이 영감은 육체의 세계의 네 인물 중 가장 권력이 없는, 가장 낮은 자이기 때문이다. 그가 황가, 윤서, 모사장이와 함께 하는 음란물 제작 회의에서 체위연구를 할 때 여성의 역할을 한다는 것은, 그가 나이는 가장 많지만 가장 힘과 권력이 없는 인물이라는 것을 말해준다. 필사장이 영감은 황가, 그리고 윤서와 여러 체위들을 실행하면서 옅은 동성애 코드를 발산하기도 한다. 왕이 가부장과 이성애의 상징이라는 점에서(이성애와 가부장제의 연합은 권택영, 「버틀러의 퀴어이론과 정신분석」, 『영미문학 페미니즘』(제10권 1호, 2002), 1, 9쪽 참조), 남성들 간의 체위에서 여성의 위치를 맡고, 그럼으로써 희박하게나마 동성애 코드를 드러내는 필사장이 영감은 왕의 권력에 대한 도전으로서 왕의 정반대편에 위치된다.

하는 서생이었으나 육체의 세계로 옮겨온 작가 윤서 – 또는 윤서와 같은 기능을 하는 인봉거사 – 그리고 꿈의 실무자로서 모사장이와, 역시 왕의 세계에 속하는 존재였으나 육체의 세계로 옮겨와 삽화를 그리는 광헌이 바로 그들이다. 이들은 삶의 진맛을 추구하고, 꿈을 생산·유통시키는 사람들이다. 이들이 유통하는 꿈, 그리고 음란물은 정치적 권력의 기반인 윤리적 지식을 위태롭게 함으로써 왕의 정치적 권력을 흔든다.

(2) 정신의 세계에서 육체의 세계로 간 윤서

왕과 정신의 세계에 속하던 윤서가 꿈과 육체의 세계로 옮겨온 결정적 계기는 바로 '진맛'에 대한 황가의 말이었다. 진맛이 뭐냐는 윤서의 질문에 황가는 다음과 같이 대답한다.

> "아이고, 조선최고의 명 문장가가 그것을 모르십니까? 그야 꿈이지요. 꿈 꾸는 것 같은 것, 꿈에서 본 것 같은 것, 꿈에서라도 맛보고 싶은 것. 그것이 진맛 아니겠습니까요. 아이고, 그걸 모르고 여태껏 글을 쓰셨나."

사진3. 색안경을 끼고 만족해하는 윤서

황가의 이 말은 조선 최고의 명문장가이자 올곧은 성리학자인 윤서의 정신을 흔들고 그를 육체의 세계로 초대한다. 색안경은 윤서의 변화를 상징하는 또 다른 기호이다. 윤서가 '색(色)'안경을 낀다는 것은 그가 '색(色)'을 통해 세상을 바라본다는 것을 의미하며, 색안경은 권위에 도전이기도 하다.[5)]

2. 욕망충족의 변형으로서 꿈

이 도전은 현실권력을 해체하는 것이기에 위험하다. 그런데도 윤서는 꿈꾸기를 져버릴 수 없다. 왜냐하면 '꿈 꾸는 것 같은, 꿈에서 본 것 같은, 꿈에서라도 맛보고 싶은' 진맛은 어떤 인간에게서도 빼앗을 수 없는 근원적 욕망이기 때문이다. 바꿔 말해 꿈은 단지 프로이트가 말한 소망충족의 기능에서 그치는 것이 아니라, 한 걸음 더 나아가 '거세된 것은 아니지만, 현실에서 늘 충족되기는 어려운' 욕망을 꿈꾸는 삶의 현실 속에서 인간이 실존할 수 있게 해주는 양식인 것이다. 그런 점에서 꿈은 또 하나의 현실인 것이다.

[프로이트의 꿈이론] 프로이트에게 꿈-이론은 정신분석학이 심리치료의 방법에서 심층심리학으로 발전하는 전환점이었다.[6] 프로이트는 '꿈은 무의식으로 가는 왕도'라고 한다. 꿈을 해석하는 과정에서 무의식의 작동 기제들을 발견해 낼 수 있고[7] 억압된 욕망의 내용들을 확인할 수 있기 때문이다. 의식이 무의식 속에 욕망의 현실화를 억압해놓을 때, 꿈[8]은 그런 욕망을 변형된 형태로 충족

5) 색안경이 권위에 대한 도전이기도 한 것은 학생들이 수업을 들을 때나, 사람들이 윗어른을 만날 때, 선글라스를 끼지 않는 것을 예의라고 생각하는 일상문화에서 쉽게 증명된다. 선글라스를 자유롭게 낀다는 것은 그 만큼 그 사회가 민주적임을 말해준다.

6) 프로이트가 꿈이론을 정신분석학에서 어떤 위치에 있는 것으로 보았는지는 지그문트 프로이트, 「꿈-이론의 수정」, 『새로운 정신분석 강의』(임홍빈 · 홍혜경 옮김)(열린책들, 2007), 특히 13~15쪽 참조.

7) 꿈 분석에서 발견된 무의식의 고유한 작동기제들은 증상이나 말실수 등의 다른 무의식의 형성물들에서도 그대로 발견된다. 일상생활에서 발견되는 무의식적 현상들에 대한 프로이트의 연구는 지그문트 프로이트, 『일상생활의 정신병리학』(이한우 옮김)(열린책들, 2007) 참조.

8) 꿈은 프로이트 이전에도 여러 철학자들에게 주목 받았다. 아리스토텔레스, 키케로, 루크레티우스 등에서부터 칸트, 쇼펜하우어와 니체 등에 이르기까지 꿈은 심도 깊게 다루어졌다. 니체, 프로이트, 융의 꿈 이론을 비교하면서 꿈의 학문사를 고찰하는 김정현, 「무의식과 꿈의 문제－니체와 프로이트, 융의 해석을

할 수 있게 한다. 꿈은 '위장된 소원성취'이며, 꿈의 원동력은 바로 '성취되어야 할 소원'인 것이다.[9)]

이를테면 꿈은 우리가 어린 시절 맛보았지만 이제는 금지되어있는 행복을, 변형된 형태로나마 다시 맛볼 수 있게 해준다. 『흑곡비사』는 윤서에게 마치 꿈과 같은 것이다. 윤서는 현실의 자신의 겁 많고 소심한 모습에 대한 보상으로, 『흑곡비사』 속에 자신의 분신은 과격하고 음란한 인물로 그려낸다. 선화사에서 정빈에게 키스도 못하고 겁쟁이처럼 도망친 사건은, 남자가 윤비를 창고로 끌고가서 과감하게 그녀의 음부를 탐하는 장면으로 탈바꿈된다.

Ⅲ. 꿈과 법

영화 속 윤서의 꿈은 단지 육체의 세계에만 속하는 것이 아니다. 그보다는 정신과 육체를 중재하는 기능을 한다. 이 점은 법의 새로운 이해 가능성을 열어준다.

1. 정신과 육체를 소통시키는 꿈

(1) 조내관과 윤서의 머리와 아랫도리 논쟁

물론 정신의 권력적 현실을 구축하는 법은 육체가 무의식 속에서 내리는 욕망의 명령과 충돌한다. 이 점은 조내관과 윤서의 반복적인 대화에서도 인식될 수 있다. 조내관은 사적으로 만나자

중심으로－」, 『니체연구』(제13집, 2008), 35～66쪽 참조.

9) 꿈과 소원성취에 대해서는 지그문트 프로이트, 「열네 번째 강의: 소원성취」, 『정신분석강의』(임홍빈・홍혜경 옮김)(열린책들, 2008), 291～311쪽 참조.

는 정빈의 말을 전하면서 윤서에게 반복적으로 말한다.

> "여기(머리)서 내리는 령을 따르시오. 거기(아랫도리)서 나오는 령을 따르면 모든 게 엉망이 되오."

이런 조내관의 말은 '정신의 세계에 머물고, 육체의 세계로 가지 말라'는 충고와도 같다. 조내관의 충고에는 육체의 령을 따르는 것은 법을 어기는 것이고, 법은 정신의 령임이 전제되어 있다. 그런 그에게 윤서는 다시 이렇게 대응한다.

> "그거야 자네는 밑에서 올라오는 령이 없으니까 그렇지."

이렇게 정신과 육체 사이의 이항대립 속에서 평행선을 달리다가, 조내관은 정신과 육체의 변증의 가능성을 암시하는 대사를 한다. 조내관이 윤서를 살해하려고 할 때, 윤서를 살아있는 채로 궁으로 다시 잡아오라는 왕의 명령을 받은 감찰대의 내시가 조내관을 막아서면서 '언제나 머리의 령을 따르라고 하던 분이 왜..'라고 묻는다. 이때 조내관은 말한다.

> "그게...여기(마음)서 나오는 령도 있더라고."

죽음의 순간 조내관이 한 고백은 육체의 세계와 정신의 세계가 '마음'의 세계로 변증되는 가능성을 보여준다. 정빈과 윤서도 정신과 육체 사이의 변증 끝에 마음의 사랑, 영혼의 사랑에 이른다.[10)]

---

10) 사랑을 정신, 영혼, 육체라는 세 차원으로 분석하는 것은 이상돈, 『욕망은 행복을 낯설게 한다』(연극과인간, 2003), 214~226쪽; 이 책 [해피엔드] 단락 참조.

(2) 꿈의 소통적 기능

이런 변증은 꿈의 기능이기도 하다. 이를 세 가지 단계로 나누어 설명할 수 있다. 첫째, 꿈은 의식과 무의식 사이에 접점으로 존재한다. 꿈은 무의식에 억압되어 있는 욕망의 변형된 충족에 그치지 않는다. 물론 꿈은 현실의 논리가 적용되지 않는 비합리적인 세계이다. 꿈에서는 현실에서는 불가능하고 도무지 말이 되지 않는 일들이 발생한다. 바로 이 비합리성, 비현실성은 꿈의 고유한 작동기제— 프로이트는 이를 꿈-작업이라고 부르는데— 가 '변형'을 수행한 결과이다. 꿈은 의식과 무의식의 타협으로 형성되며, 따라서 무의식 속에 억압되어 있는 내용이 검열 없이 그대로 표출되는 것은 허락되지 않는다.

둘째, 꿈은 자기보존의 전제조건이다. 무의식은 꿈을 통해 왜곡된 채로라도 의식으로 떠오를 수 있는 가느다란 통로를 발견하는데, 꿈은 이처럼 무의식에 숨 쉴 틈을 줌으로써 과잉억압으로 인한 정신의 붕괴를 막는다. 프로이트는 꿈이 소원성취 기능과 더불어 수면보호기능을 한다고 보았다. 꿈의 수면보호기능은 사람들이 지나치게 끔찍하거나 무서운 꿈을 꾸게 되면 잠에서 깨는 현상에서 쉽게 알 수 있다. 무의식의 내용이 꿈-작업을 통해 변형되지 않고 수면 중에 그대로 표출된다면, 사람들은 수면을 할 수 없을 것이다. 하지만 수면은 개체의 자기보존을 위해 반드시 필요한 것이므로, 그 필요에 의해 꿈-작업의 기제들이 발달한다. 여기서 꿈꾼다는 것은 의식 속의 윤리와 무의식 속의 욕망 사이의 괴리에도 불구하고 꿈꾸는 인간의 현존을 가능케 하는 것임을 알 수 있다.

셋째, 꿈은 의식과 무의식의 균형점이다. 꿈이 개체의 자기보존을 가능케 하는 점은 융(Jung)의 분석심리학에서 더욱 뚜렷해진다. 융은 꿈이 단지 억압된 과거의 소망이 표출되는 것에 불과한 것이 아니라, 무의식이 현재의 의식 상태를 진단하고 불균형적인 부분이 있다면 그 부분을 보완하라는 지침을 주는 것이라고 생각했다. 만약 주체가 지나치게 도덕적인 삶을 살고 있어서 의식이 균형을 잃고 있다면, 부도덕적인 꿈을 꾸게 함으로써 의식의 불균형에 대한 보상작용을 하고 어떤 불균형이 일어나고 있는지를 알려준다는 것이다. 또한 꿈은 이러한 보상작용을 할 뿐 아니라, 원형적 상(image)을 보여줌으로써 주체가 자기실현을 위해 나아가야 할 길을 가리켜준다. 그래서 분석심리학자들은 꿈을 통해 무의식이 자신에게 말을 하기를 기다리며, 무의식이 인도하는 길을 따라갈 때 자기실현에 이를 수 있다고 본다.[11)]

2. 꿈으로서 법의 재해석

이제 '법은 꿈이다'라고 해석할 수 있다. 이는 음란서생인 윤서의 꿈꾸기로써 드러난다. '음란'이란 육체의 욕망을 정신의 윤리적 지식의 관점에서 개념화한 것인 반면, 서생은 정신의 — 권력을 생산하는 윤리적 — 기반을 개념화한다. 영화제목 <음란서생>은 바로 정신의 윤리적 권력과 육체의 권력해체적 욕망 사이의 변증을 함축한다.

(1) 꿈으로서 윤서와 정빈의 사랑

윤서가 처음으로 정빈을 따로 대면하던 날 조내관은 윤서에게 몇 가지 주의를 주겠다며 궁궐의 예법을 상기시킨다. 절대로 정빈 쪽을 보거나 그 쪽으로 움직이면 안 되고, 혹시 선물을 주

11) 꿈을 해석함에 있어서 자신의 '무의식적 상'을 투사하는 성급한 해석을 해서는 안되며, 무의식이 인도하는 것이 무엇인지를 신중하고 기민하게 파악해야 한다는 융학파의 입장은 마리-루이제 폰 프란츠, 『융 심리학과 고양이』(심상영 옮김)(한국심층심리연구소, 2007), 15~24쪽 참조.

더라도 절만 해야지 손을 내밀어서 받으면 안된다는 것이다. 이처럼 정빈은 육체의 세계가 상실된 채 정신의 세계에 갇혀있는 '정신'의 여인이었다. 그런 그녀가 육체의 세계, 꿈의 세계로 옮겨간 윤서를 만나고 서로에게 끌리면서, 그녀는 정신과 육체 사이의 수렴점으로 움직여간다. 윤서도 마찬가지이다. 그는 육체의 세계에 옮겨가 있으면서도, 정빈에 대한 마음을 사랑과 음란한 욕심으로 구분함으로써 정신의 세계를 놓지 않는다. 왕이 거세시술령을 내리자 정빈은 자신이 혼자 좋아서 권력을 이용해 유혹한 것이니 자신만 벌하고 윤서는 살려달라 한다. 이런 정빈의 모습을 본 윤서는 정빈과 자기가 처음 만난 날을 회상하면서, 자신이 왜 정빈에게 사랑한다는 말을 하지 못했는지를 고백한다.

> "정빈마마, 밝은 꽃이 만발하였습니다. 마마는 저를 놀리셨지요. 그러면서 즐거워하셨습니다. 갑자기 벌이 한 마리 날아들었고 제가 그걸 쫓아드렸지요. 참..참 좋은 날이었습니다. 황공하옵게도 그 날부터 한시도 마마의 모습이 제 머리 속에서 떠나본 적이 없습니다. 다만 마음 속에 음란한 상상이 자리잡아 그것이 사랑인지 아니면 음란한 욕심인지 분간이 안 되었습니다. 분간이 아니 되는데 어찌 사랑이라 쉽게 말하겠나이까. 게다가 사랑이라 말하면 목숨을 부지할 수 있다는 데 어찌 사랑이라 말하겠나이까. 다만 가슴 속에 담아 저승에서 만나 뵈올 뿐입니다."

이런 윤서의 사랑 고백에 정빈은 그러면 되었다고, 그렇게 하겠다고 대답한다. 이렇게 그들은 서로를 향해 움직여 가면서 정신과 육체의 변증을 이루고, 마지막 순간 '저승에서 함께 하자'는 영혼의 사랑을 맺는다.

(2) 마음의 법

윤서와 정빈처럼, 정신의 법(령)과 육체의 법이 서로 변증적으로 상호작용을 할 때, 마음의 법이 형성된다. 윤서가 꿈꾼 사랑은 마음의 법을 향해있다. 바로 그렇기에 왕은 정빈과 윤서를 죽이지 못한다. 왕의 첩에게 애인이 생겼을 경우, 두 사람 모두 처형되거나 최소한 남자 애인은 처형되는 것이 역사의 진실일 것이다. 그러나 영화 속에서 왕은 윤서와 정빈을 죽이지 않는다. 아니 죽이지 '못한다'. 그 이유를 짧게 살펴보자. 왕이 정빈이나 윤서를 죽이는 것은 왕의 권력의 인프라가 탄탄하게 구축되어 있을 때에만 가능하다. 그러나 영화가 진행되면서 윤서, 정빈, 광헌, 조내관이라는 왕의 권력체계를 구축하는 네 인물들이 모두 정신의 세계를 떠나서, 정신과 육체 사이의 수렴점인 마음으로 옮겨가버린다. 정신의 세계에는 오직 왕만이 남은 것이다. 왕의 체제를 지탱하는 요소들이 모두 사라졌을 때, 권력의 인프라를 상실한 왕은 더 이상 왕 일수가 없다. 이렇게 힘을 다 잃어버린 왕은 정빈과 윤서를 죽일 힘이 없다. 정신의 윤리적 권력을 담는 매체로 남아 있는 법은 이처럼 힘이 없는 것이다. 이는 정신과 육체가 마음의 사랑을 통로로 서로 소통할 수 있게 하는 법만이 진정한 힘을 가질 수 있음을 말해준다.

3. 정신분석학적 법학

(1) 인간중심의 법학으로 향함

마음의 사랑을 통로로 정신과 육체가 서로 소통할 수 있게 하는 법의 역사는 윤서의 변신과 같은 패러다임의 변환을 필요로 할 것이다. 영화 속에서 정신과학적 법학, 관념철학적 법학, 이성중심적 법학을 수행하는 법학자의 기호였던 윤서는 육체의 세계로 옮겨와서는 권력해체적인 욕망의 꿈을 꾸다가 마음의 사랑으로 나아가고, 정신의 윤리와 육체의 욕망을 서로 소통시킨다.

이러한 소통은 영화 속에서 윤서가 꿈-작업으로서 실행한 자기검열에서도 나타난다. 윤서는 현실에서는 충족할 수 없었던 자신의 욕망을 실현하는 음란소설을 쓰면서, 정빈을 — 『흑곡비사』의 주인공인 — 윤비로 바꾼다. 이런 자기검열은 꿈-작업의 검열에 해당한다.[12] 이 검열은 법의 요청이며, 내용이다. 여기서 법은 육체의 권력해체적인 꿈이 정신의 권력적 현실과 타협할 수 있게 하는 중재의 매체까지는 아니더라도, 적어도 그 둘이 만나는 접점이 된다. 즉 법은 현실과 비현실(초현실), 권력과 반(反)권력, 정신과 육체, 이성과 감성 그 사이에(inbetween) 존재하는 것이다.

윤서가 법학자의 기호라면, 이런 과정은 정신과학적 법학에서 정신분석학적 법학을 지나 인간중심적 법학으로 나아가는 발전의 모습을 그려준다. 정신의 학문인 정신과학적 법학은 교조적이고 권위 형성적이며 현실을 대변하는 반면, 정신분석학적 법학은 소통적이며 권위 해체적이고 비현실에 관여한다. 이 둘이 만나서 서로 변증적으로 상호작용 할 때, 마음을 의미하는 '인간중심'의 법학으로 발전하게 된다. 물론 정신과학적 법학의 오랜 전통을 고려할 때, 인간중심의 법학으로 발전해 나아가는 역사의 상당한 시간은 정신분석학적 법학이 성장하는 과정이 된다고 할 수 있다.

(2) 교조적 권력형성과 소통적 권력해체

정신은 교조적인 반면, 육체는 소통적이다. 이 차이를 보여주

---

12) 검열과 무의식의 꿈-작업의 관계는 Michael G. Levine, "Freud and the scene of censorship", *Writing Through Repression* (The Johns Hopkins University Press, 1994), 21~42쪽 참조.

는 영화의 에피소드는 '댓글'이다. 정신을 상징하는 『사서삼경』의 경우, 댓글을 다는 것이 절대로 허용되지 않는다. 그런 만큼 정신의 『사서삼경』은 교조적이다. 반면 윤서의 『흑곡비서』에는 그 글을 읽은 독자들이 자신의 감동과 감상을 책의 마지막 장에 글로 남기는 '댓글'을 쓴다.

> "나으리 책을 읽고 감동을 주체를 못해서 자기 소감을 써 놓은 그런 글들이오...대꾸해서 쓴 글이니까 댓글이라고 해야 될까?"

영화 속에 등장하는 댓글 에피소드는 육체의 세계의 소통적 성격을 상징적으로 보여주고 있다. 또한 정신의 학문인 성리학과 같은 정신과학적 지식들은 권력을 형성하는 반면, 꿈을 다루는 학문인 정신분석학적 지식은 권력을 해체한다. 미래의 법학으로서 마음의 사랑에 지향된 법학은 교조적이면서 동시에 소통적이고, 소통적이면서도 교조적이어야 하는 것이다. 이런 미래 법학의 가능성은 정신분석학의 '전이적인 권위'(transferential authority)[13] 개념에 내재해 있다.

> **[자유연상과 전이적인 권위]** 프로이트는 최면술과 같은 심리치료방법을 거부하고, 자유연상을 정신분석학적 치료방법으로 정립하였다. 최면술의 경우, 환자는 치료자의 권위에 복종함으로써 최

13) 이에 대해서는 Abraham Drassinower, *Freud's theory of Culture: Eros, Loss and Politics* (Rowman&Littlefield, 2003), 86~87쪽; 전이적 권위와 전이 분석의 권위해체적 특성은 마크 에드문슨, 『광기의 해석: 프로이트 최후의 2년』(송정은 옮김)(추수밭, 2008), 241~244쪽 참조; 전이의 관계에 있는 정신분석가는 피분석자에 대해서 지배적인 입장에 있는 것이 아니라, 피분석자가 '자기자신의 외면된 차원을 볼 수 있도록 거울을 들고 있는자'라는 점에 대해서는 Eugene Victor Wolfenstein, "Mr. Moneybags meets the rat man: Marx and Freud on the meaning of money", *Political Psychology* (Vol. 14, No. 2, Special Issue: Political theory and political psychology, Jun., 1993), 300쪽 참조.

면 상태에서 치료자의 암시 명령을 그저 수용하는 수동적인 객체에 머문다. 이때 무의식에 잠재되어 있는 증상의 진정한 원인들은 캐내어지지 않고 은폐된다. 반면 프로이트가 정립한 자유연상은 환자가 자신의 무의식의 내용을 의식화함으로써 무의식에 대해 자기-인식을 획득하고 이를 성찰적으로 재구성하는[14] 방법이다. 환자가 정신분석용 카우치에 누운 채 떠오르는 모든 생각들을 있는 그대로 다 말하고, 정신분석가는 그가 알고 있는 무의식의 작동 기제들 — 예를 들어 압축, 이동, 저항, 전이 등 — 을 고려해서 피분석자의 자유연상을 주의 깊게 듣고 분석함으로써, 그의 무의식이 무슨 내용을 가지고 있는지를 해석한다. 이런 분석 작업은 피분석자와 정신분석가가 함께 피분석자의 무의식에 잠재되어 있는 내용들을 재구성함으로써, 피분석자로 하여금 자신의 욕망을 이해하고 보다 나은 자기 성찰과 자기 이해를 하도록 하는 상호주관적인 작업이다.[15] 자기 성찰과 자기 이해를 통해서 무의식을 의식화할 때, 증상은 사라지고 환자는 더 성숙한 주체로 거듭날 수 있다. 이처럼 자유연상은 소통적이고, 상호주관적이며, 권위 해체적[16]이다. 그러나 정신분석이 분석가에게 그 어떤 권위도 인정하지 않는 것은 아니다. 자유연상을 기반으로 한 치료세션에서 환자는 분석가에게 자신의 억압된 감정 등을 전이하게 되고, 분석가는 전이 또한 주의깊게 분석함으로써 치료를 진행한다. 이런 상호주관적 작업에서 분석가에게 귀속되는 신뢰는 전이관계 속에서 형성되는 것이며, 전이적

14) Drassinower는 정신분석학의 자기성찰적 측면에 주목하면서, 증상을 의사소통적 양식(modes of communication) 중의 하나라고 재구성한다. 이에 대해서는 Abraham Drassinower, *Freud's theory of Culture: Eros, Loss and Politics* (Rowman&Littlefield, 2003), 77쪽 참조. 정신분석은 증상으로 드러난 무의식의 내용을 의식화함으로써 그것을 소통의 대상으로 만드는 작업인 것이다.

15) 하버마스는 정신분석이 자기성찰에 지향되어 있는 점에 주목하여, 정신분석학을 '심층해석학'이라고 개념화한다. 알프레트 쉐프, 『프로이트와 현대철학』(김광명 · 김정현 · 홍기수 옮김)(열린책들, 2001), 225~226쪽 참조.

16) 정신분석학의 권위 해체 지향성은, 억압된 것의 회귀, 반복 강박, 타나토스 등의 정신분석학 이론이 기존의 질서를 교란시키고자 했던 초현실주의자들의 해방운동의 이론적 기초로서 실천적으로 활용되기도 했다는 점에서도 드러난다. 이에 대해서는 할 포스터, 『욕망, 죽음 그리고 아름다움』(전영백과 현대미술연구팀 옮김)(아트북스, 2007), 54쪽 참조.

인 권위를 형성한다. 권력적인 최면술의 권위와는 달리, 정신분석적 권위는 상호주관적 작업에서 형성된 신뢰가 분석가에게 부여하는 것이다.

이러한 정신분석학적 방법은 대화이론적 법이론[17]으로 발전할 수 있다. 수범자들이 마치 자유연상을 하듯 현실의 법에 의해 외면된 모든 욕망들을 자유롭고 기회균등하게 드러내고, 그 욕망의 심연인 무의식에 어떤 왜곡이 있는지를 성찰하고, 욕망을 재구성하는 상호주관적 성찰을 거쳐 욕망의 통로가 되는 실정법을 재구성하는 소통적 과정이 곧 법의 실현이라고 바라보는 것이다. 또한 그런 소통적 과정의 문제해결기능에 대한 신뢰가 쌓이면 그 과정에서 재구성된 실정법들도 비로소 정당한 권위를 갖게 된다. 민주적 법치국가에서 법은 바로 그런 정당한 권위로서만 권력과 힘이 될 수 있는 것이다.

(3) 현실과 비현실의 변증

마지막으로 정신의 세계가 '현실'이라면, 꿈의 세계는 '비현실'이다. 그러나 현실과 비현실은 서로 구분되는 독립적인 두 차원이 아니다. 이 점을 윤서는 갈파하고 있다. 그는 이렇게 말한다.

"원래 현실이란 비현실적이요"

현실은 비현실적인 것이고, 현실에서 말하는 진실은 진실이 아니고, 현실의 권력도 권력이 아니며, 현실의 정신도 정신이 아니다. 윤서의 말은 "꿈이 현실이고, 비현실이 곧 현실이오"라는 말을 함축하고 있다. 현실이 비현실이고, 비현실이 곧 현실인 것이다. 현실이 비현실이 되고, 원래는 꿈이었던 비현실이 현실이

17) 이에 관해서는 이상돈, 『법이론』(박영사, 1996), 263쪽 아래 참조.

되는 사건들을 담고 있는 윤서의 책 『흑곡비사』는 이 명제를 현현시켜 보여주는 예이다. 광헌의 말처럼 내명부가 남자를 만나러 절에 찾아오는 것은 비현실적이지만, 그것은 윤서와 정빈의 현실이기도 했다. 꿈에서만 가능하리라 생각했던 교합자세는 윤서와 정빈에 의해서 현실이 되고, 그런 현실을 광헌이 삽화로 그림으로써 그 현실은 다시 꿈이 되고, 비현실이 된다. 『흑곡비사』에 비해 현실과 비현실의 변증으로서의 상징이 좀 약하긴 하지만, 광헌이 쓰는 몽둥이가 '마치 소 좆같다 하여', 시중에서 백성들에게 '쇠좆매'라고 불리는 것도 현실과 비현실의 변증의 한 예이다. 광헌의 몽둥이는 음란물을 단속하는 '매'이지만, 동시에 '소의 좆'이라는 육체의 꿈을 담고 있다. 쇠좆매는 권력의 집행도구이면서 꿈을 상징하는 것으로서, 현실과 비현실이라는 두 세계가 융합되어 있다. 이와 같은 현실과 비현실의 변증은 '가장 이론적인 것이 가장 현실적'이라는 헤겔(Hegel)의 말을 떠올리게 한다.

사진4. 은밀한 만남을 갖는 정빈과 윤서

[환상과 심리적 현실] 프로이트는 신경증의 중요한 발병원인인 유아기의 트라우마적 사건들이 현실이 아니라 환자들이 만들어낸 환상[18]이라는 점을 인식하면서 현실이 비현실이고, 비현실이 현실이라는 통찰을 갖게 된다. 그래서 그는 물리적 현실과 대비하여

18) 프로이트가 발견한 환상들은 크게 세 가지인데, 부모의 성교 장면인 원장면, 유아가 부모나 형제, 친구 등으로부터 성적인 유혹을 받았다고 기억하는 유혹장면, 마지막으로 거세에 대한 환상이다. 프로이트는 이 세 가지 유형의 환상을 원환상이라고 불렀으며, 이 세 가지 환상은 모든 사람들이 보편적으로 다 경험하는 것이라고 믿었다.

> 비현실적인 현실을 '심리적 현실'이라고 일컬었다.[19] 심리적 현실은 무의식적 욕망과 그것과 결부된 '환상'들이 만들어내는 심리 내부의 세계이다. 환상들은 주체에게 현실로 받아들여짐으로써 심리적 현실이 된다. 비현실인 환상은 그 어떤 외부적, 물리적 현실보다 더 압도적인 현실적 힘을 발휘하기도 하는데, 그럴 때에 신경증이 발병하게 된다. 프로이트는 유아기의 트라우마적 경험들이 환상인지 아니면 실제 경험인지는 명확하게 밝혀낼 수가 없으며, 그렇게 밝혀내는 것이 중요한 문제인 것도 아니라고 강조한다. 환상이 만들어지기 위해서는 아주 사소하다 하더라도 현실의 단초가 있어야 하며, 현실의 단초가 주어진다고 해도 심리적 현실이 없다면 환상은 만들어지지 않기 때문이다.[20] 현실과 환상은 상호적으로 서로를 구성하기 때문에, 그 둘은 서로 명확하게 분리되지 않는다.

인간중심의 법을 실현하기 위해서는 법학이 현실이 비현실이고, 비현실이 현실임을 통찰해야 한다. 한두 가지 예를 들어보자. 우선 비현실이 현실일 수 있는 예로는 '재판상 진실' 개념을 생각해볼 수 있다. 재판은 과거의 현실, 곧 진실을 밝히는 과정이라고 생각하기 쉽고, 그런 생각을 바탕으로 흔히 형사소송의 목표는 '실체적 진실의 발견'이라고 말해진다. 반면 실체로서 존재하는 '과거의 진실 그 자체'란 없으며, 절차적 합리성이 철저하게 구현된 재판과정에서 (현재) 인정되는 사실 — 즉 비현실 — 이 진실 — 즉 과거의 현실 — 로 승인되어야 한다는 재판상 진실 개념[21]은 비현실이 현실일 수 있음을 수용한다. 이는 얼핏 진실

19) 프로이트의 심리적 현실 개념이 근대적인 '사료편찬적 태도', 즉 어떤 것의 사실을 복원한다는 태도와 결별한 것이라는 Richard King, "Memory and Phantasy", *MLN* (Vol. 98, No. 5, Comparative Literature, Dec., 1983), 1197쪽 참조.

20) 심리적 현실에 대한 자세한 설명과, 이런 프로이트의 입장을 도를 터득하면 꿈이 현실이고 인간이 나비라는 장자의 호접몽과 관련해서 논의하는 것은 임진수, 『환상의 정신분석: 프로이트 · 라캉에서의 욕망과 환상론』(현대문학, 2005), 130~131, 175~177, 186쪽 참조.

을 외면하는 듯이 보이지만, 이런 이해는 재판과정을 당사자들이 자신의 입장을 충분히 개진할 수 있는 민주적 참여의 기회로 확대시켜준다.

거꾸로 현실이 비현실일 수 있는 한 예로는 사형제도를 들 수 있다. 사형제도가 극악범죄를 막아줄 것이라는 신념을 바탕으로 구축되어 있는 현실이 비현실일 수 있다는 것이다. 자기자신의 무의식적 범죄욕구의 해소라는, 모든 사람들에게 공통적으로 내재되어 있는 심층심리적 필요가 사형제도의 과장된 범죄예방효과라는 비현실을 만든 것일 수 있다.[22] 이런 법현상에 대한 통찰은 사형제도가 침해하는 인권을 구출해주는 변화의 출발이 될 수 있다.

21) 실체적 진실 개념과 재판상 진실 개념에 대해 자세히는 이상돈, 『새로쓴 법이론』(세창출판사, 2005), 266~267쪽 참조.

22) 사형제도가 모든 인간에게 내재해 있는 본능적 살인욕구를 방류하는 문화적 양식으로서 유지되어 온 것일 수 있다는 심층심리적 해석은 이상돈, 「사형폐지론의 이론과 정책」, 김일수교수화갑기념논문집 간행위원회(편), 『한국형법학의 새로운 지평』(박영사, 2006), 697~698쪽 참조.

[3] 춤추는 자아와 소통적 법: <마더>

〈마더〉의 줄거리

울 듯한 표정으로 춤을 추는 한 중년의 여성. 춤을 멈추고 삶에 찌든 표정으로 처연히 우리를 바라보는 도준의 엄마 혜자(김혜자 분)의 모습으로 영화는 시작된다. 그녀는 약재상을 하면서 무면허로 침도 놓고, 28살의 약간 지능이 모자란 아들 도준(원빈 분)과 함께 살고 있다. 혜자는 도준이 껄렁한 진태(진구 분)와 어울리는 것이 영 못 마땅하다. 그녀는 없는 살림에도 도준에게는 더덕과 구기자를 넣고 푹 고은 닭과 같이 몸에 좋은 것만 먹인다. 어느 날, 도준은 진태를 만난다며 밥을 먹다말고 뛰어나가고, 혜자는 보약을 들고 도준을 쫓아간다. 혜자는 노상방뇨하는 도준의 소변줄기를 유심히 살피고, 도준에게 보약을 먹인다. 도준은 버스가 오자 혜자에게 제대로 인사도 하지 않은 채 가버린다. 술집에서 진태를 기다리던 도준은 술에 잔뜩 취해서 술집주인의 딸 민아에게 수작을 부린다. 술집이 문을 닫을 시간까지도 진태는 오지 않고, 술집에서 쫓겨나서 집으로 오던 도준은 자신의 앞에서 걸어가는 여고생 문아정(문희라 분)에게 술 한잔 하자고 말을 붙힌다. 아무 대답 없이 옆에 있는 폐가로 들어가버리는 아정. 도준은 폐가의 까만 어둠을 들여다본다. 그 순간 갑자기 어둠 속에서 커다란 바위가 튀어나오고, 도준은 당황해하며 겁먹은 듯 돌아선다. 집에 온 도준은 팬티만 입은 채로 엄마의 젖가슴을 만지면서 잠이 든다.

다음날 아침, 문아정의 시체가 폐가 옥상에 걸려있고, 그 옆에 도준의 이름이 써진 골프공이 발견된다. 그 골프공은 도준이 진태와 골프장에 갔을 때 주워서 매직으로 이름을 써 놓은 공이다. 도준이 사건의 피의자로 지목되고, 도준은 상황을 잘 이해하지 못한 채 피의자신문조서에 서명을 한다. 도준이 절대 살인을 했을 리가 없다고 믿는 혜자는 도준의 누명을 벗기기 위해 백방으로 노력한다. 혜자는 도준을 구하기 위해서 없는 돈을 다 긁어모아 군에서 제일 잘나간다는 공 변호사를 선임하지만, 공 변호사는 도준의 사건에 너무나 무성의한 태도를 보인다. 변호사의 무성의한 태도에 실망한 혜자는 스스로 사건을 조사하기 시작한다.

도준은 사건 당일날에 대해서 기억해내려 노력하다가, 혜자가 도준이 5살 때 농약을 먹여 죽이려 한 것을 기억해내고 그것을 혜자에게 말한다. 혜자는 충격을 받아서 울다가 그건 너무 힘들어서 같이 죽으려 했던 거라고 해명한다. 그러면서 도준에게 나쁜 일을 풀어주는 침을 놔주겠다고 하지만, 도준은 이번엔 침으로 죽이려는 거냐고 매몰차게 말하고선 다신 오지 말라고 한다. 며칠 후, 도준은 살인사건이 있었던 날 그 폐가에서 자신이 보았던 노인의 얼굴을 기억해내게 되고, 혜자는 아정의 핸드폰 사진목록에서 그 노인을 찾아낸다. 그 노인은 고물상을 하는 사람이었는데, 혜자는 진범에 대한 정보를 얻기 위해 그 노인을 찾아간다. 그러나 진범을 알고자 찾아간 고물상 노인은 오히려 도준이 아정을 살해하는 장면을 목격했다고 말한다. 아정이 도준에게 바보라고 말하자 도준이 아정이 쪽으로 돌을 던졌고, 그 돌에 아정이 맞아서 죽었다는 것이다. 노인은 도준이 쓰러진 아정을 옥상으로 끌고 가는 장면까지도 목격했다고 말한다. 고물상 노인이 그 사실을 경찰에 알리겠다고 하자, 혜자는 그 노인을 잔인하게 살해한 후 집에 불을 질러버린다.

그 사건이 있은 후에, 형사인 제문(윤제문 분)이 혜자를 찾아오고, 진범인 종팔(김홍집 분)이 잡혔다면서 도준은 이제 무사하다고 말한다. 혜자는 종팔을 만나러 가서 엄마가 없냐고 묻는데, 정신지체가 있어 보이는 종팔이 엄마가 없다고 하자 흐느껴 운다. 진태와 민아는 석방된 도준을 마중나가고, 세 사람은 함께 불타서 없어진 고물상 노인의 집터로 놀러 간다.

도준이 풀려난 후 혜자와 도준은 여전히 한 침대에서 잠을 자긴 하지만, 이제 도준은 옷을 입고 엄마와 마주보지 않고 한 방향으로 나란히 누운 채 잠을 잔다. 혜자는 효도관광을 떠나고, 도준은 버스정류장에서 혜자에게 자신이 고물상 노인의 불탄 집터에서 주은 혜자의 침통을 건네준다. 혜자는 충격을 받고는, 자신을 부르는 도준을 돌아보지 않은 채 버스에 올라타서 나쁜 일을 씻어준다는 침자리에 침을 놓는다. 혜자는 다른 아줌마들과 함께 섞여서 석양 속에서 고속버스 춤을 준다.

Ⅰ. 초자아의 모성과 법파괴의 전조

영화 <마더>는 우리말로 하면 그냥 <엄마>이다. '엄마'라는 말을 하는 순간 우리는 권력으로부터 소외되어 있으면서도 모든 권력에 맞서 나를 지켜줄 것 같은 존재, 그래서 절대적으로 신뢰할 수 있는 존재를 떠올린다. 여기서 권력에다 법을 대입한다면, 엄마란 법으로부터 소외된 자이며, 모성(母性)은 법의 결여상태가 된다. 그렇다면 법은 엄마와 대척점에 있는 아빠, 즉 부성(父性)의 기호가 된다. 영화 <마더>는 절대적인 사랑으로서 모성이 그런 부성의 법과 어떻게 관계짓고, 그런 관계지음 속에서 오늘의 법이 어떻게 새로이 읽혀야 하는지를 보여준다.

1. 모성과 부성의 분리

(1) 한없이 따뜻한 어머니의 전통

영화 <마더>는 전통적으로 우리나라 문화에서 신성시되어 온 모성의 파괴적 성향을 드러내 보여준다. 자식을 위해 자신의 모든 것을 아낌없이 내어놓는 희생적인 어머니상은 모성을 도덕의 절대치로 올려놓는 것으로서, 모성은 신화에 가까운 자리를 차지했고[1], 어머니들에게 있어 '모성'은 반드시 그 의무를 다해야만 하는 엄격한 '초자아'로 자리잡아 왔다. 이렇게 모성이 '절대적 헌신성'으로 자리매김 됨에 따라 부성은 '엄격함과 권위'의 역할을 부여받게 된다. 서로 양 극단에 위치함으로써, 부성과 모성이 균형을 이룬다. 가족의 질서를 유지하기 위해서는 엄격함과 따듯함이 모두 요구되는데, 모성이 한 극단에 자리함으로 인해 부성은 그 반대 극단에 자리할 수밖에 없는 것이다.

(2) 기호로서 모성과 부성

물론 이처럼 한없이 따듯한 어머니와 엄격한 아버지라는 전통적인 부모상은 페미니즘의 진영에서 보면 가부장제의 생성물이다. 여기서 페미니즘의 가부장 처형을 향한 전쟁을 논의할 필요는 없겠다. 그보다는 모든 가부장이 처형되어도 남는, 그리고 남아야 하는 부성, 곧 모성의 파트너로서 부성에 주목할 필요가 있다. 그러니까 우리에게 중요한 점은 가정 내의 전통적인 질서에서 생성되었을 것으로 추측되는 모성과 부성이 이제 현실의 성차적 특성으로부터 의미를 남지히는 '기호'로 전환된다는 점이다. 모성은 한없이 따뜻한 사랑의 기호이고, 부성은 엄격한 규율과 훈육의 기호가 된다. 기호의 개념으로 이해된 모성과 부성은 현실의 엄마와 아빠에게 각각 모두 있을 수 있다. 어떤 엄마는 오히려 부성이 강하고, 어떤 아빠는 오히려 모성이 강할 수도 있는 것이다.

1) 성모(聖母)는 이상화된 모성신화의 절정인데, 거룩한 어머니는 필연적으로 어머니 자신의 욕망의 포기와 맞닿아있다. 우리나라 역사에서 이상화된 모성은 민족적 구원을 가져다줄, 여성의 도덕적 책무로 격상되기도 했다. 이와 같은 모성의 측면을 이태준의 작품 『성모』에서 고찰하는 장수경, 「일제강점기 모성 담론에 맞서는 위반의 포즈-이태준의 『성모』, 『청춘무성』을 중심으로」, 『비교한국학』(17권 2호, 2009), 271~274쪽 참조; 현대 한국사회에서 계속되는 모성신화에 대한 분석은 윤택림, 『한국의 모성』(미래인력연구원, 2001), 117~138쪽 참조.

2. 마더의 신경증적 불안

(1) 도준과 하나인 마더

영화 <마더>는 초자아의 형태로 발현된 모성을 이야기를 풀어나가는 첫 단추이자, 관객에게 모성을 반추하게 만드는 끝 단추로 삼는다. <마더>의 혜자는 자기 자신을 모두 버리고 오직 자식만을 위해서 살아간다. 그 결과 혜자는 극중에서 '엄마'라고만 나올 뿐, 한 번도 자신의 이름으로 불리우지 않는다. 혜자의 나지막한 독백이 관객의 마음 속에 마취제처럼 스며들어온다.

"너는 난데..."

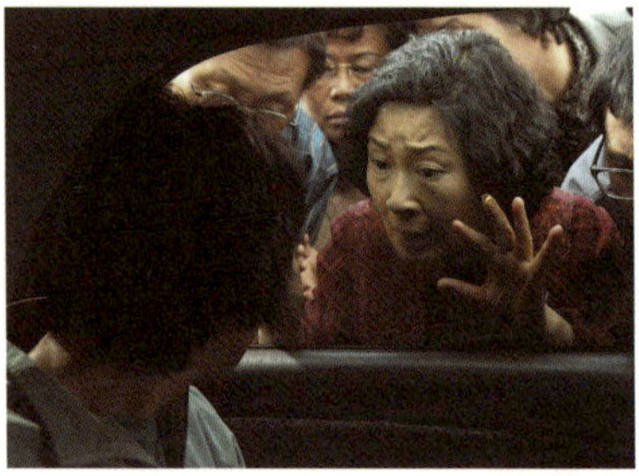

사진1. 연행되어가는 도준과 애타게 도준을 쳐다보는 혜자

혜자는 오직 도준일 뿐이지, 자기자신은 없는 것이다.

하지만 여기서 자기자신이 없다는 것은 혜자에게 초자아, 그리고 초자아의 파트너인 이드만 강할 뿐, 자아는 거의 없음을 말해준다. 자아가 위축되고 기능을 상실한 채 초자아와 이드의 명령에 지배당할 때, 그 주체는 신경증적 주체가 된다. 영화 <마더>의 도준 엄마는 가장 극단적으로 초자아의 명령에 복종한 모성의 모습을 보여준다. 초자아에 지배당한 주체의 신경증은 도준 엄마도 피해갈 수 없다.

(2) 모성의 신경증을 가져오는 부성의 부재

그렇기에 도준이 살아갈 수 있게 하는 바로 그 마더가, 동시에 그의 삶을 파괴할 수도 있을 것이라는 불안한 예감이 이미 영화 초반부부터 관객들을 휘감는다.

이러한 불길한 전조는 모와 부를 한없이 따뜻한 사랑의 자리와 엄격한 규율의 자리에 극단적으로 위치지운 가정에는 언제나 맴돌기 마련이다. "애비 없는 자식"이란 옛말의 문제의식은 아버지가 없어서 — 과거의 법적 용어로 표현하면 결손가정이어서 — 버릇이 없어진, 그래서 "호로(胡虜)자식"일 거라는 편견을 분출하는 것이 아니다.[2] 엄마가 아버지의 그 엄격한 규율과 훈육의 역할을 대신할 수도 있고, 또 현실에서도 그런 엄마를 어렵지 않게 찾아볼 수 있기 때문이다. "애비 없는 자식"의 문제의식은 그보다는 초자아로 환원된 모성의 그림자, 즉 부성의 인간애적 차원을 지워버리고 궁극에는 모성적 사랑의 기반마저 붕괴시킬 수 있는 신경증적 불안을 말해주는 것이다. 영화 <마더>에서 도준의 아버지 이야기는 거의 등장하지 않는다. 도준은 마치 처음부터 아버지가 없는 아이와도 같다. 이는 물론 우연일 수도 있고, 의도된 설정일 수도 있다.

Ⅱ. 초자아 모성의 자기부정과 법의 파괴

1. 모성의 변증으로서 살인

절대적인 모성, 자아를 짓누르는 초자아로 환원된 모성은 마

2) 정신분석학은 부성과 모성이 균형있게 존재해야 함을 강조한다. 라깡의 이론에 따르면, 모성이 부성을 부정할 경우 아버지의 이름이 부재한 아이는 상징계로 진입할 수가 없다. 물론 여기서 모성과 아버지의 이름으로서 부성은 부모의 생물학적 성과 무관한 상징적 기호로서 해석되어야 한다. '애비없는 자식'이라는 문제의식은 이러한 라깡의 진단을 함축하고 있다.

더라는 사랑의 주체에게도 감옥을 형성한다. 모성의 초자아에 억눌렸던 이드는 절대로 소멸하지 않으며 마치 용수철처럼 억눌린 만큼 더 폭발적으로 튀어오른다. 초자아인 모성에 짓눌렸던 이드는 종국에는 '모성의 해체(反모성)'로 되돌아온다.[3)]

[초자아와 이드의 동맹과 자아의 신경증] 프로이트는 무의식으로 억압된 것은 억압된 채로 사라지지 않고 반드시 회귀한다고 보았다. 자아는 이 회귀를 막으라는 초자아의 명령에 따라 방어기제들을 동원해보지만 일정한 한계에 도달하면 소용이 없게 된다. 억압된 것들은 결국 자기파괴적인 힘으로 분출되고 만다.[4)] 그 결과 강박적인 초자아가 오히려 이드의 명령을 수행하게 되는 힘의 역전이 벌어진다.[5)] 프로이트의 문명이론에 따르면, 문명을 위해 포기해야만 하는 타나토스와 같은 개인의 공격적 본능은 초자아의 힘에 의해 죄책감의 형태로 주체의 내부를 향하게 되고, 초자아는 그 죄책감에 의해 더욱 강해진다. 또한 더욱 강해진 초자아에 의해 이드에 대한 억압도 더욱 강해져서 이드의 파괴적 본능도 더욱 커진다. 여기서 초자아와 이드는 동맹군이 된다.[6)] 바꿔 말해 강력한 초

3) 전통적인 모성은 신앙에도 비교될 수 있을 정도의 무한대의 희생을 의미하는 것이었으며, 그런 희생적 사랑에 대한 강박적 추구는 사회의 정신적 건강을 잃어버리게 할 수 있다는 점은 이상돈, 『욕망은 행복을 낯설게 한다』(연극과인간, 2003), 35~39쪽 참조.

4) 무의식의 역동성과 회귀성에 대한 설명은 이창재, 『프로이트와의 대화』(학지사, 2005), 126~129쪽 참조.

5) 양심의 힘은 공격성을 억압하는 형벌의 힘에 비례해서 길러지는 것이 아니라, 주체의 공격성의 힘과 비례하여 길러진다는 설명은 이점을 잘 반영하고 있는데, 이에 대해서는 Judith Butler, "Circuits of Bad Conscience: Nietzsche and Freud", in Alan D. Schrift (ed.), *Why Nietzsche Still?* (University of California Press, 2000), 126쪽 참조; "초자아는 항상 이드와 가까이 있고 자아와 직면해서는 이드의 대변자로서 행동할 수 있다"는 프로이트의 분석은 지그문트 프로이트, 「자아와 이드」, 『정신분석학의 근본개념』(윤희기·박찬부 옮김)(열린책들, 2007), 393쪽; 지그문트 프로이트, 「마조히즘의 경제적 문제」, 『정신분석학의 근본개념』(윤희기·박찬부 옮김)(열린책들, 2007), 427쪽 참조.

6) 초자아와 이드의 동맹에 대해서는 F.R. Ankersmit, "Freud as the last natural law theorist", *Political Representation* (Stanford University Press, 2002), 82~84쪽 참조.

> 자아를 가진 도덕적 인간이 될수록 자아를 처벌하려는 공격성과 타나토스도 더욱 강력하게 실현되는 것이다. 이런 동맹관계 속에서 자아는 위축되고, 주체는 신경증적 주체가 되어버린다. 이는 문명화의 불가피한 댓가이다.[7)]

도준에 대한 모성의 이름으로 자신의 욕망을 포기하는 것을 묵묵히 감내하던 혜자는 도준에 대한 사랑, 즉 모성의 초자아가 내리는 명령을 극단적으로 추구한 끝에, 역설적으로 '살인'을 저지르게 된다. 혜자는 초자아적 모성의 광기 속에서 다른 어머니의 사랑스러운 아들이었을 고물상 노인을 다음과 같이 말하며 무참히 살해해 버린다.

> "아니야. 절대 아니야. 아니야, 이 쓰레기야. 우리 아들 발톱의 때만도 못한 새끼"

2. 부성의 법 파괴와 모성의 해체

이런 결과는 살인하지 말라는 초자아의 보편적인 도덕 명령을 위반하는 것이다.

(1) 모성에 의한 모성의 부정

살인은 타나토스의 극단적 발현으로서 이드의 극단이다. 이런 이드의 극단은 초자아로 환원된 모성의 기호, 즉 '한없이 따뜻한 사랑'을 독살해버리는 것과 같다. 왜냐하면 혜자의 살인이 비록 아들 도준을 지키기 위한 것이긴 하지만, 진정한 모성의 기호가 갖는 의미는 오직 자기 자식만을 위한 사랑이 아니라 인류전반

7) 죄책감이 문명의 핵심이고, 문명이 발달할 수록 죄책감은 증대할 것이라는 통찰과, 죄책감과 신경증의 관계에 대한 프로이트의 설명은 지그문트 프로이트, 「문명 속의 불만」, 『문명 속의 불만』(김석희 옮김)(열린책들, 2007), 314~321쪽 참조.

을 아우를 수 있는 한없이 따뜻한 사랑이기 때문이다. 그렇기에 이드로 표출된 모성은 더 이상 모성이 아니라 모성을 부정하는 반(反)모성이 된다. 이것이 초자아 모성의 자기부정이다. 초자아가 부정의 변증을 하는 셈이다. 이와 같이 부정의 변증을 하는 초자아의 모성은 단지 전통사회에만 국한된 현상이 아니다. 현대사회에서도 합리성을 잃어버린 극단적인 모습의 모성을 드물지 않게 볼 수 있다. 아들의 행복한 미래를 위한 강한 교육열이라는 모성으로 아들의 혀를 영어발음에 유리한 구조로 성형하는 한국 엄마들의 모습은 초자아의 모성이 자기부정을 한 결과라 할 수 있다.

(2) 부성의 법 파괴와 자아의 이중적 부정

또한 혜자의 살인은 부성의 법을 파괴하는 것이다. 법은 아버지(父) 하느님의 '엄격하지만 공평한 사랑'과 같은 것, 근대법의 용어로 바꿔 말하면 '자유의 공평한 분배'와 같은 것이다. 그러니까 모성과 부성을 한없이 따뜻한 사랑의 기호와 엄격한 규율과 훈육의 기호로 갈라놓고, 모성을 절대화, 극단화하는 것은 부성의 법, 즉 공평한 자유향유의 조건을 깨뜨리는 것이다. 초자아의 모성이 커질수록 부성은 소외되고, 부성의 법은 깨트려지기 쉽다.

초자아의 모성에 의한 부성의 법 파괴와 모성의 자기부정은 이중으로 자아를 작고 무력하게 만든다. 즉 한편으로 부성의 법은 엄격한 규칙이지만 공평성을 유지하는 한 개인은 주체의 지위를 누리는 것이므로 초자아의 모성은 그런 개인의 자아를 압사시킨다. 또한 다른 한편으로 초자아의 모성은 여성이라는 주체의 자아를 모든 것을 희생하는 불합리적인 복종상태 속에 빠뜨려 익사시킨다. <마더>의 혜자가 보여주듯 그녀 자신은 없다.

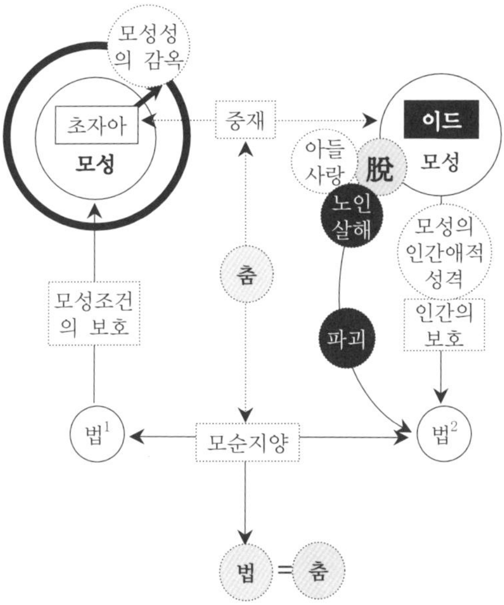

Ⅲ. 춤을 통한 자아의 회복과 법의 재해석

사진2. 캄캄한 밤에 혼자 조사하러 다니는 혜자

영화 <마더>에서 가장 인상 깊은 장면으로 혜자가 스타일을 정의할 수 없는 춤을 추는 장면을 들 수 있다. 이 춤은 초자아와 이드의 동맹 속에서 극도로 억압되고 왜소해진 자아를 회복하는 몸부림으로 볼 수 있다.

1. 자아의 모성 회복

(1) 종팔과 마더 혜자의 대화

<마더>의 혜자에게서 자아의 회복이 일어남을 보여주는 장면은 종팔과 만나는 장면이다. 혜자는 자신의 아들 도준 대신 잡혀 들어간, 결과적으로 도준을 구해준 종팔을 만나서 이렇게 말한다.

"너 부모님은 계시니? 엄마 없어?"

혜자의 이 물음에 조용히 고개를 젓는 종팔이를 바라 보며 혜자는 통곡한다. 혜자의 이 통곡하는 '엄마'의 모습은 그녀가 노인을 살해하는 반(反)모성의 극단에서 다시 보편적 모성으로 회귀하기 시작하였음을 말해준다. 보편적 모성은 인류애적 모성이며, 인류애적 모성은 초자아의 모성도, 이드의 모성도 아닌, 자아의 모성이라 할 수 있다.

(2) 자아의 모성 회복으로서 보편적 연민

이렇게 볼 때 혜자는 아들 도준의 살인 사건을 추적하는 과정을 통해서 자신의 초자아를 해체하고, 초자아의 모성(도준에 대한 사랑)→이드의 모성(반(反)모성)(노인살해)→자아의 모성(인류애적 모성)(종팔이에 대한 연민)의 변화를 겪는다. 그녀가 도준에 대한 사랑에 광적으로 집착하고 있을 때 모성은 살인이라는 극단적 반(反)모성으로 변증되어 버렸다. 이에 반해 혜자가 아들 도준이 아정을 살해했을 가능성을 바라보면서 — 이를테면 도준이 출소했을 때 예전 같았으면 맨 앞에 서서 안절부절 못하며 도준을 기다렸을 혜자가 마중조차 나가지 않는 것처럼 – 도준과 어느 정도 거리를 두기 시작했을 때, 혜자에게 인류애적 모성으로 향하는 자아의 모성이 서서히 피어나기 시작한다.

하지만 여기서 '인류애적 모성'이라고 한 것의 내용은 엄마들이 다른 엄마들에 대해 갖는 연대의 끈으로서 연민일 뿐이다. 이러한 연민은 자신의 자식에 대한 사랑이 다른 엄마의 자식에 대한 사랑과 유비(類比)됨으로써 발생하는 것일 뿐, 자신의 초자아와 이드 사이의 균형을 잡는 성찰적 주체로 거듭남으로써 비로소 발생하는 것은 아니다.

2. 춤추는 자아로서 법

(1) 혜자의 춤, 자아의 모성 회복

그런 성찰적 주체의 모습은 혜자가 초자아의 모성이 노인 살해에 이르는 부정의 변증을 겪은 후에 추는 알 수 없는 스타일의 춤을 통해 언어화된다. 혜자의 춤은 그런 부정의 변증을 해체하려는 몸부림이다. 혜자는 그런 몸부림을 통해, 그러니까 정체모를 춤을 춘 후에 다시 일상으로 돌아온다. 그렇게 춤을 통하여 돌아온 일상은 예전보다는 훨씬 더 균형잡혀 있는 모습으로 그려진다. 그녀는 이제 도준이가 자신의 모성 안에 있는 어린 아기가 아니라, 여자애를 성적으로 추구하기도 하고 다른 사람을 죽일 수도 있는, 다시 말해 자신과 독립되어서 에로스와 타나토스를 발휘하는 또 다른 '주체'라는 점을 인식한다. 춤은 바로 그런 고통스러운 인식을 매개해주는 것이다. 도준이를 구하기 위해 변호사를 만날 때를 제외하고는 단 한번도 화장을 하지 않고 몸빼바지만 입던 혜자가 효도관광을 가면서 곱게 화장을 한 모습은, 그녀가 이제 더 이상 도준이만을 위해서 자기자신을 버리고 '도준 엄마'로서만 살아가지 않고, 여자로서 그리고 인간으로서 자신을 찾기 시작했다는 것을 말해준다.

초자아와 이드 사이를 정신없이 오가는 폭풍 같은 시간 끝에, 춤을 매개로 그녀는 '자아'라는 균형점으로 돌아올 수 있었다. 혜자가 노인을 살해한 후에 추는 갈대밭에서의 춤 이외에 영화에 등장하는 또 다른 중요한 춤, 관광 버스 안에서 석양을 받으며 다른 여자들과 함께 섞여 추는 춤 또한 그와 유사한 기능을 한다. 모든 것을 잊고서, 곱게 화장도 하고 새로운 인생을 시작해 보려는 혜자에게 도준은 그녀의 침통을 불쑥 내민다. 이때 도준이 '이런 걸 흘리고 다니면 어떡하냐'고 말하자, 그녀는 잠시 '초자아의 모성이 파괴적인 이드의 모성으로 변증되었던 그 살해의 순간'을 다시금 떠올린다. 그러나 혜자는 망각의 침자리에 침을 놓은 후에, 춤을 추기 시작한다. 춤을 통해 그녀는 다시 균형 있는 자리로 돌아오려고 몸부림치는 것이다.

(2) 춤으로서 법

춤이란 규범적이거나 자연스러운 신체적 동작에서 벗어나서 부자연스러운 동작을 하는 것이고,[8] 이런 부자연스러움은 초자아의 억압이 주는 짐을 덜어내고, 그로부터 해방될 수 있는 가능성을 기호화한다. 춤은 끊임없는 '위치바꾸기'[9]이고, 주체의 위치를

8) 인간의 욕망을 통제하는 도덕주의와 금욕주의는 종교적 의식이나 사회적 의례로서 몸의 합리화와 규제를 실천하는 춤은 허용하지만, 몸의 자유로운 발산, 자유로운 춤을 금기시한다. 몸은 욕망의 장소이기 때문이다. 이에 대해서는 박상환, 「20세기 초 한국의 춤과 몸에 대한 예술철학적 소고」, 『인문과학』(제44집, 2009), 230~231쪽 참조; 춤의 힘은 몸에 대한 길들임에 저항하는 가능성에서 나온다는 Lior Barshack, "The body politic in dance", in P. Goodrich, L. Barshack and A. Schutz(eds.), *Law, Text, Terror* : *essays for Pierre Legendre* (Routledge, 2006), 60쪽 참조.

9) 위치바꾸기로서 춤은 Jacques Derrida/Christie V. McDonald, "Choreographies: Interview", in Nancy J. Holland(ed.), *Feminist Interpretations of*

끊임없이 바꿈으로써 초자아와 이드 사이의 저울이 균형점에 도달하는 순간을 향해감을 의미하는 기호이다. 여기서 혜자의 춤은 모성을 부정하지 않으면서도 부성의 법 역시 부정하지 않는 자아의 새로운 가능성을 암시함을 알 수 있다. 그렇기에 법은 이제 춤의 기호로써 재해석될 필요가 있다. 혜자에게서 볼 수 있는 춤추는 모습의 자아는 '사유를 통해 존재하는 주체'와 같은 근대적 자아처럼 무의식의 심연에서 펼쳐지는 초자아와 이드의 동맹적 공격으로부터 관념적으로만 단절되고 고립된 자아가 아니다. 춤추는 자아는 초자아와 이드와 마주하고, 그것들 사이를 소통시킴으로써 자아의 건강함을 유지하고 관리할 줄 아는 '소통적 자아'를 의미한다. 정신분석학이 인도하는 미래의 법은 바로 그처럼 '춤추는 자아'를 근대법의 원형인 사유적 자아의 자리에 들여 앉히는 것이어야 한다. 법이 춤추는 자아의 규범이라면 법을 실정화하는 법전도 춤의 악보, 즉 코리오그라피(choreography)가 된다.[10]

Ⅳ. 춤추는 법의 미래적 모습

법의 기호가 춤으로 재해석되려면, 법은 이제 더 이상 초자아를 과잉 강조함으로써 이드의 폭발적 실현을 초래하는 것이어서는 안된다. 법은 초자아와 이드 사이의 균형을 달성하고 그로부터 건강한 자아가 존재할 수 있게 하기 위해, 초자아와 이드와도 '끊임없이 위치를 바꾸는 춤'을 추어야 한다. 그렇게 춤추는 법이 미래의 법이다. 춤의 법학이 나아가는 미래를 영화 <마더> 속의

Jaques Derrida (The Pennsylvania State University, 1997), 27~28쪽 참조.

10) 이와 관련해서는 법춤학의 단초를 발전시키는 이상돈, 『법미학』(법문사, 2008), 66~69쪽 참조.

이야기로 두어가지 그려보자.

1. 무의식과 대화하는 법해석

춤으로서 법, 춤의 학문으로서 법학은 초자아에 의해 억압된 충동들이 쌓여있는 무의식과 대화하는 법해석을 지향한다. 이 점을 도준의 농약에 대한 기억 장면을 예로 설명해보자.

(1) 도준의 농약에 대한 기억과 사후성 이론

도준은 어린 시절에 혜자가 농약으로 자신을 죽이려했던 것을 잊고 있다가, 아정의 살인사건을 계기로 그 기억을 떠올리게 된다. 이것은 프로이트가 사후성 이론으로 개념화한 정신현상의 예에 해당한다. 사후성 이론이란 주체가 체험 당시에 그 의미를 이해할 수는 없었지만 심리적으로 유의미한 자극을 경험한 사건은 망각되지 않고 '의미화되지 못한 채' 무의식 속에 억압되어 묻혀 있다가, 시간이 지나서 '억압된 기억과 유사한 체험'을 하게 되면 그 체험에 의한 자극으로 다시 의식의 수면 위로 떠오르게 되며, 이때 비로소 사후적으로 의미가 부여된다는 것이다.[11] 이를 도준의 농약에 대한 기억에 적용해보자. 도준의 무의식 속에는 어렸을 때 엄마가 박카스를 먹으라고 했고, 그것을 먹은 후에 죽을 듯이 괴로웠던 기억이 흔적으로 남아있다. 하지만 도준은 어렸기 때문에 그 사건이 무슨 의미인지를 의미화시키지 못했고, 다만 충격적인 경험이었기 때문에 완전히 흘려보내지는 못한 채 무의식 속으로 밀어넣은 것이다. 그 기억은 도준이 28살의 청년으로 성장하기까지 무의식 속에 잠복해 있었다. 이렇게 잠재되어

11) 프로이트의 사후성 논리에 대한 자세한 설명으로 서동욱, 「데리다의 '차연'과 들뢰즈의 '차이 자체'－프로이트 '사후성의 논리'의 상속자들」, 『문화과학』(통권 27호, 2001), 149～152 참조.

있는 기간 동안에는 그 기억은 망각된 것이나 다름없다. 하지만 도준이 문아정 살인 사건에 휘말리고 '살인'이라는 주제에 골몰하게 되면서, 잊고 있던 농약 사건이 환기되어 의식의 수면 위로 떠오르게 된다. 도준에게 있어서 문아정 살인 사건과 농약 사건 사이의 유사성은 '살인'에 있다. 도준의 정신세계에서 농약 사건은 문아정 살인사건과 얽히면서 의식으로 떠오르고, '살인'이라는 의미를 사후적으로 부여받은 것이다. 관객들도 하나의 스틸컷을 통해서 이와 같은 도준의 사후적인 의미화의 체험을 공유한다. 관객들은 영화 중간에 잠깐 등장한 스틸컷, 즉 어린아이가 박카스병을 들고 있는 장면이 영화의 흐름과 상관없이 짧게 삽입되었을 때, 그 장면의 의미를 이해하지 못한다. 무슨 의미인지 알 수가 없지만, 다만 뭔가 기묘하고 서늘한 느낌만 받을 뿐이다. 관객들은 그 장면을 의미화시키지 못한 채 계속 진행되는 이야기의 흐름 속에 빨려들어가고, 이야기를 따라가는 동안 그 스틸컷은 '망각'된다. 하지만 도준이 혜자에게 중요한 것이 기억났다면서 농약 사건을 이야기할 때, 비로소 그 장면의 의미가 사후적으로 이해된다.

사진3. 구치소 안에서 기억을 떠올리는 도준

(2) **무의식과의 대화로서 법해석**

사후성 이론에서 바라보면, 법에 '이미 존재하고 있는' 의미를 찾고자하는 전통적인 법존재론적 사고는 시공간을 초월한 형이상학으로서만 가능할 뿐이다.[12] 입법, 즉 법률텍스트의 제정은 아

12) 프로이트의 사후성 논리가 형이상학 해체에 미친 영향에 대하여는 서동욱, 「데리다의 '차연'과 들뢰즈의 '차이 자체'－프로이트 '사후성의 논리'의 상속자

직 의미화되지 않은 의미의 잠재태들을 무의식에 쌓아두는 것과 같고, 법률의 의미는 해석자가 그 무의식과 대화함으로써 사후적으로 부여된다. 모든 법의 해석은 이미 존재하는 의미의 복제가 아니라[13], 항상 새로운 의미의 창조인 것이다. 데리다(Derrida)의 어법으로 말한다면, 법의 의미는 항상 미래를 향해 미뤄져 있는 것이고, 차연되어 있다. 여기서 법의 해석이 단지 입법자가 법률텍스트를 쓰면서 잠재시켜놓은 무의식의 충동적 욕망을 재현하는 것이 아님에 주의해야 한다. 법률텍스트의 해석은 마치 프로이트가 말하는 신비스런 글쓰기판에 글을 쓰는 것과 같기 때문이다.

[신비스런 글쓰기판] 프로이트는 인간의 의식과 무의식을 '신비스런 글쓰기판'으로 비유했다.[14] 신비스런 글쓰기판은 맨 위층의 셀룰로이드, 그 다음 층으로 얇고 반투명한 밀랍종이, 그리고 맨 아래는 밀초 평판으로 이루어져 있다. 세 층이 겹쳐져 있을 때 셀룰로이드 위에 글씨를 쓰면 글씨가 나타나지만, 셀룰로이드와 밀랍종이를 함께 들어올리면 글씨가 사라진다. 그런데 씌여졌던 글씨는 셀룰로이드와 밀납종이를 들어올림으로써 완전히 사라진 듯이 보이지만, 바닥에 있는 밀초평판에는 그 흔적이 영원히 남는다. 프로이트는 무의식이 밀초평판과 같은 것으로, 어떤 기억이 의식에서 사라져버린다고 해도 무의식에는 지울 수 없는 흔적이 남는다고 보았다. 무의식 속에는 우리가 측량할 수 없을 만큼 무한히 방대한 '의미의 잠재태'들이 잠재되어 있는 것이다. 그 잠재태들이 미래에 발생하는 예측할 수 없고 무한히 다양한 사건들과 만나면서 그때

들」, 『문화과학』(통권27호, 2001), 148쪽 참조.

13) 복제될 원본이 존재하지 않으므로, '원본의 복제(copy of the original)'는 있을 수 없고, 모든 복제는 그 자체로 원본(copy as original)인 것이다. 이에 관련해서는 Patricia Ticineto Clough, "The technical substrates of unconscious memory: Rereading Derrida's Freud in the age of teletechnology", *Sociological Theory* (Vol.18, No.3, Nov., 2000), 391쪽 참조.

14) 지그문트 프로이트, 「<신비스런 글쓰기 판>에 대한 소고」, 『정신분석학의 근본 개념』(윤희기 · 박찬부 옮김), (열린책들, 2007), 435~441쪽 참조.

> 그때 새로운 의미들이 창조된다. 셀룰로이드와 밀납종이, 그리고 밀초평판이 겹쳐져 있는 상태에서 글씨가 쓰여질 때에만 글씨가 나타나는 것처럼, 의미가 창조되려면 외부적 자극인 의식적 지각과 콘텍스트가 되는 무의식적 의미의 잠재태가 동시에 작용해야 한다.

여기서 신비스런 글쓰기판에 나타나는 글씨를 시공간의 맥락 속에서 법률해석을 통하여 창조된 법률의 의미라고 본다면[15], 끊임없이 새로운 흔적이 추가되며 재구성되는, 그리고 글씨가 글씨판에 나타나기 위한 필수적인 조건인 밀초평판은 '법공동체의 전통' 혹은 '법관 개인의 선이해'라고 이해할 수 있다. 즉 법률해석에서 밀초평판은 법률해석을 하는 법관 개인의 무의식일 수도 있고, 그 법이 제정되고 개정되는 시공간인 법공동체의 집단 무의식일 수도 있다. 이렇게 이해한다면, 무의식은 법률의 의미를 생성하는 심리적 기판(substrate)[16]이라 말할 수 있다. 법률의 의미는 법관의 무의식 그리고 법공동체의 집단 무의식과의 상호작용 속에서 비로소 그 의미가 생성되는 것이다. 법정신분석학은 법률텍스트와 법해석자의 무의식, 그리고 법공동체의 집단 무의식 사이의 정합성에 대한 지식을 생산한다.

2. 법의 이념에 의해 억압된 충동과 대화하는 법정책

춤으로서 법은 무엇보다 '초자아의 극단적 추구'를 경계한다.

15) 시공간의 맥락 속에서의 법률해석은 이상돈, 「형법해석의 한계—김영환 교수와 신동운 교수의 법학방법론에 대한 비평」, 『법률해석의 한계』(신동운 · 김영환 · 이상돈 · 김대휘 · 최봉철 공저)(법문사, 2000), 83~85쪽; SangdonYi, *Wortlautgrenze, Intersubjeitivität und Kontexteinbettung* (Ffm., 1992) 참조.

16) 심리적 기판 개념은 데리다가 말하는 무의식의 기계적 기판(technical substrates)개념을 응용한 것이다. 이에 대해서는 Patricia Ticineto Clough, "The technical substrates of unconscious memory: Rereading Derrida's Freud in the age of teletechnology", *Sociological Theory*, Vol.18, No.3 (Nov., 2000), 383~398쪽 참조.

왜냐하면 초자아의 과잉은 이드의 폭발적 발현으로 이어지기 때문이다. 어떤 법이 어떤 이념(초자아)을 좇는 것이 지나치게 강해지면 그 이념에 의해 억압되는 무의식의 충동이 그 이념의 현실화를 제거해버리는 부정의 변증이 일어나게 된다. 이로써 법은 언제나 초자아의 도덕적 이념과 바로 그 이념의 현실화를 부정하는 이드의 충동적 발현 사이의 긴장 속에 놓이게 된다.

가령 모든 종류의 성매매를 금지하고 물샐틈 없이 처벌하는 법[17]은 성윤리라는 초자아를 극한으로 좇는다. 그러나 그런 초자아에 의해 억압된 성적 충동들은 예측할 수 없는 때와 장소에서 다양한 형태의 폭력으로 발현되기 쉽다. 성적 일탈행위는 성윤리를 극대화하는 법에 의해 척결되는 것이 아니라 오히려 그 폭발적 에너지를 얻게 된다. 이런 점은 초자아의 모성인 <마더>의 혜자에게 노인을 살해하는 충동적 에너지가 축적된 것에 비유될 수 있다. 그렇기 때문에 법은 성적 자기결정을 성윤리라는 초자아에 가두기 보다는, 성윤리와 성적 충동의 균형을 향해 자신의 성을 주체적으로 결정하는 성찰적 자아를 지향해야 한다. 혜자의 춤이 그런 성찰적 자아로 거듭나려는 몸부림이듯, 법도 그런 춤을 추어야, 법이 좇는 이념도 그 이념에 의해 억압되는 충동적 욕망들의 폭력적 발현에 의해 파괴되지 않을 수 있다. 법학에서 말하는 비례성원칙의 법정신분석학적 의미는 법이 바로 초자아와 이드 사이의 균형을 지향하는 성찰적 자아에게 그의 자리를 주어야 한다는 데에 있다.

---

17) 예를 들어 「성매매알선 등 행위의 처벌에 관한 법률」이 있다. 이 법률에 대한 비판으로 이상돈, 「성매매의 범죄화와 인권침해」, 『시민과 변호사』 (통권 131호, 2004), 18~22쪽 참조.

[4] 아름다운 정상과 추한 비정상의 변증으로서 법 : <오아시스>

〈오아시스〉의 줄거리

홍종두(설경구 분)는 강간미수, 폭행 그리고 교통사고로 인한 과실치사의 죄를 범한 전과 3범이다. 그가 출소하던 날, 가족 중 누구 하나도 마중 나오지 않는다. 어머니의 선물도 사서 예전에 살던 집에 가보지만, 이미 식구들은 이사를 가고 없다. 돈이 없어서 음식점에서 무전취식을 한 종두는 결국 경찰서로 연행되고, 동생 홍종세(류승완 분)가 와서 종두를 집으로 데려간다. 식구들 중 그를 반겨하는 사람은 없지만, 그래도 종세는 종두와 웃음을 나누고, 종두의 형인 홍종일(안내상 분)의 처(추귀정 분)는 종두를 구박하면서도 그를 돌봐준다. 종두는 형 종일의 손에 이끌려 중국음식점에 배달부로 취직한다. 한편 종두는 과일을 사들고 음주운전 사고로 숨진 피해자 할아버지의 집을 찾아간다. 사실 종두가 사고를 낸 것이 아니라, 종일이 사고를 내고 종두가 형을 대신해서 감옥에 간 것이기 때문에, 종두는 별다른 죄책감을 가지고 있지는 않다. 할아버지의 아들 내외는 '미안해서 인사나 하러 왔다'는 종두를 어이없어하며 내쫓는다. 이 날 종두는 온몸을 비틀면서, 말 한마디 하기에도 힘이 들어 하는 중증 뇌성마비 장애인 한공주(문소리 분)를 만난다. 한공주는 피해자 할아버지의 딸이다. 그날 공주의 오빠 한상식(손병호 분) 내외는 공주만 허름한 기존의 아파트에 남겨둔 채, 공주의 명의로 얻은 장애인 아파트로 이사를 간다. 다음 날, 종두는 꽃을 사들고 공주네 집을 찾아간다. 꽃배달 왔다며 상황을 살핀 종두는 공주의 집 열쇠가 어디에 놓여 있는지를 알게 되고, 공주의 집으로 몰래 들어간다. 공주보고 예쁘다며 사귀어보려고 찾아왔다고 말하던 종두는 전화번호를 공주의 화장대 위쪽에 꽂아놓고, 전화하라고 말한다. 종두는 갑자기 공주의 맨 발에 입을 맞추고 그녀를 껴안고 만지면서 섹스를 하려 하는데, 저항하던 공주가 기절하자 깜짝 놀란다. 스스로를 자책하면서 공주를 깨우려고 공주의 얼굴에 찬 물을 뿌리던 종두는 그녀가 깨어나자 도망을 가버린다. 그 날 이후, 공주는 거울을 보면서 옷을 골라입기도 하고, 립스틱도 바른다. 공주의 오빠 내외가 공주를 돌봐달라면서 한 달에 20만원을 주고 있는 옆집 아주머니 내외는 공주가 혼자 있는 집에 와서 그녀가 보는 것에도 아랑곳 하지 않고 섹스를 즐긴다. 그들의 섹스를 목격한 후에 혼자 있게 된 공주는 종두에게 전화를 한다. 다음날 종두는 공주를 찾아오고, 서로를 '공주마마와 장군'으로 부르자며 대화를 나눈다. 종두는 집이 답답하지 않냐면서 공주를 데리고 옥상으로 나간다. 이날 이후 종두는 목사님에게 기도도 해달라고 하고, 형에게 일도 배우는 등 변화된 모습을 보인다. 종두는 공주의 집에서 집안일도 해주고, 연애를 한다. 공주가 벽에 걸린 오아시스 그림에 비친 나뭇가지 그림자가 무섭다고 하자 종두는 마술로 없애주겠다고 한다. 종두와 공주가 데이트를 하고 돌아온 어느 날, 집에 도착한 두 사람 앞에 벽에 걸려있는 오아시스 그림에 등장하는 인도 소년과 아기 코끼리, 인도 여인이 나타나고 그들과 함께 춤을 추던 공주와 종두는 키스를 나눈다. 종두는 어머니의 생신축하 가족 모임 자리에 공주를 데리고 가고, 공주가 교통사고 피해자의 딸이라는 사실에 저녁 모임 자리가 불편해진다. 종일의 처만 예의상으로라도 공주를 환영해준다. 종두가 공주를 집에 데려다주고 가려고하자, 공주가 가지 말라며 같이 자자고 한다. 종두는 공주를 배려하면서 섹스를 하는데, 그 순간 공주의 오빠 내외가 집에 들어온다. 섹스하는 두 사람을 본 상식의 처는 '불이야, 사람살려'라며 소리를 치고, 동네주민들이 모여들어서 이 두 사람을 보게 된다. 종두는 강간 현장범으로 경찰서로 연행되고, 경찰은 종두에게 '변태 아니냐, 성욕이 생기냐'고 한다. 공주의 오빠는 합의금으로 이천만원을 요구하고, 종일은 종두를 사회에서 격리시켜야 한다면서 합의를 하지 않는

사진 1. 인도여인과 아기 코끼리, 인도 소년과 함께, 종두와 공주의 키스

다. 종세는 공주의 이야기는 들어봤냐고 묻지만, 공주의 오빠는 '보면 모르냐'며 화를 내고 가버린다. 공주는 종두가 연행되는 모습을 보면서 무언가 말을 하려 소리를 내고 온 몸을 비틀면서 괴로워하지만, 사람들은 공주가 '강간'사건으로 놀라고 무서워서 그러는 것이라고 오해한다. 종두를 위해 기도해주려고 목사님이 찾아오고, 종두는 그 틈을 타 도망을 쳐서 공주의 집으로 간다. 종두는 공주의 집 앞에 있는 나무 위로 기어 올라가서 공주가 무서워하던 나뭇가지들을 모두 잘라내고, 공주는 힘겹게 라디오 소리를 키워서 그런 종두의 사랑에 화답한다. 라디오 소리를 들은 종두는 춤을 추면서 공주에게 답한다. 나뭇가지를 다 잘라낸 종두는 나무에서 떨어져서 다시 경찰에 연행된다. 햇빛 비치는 집에서 혼자 열심히 청소를 하고 있는 공주. 종두는 공주에게 감옥에서 출소하면 맛있는 것을 사주겠다는 편지를 보낸다.

Ⅰ. 욕망과 법의 이중적 관계

1. 영화 〈오아시스〉와 라깡의 욕망이론

영화 <오아시스>가 그리는 장애인 공주와 범죄자 종두의 욕망을 보면, 라깡이 말하는 <욕구 → 욕망 → 순수욕망>의 발전을 떠올리게 된다. 이 글의 영화분석에서 라깡의 욕망이론은 매우 유용하게 접합되기 때문에 여기서 그의 욕망이론을 간략히 살펴보기로 한다.

라깡이 말하는 욕망의 세 가지 형태에서 욕구(needs)는 생물학적 욕구로서 충족될 수 있는 것인 반면, 욕망(desire)은 사랑과 인정에 대한 욕망으로서 영원히 충족될 수 없는 것이다. 왜냐하면 욕망은 욕망을 향해 있는 것이고, 욕망을 계속 재생산하는 것에 향해 있기 때문이다. 이 글에서는 라깡이 말하는 욕구와 욕망을 뭉뚱그려 때로는 물적 욕망이라고 표현할 것이다. 다음으로 순수욕망(pure desire)은 욕망의 주체가 죽음을 무릅씀으로써 그 욕망이 순수함으로 거듭난 경우를 말한다. 죽음을 무릅쓰는 것은 죽음에 대한 인간의 지향성, 즉 모든 인간의 보편적인 심리적 구조인 '죽음충동'의 작용이기도 하다.[1)] 욕망을 순수하게 만드는 것은 그 욕망의 특정한 내용이 아니라 '죽음'이다. 라깡은 두려워하지 않고 죽음에 직면하는 주체를 숭고미의 주체, 즉 아름답고 숭고한 주체라고 말한다.[2)]

[숭고미의 주체, 안티고네] 라깡은 이와 같은 아름다운 주체의 대표적인 인물로 소포클레스의 안티고네를 든다. 그녀는 크레온의 법에 두려워하지 않고 맞서면서 자신의 무조건적인 욕망을 고집한다. 안티고네의 오빠 폴리니케스는 국가에 반역하여 전쟁을 벌이다가 죽었다. 그래서 테베의 통치자인 크레온은 폴리니케스의 시체를 묻지 못하도록 명령한다. 그러나 안티고네는 크레온의 명령에

1) 쇼펜하우어, 니체, 프로이트 등으로 이어지는 사상의 흐름에서 죽음이 긍정적인 것으로, 심지어 열렬히 욕망되어야 하는 것으로 이해된다는 점에 대해서는 Linda Hutcheon/Michael Hutcheon, "Death Drive: Eros and Thanatos in Wagner's "Tristan und Isolde"", *Cambridge Opera Journal* (Vol. 11, No. 3, 1999), 267~268쪽 참조.

2) 미적 주체로서 라깡의 안티고네에 대한 설명은 조현준, 「안티고네: 숭고미에서 퀴어 주체로」, 『라깡과 현대정신분석』(제8권 제2호, 겨울 2006), 187~196쪽 참조; 안티고네를 자연법론으로 다루지 않고, 라깡의 안티고네 해석을 응용해서 법의 무의식으로서 욕망의 법을 고찰하는 Costas Douzinas/Ronnie Warrington, "Antigone's law: a genealogy of jurisprudence", in C. Douzinas & R. Warrington eds., *Politics, Postmodernity and Critical Legal Studies* (Routeledge, 1994), pp. 187-225 참조. 이 글에 대한 요약서평으로는 이상돈·이소영·민윤영·정채연, 『문헌연구 포스트모더니즘과 법』(세창출판사, 2006), 179~190쪽 참조.

거역하고 오빠 폴리니케스의 장례를 치러줌으로써 공동체에서 추방된다. 이 추방은 그녀 스스로 추구한 바이기에, 그녀는 죽음충동에 따라 행동한 것이라 할 수 있다.

라깡이 여기서 말하는 죽음은 상징적 죽음인데, 상징적 죽음에 직면한다는 것은 주체가 공동체로부터 이탈되는 것, 즉 공동체의 이방인이 되는 것을 말한다.[3] 그래서 자신의 순수욕망을 추구하는 일은 언제나 "자살적인 황홀경"[4]을 추구하는 것이 되고, 그 행위는 공동체의 규범에서 일탈하는 범죄가 된다. 미학적 주체는 죽음을 알면서도 자신의 욕망을 향해 돌진하기에, 숭고하고 눈부시게 아름다운 존재가 된다.

영화 <오아시스>의 범죄자 종두는 역설적이게도 영화 종반부에 이르게 되면 안티고네와 같은 숭고미의 주체로 우뚝 서게 된다. 우리는 종두가 숭고하게 아름다워지는 과정을 통해 법의 무의식을 성찰할 수 있다.

2. 욕망과 법의 상호적 왜곡

그런 욕망의 발전은 욕망과 법의 이중적인 관계, 역설적인 관계를 보여준다. 즉, 인간의 욕망이 법에 의해 가치론적으로 재단되는 한편, 법은 인간 욕망의 순수화 과정에 의해 심미적 체험의 대상으로 전락한다.

(1) 법에 의한 욕망의 왜곡

먼저 영화 <오아시스>는 비정상인의 욕구가 선과 아름다움

3) 이에 대해서는 슬라보예 지젝, 『당신의 징후를 즐겨라! 할리우드의 정신분석』(주은우 옮김)(한나래, 1997), 96, 117쪽 참조.

4) 슬라보예 지젝, 『당신의 징후를 즐겨라! 할리우드의 정신분석』(주은우 옮김)(한나래, 1997), 100쪽.

을 지향하는 법의 이른바 정상적인 가치체계에서 어떻게 왜곡되는지를 보여준다. <오아시스>의 등장인물들을 선과 악, 아름다움과 추함의 매트릭스에 배치해 놓고, 법이 어떤 인물을 선택하고 배제하는지를 살피면, 이 왜곡의 정체가 분명하게 드러난다. 이처럼 법이 자신의 고유한 가치체계에서 <오아시스>의 인물들을 가치판단의 대상으로 삼을 때, 그 인물들은 현실적인 '물적 욕망'의 주체로 등장할 뿐이다. <오아시스>에서 종두는 법이 배제하는 추하고 악한 인물로 설정된다. 그의 삶은 범죄의 연속이며, 법체계를 구성하는 가치들을 파괴하는 추함의 극치를 보여준다. 아래 Ⅱ단락은 주로 이런 점들을 다룬다.

(2) 욕망에 의한 법의 왜곡

하지만 영화 <오아시스>는 다른 한편 종두의 욕구가 아름다움이나 선함의 가치체계 속에 가두어 질 수 없는 것임을 보여준다. 법이 추하고 악한 것으로 평가하는 행동들을 통해 종두는 '순수욕망'(pure desire)의 주체로 거듭나게 되기 때문이다. 그리고 그와 같은 주체화의 과정에서 법은 더 이상 개인을 객체화하는 가치평가의 '주체'로 남지 않는다. 법은 오히려 '주체화의 수단'으로 위치가 바뀌게 된다. 즉 법은 종두와 같은 한 개인이 '물적 욕망'의 주체에서 '순수욕망'의 주체로 승화되어 가는 과정을 구성하는 하나의 수단적 요소로 전락하게 된다. 이 전락은 법이 현실에서 구축하려고 하는 가치체계의 의미를 전복시켜버린다. 이와 같은 법의 위치바꿈과 가치체계의 전복은 법이 무의식의 욕망들과 소통하는 자기성찰의 과정이기도 하다. 아래 Ⅲ단락은 주로 이런 점들을 다룬다.

Ⅱ. 욕망의 인간과 법의 욕망

영화 <오아시스>에는 욕망하는 인간의 군상이 펼쳐진다. 그 속에 장애인 공주와 전과자 종두의 욕망도 한 자리를 차지하고 있다. 영화 전반부에서 공주의 욕망은 '비사회적인'(asocial) 것인 양 외면되고 종두의 욕망은 '반사회적인'(unsocial) 것으로 단정된다. 법은 그런 가치평가의 기제 위에 구축되어 있다.

1. 인간 욕망의 미추와 선악

하지만 사회적으로 승인받고, 법으로 보호되는 다른 인간들의 욕망도 공주나 종두의 욕망과 별반 다르지 않다.

(1) 욕망의 매트릭스

	선	악
미	④ 미선	② 미악
추	③ 추선	① 추악

이 점을 분석하기 위해서는 인간의 욕망과 그에 따른 행동을 아름다움과 추함, 선과 악의 매트릭스에 유형화하는 작업이 필요하다. 첫째, 여기서 미추는 정상인의 욕망은 아름다움(美)으로, 비정상인의 욕망은 추함(醜)으로 체험하는, 바꿔 말해 비정상인과 정상인의 외관에서 느껴지는 지극히 일상적인 심미적 체험에 따른 것이다. 둘째, 선악은 전통적인 윤리적 의미에서 선과 악을 말한다. 이 두 가지 차원의 대립항을 매트릭스시키면 옆의 도표처럼 4가지 유형(① 추·악(醜惡) ② 미·악(美惡) ③ 추·선(醜善) ④ 미·선(美善))이 생성된다.

(2) 추악한 종두, 추하지만 선한 공주

우선 ① 추악에 위치되는 인물은 공주를 강간하려고한 종두이다. 영화 속 종두는 감옥에서 출소할 때부터 추해 보인다. 한겨울에 반팔티셔츠를 입고 연신 코를 훌쩍이고, 이사람 저사람에게 말을 걸면서 돈이나 담배 좀 빌려달라고 하는, 종두의 말과 행동, 눈빛과 몸짓은 정상인의 상식에서 멀리 떨어진 사회부적응자처럼 보인다. 그런 종두는 추함을 느끼게 하고, 일반인들로 하여금 눈살을 찌푸리며 피하게 만든다. 또한 종두는 이미 전과자이다. 그런 그가 중증장애인인 공주를 강간하려함으로써 윤리적으로도 악함의 극치를 보여준다. 이에 비해 공주는 ③ 추선에 자리할 수 있다. 공주는 비정상인이기에 추함에 위치하지만, 문제를 일으키지 않고 윤리적으로 악하다고 비난받을 행동을 하지 않는다. 오히려 자신의 추함으로 오빠 부부에게 아파트도 마련해주는 희생을 감수한다. 그렇기에 공주는 선한 존재이다.

(3) 아름답지만 악한 또는 선한 존재들

② 미악에 위치하는 인물은 종두의 형 홍종일과 공주의 오빠 한상식 부부이다. 종두의 형 종일은 종두에게 대신 감옥살이를 하게 했다는 점에서 악하고, 종두와 비교할 때 일반적 정상인의 모습이라는 점에서 상대적으로 아름다운 존재로 배치된다. 공주의 오빠 한상식이나 그 처도 공주에 비해 상대적으로 아름다운 존재이지만 공주를 이용해 장애인용 아파트를 취하고 공주를 사실상 거의 방치해둔다는 점에서 악하다. 마지막으로 영화의 초반부까지에서는 미약하지만 개념적으로 ④ 미선에 해당하는 인물로 종두의 형수를 들 수 있다. 그녀는 정상인의 아름다움을 갖고 있으면서, 종두를 치료하고 돌봐주기도 하는 선함을 보인다.

2. 법의 채워질 수 없는 욕망

(1) 법의 코드와 욕망의 코드의 불일치

현실의 법은 영화 <오아시스>에 등장하는 이런 인간들의 욕망과 행동을 이른바 '정상의 가치체계'에 의해 평가하고 재단한다. 그래서 법은 어떤 욕망은 선택(합법화)하고, 다른 어떤 욕망은 배제(불법화)한다. 이를 통해 법은 사회에 정의를 확실하게 실현하는 것을 욕망한다. 그러나 법은 자신의 욕망을 온전하게 실현할 수 없다. 왜냐하면 법이 수행하는 선택과 배제의 기능은 합법과 불법이라는 '이원적 코드'에 의해 수행되는 데에 반해, 법적 평가와 재단의 대상이 되는 인간의 욕망과 행동은 적어도 네 가지 유형의 코드로 나눠지기 때문이다. 법이 추악을 불법으로 낙인찍어 사회에서 배제하고, 미선을 합법으로 추앙하여 사회 안에 포용하는 것은 분명하다. 하지만 미악과 추선의 욕망에 대해서는 법의 이원적 코드를 명확하게 갖다 맞출 수가 없다. 합법과 불법의 이원적 코드로 인간 욕망에 대해 가치평가를 내리고 그 욕망들을 제어하려는 법의 욕망은 모두 충족되기에는 어려운 구조적 한계를 갖고 있는 것이다.

(2) 법의 기능과 욕망의 역설

법이 이처럼 자신의 욕망(정의실현)을 완전하게 충족시킬 수 없는 불확실성은, 어떤 개인의 욕망이나 행동을 욕망의 매트릭스의 어떤 위치에 배치시키는 일이 매우 불확실하다는 점에 의해 더 한층 고조된다. 가령 앞에서는 종두의 형, 종일의 욕망을 악한 것으로 분류했다. 그러나 그가 교통사고로 감옥에 간다면, 부랑자 같은 동생 종두가 어머니를 비롯한 가족들의 부양을 제대로 책임졌을지는 매우 회의적이다. 그렇기 때문에 동생을 대신 감옥에 보내는 종일의 욕망은 가족을 위한 선한 욕망일 수도 있는 것이다. 그를 진범으로 찾아내어 감옥에 보내지 못한 법은 자신의 정의실현욕망을 충족하지 못한 것이 아닌 셈이다. 법의 기능결핍이 법의 욕망을 실현해주는 역설이 성립하는 것이다.

Ⅲ. 욕망의 순수화와 법의 기능화

그런데 영화가 진행됨에 따라 각 인물들의 욕망이 갖는 코드에 변화가 일어난다. 그 변화 속에서 법은 자신의 욕망(정의실현)을 좇는 주체로부터 인간욕망의 수단이나 객체로 위치변환을 하게 된다.

1. 욕망의 변화와 순수화

먼저 <오아시스>의 인물들이 보이는 욕망의 코드변화는 정신분석학적 관점에서 미추판단을 할 때 비로소 읽히게 된다. 선악판단은 전통적인 윤리관점을 그대로 따른다.

(1) 아름답고 선한 욕망의 종두

영화 후반부에, 종두는 공주를 위해 경찰서에서 도망쳐서 공주네 집 앞에 있는 높은 나무 위로 기어올라가 나뭇가지들을 마구 잘라낸다. 이때, 종두는 처음에 공주를 강간하려 했을 때의 '욕구에 사로잡힌 주체'에서 '순수욕망을 추구하는 주체'로 나아간 것이다. 왜냐하면 그 순간 종두는 죽음 – 즉, 더 무거운 처벌의 법 – 을 두려워하지 않고 공주를 위한다는 선한 의지를 불태움으로써 자신의 사랑을 순수하게 만들고 있기 때문이다. 추악한 욕구에서 시작한 종두는 사랑을 통하여 아름답고 선한 존재, 숭고한 주체로 변화된 것이다.

(2) 아름답지만 악해져버린 공주의 욕망

종두와 사랑한 공주는 영화 초반에는 추하지만 착한 존재였다가, 후반에 가면 정반대로 아름답지만 악한 존재의 상징을 좀 더 얻게 된다. 이웃집 남녀의 섹스를 본 후, 자신을 강간하려했던 종두가 남겨둔 전화번호로 전화를 건 것이 '욕구'였다면, 종두와 함께 '장군과 공주' 놀이를 하는 것은 사랑과 인정을 향한 욕망이었다. 또한 그런 욕망이 강간당할 뻔한 아픔이나 사회적 편견 등을 넘어서 펼쳐졌다는 점에서는 순수욕망으로 발전할 가능성을 내재화하고 있다고 할 수 있다. 그렇기 때문에 공주는 종두와 만나기 이전보다 그 이후가 훨씬 더 아름다운 모습으로 관객에게 다가온다. 그러나 종두가 강간의 현행범으로 체포되어 갈 때 공주는 몸을 던져 막지 않은 채, 그저 무기력하게 방관한다. 그것이 그녀의 생존을 위해 부득이 한 것이었을 수는 있겠지만, 어쨌든 그런 생존의 욕망은 윤리적인 악의 그림자를 드리운다.

(3) 추악한 욕망의 주체로 위치 바꾸기

영화 후반부에 종두와 공주가 보여주는 욕망의 미학적 차원에 비추어 상대적으로 평가해본다면 그 밖의 인물들은 모두 영화 후반부에 추한 욕망의 주체로 변화한다. 예컨대 형수는 자신의 욕망을 자각하지 못한 채 생존을 위한 현실의 삶에만 매몰되어 있다는 점에서 숭고한 종두에 비교하면 추한 욕망의 주체이다. 다만 그녀는 공주가 가족모임에 왔을 때, 표면적으로라도 그녀를 수용해준 유일한 가족이었다는 점에서 추하지만 여전히 선한 욕망의 주체이다. 자신을 대신해 감옥에 간 동생 종두의 위기 상황에서도 합의를 냉정하게 거부하는 종일의 악한 — 물론 그런 거부가 남은 가족을 지키기 위한 것임을 고려하면 선한 것으로 볼 여지가 있긴 하지만 — 욕망은 생존을 위한 현실의 삶에 매몰된 추한 욕망이다. 좀더 분명한 추악한 욕망의 주체는 공주의 오빠 상식이다. 그는 무고한 종두를 강간현행범으로 몰아붙이면서도 영리하게 계산하여 종일에게 합의금까지 요구하는 추악한 욕망을 보인다.[5)]

2. 순수욕망을 위한 법의 기능화

현실의 법이 합법으로 규정짓고 그 실현을 욕망하는 것은 아름답고 선한 욕망이다. 종두는 그런 법의 욕망을 져버린다. 그런데 종두의 법을 개의치 않는 태도, 법의 처벌을 두려워하지 않고 법의 울타리를 넘어서 그의 사랑을 좇는 바로 그 모습으로부터 아름다운 빛이 새어나오기 시작한다.

(1) 순수욕망에 이르는 죽음의 관문으로서 법

관객이 종두의 사랑에 대해 느끼는 감동은 종두를 추악한 존재에서 아름답고 선한 존재, 숭고한 존재로 이전시킨다.

라깡에 따르면 욕망이 순수욕망이 되는 것은 오직 '죽음을 통과해서만'이고, 그 욕망의 주체는 오직 '금기'를 통해서만 죽음에

5) 안티고네는 폴리니케스를 묻어주는데, 그런 그녀에게 있어서 폴리니케스가 반역자인지 여부, 다시말해 폴리니케스가 규범적으로 옳은지, 그른지는 전혀 고려되지 않는다. 그녀는 오직 '대체할 수 없는 혈육'에 대한 욕망에 따라 행위할 뿐이다. 이러한 그녀의 행동은 '쾌락원칙을 넘어서' 있는 것으로, 숭고한 것이다. 이에 대해서는 Costas Douzinas/Ronnie Warrington, "Antigone's law: a genealogy of jurisprudence", in C. Douzinas & R. Warrington eds., *Politics, Postmodernity and Critical Legal Studies* (Routeledge, 1994), 206~207쪽 참조. 이런 안티고네의 행위와 비교할 때 종일과 상식은 '계산적인 쾌락원칙'에 머무르는 추한 존재들이다.

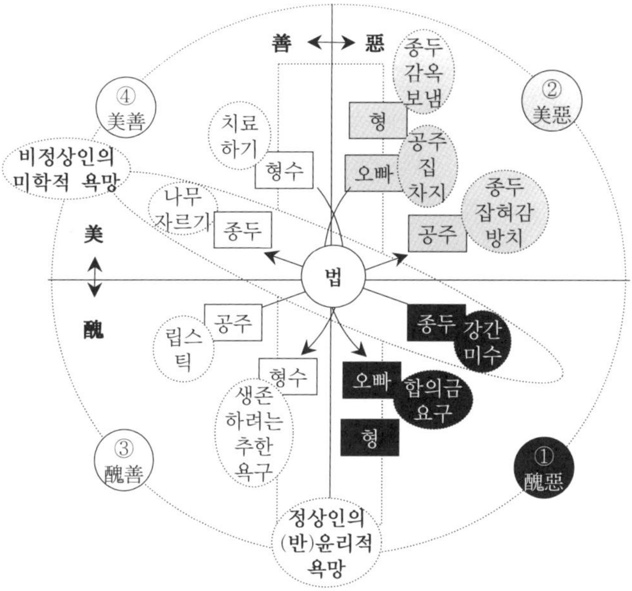

직면하고 죽음을 통과할 수 있다. 다시말해 죽음충동의 실현이 곧 순수욕망의 실현이 되는 것이다. 물론 <오아시스>에서 종두의 피의사실은 법이 죽음의 형벌을 부과할만한 것은 아니다. 그럼에도 불구하고 종두의 피의사실과 같은 일탈이 반복된다면 법은 궁극에는 죽음(예: 사형)에까지 이르게 만드는 금기로서 작동하게 될 것이다.[6] 바로 이런 점에서 법은 종두의 사랑욕망이 순수욕망으로 승화되기 위해 통과해야만 하는 죽음의 관문과 같은 기능을 한다고 말할 수 있다. 다시 말해 법을 위반하는 관문을 통과하지 않고는, 욕망하는 주체는 죽음충동을 실현할 수 없고, 욕망하는 주체가 아름답고 숭고한 주체가 될 수도 없다.[7]

6) 물론 라깡이 말하는 죽음은 생물학적 죽음이 아니라 상징적 죽음이다. 법이 집행하는 사형은 생물학적 죽음이지만 그것 역시 인격의 부인이라는 상징적 죽음의 의미를 갖고 있기도 하다.

7) 욕망과 법의 변증법적 관계와 안티고네의 욕망의 법에 대한 논의는 맹정현,

(2) 법의 욕망 밖의 기능

이렇게 볼 때 법은 '윤리적 욕망' 뿐만 아니라, '미학적 욕망'에도 — 비록 그것이 법의 욕망은 아니지만 — 기능하는 것임을 알 수 있다. 하지만 이런 법의 기능은 법이 의식적으로 설정한 목표를 수행하는 기능, 즉 법의 임무가 아니다. 현실의 법은 "인간의 윤리적 열망이 선과 악 모두를 향하도록 이끈다"[8]는 점을 의식하지 못한다. 현실의 법은 윤리적 욕망과 미학적 욕망을 대립시키고, 그 둘이 충돌할 경우에는 언제나 윤리적 욕망을 우선한다. 이와 같은 법의 자기의식은 보통사람들의 의식이기도 하다. 이를 테면 종두와 공주의 섹스 장면을 목격한 공주의 오빠인 상식의 처는 종두를 재앙으로 취급하듯 이렇게 외친다.

"불이야! 사람 살려!"

곧이어 종두를 강간범으로 수사하던 경찰도 순수욕망으로 발전할 잠재성을 지닌 종두의 사랑을 변태라는 비정상의 범주 속으로 밀어 넣는다.

"너 변태지? 솔직히 말해봐, 너 변태지?"
"인간으로서 이해가 안되네. 야, 임마, 솔직히 성욕이 생기데?"

(3) 법의 무의식

재난이나 변태는 법의 욕망이 될 수 없다. 그런데도 법은 재난이나 변태로 묘사되는 종두의 욕망을 '의도치 않게' 아름답게

「칸트와 정신분석의 윤리」, 『포스트모던 칸트』(한국칸트학회 엮음)(문학과 지성사, 2006), 66~71쪽 참조.

8) Mohammad Kowsar, "Lacan's "Antigone": A Case Study in Psychoanalytical Ethics", *Theatre Journal* (Vol. 42, No. 1, Mar., 1990), 97쪽.

하는 작용을 한다.[9] 만일 실정법의 위반과 제재의 두려움을 넘어서는 순수욕망으로서 미학적 욕망이 인간에게 근원적인 것이라면, 법의 그와 같은 기능을 더 이상 법의 욕망(정의실현) 밖에 있는 것으로 놔둘 수가 없다. 그러나 다른 한편 그런 기능을 법의 욕망으로 공식화하는 것도 불가능하다. 그럴 경우에 법은 더 이상 순수욕망에 이르는 죽음의 관문이 될 수 없으며, 인간욕망을 순수욕망으로 승화시키는 기능도 수행할 수 없기 때문이다. 그러므로 여기서 법의 무의식이라는 개념을 사용할 필요가 있다. 순수욕망을 생성시키는 법의 기능은 인정하되, 의식 속의 역할로는 부정하는 이율배반성은 바로 무의식의 심연에서만 가능하다.

Ⅳ. 법의 정신분석학적 이해

무의식의 차원에서 법의 기능을 다룰 수 있는 학문은 오직 정신분석학 뿐이다. <오아시스>에서 종두의 섹스욕구가 순수욕망으로 발전하는 과정에서 법이 수행한 기능을 정신분석학적으로 이해하는 작업은 법정신분석학의 핵심이 될 수 있다.

1. 정신분석학적 윤리로서 법

법은 아름답고 선한 욕망을 합법으로 기획하면서도 불법적인 욕망이 때로는 숭고하게 아름다운 존재를 가능케 하는 것일 수 있음을 성찰해야 한다. 이런 성찰이 가능하려면 먼저 법의 기초

9) 금기가 우연적으로 다양한 대체적 욕망들과 정체성들을 만들어낸다는 버틀러의 사고 또한 법이 욕망과의 관계에서 의도치 않은 기능을 하는 것에 대한 또 다른 고찰이다. 그녀는 욕망을 금지하는 금기가 욕망을 창조하고 유지한다고 설명한다. 이에 대해서는 Judith Butler, *Gender Trouble: Feminism and the Subversion of Identity* (Routeledge, 1999), 97쪽 참조.

가 되는 도덕 개념이 정신분석학의 차원에서 재해석되어야 한다.

(1) 종두의 나뭇가지 자르기와 정신분석학적 윤리

라깡은 이성으로부터 나오는 전통적인 윤리와 구별되는 정신분석학적 윤리를 제시한다. 정신분석적 윤리란 간략히 정의해본다면, '자신의 욕망에 따라 행동하는 것'이며,[10] 순수욕망인 죽음충동에 따라 행동하는 것이다. 영화 <오아시스>에서 종두는 공주가 무서워하는 나뭇가지를 자르기 위해 탈주를 감행한다. 이는 정신분석적 윤리를 실천하는 주체의 행위이다. 이런 행위는 전통적인 윤리의 관점에서 볼 때는 악이다. 또한 종두가 공주의 무서움을 덜어주기 위해 나뭇가지를 자름으로써 얻게 되는 기쁨은 순수욕망을 추구할 때의 고통스러운 쾌락, 즉 주이상스이다. 주이상스(jouissance)의 추구는 정신분석학적 윤리에는 부합하지만 현실의 법에서는 범죄가 된다. 그러나 라깡도 지적했듯이, 선악의 추구만으로는 인간만의 고유한 본질인 숭고함을 실현할 수가 없다. 인간은 도덕으로 다 해소될 수 없는 욕망의 차원을 가지고 있으며[11], 죽음을 무릅쓰고 욕망을 향해 나아가는 미학적 존재이기 때문이다. 윤리적 욕구가 생존과 공존을 보장받는 데 지향되어 있다면, 미학적 욕망은 죽음에로의 유혹과 마주하고, 숭고하게 아름다운 존재가 될 가능성에 지향되어 있다.

법은 미학적 욕망의 추구를 또 다른 윤리로 받아들여야 한다. 그렇지 않고 법이 인간의 미학적 욕망을 비윤리적인 것으로 단

10) 라깡은 정신분석적 윤리에 대한 1년간의 세미나를 마무리하면서, '당신은 당신의 욕망에 따라 행위한 적 있습니까?'라고 묻는다. Jaques Lacan, *The Seminar of Jacques Lacan. Book VII. The ethics of psychoanalysis. 1959-1960* (Jacques-Alain Miller ed.)(Norton, 1992), 311쪽.

11) 라깡은 욕망이 인간을 인간이게 하는 고유한 구조라고 보았다는 점에 대해서는 김석, 『에크리 읽기-라캉으로 이끄는 마법의 문자들』(살림, 2007), 58쪽 참조.

죄하기만 한다면, 법은 인간을 죽음으로부터 구해주는 것이 아니라 오히려 영원한 죽음 속으로, 또는 박제되어버린 좀비와 같은 삶 속으로 밀어 넣는 것이 된다.

[니체의 주인도덕] 이런 정신분석학적 윤리 개념은 니체(Nietzsche)의 윤리 개념과 포개진다. 니체도 주체에게 보편적인 것으로서 강요되는 도덕에 무비판적으로 따르는 것을 '노예도덕'이라고 비하하면서, 도덕적 선악의 저편에 있는 윤리로 나아가라고 했다. 이런 윤리는 선악이 아니라 주관적인 미추의 체험을 판단의 기준으로 한다. 다시말해 주관적으로 아름다운 것으로 체험되는 것이 윤리적이고 좋은 것이며, 추한 것으로 체험되는 것은 비윤리적이며 나쁜 것이 된다. 이런 사고를 통해 주관적인 미추체험 밖에 있는 절대적인 선악의 기준은 해체된다.[12] 자기자신이 가치의 정립자가 되는 것이다. 이렇게 새로운 윤리 개념을 제시하면서 니체는 이것을 노예도덕과 대비하여 주인도덕이라고 부른다. 여기서 주인은 물론 니체의 초인(Übermensch)을 말한다. 라깡이 말하는 순수욕망의 주체가 되는 것은 니체적 의미의 초인이 되는 것이라고도 할 수 있다.[13] 순수욕망의 주체는 도덕적 선악으로 평가될 수 없으며 오직 아름다운 주체 혹은 추한 주체로서만 평가될 뿐이다.

(2) 법의 범주적 요소로서 순수욕망

이와 같은 정신분석학적 윤리가 법의 새로운 도덕적 기반으

---

12) 니체의 미학적 윤리학의 법미학으로의 발전에 대해서는 이상돈, 『법미학』(법문사, 2008), 35~38, 131~135쪽 참조.

13) 니체는 정신분석학에 가장 가까운 철학자로 평가되며, 니체의 사상에는 프로이트가 임상을 통해 도달한 전복적인 사고들이 철학적 고찰의 모습으로 많이 발견된다. 니체는 스스로를 최초의 심층심리학자로 일컫기도 한다. 이와 같은 니체와 프로이트, 그리고 라깡의 사상의 관계는 Tim Themi, "How Lacan's ethics might improve our understanding of Nietzsche's critique of Platonism: the neurosis & nihilism of a 'life' against life", *Cosmos and History: The Journal of Natural and Social Philosophy*(Vol. 4, no. 1-2, 2008), pp. 328-346 참조

로 들어오게 되면, 법은 이제 완전히 새롭게 정의된다. 즉 법은 순수욕망을 생성시키는 수단으로 기능하는 위치에서 한 걸음 더 나아가 순수욕망을 법의 범주적 요소로 수용하게 된다. 이를 프로이트의 언어로 설명해보자. 내면화된 법(또는 금기)은 프로이트가 말하는 리비도의 생성을 위한 수단, 다시말해 리비도적인 에너지를 생산하는 '주체에게 내면화된 자체적 기제'라고 할 수 있다. 라깡이 말하는 순수욕망, 즉 영화 속 종두가 보여주었던 사랑의 숭고한 태도 또한 인간 주체의 구조적 조건이다. 그렇다면 순수욕망을 생성시키기 위해 인간은 법으로 하여금 욕망의 순수화를 가능케 하는 금기를 과잉으로 생산하게 하는 지향성을 갖게 된다.

법이 순수욕망을 생성하는 기제라는 점은 금기를 통해 주체가 죽음을 경험한다는 것뿐 아니라, 어떤 대상이 순수욕망의 대상으로 승화되는 것은 그것이 '상실될 수 있다고 위협받을 때'라는 점에서도 그러하다. 라깡에 따르면, 남근은 아버지에 의해 그것이 거세될 수 있다고 위협받음으로써 비로소 순수욕망의 대상으로 존재하기 시작한다. 즉 순수욕망의 대상은 "그것을 금지하는 법에 의해서 존재하기 시작"[14]하는 것이다. 그러므로 금지가 없다면 순수욕망도 없다. 영화 <오아시스>의 종두와 공주에게 서로가 순수욕망의 대상으로 존재하기 시작하는 것은 서로에 대한 욕망이 (억울한 강간죄의 누명으로라도) 금지되고, 서로를 상실할 수 있다고 위협받는 순간부터인 것이다. 이렇듯 순수욕망은 이제 법을 범주적으로 구성하는 요소가 되며, 법 또한 순수욕망의 범주적 구성요소이다.

14) 브루스 핑크, 『라캉과 정신의학』(맹정현 옮김)(민음사, 2008), 329쪽.

2. 법에서 순수욕망의 발현

법이 자신의 욕망(정의실현)을 제대로 실현하려면 순수욕망의 발현가능성을 배려해야만 한다. 순수욕망은 이제 법의 내재적 요소이기 때문이다. 그런 법의 배려를 두 가지 예를 들어 설명해보자.

(1) 목소리에 귀 기울이기

종두와 공주의 사랑을 승인하고, 종두의 숭고한 죽음충동에서 아름다움을 느끼는 관객이라면 공주의 소극적인 태도가 못마땅하게 느껴질 것이다. 종두가 경찰서에서 탈주하여 공주네 집 옆에 있는 나무 위로 올라가서 가지들을 베어내고 다시 잡혀갈 때, 공주는 방 안에서 라디오 소리를 키우는 무기력한 응답을 할 뿐 몸을 던져서라도 사랑을 지키는 무언의 소리를 내지 않는다. 공주가 종두와의 사랑으로 아름다워지긴 했지만, 그녀의 생존 욕망은 추하고 악하기까지 하다. 그렇기에 공주는 신체적 장애인으로서만이 아니라 정신분석학적 의미의 심미적 장애인의 멍에 또한 쓰게 되었다. 관객은 공주도 종두와 같이 순수욕망을 좇는 아름답고 숭고한 존재가 되었으면 하는 바램도 가지게 된다. 공주가 몸을 던져 종두를 지키려다 목숨을 잃어버리는 장면으로 끝났어도 좋을 듯하다. 그러면 공주가 종두보다 더 숭고한 존재로서 그 순수한 사랑의 빛을 발했을 것이다.

이런 상황에서 법정신분석학은 현실의 사법기관에게 공주의 '소리내지 않은 그 목소리'에 귀를 기울이라고 요구한다. 종두의 행위가 강간범으로 오해받을 위험을 무릅쓰고 감행한 사랑의 순수욕망에서 비롯된 것인지를 살피라는 것이다. 그렇게 할 때, 형법은 정신분석학적 윤리를 이성적 윤리와 함께 실현할 수 있게 될 것이다.

<오아시스>에서 이런 귀 기울이기의 모습은 종두의 동생 종세에게서 찾을 수 있다. 종세는 종두가 출소 후 무전취식으로 경찰에 붙들렸을 때에도 종두를 데리러 갔고, 형 종일이 강간범으로 몰린 종두를 마구 때릴 때에도 종두의 코피를 닦아주면서 괜찮은지를 살폈다. 종세가 '귀를 기울이는' 모습은 공주의 오빠인 상식이 합의금을 요구할 때 다음과 같이 묻는 것에서 가장 잘 드러난다.

사진 2. 경찰서에서, 화가 난 종일과 상황에 맞지 않게 형제들을 반가워하며 웃는 종두, 그리고 진지한 종세

"근데 동생 분 이야기는 좀 들어보셨어요? 이게 어떻게 된 건지."

(2) 심미적 욕망의 주체성 인정

또한 입법기관은 신체적 장애여성에게 정신적 장애나 공주처럼 심미적 장애를 덧씌우는 제도를 성찰해야 한다. 예컨대 비장애여성이 단순강간의 피해자인 경우에는 피해자의 고소가 있을 때에만 범죄자를 처벌하는 반면, 장애여성이 피해자인 경우에는 피해자의 고소가 없어도 범죄자를 처벌하게 하는 성폭력특별법을 생각해보자.[15] 이 법에 의해 강간의 문제에 있어서 장애여성들은 비장애여성들과는 달리 '윤리적 욕구'의 주체로만 인정되고, '미학

15) 「성폭력범죄의 처벌 및 피해자보호 등에 관한 법률」 제8조; 이런 법정책이 이데올로기적인 장애인상에 기반한 것이라는 비판으로 이상돈, 「성찰적 법여성주의」, 『법철학. 법, 이성, 사회』(법문사, 2003), 391~392쪽 참조.

적 욕망'의 주체로는 인정되지 않는다. 이런 법은 장애여성에게 '아름다움'은 없고, '생존'만이 있는 삶을 보장해준다. 장애여성의 욕망은 스스로에 의해 이름 붙여지지 못하며, 오직 타자에 의해 규정된 대로만 실현되어야 하는 것이다. 정신분석학적 윤리는 바로 이런 제도의 폐기를 요구한다.

> **[욕망에 이름 붙이기]** 라깡은 정신분석의 목적은 '주체에게 욕망을 명명하고 말함으로써, 욕망을 존재하게 하도록 가르치는 것'이라고 한다.[16] 여기서 라깡이 관심을 가지는 주체의 욕망은 '무의식적 욕망'이다. 욕망의 표명은 발화를 통해서 수행되며, 이와 같은 욕망의 표명은 이미 실체로서 존재하는 욕망을 '발견'하는 것이 아니라, 발화를 통해 비로소 그것을 존재케 하는 것이다.[17]

종두가 영화 초반에 공주를 강간하려다 미수에 그친 사건에서 공주가 종두를 강간미수로 고소했을 가능성은 거의 없다. 그러나 현실의 법은 장애여성을 대상으로 한 강간범죄를 비친고죄로 전환시켜놓았기 때문에, 만약 종두의 강간미수를 법이 알았더라면 종두는 기소되었을 것이고, 종두와 공주의 사랑은 처음부터 시도조차 될 수 없었을 것이다. 종두의 강간미수를 공주의 오빠 내외가 고소하고, 그래서 종두가 공주로부터 격리되고 공주는 오빠 내외가 살고 있는 장애인 아파트에서 살게 되었다고 생각해보자. 종두의 강간미수는 처벌되었고 공주는 그런 종두로부터 안전해졌지만, 공주가 종두와 위험한 마주침을 가졌을 때보다 장애인 아파트에서 '추하지만 선한' 존재로서 그저 보호 속에서 살아

16) Jacques Lacan, *The Seminar. Book II. The ego in Freud's theory and in the technique of psychoanalysis, 1954-55* (trans. Sylvana Tomaselli) (Norton, 1991), 228쪽.

17) 욕망의 표명에 대한 설명은 딜런 에반스, 『라깡 정신분석 사전』(김종주 외 옮김)(인간사랑, 2004), 279~280쪽 참조.

사진 3. 빈 집에 무기력하게 누워있는 공주

갈 때가 더 행복할 것이라고는 장담할 수가 없다. 종두가 강간범으로 체포되었을 때 경찰서에서 고통스럽게 온 몸을 뒤틀면서 자해하듯 머리를 컨테이너에 부딪치는 공주의 행동은 그녀에게 무엇이 불행인 것인지를 생각하게 한다. 주체 각자에게 고유한 욕망[18]은 도덕적 윤리에 다 담기지 못하며, 생존에 대한 것이 아니라 존재에 대한 것이다. 그렇기에 모든 인간 주체에겐 자신의 욕망을 스스로 명명함으로써 아름다운 존재로 나아갈 수 있는 자유가 보장되어야 한다. 정신분석적 윤리의 관점에서 볼 때, 자신의 욕망을 이름붙임으로써 욕망을 실존케 할 가능성을 막아버리는 것은 그 무엇보다 비윤리적이다.

(3) 순수욕망이 발현되는 맥락에 대한 고려

실증주의적으로 해석·적용되는 법은 욕망을 좇는 인간의 행위 하나하나에 제재와 처벌로 응답할 것이다. <오아시스>에서 종두는 피해자 가족에게 사과하러 갔다가 강간미수죄를 저지른다. 또한 강간범으로 누명을 쓰고 잡혀갔을 때 경찰서에서 탈주한 것은 특수도주죄와 공무집행방해죄에 해당한다. 그러나 강간미수죄에서 특수도주죄에까지 이르는 전 과정은 추악한 욕구가 아름답고 숭고한 사랑의 순수욕망으로 발전하는 과정이기도 하다. 순수욕망이 법적 처벌을 무릅쓰는 죽음충동에 의해 생성된다

18) 라깡은 '욕망의 진실' 개념을 언제나 단수형으로 말하는데, 그 이유는 한 주체의 욕망의 진실이란 그 주체에게 고유하며 특수한 것이기 때문이다. 이에 대해서는 딜런 에반스, 『라깡 정신분석 사전』(김종주 외 옮김)(인간사랑, 2004), 384쪽 참조.

고 해서, 심미적 욕망의 주체가 반드시 처벌되어야 하는 것은 아니다. 처벌될 가능성이 일반적으로 존재하면 심미적 욕망의 주체는 그 처벌위험을 무릅써야 하고, 그로써 순수욕망으로 나아갈 수 있기 때문이다. 그러므로 일반적인 처벌가능성을 둠으로써 윤리적 욕망을 실현하되, 개별사안의 심미적 차원을 고려하여 처벌을 하지 않거나 완화하는 것은 법이 정신분석적 윤리를 실현하기 위해 반드시 해야 할 조치일 것이다.

KOREAN CINEMA, LAW AND PSYCHOANALYSIS: A STUDY OF CJ ENTERTAINMENT FILMS

제 2 부 법의 성(性)

Part 2

[5] 남성성과 여성성의 호환으로서 법: <천하장사 마돈나>

〈천하장사 마돈나〉의 줄거리

오동구(류덕환 분)는 어려서부터 언젠가 여성이 되어 마돈나의 like a virgin을 멋지게 공연하는 꿈을 키워왔다. 고등학생이 된 동구는 성전환수술 비용을 모으기 위해 학업과 아르바이트를 병행한다. 동급생들은 동구의 여성스러운 면을 놀린다. 동구의 아버지(김윤석 분)는 전직 복서였는데 부상으로 권투를 그만두었고, 상심한 나머지 술에 의존하면서 동구 형제에게 억압적이고 폭력적으로 군림한다. 동구의 어머니(이상아 분)는 가출해서 놀이공원에서 일을 하고 있다. 동구는 힘든 상황에도 아빠가 치는 사고들을 수습하고, 엄마도 찾아가 살펴주는 착한 아들이다. 동구의 방 벽에는 마돈나 사진이 붙어 있고, 책상 서랍에는 바비인형과 여러 화장품들이 담겨있다. 동구는 마음이 답답할 때면 책상 위에 거울을 놓고 화장을 한다.

동구는 씨름대회에서 우승하면 장학금을 받을 수 있다는 말에 씨름을 시작한다. 동구는 씨름을 하면서도 자신의 여성적 특성을 잃지 않는다. 파란색 씨름팬티 말고 다른 색은 없냐고 묻고, 햇빛 가리개를 쓰고 운동을 하고, 회식자리에선 렉시의 '애송이'를 춤과 함께 멋지게 부른다. 씨름부

부주장(문세윤 분)은 동구의 여성적 특성을 수용해주면서 춤을 가르쳐 달라고 하고, 부주장과 동구는 춤과 씨름을 서로에게 가르쳐준다. 그러나 씨름부 주장(이언 분)은 자꾸만 여성스러운 행동을 하는 동구를 못마땅해하고, 동구가 씨름을 장난으로 생각한다면서 씨름부에서 나가기를 바란다. 동구는 씨름을 배운지 얼마 되지 않아서 씨름부 선배들을 모두 이길 만큼, 씨름에 타고난 재능이 있다. 처음에는 씨름 팬티를 입고 브래지어를 한 자신의 모습을 거울에 비춰보는 등 씨름을 자신의 일부로 받아들이지 못하지만, 시간이 흐르면서 마돈나 사진 옆에 뒤집기 사진을 붙여놓을 만큼 씨름을 좋아하게 된다.

라이벌 학교와 친선경기가 열리고, 동구는 젖꼭지에 반창고를 붙이고 향수도 뿌리고 시합에 출전한다. 동구는 이 날 시합에서 뒤집기를 시도하다가 오히려 자신이 뒤집혀버리는데, 속이 상해서 마돈나 사진 옆에 붙여 놓았던 뒤집기 사진을 찢어버린다. 속상한 마음에 립스틱을 발라보지만, 어떤 색을 발라도 마음이 풀리질 않는다. 그러던 와중에 갑자기 아버지가 동구의 방에 들어오고, 그런 동구의 모습을 본 아버지는 당황해하며 아무 말 없이 나가버린다. 반면 동구의 어머니는 동구가 여성이 되고 싶어한다는 것을 이해해주고 존중해준다. 뒤집기가 실패한 후 씨름을 그만두겠다고 마음먹었던 동구는 주장과 언쟁을 하게 되고, 이 언쟁을 계기로 서로를 더 잘 이해하게 된다. 그 날 이후 주장은 동구에게 직접 씨름을 가르쳐주고, 동구의 힘이 동구를 쓰러뜨린 것이며, 중요한 것은 힘보다 균형이라는 이야기를 해준다. 연습을 하던 중, 부주장은 동구의 눈을 응시하다가 동구 때문에 자기도 약간 헷갈리려 한다고 말한다.

한편 사장님에게 양주를 사들고 가서 용서를 빈 후에 일자리를 다시 얻은 동구의 아버지는 집에 온 편지를 통해 동구가 씨름을 한다는 사실을 알게 되고, 운동선수는 되지 말라는 자신의 말을 어겼다며 동구를 마구 때린다. 다음 날 아침, 동구가 치마 입고 화장을 한 채 아버지 앞에 나타난다. 자신의 진실한 마음을 전하고 소통을 하려는 동구와 달리, 아버지는 동구의 말을 들으려고도 하지 않고 동구를 구타한다. 동구는 그런 아버지를 들어서 멀리 던져버리고, '이게 뒤집기'라는 말을 날린다. 열심히 준비해왔던 인천시장배 고교장사씨름대회가 이미 시작했지만, 동구는 아버지에게 맞아서 엉망이 된 얼굴을 한 채 길거리에 멍하니 앉아 있다. 그런 동구의 귓가에 마돈나의 음악이 들려오고, 동구는 환상처럼 금발 곱슬머리에 하이힐을 신은 여자를 본다. 다시 자신의 욕망을 자각한 동구는 씨름 대회에 출전해서 결승까지 올라간다. 결승전에서 자기를 가르쳐준 주장과 시합을 하게 된 동구는 패할 위기에 처하지만, 샅바를 놓고 주장에게 웃음을 유발함으로써 승리한다. 그렇게 씨름대회에서 우승을 한 후, 동구는 꿈꿔온 대로 마돈나의 Like a virgin을 공연한다. 무대 위의 동구는 짧은 치마 위에 마치 샅바처럼 레이스를 두르고 있다. 부주장은 동구에게 줄 장미꽃을 들고 공연을 신나게 관람하고, 동구의 어머니는 눈물이 그렁그렁한 채로 행복한 동구의 공연을 함께 한다.

Ⅰ. 남성의 법과 여성의 법

인류의 법은 오랜 세월 아버지(하느님)의 법, 곧 남성인 부성(父性)의 법이었다. 이성의 근대법도 아버지의 엄격한 규율과 훈육을 이성의 개념으로 재해석한 법이라고 이해할 수 있다. 그렇기에 법에서 여성은 소외되었고, 그에 대한 저항으로 여성주의의 투쟁이 지난 반세기동안 거세게 전개되었다. 이런 역사의 발전은 많은 '역차별'의 이슈들에서도 볼 수 있듯이, 여성과 모성의 법이 남성과 부성의 법에 대립하는 양상으로 나아가기도 한다.

1. 암수구별주의의 강박

영화 <천하장사 마돈나>는 여성주의 영화로 착각하기 쉽다. 동구가 겪는 삶의 여정이 마치 소외되었던 여성성을 인정받기 위한 눈물 나는 노력의 과정처럼 보일 수도 있기 때문이다. 그러나 대표적인 남성성의 기호인 천하장사와 대표적인 여성성의 기호인 마돈나의 결합은 이 영화가 여성주의 영화가 아님을 상징해준다.

(1) 남성주의와 여성주의의 공통점

영화 <천하장사 마돈나>는 남성과 여성의 차이를 과거의 남성주의처럼 강조하거나, 현재의 투쟁적 여성주의처럼 해체하려 하지 않는다. 그런 성차의 강조나 성차의 해체는 '암컷과 수컷을 구별해야한다'는 무의식적인 강박의 산물일 수 있다.

이를테면 남성주의의 의식에 휩싸여있는 동구 아빠는 여장을 하고 '수술해서 진짜 내 모습을 찾겠다'고 말하는 동구를 때리며 무섭게 대답한다.

> "(화장을 하고 원피스를 입고) 아버지...저 좀 보세요. 저 안보이세요? 이게 나에요. 씨름 왜 하냐고 물으셨죠? 장학금 준다길래 시작했어요. 그 돈으로 저 수술해서 진짜 제 모습 찾으려고!"(동구아빠가 동구의 얼굴을 세게 때려서, 동구는 말을 잇지 못한 채 쓰러진다)
> "쓰레기 같은 새끼. 좋아. 니가 정 할 얘기가 있다면, 남자 대 남자로 하자"
> "아버지..."
> "가드 올리고, 상대방 주시하고"
> "제 말 좀 들어!" (동구의 말이 끝나기도 전에 또다시 동구 얼굴을 주먹으로 때리는 동구 아빠)
> "가드 올리고, 상대방 주시하고. 주시하고! 주시하고!"(동구 얼굴은 코피 범벅이지만, 동구아빠는 멈추지 않고 계속 때린다)

또한, 동구의 여성성을 이해하는 동구의 가까운 친구처럼, 여성주의에 동반자적인 남성도 이렇게 말한다.

> "야, 너 오빠 부탁 하나만 들어주라. 응? 부탁. 너 나중에 수술하면 나 그것 좀 보여줘. 대음순"

이런 대화는 물론 남자가 2자로 시작하는 여성의 주민번호를 받기 위해서는 여성에의 정신적인 귀속감과 여성적인 사회생활의 역사를 갖고 있고, 성기구조를 전환하는 외과수술을 받았을 것을 요구하는 법[1]의 강제 때문이기도 하다. 어쨌든 이처럼 한 인간존재를 반드시 남성과 여성 가운데 어느 하나로 분류해야한다는 무의식적인 강박을 암수구별주의(dimorphism)[2]라고 부를 수 있다.

(2) 심리적 현상으로서 성차

프로이트는 남/녀의 확고한 이분법에 기반을 둔 이성애주의 문화를 '설명을 필요로 하는 하나의 현상이자 문제'로 간주했다. 인간은 생물학적으로는 남성의 혹은 여성의 성기 중 어느 하나를 가지고 태어나지만 심리적으로는 양성적 구조를 가지고 있기 때문에, 양성적 성충동을 금기시하고 강력하게 억압하는 암수구별주의의 문화는 일종의 신경증이란 것이다.[3] 프로이트에 따르면, 남녀의 성차는 오이디푸스 콤플렉스 단계에서 비로소 발생하며, 그 이전에는 남아와 여아 모두 어머니를 성적 대상으로 하고, 양성적 구조를 가지고 있다. 그래서 프로이트는 성이란 다중도착적(polymorphpervers)인 것이라고 이해한다.[4] 라깡도 생물

1) 예컨대 대법원의 「성전환자의 성별정정허가신청사건 등 사무처리지침」(호석예규 제716호) 참조. 대법원의 위와 같은 입장에 대한 비판적 논의는 이준일, 「트랜스젠더(transgender)의 헌법적 문제」, 『고려법학』(제51호, 2008), 63~65쪽 참조.

2) Dimorphism을 젠더정체성의 암수구별주의(여성/남성), 생물학적 성기의 암수구별주의(vagina/penis)로 설명하는 Myra J. Hird, "Considerations for a psychoanalytic theory of gender identity and sexual desire: the case of intersex", *Signs* (Vol. 28, No. 4, Summer, 2003), 1075쪽 참조.

3) 주디스 버틀러도 동성애의 억압은 근친상간의 금기 이전부터이며, 동성애적 욕망은 이성애주의 속에 '부인된 애착(disavowed attachment)'으로 존재한다고 본다. 이에 대해서는 이명호, 「젠더 트러블과 성차의 윤리: 주디스 버틀러의 논의를 중심으로」, 『안과밖: 영미문학연구』(제21호, 2006), 103쪽 참조.

4) 프로이트는 생식을 목적으로 하지 않는 모든 성적 활동을 도착이라고 개념화했는데, 이런 견해를 따르자면 '각양각색의 도착'은 인간 성욕의 중심이며, 따

학적으로 고정된 남성성과 여성성은 없으며 오직 '심인성 성차'로서 남성적 구조(structure)와 여성적 구조가 있을 뿐이고, 성차는 (대)타자와의 관계 속에서 만들어지는 역사적 사건이라고 보았다.[5] 이들의 통찰을 요약해본다면, ① 남성성, 여성성이라는 서로 구별되는 코드로서 성차는 있되 (즉, 인간은 성별화된 주체[6]이되), ② 인간에겐 본원적인 양성성이 있으며 (즉, 남성의 육체 속에 심리적 여성성이, 여성의 육체 속에 심리적 남성성이 있으며), ③ 따라서 성차는 '생물학적 차이에 대한 주체의 심리적 반응'[7]으로 이해하여야 한다는 것이다.

2. 문화와 권력으로서 암수구별주의

(1) 성차의 문화적 코드로서 법

이 심리적 반응의 집단적 반복은 (남성의 또는 여성의) 문화를 형성한다. 그리고 그 문화의 지층에는 남성성과 여성성에 관한 지식들이 축적된다. 성차에 관한 지식은 특정한 사회체제(예: 가부장사회)나 국가형태의 권력을 형성한다. 인류역사에서 이분법적인 생물학적 표지가 기반하고 있는 암수구별주의(dimorphism)는 오랜 세월 동안 문화와 권력의 심층을 이루어왔고, 이 심층은 무의식적인 심리적 강박이라고 말할 수 있을 정도로 뿌

라서 인간의 성은 본질적으로 도착적이라고 하는 브루스 핑크, 『라캉과 정신의학』(맹정현 옮김)(민음사, 2008), 286쪽 참조.

5) 라깡의 논의에 관련해서는 박찬부 · 조윤숙, 「대타자에 대한 주체의 위치—라캉의 성담론」, 『영어영문학』(제51권 1호, 2005), 70쪽, 78쪽 참조.

6) 전통적으로 철학에서 주체는 중성적 존재이어 왔는데, 한 예로 성차에 선행하는 중성적인 존재로 가정되는 하이데거의 현존재에 대해서는 Elizabeth Grosz, "Ontology and Equivocation: Derrida's Politics of Sexual Difference", in Nancy J. Holland (ed.), *Feminist Interpretations of Jacques Derrida* (The Pennsylvannia State University, 1997), 87쪽 참조.

7) 이에 대해서는 홍준기, 『오이디푸스 콤플렉스, 남자의 성, 여자의 성』(아난케, 2008), 262쪽.

리가 깊다. 부성의 법이란 가부장의 가정체제와 권력을 사회적 권력으로 조직화하고, 그렇게 조직화된 사회적 권력들을 국가를 정점으로 집결시키는 체제의 법이다. 그러므로 법은 '권력이 미시화되어 침투되어 있는 성차에 관한 문화적 코드'라고 할 수 있다.[8]

남성(성)과 여성(성) 사이의 모호함을 견디지 못하고, 남성성과 여성성 사이의 경계가 흐트러지는 것에 강박적 혐오를 느끼는 암수구별주의 문화는 다분히 신경증적이다. 이 신경증은 개인에게는 폭력성을, 국가에게는 전체주의의 광기(예: 독일의 나치즘)를 초래하기 쉽다.

(2) 동구 아빠가 동구를 때리는 이유로서 부성의 법

여기서 영화 <천하장사 마돈나>에서 동구 아빠가 폭력적인 이유가 드러난다. 가부장인 동구 아빠와 동구형제의 지배복종관계(가정), 회사의 가부장인 사장과 동구 아빠의 지배복종관계(사회), 그리고 회사와 (경제)행정기관의 지배복종관계(국가)로 짜여진 체제를 유지시키는 법은 부성의 법이다. 그렇기에 동구 아빠는 여성적으로 꾸미고 자기됨을 주장하는 동구를 마구 때리는 것이다. 이 폭력은 부성의 법체제에 편입된 가부장이 누려야 할 권력을 생산하는 남성성의 코드에 대한 저항을 진압하기 위한 것이다. 이런 진압을 통해 동구 아빠는 남성의 법체제에서 자신에게 부여되는 작은 권력을 누리고, 동구에게 미래에 배분될 작은 권력의 상실을 방지하고자 하는 것이다.

---

8) 법과 권력의 상호관계에 대한 푸꼬의 이론의 응용은 Ben Golder/Peter Fitzpatrick, *Foucault and law* (Routledge, 2009), 특히 60~85쪽 참조.

(3) 동구가 씨름부에 간 이유

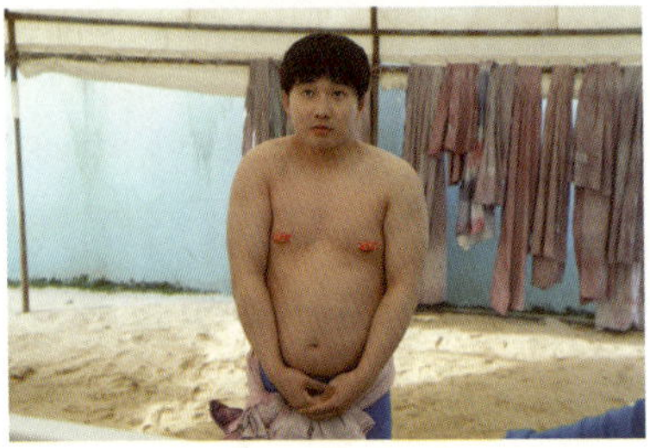

사진 1. 보라색 샅바를 매고, 젖꼭지에 반창고를 붙인 동구

이에 반해 동구 아빠의 폭력적 지배에서 이탈한 동구 엄마, 회사 사장의 지배에 저항하는 노동자 등이 성취하고픈 법은 모성의 법이 된다. 모성의 법이 남성주의가 지배하는 부성의 법체제에서 피어나기 위해서는 투쟁적인 여성주의의 시대가 필요할 수 있고, 여성주의는 남성과 여성의 이항대립을 전제로 남성을 여성의 우위에 놓는 남성주의 이데올로기를 거꾸로 세우는 것, 즉 여성을 남성의 우위에 놓는 법제를 지향하기 쉽다.

그러나 영화 <천하장사 마돈나>는 이런 여성주의적 전략을 사용하지 않는다. 그 대신 기호론적으로 남성성과 여성성을 섞는 전략을 선택한다. 씨름은 아직도 금녀의 운동이고, 씨름부는 전형적인 남성사회를 기호화한다. 이처럼 암수구별주의의 문화에서 가장 남성성의 상징이 강한 씨름부에 지극히 여성스러운 성향의 동구를 들여보내는 것이다. 물론 동구가 씨름부에 간 것은 암수구별주의의 법체계가 요구하는 여성성의 승인조건인 성기수술비용을 마련하기 위한 것이었다. 이는 법의 외적 강제에 대한 의식 때문이지, 동구의 내면적 욕망 때문은 아니다. 남성성과 여성성을 섞는 기호론적 전략은 영화의 전반에 걸쳐 다양하게 펼쳐진다. 특히 동구가 실수로 남성의 힘쓰기 장소인 샅바를 남성의 색상 기호인 파랑과 여성의 색상 기호인 빨강이 뒤섞인 연한 보랏빛으로 물들게 한 에피소드는 그 대표적인 예이다.

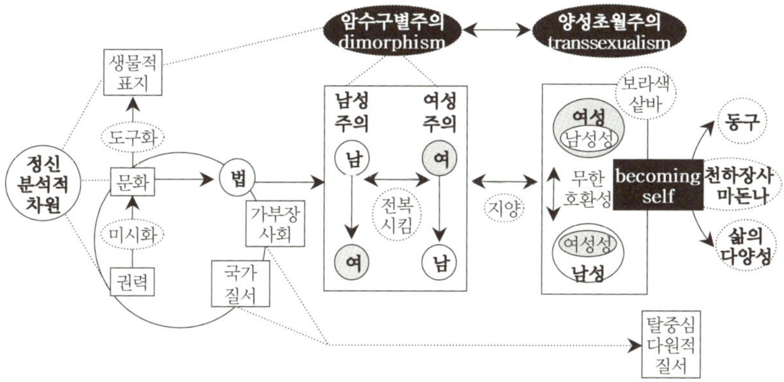

Ⅱ. 인간의 양성성과 성적 코드의 호환성

영화 <천하장사 마돈나>는 암수구별주의를 지양하는 기호론적 전략을 다양하게 사용한다.

1. 인간성으로서 양성성의 발현

영화 속 동구 아빠는 왜 그렇게 폭군 같은 가부장이 되었을까? 폭군은 남성성의 발현인가? 정신분석학과 영화 <천하장사 마돈나>가 이 물음에 답하는 방식을 추적해보자.

(1) 해체할 수 없는 인간성의 조건으로서 성차

버틀러(Butler)는 성차란 문화적 · 사회적 구성물에 불과하다는 인식과 함께 생물학주의와 완전히 결별하고 '성차는 없다'고 말한다. 그러나 육체의 해부학적 차이와의 상호작용 속에서 형성되는 정신분석학적 '성차' 개념은 포기할 수 없는 것이다.[9] 성차

9) 성차는 설명될 수 없는 차이 그 자체이며, 실재계적인 것이라는 콥젝의 논의를 수용하고, 남성/여성의 이항대립을 "재현될 수 없는 성차에 대한 상징계적 방

는 주체가 상징계 속에 자신의 자리를 갖는, 주체가 존재하기 위한 구조적 조건이기 때문이다.[10] 다시 말해 암수구별주의의 극복은 암수의 차이를 지워버리는 데에 있지 않다. 정신분석학은 남성성과 여성성의 이분법적 코드를 해체하지 않으면서도 남성과 여성의 이항대립을 넘어서고자 하는 것이다. 정신분석학은 양성성에 대한 인식을 전제로 하면서, 심리적 남성성과 여성성을 생물학적 '육체의 차이'와의 관계 속에서 고찰한다. 그러나 육체와의 관계 속에서 심리적 성차를 탐구한다고 해서 생물학적 환원주의로 돌아가는 것은 아니다. 남성의 육체 속에 심리적 여성성이 있을 수 있으며, 여성의 육체 속에 심리적 남성성이 있을 수 있기 때문이다. 결국 남성성과 여성성은 모든 인간에게 내재하는 두 가지 코드로, 어떤 코드가 어느 정도의 비율로 발현되는가의 문제가 된다.[11] 생물학적 성정체성과 심리적 성정체성은 일치할 수도 있고, 불일치할 수도 있다. 정신분석학의 관점에서 볼 때에는, 어느 쪽이든 자연스러운 현상일 뿐이다.

(2) 무의식과 양성성의 균형

여기서 인간은 고정된 성차를 가지는 존재가 아니라 성적으로 '결정되어 있지 않은' 존재라는 점을 바라볼 수 있다. 다시 말해 인간은 남성성과 여성성의 코드를 자유롭게 호환시킴으로써 자신의 실존을 구성해가는 존재인 것이다. 또한 이런 실존 방식은 무의식의 세계에 서식하는 인간성의 핵심이기도 하다. 이를테면 의식에서 남성성이 강하게 발현되면, 무의식에서 여성성이

어"라고 설명하는 민승기, 「라캉과 레비나스-타자의 윤리학」, 김상환 · 홍준기 엮음, 『라깡의 재탄생』(창비, 2009), 310쪽 참조.

10) 민승기, 「라캉과 레비나스-타자의 윤리학」, 김상환 · 홍준기 엮음, 『라깡의 재탄생』(창비, 2009), 327, 332쪽 참조.

11) 이에 대해서는 이상돈, 『기초법학』(법문사, 2008), 725~726쪽 참조.

의식적 남성성을 견제하면서 예측할 수 없는 어떤 코드로 여성성을 발현시킨다. 그렇지 못할 경우에 남성성은 폭력성으로 변질될 수 있다.

[아니마와 아니무스, 대극의 단일성] 융(Jung)의 분석심리학에 의하면, 무의식은 아니마와 아니무스, 그리고 그림자로 나타난다. 융은 남성 속에 여성성이 있고, 여성 속에 남성성이 있음에 주목하는데 이를 각각 아니마와 아니무스라 불렀다. 이는 인류의 역사를 통해 축적된 집단적 원형이기도 하다.[12] 그러므로 융에게 있어 '자기실현'이란 남성이 자신 안에서 들려오는 — 또 다른 나인 — 여성의 목소리에 귀를 기울이고, 여성도 자신 안에서 들려오는 남성의 목소리에 귀를 기울임으로써 '본래의 자기'를 실현하는 것이 된다. 이런 자기실현은 자아가 외적·사회적 인격인 페르소나(예: 어머니 또는 교사 등과 같이 집단정신의 발현으로서 사회적 정체성)가 아니라, 내적 인격(또는 제2의 인격)과 소통적 관계를 형성함으로써 달성되는 것이다. 남성성과 여성성은 '빛과 그림자' 또는 '선과 악'과 같이 대극을 이룬다. 대극 중 하나는 의식으로 구현되는 반면 다른 하나는 무의식으로 억압된다. 남성성이 의식으로 구현되어 있다면 남성성의 대극인 여성성은 무의식에 억압되어 있으며, 선이 의식으로 구현되어 있다면 선의 대극인 악은 무의식 속에 억압되어 있다. 그러나 대극을 이루는 두 측면은 둘이 '한께' 전체('대극으로 이루어진 단일성')를 이루는 것이다. 대극 중 어느 하나가 다른 하나에 대하여 완전히 승리하는 것은 불가능하며, 빛이 강하면 강할수록 그림자 또한 더욱 더 짙어지듯이, 대극의 이원적 구조는 영원히 지속된다. 그렇기에 대극 중 긍정적인 하나를 선택하여 그것만 성취하는 것 – 예를 들어, 궁극의 선을 추구함으로써 자기 안의 악을 완전히 지워버리는 것 – 은 불가능하며, 자기실현이란 '대극을 철저하게 체험'[13]하고 대극을 '모두' 의식화함으로써

12) 자세히는 캘빈 S. 홀·버논 J. 노드비, 『융 심리학 입문』(김형섭 옮김)(문예출판사, 2004), 73~78쪽 참조.

13) 이부영, 『자기와 자기실현』(한길사, 2008), 60쪽 참조.

> 그에 대해 통찰하고 '균형'을 유지하는 것이다.[14] 이렇게 균형을 유지할 때 무의식의 어둡고 부정적인 면이 희석되고 무의식은 '창조적인 힘'으로 작동하게 된다. 이 힘은 매우 광대하며, 모두가 나름의 신화적 존재가 되기를 꿈꿀 수 있게 한다.[15]

동구 아빠가 보이는 폭력성과 억압성은 그의 실존에서 여성성과의 호환을 거의 수행하지 않은 과잉의 남성성이 변증된 결과라고 할 수 있다. 폭력은 피해자만이 아니라 가해자의 인간성도 파괴한다. 영화 속에서 씨름부 부주장이 동구 아빠보다 더 행복해 보이는 까닭은 가장 남성적인 운동을 하면서도 여성성의 코드를 발현하는 개방성에 있다. 부주장은 동구에게 가수 렉시의 '애송이'춤을 배우고 나중에는 동구를 사랑하기까지 한다. 또한 의식에서 여성성이 강하면, 무의식에서 남성성이 그것을 견제하면서 예측할 수 없는 어떤 코드로 남성성을 발현시킨다. 그렇지 못할 경우에 여성성은 무기력한 신경증으로 변질될 수 있다. 평소 여성성이 강해서 얌전한 남성이 의외로 자동차를 거칠게 모는 경우가 많은 것은 이런 신경증에 대한 방어기제라고 볼 수 있다. 그렇기에 정신분석학적으로 인간성을 정의해보면, '남성성과 여성성이 서로 균형을 이루는 방향으로 인간실존에 작용하는 것'이라고 할 수 있다.

---

14) 두 극단 사이의 균형(balance)과 평형(equilibrium)의 중요성과, 양 극단은 언제나 상호작용하며 홀로 작동하지 않는다는 점에 대해서는 Vernon W. Gras, "Myth and the Reconciliation of Opposites: Jung and Levi-Strauss", *Journal of the History of Ideas* (Vol. 42, No. 3, Jul. - Sep., 1981), 481쪽 참조.

15) 분석심리학의 이런 특성을 영화와 함께 흥미롭게 설명한 김서영, 『영화로 읽는 정신분석』(은행나무, 2008), 65~90쪽 참조.

2. 남성성과 여성성의 호환

이런 정신분석학적 의미의 인간성이 실현되려면, 각 개인은 그의 실존적 삶의 과정에서 남성성과 여성성을 호환시키는 자유를 누릴 수 있어야 한다.

(1) 성적 코드를 지속적으로 호환해가는 동구

영화 <천하장사 마돈나>의 주된 전개흐름은 주인공 동구가 성전환수술비를 마련한다는 곤궁한 상황에서도 자기 안의 여성성과 남성성을 발견하고 그것을 다양한 양식으로 표현하는 과정이라 할 수 있다. 영화 초반의 동구는 자신을 여성으로 인식하고, 여성성과 대립되는 자신 안의 남성성을 '싫어'하면서 그것을 자신의 일부로서 수용하기를 적극적으로 거부한다. 동구는 '마돈나'나 '장만옥' 같은 전형적인 아름다운 여성이 되고 싶어 하고, 처음으로 몽정을 하고 자신의 남성성을 확인했을 때 몹시 슬퍼한다. 동구가 센 힘을 가졌으면서도 자신을 놀리는 쌍둥이들에게 대적하지 못하고 마냥 당하기만 한 것도 바로 동구의 그 여성성 때문이다. 하지만 이 과정에서도 <마돈나(女) — 몽정(男) — 여성처럼 슬퍼함(女) — 센 힘을 발견함(男) — 싸움을 기피함(女)>과 같은 여성성과 남성성의 호환적 구조는 계속 확립되어 간다.

그러다가 영화 후반부로 갈수록 동구는 이러한 양성성의 호환적 구조를 '의식적으로' 수용하는 모습을 보인다. 예컨대 동구는 자신의 방 벽에 처음에는 마돈나 사진만 붙여 놓다가, 나중에는 마돈나 사진 옆에 씨름기술의 하나인 '뒤집기' 사진을 나란히 붙여 놓는다. 그리고 이전에는 여성처럼 립스틱들을 꺼내서 발라보면서 항상 만족해하고 기분 좋아했지만, 씨름시합에서 뒤집기를 실패한 날에는 립스틱을 바꿔가며 여러 색을 발라보아도 만족하지 못한다. 또한 동구는 여성적으로 꾸민 자신을 아버지가 구타하자, 아버지를 남성적인 뒤집기로 저멀리 날려버린다. 인천 시장배 고교씨름대회에서도 경기의 대부분을 센 힘으로 이기지만, 결승전에서는 남성적인 힘이 아니라 상황에 전혀 맞지 않는 여성적인 유연함(웃음)으로 승리한다. 동구는 씨름대회에서 우승하여 남성성의 정상에 섰지만, 영화의 끝에는 다시 무대 위에서 여성성의 정상의 기호인 마돈나의 노래를 열창한다. 이처럼 영화 속에서 동구는 여성성과 남성성의 코드를 지속적으로 호환하는 삶을 보여준다.

(2) 성적 코드의 지속적 호환으로서 법

동구의 이런 실존은 실정법이 남성성과 여성성을 어떻게 대해야 하는지를 말해준다. 성차의 이데올로기를 극복하는 법이란 남성주의 또는 여성주의를 수용하는 법이 아니다. 그것은 암수구별주의의 이데올로기를 벗어나지 못하기 때문이다. 성차에 대한 법의 의식은 남성성과 여성성의 코드를 무한대로 다양하게 배합하고 교환할 수 있게 하는 가능성을 향해야 한다. 물론 이런 법은 가부장제에 기반한 국가질서에서 벗어나, 탈중심적이고 다원적인 질서의 공동체로 나아가는 것이기도 하다. 성적 코드의 지속적 호환으로서 법은 여성에게 육아휴가를 보장할 경우에는 남성에게도 육아휴가를 보장해야 한다. 육아는 전통적으로 여성성의 코드로 이해되어 왔지만, 그런 여성성은 현실의 남성에게도 내재해 있고, 각자는 자신의 삶에서 남성성과 여성성을 자유롭게 발현할 수 있는 기회를 보장받아야 하기 때문이다. 이와 대척점에 있는 예로 여성의 군복무제도를 들 수 있다. 군사업무는 전통적으로 남성성의 코드로 이해되어 왔지만, 그런 남성성은 현실의 여성에게도 내재해 있다. 물론 이스라엘의 여성 징병제와 같은 여성의 병역의무제 주장은 군필자 가산제의 폐지에 대한 남성들의 반발이 응집된 결과일 것이다. 그러나 그런 주장과 무관하게, 여성에게 내재해 있는 남성성이 군복무를 통해서 실현될 수도 있음을 바라보아야 한다. 다만 이런 주장을 제도화할 때에는 최단기간(예: 6개월)의 복무기간과 대체복무(예: 공익실현의 사회봉사)를 허용함으로써 여성의 생물적 특성 등을 균형 있게 고려해야 한다.

Ⅲ. 자기되기와 법의 미래

동구가 여성성과 남성성을 지속적으로 호환해가는 과정은 단지 '인간성'을 실현하는 과정에 머무르는 것이 아니고, 동구 '자신'이 되어가는 과정이라 할 수 있다. 미래의 법은 이런 동구의 삶을 보호해야 한다.

1. 미래에 유예된 자기되기

(1) 동구의 자기되기

동구가 남성성과 여성성의 코드를 호환해가는 과정은 바로 동구 자신이 되어 가는 과정이기도 하다. 씨름부에 들어간 동구는 빨래를 하다가 그만 파란색과 빨간색 샅바를 섞어서 빠는 바람에 모든 샅바들을 연한 보라색으로 물들이게 된다. 융은 보라색이 "대극 간의 내적 친화관계"를 나타내는 이미지라고 설명했다.[16] 그러나 동구의 이 연보라색 샅바는 남성성과 여성성의 내적 친화관계 그 자체보다는 그런 친화관계를 맺어나가는 동구만의 방식, 즉 동구의 자기됨(becoming self)을 기호화한다. 동구에게 씨름은 여성이 되기 위한 수술비를 마련하는 수단이 아니라, 세상에서 단 한 명뿐인 '천하장사 마돈나', 즉 동구 자신이 되어 가는 과정이다. 여장을 하고 아버지를 뒤집기로 날려버리는 순간 동구는 이미 자신에게 어느 한 코드에로 고착될 것을 요구하는 암수구별주의를 저 멀리 날려버린 것이다. 동구는 여성성과 남성성이라는 코드를 자신의 욕망을 중심에 두고 자기만의 방식으로 배합하여 성적 코드의 균형을 유지한다. 동구의 이 자기방식은 영화의 끝 장면, 그러니까 무대 위에서 마돈나의 'like a virgin'을 부를 때, 의상의 리본을 씨름부 감독님이 남성성의 상징이라고 말한 샅바를 매듯 몸에 감고 있는 동구의 모습에서 절정을 이룬다. 이런 동구의 자기되기는 이미 영화 초반에 동구 엄마와의 대화에서도 예고되었다.

> "내 발바닥 곰 발바닥... 이런 발에 하이힐 신으면 얼마나 웃길까. 이런 다리에 스타킹 얼마나 웃길지 알아. 분명히 나 아주 못생긴 여자가 될 거야."
> "동구야, 남들이 보기에 예뻐 보이고 좋아 보이는 거 아무것도 아닌 거야. 내가 하고 싶은 걸 멋지게 사는 거, 그런 게 진짜야."

그렇기에 영화는 동구가 성전환 수술을 결국 했는지 여부를 명확하게 보여주지 않는다. 그건 중요하지 않기 때문이다. 오히려 그런 설정을 통해 영화 <천하장사 마돈나>는 남성성과 여성성의 이항대립을 넘어선다. 이제 동구에겐 성전환수술을 하고 안하

---

16) 카를 융, 「정신의 본질에 관한 이론적 고찰」, 『원형과 무의식』(한국융연구원 C.G. 융 저작 번역위원회 옮김)(솔출판사, 2006), 78쪽.

고가 중요하지 않다. 남성성과 여성성의 코드를 주체적으로 배합하는 실존적 결단을 통해 자기 자신이 되는 것이 중요할 뿐이다. 이런 동구의 모습은 성전환수술을 하고 과도한 여성성을 학습하여 표출하는 것보다 훨씬 더 성숙하고 아름답다. 그래서 동구는 '여자가 되는 게 너의 장래희망 아니냐'는 친구의 말에 이렇게 대답한다.

"나는 뭐가 되고 싶은 게 아니라, 그냥 살고 싶은 거야."

(2) 유예된 자기되기의 내용

이런 동구의 호소는 융(Jung)이 말하는 '자기실현'이고, 푸꼬의 윤리학이 말하는 '자기자신이 되는 것(becoming oneself)'이다.

[의식의 '자아'실현과 무의식에 의한 '자기'실현] 융은 자아는 의식의 중심이며, 자기는 의식과 무의식을 포함한 '전체정신'의 중심이라고 한다. 그래서 삶이란 자아실현이 아니라 자기실현, 즉 전체정신을 실현하는 과정이라는 것이다.[17] 또한 전체정신으로서 자기의 실현은 인간의 보편적이고 원초적인 '충동'이 된다.[18] 전체정신의 실현은 무의식을 의식화하여 의식에 구현함으로써, 즉 의식의 전일성을 획득함으로써 이루어지는데, 그럴 때 인간은 건강하고 생동감 있는 정신을 유지하게 된다. 자아는 의식의 전일성을 실현하기 위해 창조적이고 자율적인 무의식의 목소리를 경청해야 한다.

'무엇이 되고 싶다'고 말할 때, 욕망은 '무엇'이라는 그 내용이

17) 그래서 융은 자서전의 첫 문장을 "나의 생애는 무의식의 자기실현의 역사이다. 무의식에 있는 모든 것은 외부로 나타나 사건이 되려 하고, 인격 역시 무의식의 조건에 따라 발달하며 스스로를 전체로서 체험하려 한다"고 쓴 것이다. 이는 카를 융(A. 야페 편집), 『기억, 꿈, 사상』(조성기 옮김)(김영사, 2007), 11쪽.
18) 이에 대해서는 이부영, 『자기와 자기실현』(한길사, 2008), 29~30쪽.

이미 정해져있는 대상을 향해있다. 이 무엇은 사회적으로 규정된 것이고, 규범적으로 그렇게 인정된 것이기에, 그 욕망은 나의 욕망이 아니라, 타자의 욕망이다. 그것은 타자가 욕망하는 것을 욕망하는 것이고, 타자의 욕망을 욕망하는 것이다. 따라서 '무엇'에 고정되지 않고, '그저 살고 싶은 것'이 진정으로 고유한 나의 욕망일 수 있다. 동구를 예로 들어보자. 동구는 '여자'가 되고 싶은 게 아니라, 그냥 살고 싶은 것이다. '여자'라는 개념은 사회적으로 규정되어 있는 것이며, 그 규정에 나 자신을 맞출 때 그것은 나의 욕망의 소외이지 욕망의 실현이 아니다.

자기자신이 되는 것은 최종적으로 실현해야할 모습이 이미 정해져 있는 것이 아니며, 나 자신을 끊임없이 새롭게 창조(self-fashioning)[19]하는 것이다. 나의 무의식은 그 어떤 고정되거나 안정된 정체성도 해체하고 뒤흔들며[20], 나 스스로 인식조차 하지 못했던 새로운 욕망들을 계속 나에게 던진다. 그렇기에 '자기자신'은 계속 연기되고 차연된다. 내가 무엇이 될 것인지, 내가 누구인지는 나조차도 미리 알 수 없으며 불확정적이다. 나(self)는 유예되어 있다. 나는 여성을 목표로 하는 것이 아니라, 무엇이 될지 알 수 없는 것을 향해 가는 것이다.

2. 법의 미래

(1) 정신분석학적 인권

이렇게 미래로 유예된 자기가 되어가는 과정은 끊임없는 대

19) Self-fashioning이라는 푸꼬의 윤리학의 개념은 Ben Golder/Peter Fitzpatrick, *Foucault and law* (Routledge, 2009), 107~121쪽 참조; 니체도 자기자신 되기(to become what one is)를 강조하는데, 이에 대해서는 Simon May, *Nietzsche's Ethics and his War on 'Morality'* (Oxford University Press, 1999), 108~111쪽 참조.

20) 숀 호머, 『라캉읽기』(김서영 옮김)(은행나무, 2009), 186쪽 참조.

안적 자기해석[21]을 필요로 한다. 성차가 오이디푸스 콤플렉스라는 구조 속에서 비로소 주체에게 형성되듯이, 인간은 끊임없는 대안적 자기해석을 통해서, 또 끊임없이 새로운 오이디푸스 콤플렉스적 구조와 마주치면서, 그때그때 자신에게 적합한 성차 – 라깡 식으로 말하자면 향유의 획득 방식 – 를 발현할 실존적 자유를 가진다. 정신분석학에서 바라보면 바로 이런 실존적 자유가 인권이라고 할 수 있다.[22] 다시 말해 '자기자신이 될 권리(right to become oneself)'가 인권의 근본인 것이다. 그렇기에 법은 자기자신이 될 수 있는 권리를 승인해주어야 한다.[23] 이것은 '인간'이라는 보편적 개념에 기대지 않는, 포스트인문주의적 권리(posthuman rights)이기도 하다.

(2) 자기되기의 보장으로서 법

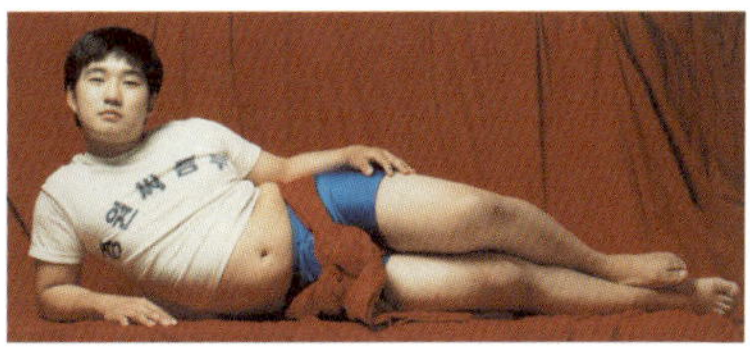

사진 2. 씨름복장을 하고 여성스런 포즈를 취한 동구

미래의 법은 이런 인권을 수용하는 변화를 보일 때 지금보다 '더 인간적인' 법이 될 수 있다. 이를테면 성전환수술을 해야만 여성성을 인정해주는 법은 '성별의 자기결정권'은 보장해 줄 수 있을지 모르지만, 자신만의 성적 정체성을 주체적으로 결정할 권리를 보장하지는 못한다. 성적 자기결정권이란 법개

---

21) 이에 대해서는 이 책 [아내가 결혼했다] 단락 비평 참조.

22) 성차를 자유롭고 기회균등하게 향유할 권리를 인권으로 말하는 이상돈, 『기초법학』(법문사, 2008), 726쪽 참조.

23) 이는 푸꼬의 '관계적 권리' 개념과도 상응하는데, 이에 대해서는 Ben Golder/Peter Fitzpatrick, *Foucault and law* (Routledge, 2009), 123~124쪽 참조; 정체성 인정의 기제로서 법의 한계는 Costas Douzinas, "Identity, Recognition, Rights or What can Hegel teach us about human rights", *Journal of Law and Society* (Vol. 29, No. 3, Sep., 2002), 404~405쪽 참조.

념은 이와 같이 정신분석학적 의미로 이해됨으로써 비로소 성적 정체성에서 '인간됨'과 '자기됨'을 함께 실현할 수 있게 된다. 여기서 법정신분석학이 미래의 법학에서 하게 될 포스트인문주의적 역할을 바라볼 수 있다.

이런 법의 미래를 예시적으로 설명해보자. 영화 <천하장사 마돈나>에서 동구가 처한 실존적 문제는 '자기자신이 될 권리', 그러니까 예컨대 남성 성기를 가지고도 주민등록번호가 2번일 수 있는 권리를 법이 보장함으로써 풀어나갈 수 있다. 물론 병역기피와 같은 현상들이 부작용으로 등장할 수 있다. 그것은 군복무에 적합하지 않은 그 개인의 특성을 고려하여 다양한 기간과 형태의 대체복무제도를 마련함으로써 해결할 수 있을 것이다. 또한 남녀식별주의에 기반해 있는 주민번호제도를 없애거나 동구처럼 성적 코드의 새로운 배합을 선택한 사람들에게 이원주의 외의 또 다른 선택항으로서 3번이 주어지게 하는 방안도 생각할 수 있다.

법이 자기되기의 보장으로 기능하는 또 다른 예로 성씨(姓氏)제도를 들 수 있다. 여성주의자들은 종종 아버지 성 앞에 어머니 성을 덧붙여 쓰곤 한다. 이런 부모성 함께쓰기 운동은 부성과 모성, 남성성과 여성성의 이항대립을 해체하는 것이 아니라 오히려 확대 재생산한다. 강박적 남녀구별주의를 넘어서기 위해서는 이와 같은 '부모성 함께쓰기'가 아니라, 성씨제도의 폐지가 더 바람직하다.[24] 물론 포스트인문주의의 발전이 미진한 상태에서는 성

24) 양성쓰기에 대한 비판적 고찰과 성(姓)의 폐지에 대해서는 이상돈 · 이소영, 『법문학』(신영사, 2005), 340~344쪽 참조; 우리나라에서 '성(姓)불변의 원칙'이 확고해진 것은 혈통주의가 강화된 조선시대에 이르러서이며, 고려시대에는 성씨 변경이 인정되었다는 점에 대해서는 손현경, 「한국의 성씨제도와 부계혈통주의」, 『여성과사회』(Vol.11, 2000), 211쪽.

씨를 쓰는 자유와 쓰지 않을 자유를 모두 보장할 수도 있을 것이다. 이런 보장은 자기되기의 조건으로 재해석된 미래의 법이 해야 할 일이 된다.

[6] 남근성으로서 법과 여성성으로서 사랑: <해피엔드>

〈해피엔드〉의 줄거리

최보라(전도연 분)는 영어학원 원장이고, 그녀의 남편 서민기(최민식 분)는 은행을 다니다가 최근 실직해서 집안 살림을 하며 구직활동을 하고 있다. 이 둘 사이에는 서연이라는 이름의 딸이 하나 있다. 보라는 결혼 전에 사귀었던 애인 김일범(주진모 분)을 다시 만나서 내연의 관계를 가지고 있다. 일범은 웹디자이너인데, 보라의 학원 홈페이지를 관리해준다. 민기는 나름으로는 성실하게 집안일을 하고 연이도 열심히 돌보지만, 보라는 직업이 없는 민기가 불만스럽다. 반면 민기는 분유에 개미가 있을 정도로 아이 돌보는 일을 소홀이 하는 보라가 못마땅하다. 일범은 보라와 헤어진 이후에도 그녀와의 커플반지를 빼본 적이 없을 정도로 그녀에게 집착하지만, 보라는 일범과 육체적 관계 이상의 관계가 될 생각이 없다. 그래서 일범이 자신의 오피스텔에 보라의 칫솔을 사다놓자, '그냥 스쳐가는 관계'이고 싶다고, '자신의 물건은 여기 하나도 없었으면 좋겠다'고 강하게 의사를 표현한다. 그러면서도 일범에게 다른 여자가 있는지 항상 의심하며 경계한다. 보라는 일범과의 섹스를 매우 즐기고 그 정도의 관계에 만족하지만,

일범은 항상 보라와 더 깊은 관계가 되기를 원한다. 보라는 일범과 있을 때에는 생기발랄하지만, 민기와 집에 있을 때는 추리닝을 대충 입고 피곤한 표정으로 아이를 돌보거나 민기와 짜증 섞인 대화를 하며, 이 둘의 섹스 또한 초라하다. 한편, 일범과 보라의 관계를 눈치챈 민기는 일범의 오피스텔에 몰래 들어가 보고, 그곳에서 보라의 사진들이 끼워져 있는 앨범을 보게 된다.

보라가 부담 갖기 싫다고 말했음에도, 일범은 '김서연'이라는 아기 이름표와 함께 아기용품을 사다가 화장실에 놔두고, 그것을 발견한 보라는 크게 화를 내고 오피스텔을 나가버린다. 이 사건을 계기로 보라는 일범과의 관계를 정리하기로 결심한다. 그날 보라는 화장대에 일범의 집에 있던 폴라로이드 사진이 꼽혀 있는 것을 발견하고 깜짝 놀란다. 민기가 무언가 눈치를 챘다는 느낌을 받은 보라는 민기에게 요즘 예민하게 대해서 미안하다며 다 잘 해결되었다고 말한다. 그런 보라에게 민기는 연이에게 좋은 엄마가 되어달라는 말만 한다. 이런 상황에서 보라의 집으로 몇 번 전화가 왔다가 바로 끊어지고, 보라는 불안한 마음이 든다. 민기가 카센터에 가겠다며 나가고, 다시 또 전화가 걸려온다. 일범이 보라에게 30분만 만나서 이야기를 하자는 전화를 한 것이다. 연이 때문에 안된다고 하던 보라는 일범이 집 앞까지 찾아오자, 일이 더 커지는 것을 막아보려고 연이에게 수면제를 먹이고 나간다. 일범은 연이가 자기 딸이 아니냐며 집착을 보이고, 그런 일범과 언쟁을 벌이던 보라는 생각보다 긴 시간을 지체하게 된다. 일범은 술을 많이 마신 보라를 업어서 집으로 데려다 주고, 보라는 일범에게 '같이 죽을까?'라고 묻는다. 카센터에서 돌아온 민기는 보라는 없고 보라가 연이에게 먹인 우윳병에 개미가 있는 것을 발견한다. 설상가상으로 연이는 열이 많이 올라있다. 깜짝 놀란 민기는 연이를 데리고 병원에 가고, 다행히 유아에게 흔히 발생하는 열경기라는 진단을 받는다. 놀란 가슴을 진정시키고 집으로 돌아온 민기는 자신의 집 앞에서 보라와 일범이 포옹하고 있는 것을 목격한다. 너무 놀라 자리를 피해서 동정을 살피다가, 일범이 갔다고 생각하고 집 문을 연 순간, 자신의 집에 일범과 보라가 함께 있는 것을 보게 된다.

민기는 대구에서 있는 장례식에 간다는 것으로 치밀한 알리바이를 만든 후에, 일범의 오피스텔로 가서 일범의 옷과 칼을 훔치고 일범의 체모를 수집한다. 집으로 돌아온 보라는 화장대에 일범의 오피스텔에서 찍은 사진이 꼽혀있는 것을 보고는 기겁을 하고, 일범에게 다급하게 전화를 건다.

그 순간 숨어있던 민기가 보라의 목을 조르고, 일범에게 보라의 비명소리를 듣게 한다. 민기는 일범의 칼로 보라를 수차례 잔인하게 찔러서 살해한 후, 일범의 체모를 침대 위에 뿌려둔다. 민기는 자신의 집 손잡이에 열쇠를 꽂아 두고, 일범이 급히 뛰어오는 모습을 보고는 자리를 피한다. 다음날, 민기는 보라와 연락이 안된다며 아랫집에 사는 자신의 후배 미영에게 연이의 물품들을 챙겨줄 것을 부탁하고, 민기의 집에 간 미영은 보라의 시체를 발견한다. 경찰은 일범을 신문하고, 민기에 대한 의심은 전혀 하지 않으면서, 민기에게 사실관계 확인을 위해서 '앞으로도 오라가라 할 일이 있을거'라고 말한다. 민기는 차분하게 집안을 청소하고 돗자리도 새로 깔고 냉장고 정리도 한다. 그 후 화장실에서 일범이 찍은 환히 웃는 보라의 사진을 보면서 흐느끼고, 보라의 사진을 불태워버린다.

I. 정신분석학적 기호론의 접근방법

1. 기호론적 접근의 필요성

영화 <해피엔드>는 매우 재밌다. 그러나 이런 영화의 비평을 통해 법을 (새롭게) 이해한다는 것은 쉽지 않다.

(1) 종래의 〈법과 영화〉학

그렇기 때문에 종래 법과 영화를 다루는 문헌들은 영화 속에 등장하는 법적 문제들을 해설하거나, 법적 문제들을 영화 속으로 투입시키는 작업에 머물렀다. 이를테면 영화 <해피엔드>에서 '민기의 살인에는 정상참작을 얼마나 해야 하는지'라든가 '보람의 재산 상속은 어찌되는 것인지' 등을 묻고 이에 법률적 해답을 제시하는 것이다. 이런 작업은 법영화학이 되지 못하고, 영화 속의 법(law in films)이 될 뿐이다. 이런 작업은 시청각적인 법교육 방법으로는 얼마간 유용하겠지만, 영화를 이해하는 비평의 틀은 전혀 제공하지 못한다. 그리고 그런 법교육에 등장하는 영화 속의 법률문제들은 대개 이미 답이 잘 준비되어 있는 생활법률문제가 된다. 이런 식의 법영화학이 영화를 읽는 수준으로 <해피엔드>를 보는 것은, 극단적으로 말하자면 이렇게 요약할 수 있을 것이다. <아내가 바람폈다 → 남편이 노력했지만, 아내는 집안이 엉망이 되도록 계속 애정행각을 벌였다 → 그래서 분노와 질투에 휩싸인 남편은 아내를 지능적으로 살해했다>. 이런 틀에서 섬세하게 법률문제를 다루는 것은 일상생활에는 도움이 될 수 있겠지만, 영화 비평은 물론이고 법의 새로운 이해에도 전혀 도움이 되지 않는다.

(2) 정신분석학과 기호론에 의한 접근

<해피엔드>를 법에 의미 있는 방식으로 비평하고 그 비평을 다시 법의 새로운 이해에 연결지으려면, 영화의 스토리를 구성하는 중요한 요소들에 상징적 의미를 부여하는 기호론적 접근과 등장인물들의 행위를 무의식의 차원에서 분석하는 정신분석학적 접근이 필요하다. 그런 접근이 유용한 생산성을 발휘할 수 있는 요소들 가운데 가장 대표적인 것은 – 민기의 경우처럼 남성으로 하여금 아내를 살해하게 만드는 – 남성의 무의식과 – 보라처럼 죽음을 무릅쓰고 사랑을 하는 – 여성의 무의식이다. 이런 남성의 행위들과 여성의 행위들을 일종의 '기호'로 보고, 그 기호들이 법과 정신분석학적 관점에서 어떤 의미를 갖는지를 살피는 것이 바로 (법)정신분석학적 기호론의 작업이다. 이런 작업을 통해 영화는 새롭게 읽히며, 정신분석학의 통찰은 생명을 얻고, 법의 근원적 의미가 무의식의 차원에까지 들어가 새롭게 밝혀질 수 있다. 영화에 대한 법정신분석학적 비평은 바로 이런 기획을

좇는다.

2. 법과 사랑의 기호

이런 기획을 위해 영화 <해피엔드>에 등장하는 남성과 여성의 성적 코드, 즉 남성성과 여성성을 각각 법의 기호와 사랑의 기호로 바라보고자 한다.

(1) 법의 기호로서 남근성

영화 <해피엔드>에서, 소심한 전직 은행원 민기는 어떻게 아내 보라를 잔인하게 살해하는데 까지 나아가게 되었을까? 우리는 아내의 외도 때문에 남편이 아내를 살해했다는 언론의 사건보도를 심심치 않게 접한다. 그럴 때면 누구나 '그래도 어떻게 죽이기까지 하지?' 라는 의문을 갖게 된다. 그러나 창세기에서도 카인이 아벨을 죽이는 것처럼 인간은 부정해서는 안 되는 법을 부정할 수 있다. 법학적으로는 부정할 수 있기 때문에 부정해서는 안 되며, 그런 전제조건 아래서 부정했기 때문에 책임을 지게 된다. 이것이 법적인 책임의 원리이다. 그러나 정신분석학적으로는 법은 부정해서는 안 되는 것이기 때문에 오히려, 그리고 비로소 부정할 수 있게 된다. 금지되었기에 욕망되는 것이다. 법과 정신분석학의 이와 같은 엄청난 간극을 메우려면 법의 역사를 정신분석학적 관점에서 단순화하고, 기호론적으로 재해석하는 논증적 축약이 불가피하다.

예컨대 이런 논증이다. 태초에 법은 하느님과 아버지(父)의 법이다. 근대법은 이런 부성(父性)의 법을 이성으로 재해석한 것이라 할 수 있다. 그러나 근대국가 이후의 이성법에서도 여성은 소외되었다. 이를 역으로 해석하면 이성법은 남성의 법이었다고 할 수 있다. 이때 남성을 정신분석학적으로 재해석하면 팰러스(phallus), 곧 남근성이 된다. 여기서 남근성을 <해피엔드>에 심어져 있는 법의 기호로 볼 수 있는 논리적 토대가 놓인다.

<해피엔드>에서 소심한 민기가 아내 보라를 잔인하게 살해하는 것은 보라가 그의 남근성을 완전히 부정(否定)하기 때문이며, 남근성의 부정은 곧 법의 부정을 의미한다. 그러나 아내의 외도가 곧바로 '남근성의 부정'이 되는 것은 아니다. 아내의 외도만으로는 남근성이 부정되기에 아직 불충분하다. 민기의 살인이 관객들에게 (아마도 특히 남성들에게) 나름의 공감을 얻는 부분이 있다면, 그것이 왜 그런 것인지는 남근성의 정신분석학적 의미를 분석해냄으로써만 밝혀질 수 있다. II. 단락은 이런 점을 논의한다.

(2) 사랑의 기호로서 여성성

다른 한편 보라는 일범과 가정을 이루겠다는 의지를 갖지 않았음에도 불구하고 왜 일범을 사랑하게 된 것일까? 그리고 그런 사랑이 아이에게 위험을 초래하고, 급기야 남편 민기로부터 잔인하게 살해당하는 위험을 가져올 수도 있음을 불길하게 예감하면서도 왜 그 사랑을 계속 몰고 갔을까? 이 질문들은 정신분석학적 비평의 중요한 의문들이다. 여기서 여성이란 어떤 존재인가를 생각하게 된다. 여성의 이런 사랑은 단지 남편 민기의 실직이나 지겹도록 꼼꼼한 가사능력이 주는 답답함 때문에 발생하는 것이 아니다. 보라의 치명적 사랑이 관객들에게 (아마도 특히 여성들에게) 나름의 공감을 얻는 부분이 있다면, 그것이 왜 그런 것인지는 여성성을 사랑의 기호로 바라보고, 여성성의 정신분석학적 의미를 분석해냄으로써만 밝혀질 수 있을 것이다. 이는 III. 단락에서 논의한다.

(3) 기호론적 단순화의 전제

이처럼 남근성이 법의 기호이고, 여성성이 사랑의 기호라면, 법은 사랑과의 관계에서 새롭게 읽히기 시작한다. 또한 법과 여성성의 관계도 완전히 새롭게 읽히게 된다. 다만 여기서 남자는 남근성과 법의 주체이고, 여자는 여성성과 사랑의 주체일 뿐이라는 '오해'를 미리 제거해둘 필요가 있다. 왜냐하면 남근성과 여성성은 "남녀 모두에게 가능한 두 가지의 '성별화된(sexed)' 주체 위치"[1]를 말할 뿐이기 때문이다. 다시 말해 여성성이 강한 남자는 사랑의 주체가 되고, 남성성이 강한 여자는 법의 주체가 될 수 있다. 또한 모든 인간은 남성성과 여성성이라는 성적 코드를 각기 다른 비율로 배합하여 자신의 실존을 규정한다는 점에서도 그러하다. 다만 영화 <해피엔드>의 정신분석학적 읽어내기에서는 영화 속의 두 남자 주인공 민기와 일범을 남근성이라는 법의 기호를 담지하는 주체로, 그리고 보라를 여성성이라는 사랑의 기호를 담지하는 주체로 설정한다. 그러니까 영화 속 보라에게도 남성성이 있고(예: 원장의 일을 수행함), 민기에게도 여성성이 있지만, 이 점은 일단 비평의 관심에서 제거해 놓기로 한다.

Ⅱ. 남근성의 기호론과 법

1. 정신분석학적 기호로서 남근성

남근성(남성성)을 법의 기호로 볼 때 남근성은 어떤 요소들로

1) 숀 호머, 『라캉읽기』(은행나무, 2009), 195쪽.

구성되는 것일까?

(1) 남근성의 코드로서 사랑, 일, 자식

남근성(phallus)이라고 하면 에로사극물의 '돌쇠'나 '변강쇠'의 정력을 떠올리기 쉽다. 이것은 여성을 만족시키는 능력으로 환원된 사랑의 코드를 말한다. 그러니까 남근성을 구성하는 으뜸 요소는 물론 사랑이다. 그러나 남근성에는 또 다른 코드들이 있다. 우선 남자의 '일'이 그것이다. 백수 아들을 둔 친구에 대해 옛 어머니들이 말할 때, "그 집 애는 남자 구실을 못한다"고 했다. 이것은 여성이 가정에서 가사와 양육을 담당하고 남자는 밖에서 일을 하여 여자와 아이들을 부양했던 역사에서 형성된 인식이다. 그렇기에 남편을 두고 바깥양반이라고 하고 부인을 두고 아내, 즉 집안의 사람이라고 부른다.[2] 결국 남자의 남자다움, 즉 남근성은 바깥에서 일을 하는 주체일 때 인정되는 것이다. 남근성의 마지막 코드는 '자식'이다. 부계중심의 사회에서 남자에게 자식은 자신의 생명과 존재를 영원히 연장시키는 필수적인 요소였다. 그렇기에 조선시대에는 자식을 낳지 못하는 여인은 칠거지악(七去之惡)의 하나로 남자의 집에서 쫓겨났다('無子去'). 이처럼 남근성이란 기호에는 오랜 역사 속에서 문화적으로 형성된 의미가 축적되었고, 그 결과로 사랑, 일, 자식이라는 세 가지 코드를 갖게 되었다고 할 수 있다.

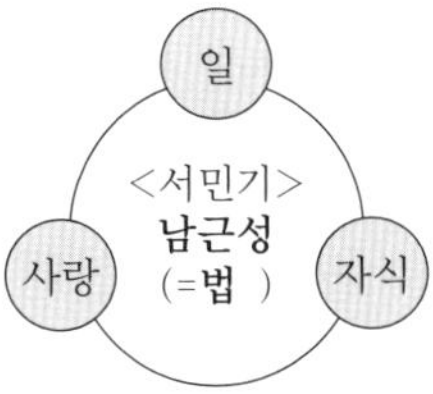

(2) 팰러스의 정신분석학적 의미

남자들은 자신의 실존이 남근성, 즉 팰러스(phallus)를 구성하

2) 아내에 해당하는 북한의 단어는 '안해'라고 한다. 안해는 '집안의 해'이고 이때 '해'가 누구를 부를 때 쓰는 접미사라는 점을 고려하면 안해는 '집안의 사람'이란 의미가 된다. 우리 말의 아내도 이와 같다.

는 세 가지 코드들로 충족되지 않을 때 무기력해진다. 이 무기력함을 정신분석학적 개념으로 옮기면 '남근성의 거세'라고 할 수 있다. 다시말해 남근성을 자신의 심리적 정체성으로 수용하는 남자라면 일, 사랑, 자식이라는 코드가 각각 충분하게 충족되지 못할 경우에 언제나 스스로를 거세된 존재로 느끼기 쉽다. 또한 남성들은 이 세 가지 요소의 상실에 대한 불안을 늘 갖고 있는데, 이를 다시 정신분석학적 언어로 옮겨보면, 남자들은 항상 '거세불안'을 갖고 있다는 것이 된다. 세 가지 코드 가운데 어느 하나를 잃어도 남성의 거세불안이 현실화된다. 그렇기 때문에 남성은 자신을 거세하는 존재에 대해 투쟁적이다. 불가피할 경우에는 그 존재를 살해함으로써 자신의 남근성을 보존하고 회복하고자 한다. 남근성에 뿌리를 둔 이런 의지는 심층심리적으로는 충동의 형태를 띤다. 그러므로 성충동인 에로스(eros)는 일, 사랑, 그리고 자식이라는 세 구성요소를 충족하고자 하는 충동이라고 재해석할 수 있으며, 에로스의 반대편인 죽음충동, 즉 타나토스(thanatos)는 바로 거세자를 살해하고자 하는 충동이 된다. 이 타나토스의 발현을 통해서 거세자를 살해하면, 남근성이 회복된다.

남성에게 있어 가장 강력한 거세자는 그 남성의 파트너인 여성이다. 그 이유를 간단히 설명해보자. '현실의' 남자는 진정하게 완전한 팰러스를 갖고 있지 않으며, 어떤 요소에서든지 각자 나름의 결핍이 있다. 적어도 더 강한 남자에 비교하면 상대적 결핍을 피할 수가 없다. 그렇기 때문에 팰러스는 남성에게 '사실'이 아니라 '심리적 현상'으로 자리잡기 쉽다.

[여성이 남성에게 주는 팰러스] 라깡은 그의 독특한 이론개념인 상징계 속으로 남성과 여성이 들어오면서 남성과 여성 모두 '상

> 징적으로 거세된 존재'가 된다는 사고실험을 한다.[3] 여기서 남성과 여성은 두 성 모두 결여하고 있는 팰러스에 대해서 서로 다른 태도를 취한다. 남성은 팰러스를 '가진' 것처럼 위장하며, 여성은 팰러스가 '된' 것처럼 가장한다. 그래서 남성은 팰러스'인' 여성을 욕망하고, 팰러스를 갖고 있지는 않지만 팰러스가 된 척 하는 여자는 남성에게 팰러스를 준다.[4] 이런 심리과정을 통해, 여성은 실재하지 않는 팰러스를 남성에게 준다.[5] 이렇게 볼 때 성관계는 결국 남성과 여성이 자신이 팰러스를 결여하고 있다는 것을 숨기는 겉치레이기에, 라깡은 '성관계는 없다'라고까지 말한다.

라깡이 행한 상징계 속의 거세실험에까지 가지 않더라도, 다시말해 라깡의 현란한 이론의 힘을 빌리지 않더라도, 어떤 남성이 사랑하는 여성이 그에게 팰러스를, 그러니까 정확히는 '그가 팰러스를 가졌다는 심리'를 줄 수 있음은 쉽게 체험할 수 있다. 남성은 팰러스를 이미 가지고 있는 것이 아니라 여성과의 관계 속에서 비로소 그것을 갖게 되는 것이다. 이를 거꾸로 보면 남성은 자신에게 팰러스를 주는, 그러니까 자신이 팰러스를 가졌다는 심리를 가질 수 있게 해주는 여자를 사랑하기 쉽다. 설령 남성이 어떤 여성을 사랑하게 되었더라도 그 여성이 그에게 팰러스(의 심리)를 주지 않는다면 그녀는 결국 사랑을 잃어버리게 될 것이다. 그렇기 때문에 정신분석학적으로 볼 때 남성에게 있어 궁극의 거세자는 결국 여성이 된다.

---

3) 라깡에게서 거세는 언어적 주체가 되기 위해 치러야 하는 대가이다. 그러므로 성별에 관계없이 모든 언어적 주체는 상징적으로 거세되어 있다. 자세히는 박찬부 · 조윤숙, 「대타자에 대한 주체의 위치—라깡의 성담론」, 『영어영문학』(제51권 1호, 2005), 75쪽 참조.

4) 이에 대해서는 홍준기, 『오이디푸스 콤플렉스, 남자의 성, 여자의 성』(아난케, 2008), 295쪽.

5) 자세히는 숀 호머, 『라캉읽기』(은행나무, 2009), 184~205쪽.

2. 민기의 남근성을 거세한 보라

영화가 진행되면서 민기는 남근성을 거의 상실하게 된다. 그의 거세불안은 점점 더 완전한 현실이 되어간다. 민기가 보라를 살해하기로 결심하는 시점까지의 영화의 전개는 바로 민기의 남근성이 거세당하는 과정이다.

(1) '일'의 남근성 거세

영화 초반부터 민기는 실직한 것으로 나온다. 그러나 실직만으로는 남근성이 거세되었다는 심층심리가 민기에게 생성되지는 않은 것으로 보인다. 사회적 일자리를 잃었어도 그것을 대체할 다른 '일'로서 민기는 '가사일'을 선택했고, 가사일에 나름의 의미를 두면서 충실하게 임하는 모습으로 나오기 때문이다. 예컨대 민기는 장을 보면서 꼼꼼히 영수증을 확인하고, 분리수거를 위해 우유팩을 하나하나 잘라 정리한다. 식사 준비를 하기도 하며, 딸 연이를 돌보는 것에도 열심이다. 영화 속의 민기에게는 가사일이 여자의 일이며, 남자가 할 일이 아니라는 식의 남성주의적 사고는 보이지 않는다. 오히려 민기는 가사일을 자신의 실존을 구성하는 또다른 일로서 수용하고 있는 듯이 보인다. 가사일도 여성주의적 관점에서 사회적 노동의 하나로 간주되는 시대의 정신도 민기의 이런 태도를 지원해준다.

그러나 민기의 이 새로운 '일'을 보라는 인정해주지 않는다. 보라는 민기가 하는 가사일의 부족한 부분을 끊임없이 확인시키면서 어서 빨리 구직을 하라고 이렇게 비난한다.

"왜 패잔병처럼 못나게 굴어?"

이런 보라의 '불인정'의 태도에서 비로소 민기는 일의 차원이 거세되어 버린, – 비록 아직 거세의 정도는 약하지만 – '거세된 남성'이 되는 것이다. 만약 보라가 민기가 하는 가사일을 존중하고 칭찬하고 인정해주었다면, 민기는 일이라는 남근성의 코드에서 거세심리를 갖지는 않았을 것 같다. 민기는 이 약한 거세에 대하여 '돈 번다고 너무 유세 떨지 말라'는 식으로 항변할 뿐이다.

(2) '사랑'의 남근성 거세

민기의 거세불안은 사랑에 대한 보라의 태도를 통해 더 한층 강하게 현실화된다. 민기는 보라와 섹스를 하면서 불 꺼진 방안에서 이불을 뒤집어쓰고 보라를 만족시키려고 애를 쓰지만, 보라는 응답하지 않은 채 그저 지루해한다. 이런 보라의 모습은 일범과 섹스할 때 보여주는 격정적이고 도발적인 태도와는 극적으로 대비된다. 이런 태도의 차이는 섹스 할 때 보라가 표현하는 성감도의 차이로 이어진다. 일범과의 성관계에서 보라는 "지금 해줘", "니 몸이 너무 좋아"라고 말하지만, 민기와의 성관계에서는 거꾸로 민기가 "좋아?"라고 불안한 질문을 던져도 건성으로 대답하며 그저 천장만 바라본다. 남자가 여자에게 섹스 후에 '좋아?'라든지 '괜찮았어?'라고 묻는 것은 팰러스를 여자에게 향유하게 만들어야 자신의 팰러스가 유지된다는 강박이 있기 때문이다. 그런 강박에 보라는 응답해주지 않았고, 민기는 사랑의 차원에서도 남근성이 거세된다.

이로써 민기는 일과 사랑에서 남근성이 거세된 셈이다. 그러나 이 점은 영화의 초반부에 이미 영화의 기본 설정으로 관객에게 드러나 있다. 그러니까 그 두 차원의 거세는 남근성을 다시 회복시키는 특단의 행동을 하도록 만들 정도로 강력한 것은 아니다. 무엇보다도 민기는 자식이라는 '남성의 영속성'의 코드로 표현되는 남근성을 유지할 수 있다는 욕망을 버리지 않았기 때문이다. 그래서 민기는 보라의 불륜 사실을 알게 된 후에도 가정을 유지하려고 한다. 보라가 민기가 자신의 불륜을 눈치챘음을 알아차리고 그동안 자신이 예민하게 대했다고 사과하면서 조금 복잡한 일들이 있었지만 깨끗하게 해결됐다고 말할 때에도, 민기는 여전히 자기의 여자가 자기의 자식을 양육해줄 때 여자로부터 받게 되는 팰러스를 포기할 수 없었다. 그래서 이렇게 말한다.

"난 우리 연이한테 당신이 좋은 엄마였으면 좋겠어."

민기가 보라의 외도를 알고도 눈감았던 것은 그의 자식에게 보라는 엄마로서 대체할 수 없는 존재이기 때문이다. 다시말해 보라를 살해하면 '자식의 엄마'를 살해하는 것이 되고, 이는 자신의 남근성의 중요한 한 축인 자식을 위태롭게 만드는 것이기 때문이다.

(3) '자식'의 남근성 거세

이렇게 민기의 남근성이 오직 자식의 차원만 남은 정도로 축소되어 있는 상황에서, 보라가 바로 그렇게 축소된 남근성마저 부인함으로써 민기와 보라 사이에 파국이 시작된다. 보라가 연이에게 수면제를 먹이고 일범을 만나러 나갔을 때 민기는 이를 알지 못했다. 하지만 민기는 보라가 연이에게 먹인 젖병에서 개미가 발견되고, 연이가 열이 많이 나는데도 보라가 나간 것에 분노한다. 민기가 분노하는 바로 그 시각에 보라는 일범에게 말한다.

"일범아, 우리 같이 죽을까?"

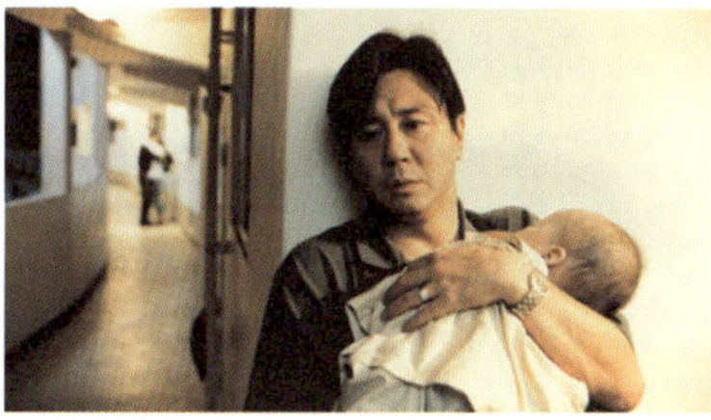

사진 1. 보라와 일범이 자신의 집 앞에서 포옹하고 있는 것을 목격하고, 충격을 받은 채 딸 연이를 안고 있는 민기

보라는 연이를 버리고 나왔을 때 자신이 민기의 마지막 남근성마저 거세해버렸음을, 그래서 자신이 민기로부터 살해될 수 있음을 직관적이고 본능적으로 느낀 것이다.

보라는 여기서 한 걸음 더 나아가 마치 일범과의 사랑을 영원한 사랑으로 만들기라도 하려는 듯, 죽음을 무릅쓴다. 즉 연이가 병원에 간 시간에 일범과 자신의 집 앞에서 껴안는 것이다. 이를 목격한 민기가 자리를 피했다가 다시 돌아와 집 문을 열자 그의 눈 앞에 일범과 보라의 (죽음을 무릅쓴 듯한) 사랑광경이 펼쳐진다. 그 광경은 민기에게는 트라우마를 생성시킬 정도로 그의 무의식 속으로 침습해 들어가는 날카로운 남근성의 거세가 된다. 이는 아이를 제대로 돌보지 않는 엄마의 남근성 거세와는 차원이 다르다. 왜냐하면 자식을 외면하는 남근성의 거세가 바로 민기의 영토(territory) 안에 새로운 남근(일범)을 불러들이는 방식으로 이루어졌기 때문이다. 민기는 마치 수컷동물처럼, 자기의 영토 안에 다른 수컷을 불러들인 암컷을 응징하는 충동에 빠져들 수밖에 없다.

3. 남근성의 회복과 법

이제 민기는 아내 보라를 살해하기로 결심한다. 민기가 보라를 살해하는 것은 민기에게 있어서 '남근성의 회복'이다.

(1) '사랑의 죽음'을 통한 남근성의 회복

이 살해는 민기에게 남근성을 회복시켜줌과 동시에, 보라에게도 향유할 남근성을 준다. 보라는 살해당함으로써 민기의 남근성을 향유하고, 민기의 욕망의 대상이 됨으로써 보라 자신을 향유한다. 그래서 이 살해는 '사랑의 죽음(Liebestod)'[6]이다. 살해방법이 잔인하면 할수록 그 잔인함에 비례하여 '사랑의 죽음'의 아리아는 강하게 울려 퍼진다.[7] 민기의 살해행위는 앙갚음이나 복수가 아니라, 정신분석학적 기호론의 차원에서는 어디까지나 사랑행위이다.[8] 민기의 살해가 사랑행위였다는 점은 보라가 죽고 수사가 어느 정도 마무리 된 후에, 민기가 혼자 화장실로 들어가서 문을 잠근 채 환하게 웃는 보라의 사진들을 보면서 그녀의 이름을 부르며 흐느끼는 장면에서도 잘 드러난다. 또한 민기는 보라를 살해하고 그녀를 애도하며 사진을 불태우는 순간까지도 보라와의 결혼반지를 끼고 있다. 민기는 자신의 남근성을 부정하는 사랑하는 여자를 죽임으로써 남근성을 회복해야 했던 것이다.

---

6) '사랑의 죽음'은 오페라 「트리스탄과 이졸데」에서 이졸데의 아리아로, 이 아리아를 정신분석적 관점에서 분석한 Linda Hutcheon/Michael Hutcheon, "Death Drive: Eros and Thanatos in Wagner's "Tristan und Isolde"", *Cambridge Opera Journal* (Vol. 11, No. 3, 1999), 284쪽 참조.

7) 민기가 보라를 잔혹하게 살해한 것을 이처럼 상징적으로 해석하는 것이 불편한 감정을 불러일으킬 수도 있다. 이런 불편한 감정은 민기의 보라 살해가 <해피엔드>를 찍던 초반에는 민기의 환상인 것으로 설정되어 있었다는 점에서 좀 해소될 수 있다. 최민식의 인터뷰에 따르면, 민기가 보라를 잔혹하게 살해하는 것은 원래 민기의 환상인 것으로 설정되어 있었고, 영화제작이 진행되면서 현실인 것으로 바뀌었다고 한다. 물론 심리적 현실의 차원에서는 그것이 환상이든 현실이든 주체에게 미치는 영향은 마찬가지이다.

8) 민기의 살해를 '헤게모니를 상실한 가부장이 헤게모니를 지속하기 위해 선택한 폭력'이라고 해석할 때, 민기와 보라를 움직이는 실존적이고 심층심리적인 상호작용은 묻혀버리고 만다. 민기와 보라의 관계를 권력의 헤게모니의 문제로 해석하는 견해의 한 예로 조흡, 「소비 주체의 시선: 남성성의 형성」, 『한국영화 섹슈얼리티를 만나다』(유지나 · 조흡 외 지음)(생각의 나무, 2004), 134~137쪽 참조.

(2) 민기가 일범을 죽이지 않은 이유

여기서 민기가 왜 자신에게서 여자를 빼앗아간 일범을 살해하지 않고 보라만 살해했는지가 해명된다. 민기는 거세된 남근성의 기호이고, 일범은 힘찬 남근성의 기호이기 때문이다. 자신의 남근성을 거세한 보라를 살해하는 것은 '부정된 법의 회복'이지만, 일범을 살해하는 것은 남근성을 거세하는 것, 즉 법을 부정하는 일이기 때문이다. 민기의 거세된 남근성을 법답지 못한 실정법이라고 본다면, 일범의 (상대적으로) 충만한 남근성은 실정화되지 못한 자연법에 비유될 수 있다. 라드브루흐(Radbruch)의 공식을 빌려서 말해보자면, 민기가 '법률적 불법'이라면 일범은 '초법률적 법'인 것이다. 실정법은 자신을 부정하는 수범자를 부정할 뿐, 자연법을 부정할 수는 없다.

(3) 법의 불법에 대한 관용

물론 일범이 민기를 살해하는 것, 즉 자연법이 실정법을 죽이는 것 또한 있을 수 없다. 왜냐하면 현대사회에서 법은 자연법이나 실정법 중 어느 하나로 환원되지 않으며, '정당성과 실정성 사이에' 있는 것이기 때문이다.[9] 일범과 민기가 서로를 살해하지 않음으로써 변증적으로 정의가 실현될 수 있는 것이다. 그런데 여기서 보라가 민기를 무시하고 일범에게 간 것의 의미를 읽어볼 필요가 있다. 그것은 법률적 불법에 대한 저항, 현대 법이론의 개념으로는 '시민불복종'에 비유될 수 있다. 민기는 일범에게 살인죄의 누명을 씌우기 위해 치밀하게 살인을 계획한다. 하지만 영화는 수사가 종결되지 않은 채로 끝이 나고, 일범이 어떻게 될 것인지는 불분명하다. 법률적 불법은 실정법상 합법이고, 초법률

9) 이상돈, 『기초법학』(법문사, 2008), 16, 108쪽 참조.

적 법은 실정법상 불법이기 쉽다. 영화 속에서 일범이 제거되지 않은 채 남아있는 것은 실정법상 합법과 실정법상 불법의 관계에 대한 새로운 통찰을 제공해준다. 즉, '법은 항상 불법과 함께 한다(legality with illegality)'는 것이다. 법은 불법을 모조리 다 배제할 수가 없다. 왜냐하면 지금의 법이 항상 불법을 내재하고 있고, 지금의 불법에 항상 미래의 법의 가능성이 내재해 있기 때문이다. 그렇기에 정의를 향해가기 위해서는 권위적 합법주의나 경직된 준법주의가 아니라, 시민불복종과 같은 불법과 함께 하는 '관용'을 가져야 한다.[10] 이것이 '성찰적인' 민주적 법치국가의 에토스이며, 자유주의 정치문화의 유산이다.

4. 남근성의 여성적 향유

(1) 해피엔드의 의미로서 남근성의 여성적 향유

보라는 민기에게 살해당함으로써 민기의 '남근성 향유'와는 다른, '다른 향유'를 누리게 된다.

> **[팰러스적 향유를 넘어선, 다른 향유]** 라깡에 의하면 남성과 여성은 팰러스를 향유하는 방식에서 차이를 보인다. 남성은 팰러스를 소유하고자 하는 팰러스적 향유만을 누리지만, 여성은 팰러스적 향유와, '다른 향유(l'Autre jouissance)'를 모두 누린다. 여성은 팰러스를 소유하고 있는 척 위장하고 있는 남성을 향유함으로써 팰러스적 향유를 누리며, 동시에 팰러스가 되어서 남성으로부터 욕망'됨'으로써 '다른 향유'를 누린다. 여성이 팰러스가 되는 것은 팰러스 자체를 향한 욕망임과 동시에, 남성의 욕망의 대상이 됨으로써 그로부터 욕망'되어지기'를 욕망하는 것이다. 이 때 그녀의 욕망은 자기자신을 향유하는 것에 향해있는 것이고, "여자는 남자로 하여

10) 관용은 세계화시대에는 상호합법성을 구성하는 요소로서 그 중요성이 더 커진다. 이에 대해서는 이상돈, 『기초법학』(법문사, 2008), 563~564쪽 참조.

금 그녀를 향유하도록 만듦으로써 그녀 스스로 자신을 향유"11)하고자 한다. 그래서 라깡은 여성적 향유에 '팰러스적 향유'를 넘어서는 '다른 향유'라는 적극적인 의미를 부여한다.

보라가 행하는 거세들, 민기의 일과 사랑, 그리고 자식의 거세는 보라의 입장에서는 '남근성의 부재에 대한 저항'이다. 여성은 '남근성을 향유'할 뿐만 아니라 남근성에 의해 욕망되는 '자기 자신을 향유'할 때 더욱 행복해진다. 이것이 보라가 단지 일범의 남근성을 향유하는 데에서 그치지 않은 이유이다. 만일 어떤 남성이 이미 갖고 있는 남근성을 향유하는 것, 즉 남성에게서 남근성을 일방적으로 선사받는 것으로 여성이 충분히 행복할 수 있는 것이라면, 보라는 일범과의 관계를 잘 감추고 유지・관리하는 방향으로 최대한 애를 썼을 것이다. 그리고 죽음을 불러오는 결정적인 거세행동, 특히 민기의 영토에서 다른 남근을 향유하는 행동을 하지도 않았을 것이다. 그런데도 보라는 그렇게 했다. 이것은 보라가 무의식적으로 남근성이 거의 사라져 버린 민기가 자신에게서 남근성을 다시 생성시키기를 욕망했기 때문이다. 남성이 어떤 여성에게서 남근성을 생성시킨다는 것은 곧 그 여성을 욕망한다는 것과 같다. 그러므로 보라는 민기가 (남근성의 기호를 통하여) '자신을 욕망하는 것을 욕망'한 것이다. 여기서 보라가 살해당하는 것은 단지 민기가 남근성을 회복하는 것에 그치는 것이 아니라, 동시에 보라가 – 민기가 그녀에게서 남근성을 생성시키게 함으로써 – 그녀 자신을 향유하는 것이기도 하다. 이런 향유가 바로 라깡이 말하는 남근성의 향유를 넘어서는 또 다른 향유가 된다. 그렇기 때문에 보라의 죽음은 그녀의 무의식에서는 영화의 제목처럼 '행복한 끝냄', '행복한 죽음', 곧 해피

11) 홍준기, 『오이디푸스 콤플렉스, 남자의 성, 여자의 성』(아난케, 2008), 307쪽.

엔드(happy end)가 되는 것이다.

(2) 모든 인간에게서 박탈할 수 없는 법의 주체성

보라가 남근성을 거세한 것은 곧 법을 부정하는 것이다. 법의 부정은 흔히 범죄로 나타난다. 반면에 법을 부정한 자를 부정하는 것은 곧 남근성을 회복하는 것이다. 그런데 보라의 살해는 단지 민기의 남근성 회복이라는 차원에 머무르지 않는다. 보라 자신의 여성성으로서 남근성을 남성과는 다른 방식으로 향유하는 것 – 즉 보라 자신에게서 남근성을 다시 생성시킴으로써 자신이 욕망되는 것을 욕망하는 것 – 은 '법을 부정한 자'가 법에 의해 부정당할 때 단지 객체의 지위로 남아있는 것이 아니라 '법의 주체', 즉 법을 다시 생성시키는 주체가 된다는 점을 보여준다.

이와 같은 남근성의 여성적 향유를 법학에 옮겨보면, 책임원칙의 양면성으로 표현될 수 있다. 책임원칙은 책임 없이 형벌이 부과될 수 없다는 소극적 측면 뿐만 아니라, 책임은 형벌을 요구한다는 적극적 측면을 갖고 있다. 보라가 무의식에서는 민기에 의한 형벌(살해)을 요구하고 있었다는 남근성의 여성적 향유는 법학에서 말하는 책임원칙의 적극적 측면을 보여준다. 책임원칙의 적극성은 모든 책임을 그에 비례한 형벌로 상쇄시킴으로써 범죄자는 자유의 주체로서 인간성을 회복한다는 의미를 갖고 있다.[12] 이로부터 어떤 범죄자도 '법의 주체'로서 지위를 박탈당할 수 없음을 알 수 있다. 그러므로 보라의 죽음은 사형제도를 정당화하는 기호가 아니다. 오히려 보라의 죽음은 사형수가 사형을 당하는 순간에도 법의 주체로서 지위를 잃어버릴 수 없음을 말

12) 대표적으로 독일 법철학자 Arthur Kaufmann(『Das Schuldprinzip』(제2판, 1976))의 책임사상인데, 이에 관한 상세한 논의는 이상돈, 『형법상 책임범주의 탈형이상학화, 합리화』(고려대 석사학위논문, 1986) 참조.

해준다. 그렇기에 사형제도의 자기모순성은 인정될 수밖에 없다.

Ⅲ. 여성성의 기호론과 비법(非法)

보라의 죽음은 – 자신에게서 생성되는 민기의 남근성으로 욕망됨을 욕망함이라는 – 남근성의 기호론 속에서는 남김없이 해명되지 않는다. 그와 같은 남근성의 여성적 향유가 '왜 하필 살해당함이라는 극단적인 경로를 통하여 진행되었어야만 했을까'라는 의문이 남기 때문이다. 이 의문은 '민기의 거세된 남근성의 회복'이라는 남성중심적인 관점에서 빠져나와서, '보라의 사랑'이라는 여성성의 기호 속에서 바라볼 때 좀 더 많이 답해질 수 있다.

1. 여성성으로서 사랑

(1) 여성주의와 구별되는 여성성

남근성이 전통적으로 법의 기호라면 여성성은 사랑의 기호로 볼 수 있다. 남성이 거세불안을 겪는다면, 여성은 사랑을 상실할 것에 대한 불안을 갖는다고 본 프로이트의 견해나[13], 여성에게는 사랑이, 남성에게는 일이 본성적으로 더 강하게 발현된다는 융의 관점[14]도 이를 뒷받침해준다. 보라는 영화 <해피엔드>에서 사랑이란 기호의 담지자이다. 물론 여기서 여성성(femininity)이 여성주의(feminism)의 주장처럼 여성에게만 내재하는 덕목인 것이

13) 이에 대해서는 지그문트 프로이트, 「불안과 본능적 삶」, 『새로운 정신분석 강의』(임홍빈 · 홍혜경 옮김)(열린책들, 2007), 118쪽 참조.

14) 아니마와 아니무스라는 개념을 통해 여성성과 남성성의 문제를 심도 있게 고찰한 융의 이와 같은 견해는 마리안느 쉬스 엮음, 『사랑에 대한 칼 융의 아포리즘』(솔, 2007), 30쪽 참조.

아니라[15] 남성에게도 내재하는 '심리적 코드'임에 다시한번 주의할 필요가 있다. 그렇기에 데리다(Derrida)는 여성의 본질적 자리(essential place)를 찾는 노력에 대해서, '여성의 단일한 자리는 없다(there is no one place for woman)'고 대답하는 것이다.[16]

물론 남성에게도 본질적인 자리는 없다. 남성과 여성 모두 계속 위치를 바꾸는 춤을 춤으로써 자신 안의 남성성과 여성성을 다채롭게 발현할 뿐이다. 이렇게 볼 때 영화 <해피엔드>를 가부장주의 이데올로기를 옹호하는 영화라고 비평하는 것[17]은 매우 부적절하다. 남근성과 여성성으로 표출되는 일, 사랑, 자식, 그리고 사랑의 차원에 대한 욕망은 모든 인간에게 내재되어 있는 공통된 욕망이기 때문이다.

[〈해피엔드〉의 비평구조 뒤집어 보기] 영화 <해피엔드>에 대한 비평의 구조를 뒤집으면, 남근성의 파트너인 여성성을 중심으로 영화가 비평될 수 있다. 남근성은 여성성인 사랑을 유지, 촉진, 개발하는 파트너로 개념화되고, 법은 – 법이 남근성이라고 개념화되었던 것과 대구를 이루어서– 곧 사랑이 된다. 여성성, 그리고 사랑이 곧 법이라면, 법이 법답기 위해서는 정신, 육체, 영혼이라는 사랑의 세 차원이 충족되어야 한다는 성찰점이 등장한다. 여성성으

---

15) 여성성과 여성주의가 구별되는 것임을 강조하는 같은 지적으로 Ellie Ragland-Sullivan, "Jacques Lacan: Feminism and the Problem of Gender Identity", *SubStance* (Vol. 11, No. 3, Issue 36, 1982), 16쪽 참조.

16) 데리다는 '여성의 자리는 없다'라는 자신의 말이 여성주의적인 것도, 그렇다고 반여성주의적인 것도 아니며, 단지 긍정적인 자리바꿈의 춤에 관한 것이라고 설명한다. Jacques Derrida/Christie V. McDonald, "Choreographies: Interview", in Nancy J. Holland(ed.), *Feminist Interpretations of Jaques Derrida* (The Pennsylvania State University, 1997), 26~27쪽 참조.

17) 한 예로 윤석진, 「한국 멜로드라마와 가부장제 이데올로기의 길항 관계 고찰 –<정사>와 <해피엔드>를 중심으로」, 『한국극예술연구』(제23집, 2006), 221~227쪽 참조.

로서 법에 대한 이야기를 하는 영화를 만든다면, <해피엔드>와는 반대로 민기가 여성성의 부재에 대한 저항으로 보라 이외의 애인을 만들고 보라가 민기를 살해하는 방식으로 진행되었을 수 있다.

영화 <해피엔드>에서 보라는 여성주의의 관점에서 보면 부족함이 없어 보인다. 실직한 남편보다 우월한 능력으로 학원을 운영하는 원장이며(일), 일범이라는 애인도 있고(사랑), 자식도 남근성을 상실한 남편을 부리면서 키우고 있다. 남근성의 코드를 모두 갖추고 있는 것이다. 그렇기에 여성주의의 관점에서는 보라가 왜 죽음을 무릅썼는지가 해명되지 않는다. 그저 남근성의 유지・관리를 실수로 잘못하여, 잔인한 범죄자인 남편에 의해 아깝게 살해된 이야기로 읽힐 뿐이다. 정신분석학적 기호로서 보라의 여성성, 사랑의 기호론 속에서만 보라의 죽음의 심층적 의미가 읽힐 수 있다.

(2) 남성의 나르시시즘과 여성의 사랑

여성성이 사랑의 기호인 이유는 남성의 사랑과 여성의 사랑에 본질적인 차이가 있기 때문이다. 남자가 어떤 여자를 사랑한다고 할 때 그것은 그 여자 자체를 사랑하는 것이라기보다는 여자가 충족시켜 주는 자신의 남근성에 대한 나르시시즘에 빠지는 것이다. 이를 두고 자기애적(narcissistic) 사랑이라고 말할 수 있다. 민기가 보라만 살해할 뿐 일범은 살해하지 않는 것이나 일범이 보라를 욕망하면서도 민기를 살해할 의도를 전혀 갖지 않는 것도 민기와 일범의 관심과 욕망이 보라가 아니라, '남근성'을 향해있음을 말해준다.

이런 나르시시즘적 사랑은 일범의 경우에 더욱 명확하게 기호화되어 있다. <해피엔드>에서 일범은 민기에게 부재한 남근성을 보라가 향유할 수 있게 해주는 남근이다. 그렇기에 보라는 일범의 이웃집 여자를 의심하거나, 일범이 학원에서 학부모들과 대화하면서 웃음을 짓자 “아무나 보고 웃지마”라고 말한다. 보라는 일범의 남근성을 사랑하는 것이다. 하지만 일범은 보라로부터 자신의 남근성을 완전하게 충족받기를 끊임없이 추구한다. 일범은 자신의 남근성에 대해서 거의 편집증적인 나르시시즘을 보인다. 영화 속에서 일범은 사랑, 일, 그리고 자식이라는 남근성의 세 가지 코드 중, 보라로부터 사랑과 일의 남근성은 충족 받지만, ‘자식’의 남근성은 결핍되어 있다. 그래서 일범은 칫솔을 사다놓거나 섹스 중에 ‘가지마’라고 말함으로써 끊임없이 보라를 자신의 영토(territory) 안에 머물게 하고자 애쓴다. 일범은 보라와 자식을 가짐으로써 자신의 남근성을 완성하는 것에 집착하는 것이다. 일범이 유아용품을 사다놓은 것에 대해 보라가 화를 내자 일범은 대답한다.

“갖출 건 갖추어야겠더라고”

일범은 도대체 무엇을 갖추겠다는 것인가? 보라의 입장에서 보면 일범과의 사랑에서 갖추지 못한 것은 영혼의 사랑뿐이다. 일범의 사랑은 자기애적으로 자신의 남근성의 완성을 향하고 있기 때문에, 살해당하는 보라의 비명소리를 수화기 너머로 듣고 보라의 집 앞까지 갔으면서도 끝내 그 집에 들어가지는 않는다. 일범은 죽음을 무릅쓰면서까지 보라를 욕망하지는 않았던 것이다. 일범의 사랑은 자신의 남근성에 대한 집착으로 환원시킬 수 있다. 일범의 나르시시즘적 사랑에서 라깡의 말, ‘남자는 팰러스(남근성)와 결혼했으며, 그는 그것 이외에 다른 여자를 갖고 있지 않다'[18]는 것이 진실임을 확인하게 된다.

2. 사랑의 기호론적 구성

(1) 사랑의 코드로서 정신, 육체, 영혼

여성성의 기호로서 사랑은 일범의 자기애적 사랑과는 다르다. 여성성으로서 사랑은 정신, 육체, 영혼이라는 세 가지 코드를 가진다.[19] 여기에다 앞서 설명한 남근성의 (여성적) 향유라는 의미의 여성성을 더해보면, 여성성으로 기호화된 사랑이란 정신, 육체, 영혼이라는 세 가지 코드를 통하여 남근성을 향유하는 것이 된다. 한 여성에게 한 남성은 정신의 파트너일 수도 있고, 육체의 파트너일 수도 있으며 영혼의 파트너일 수도 있다. 한 여성에게 있어 한 남성이 이 세 가지 차원들을 모두 충족시키는 전일적 파트너가 되는 것이 바로 모노가미의 환상적 꿈이다. 그러나 그 꿈이 현실이 되는 것은 극히 어렵다. 현실에서 한 남자는 한 여자에게 세 요소 중 일부만을 충족시키는 파트너이기 쉽다. <해피엔드>의 인물들을 이 틀에 넣어서 분석해보면, 보라에게 있어 일범은 육체의 파트너이며 정신의 파트너이지만, 영혼의 파트너는 아니다. 반면 민기는 보라에게 육체의 파트너도 아니고 정신의 파트너도 아니지만, 영혼의 파트너

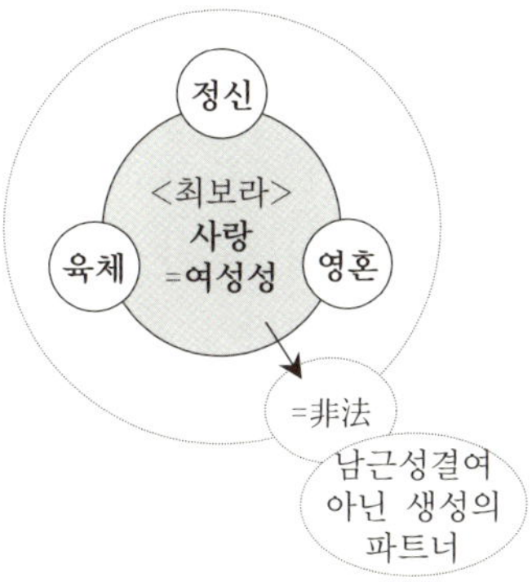

18) 이에 대해서는 홍준기, 「라깡과 프로이트 · 키에르케고르: 불안의 정신분석 I」, 김상환 · 홍준기 엮음, 『라깡의 재탄생』(창비, 2009), 215쪽.

19) 사랑을 정신, 영혼, 육체라는 세 차원으로 분석하는 것은 이상돈, 『욕망은 행복을 낯설게 한다』(연극과인간, 2003), 214~226쪽 참조.

이다. 이런 독해는 정신은 함께 일을 도모하고 사상을 공유하는 것과 같은 관념적 차원의 것, 다시말해 동지애와 같은 것을 의미하고, 영혼은 정신보다 더 깊은 차원, 즉 서로에게 회귀하고 영원히 하나가 되고자 하는 힘을 말하는 것임을 전제로 한다.

(2) 육체와 정신의 사랑, 일범

일범이 보라에게 육체의 파트너라는 점은 보라가 일범과의 섹스에 열정적으로 응하고 행복해하는 것에서 쉽게 알 수 있다. 영화에서 보라와 일범이 사랑을 나눌 때 얼룩말 영상과 철새 영상이 나온다. 얼룩말 영상은 '말'이 상징하는 남근성을, 그리고 날아가는 철새는 보라의 오르가즘을 상징하면서 보라와 일범이 육체적으로 잘 맞는 파트너임을 표현한다. 일범이 보라에게 정신의 파트너일 수 있는 것은 그가 홈페이지 디자이너로서 보라의 일을 함께 한다는 점에서 도출된다. 반면 그가 보라가 회귀하고자 하는 영혼의 파트너가 아니라는 점은 그들이 과거에 사귀었음에도 헤어졌다는 점, 그리고 보라가 일범과의 관계가 그저 스쳐지나가는 관계이기를 바란다는 점에서 잘 드러난다. 바로 그렇기 때문에 일범이 자신의 오피스텔에 보라의 칫솔을 사다놓았을 때, 보라는 화를 내면서 말한다.

> "너한테 해줄 게 아무것도 없어...내가 오피스텔 온 첫날 그랬지. 여기 내 물건 하나도 없었으면 좋겠다고. 그냥 니 물건 같이 쓰고 스치듯이 왔다 갔으면 좋겠다고..."

또한 보라는 일범과 '자식'이라는 요소를 공유하기를 단호하게 거부한다. 보라는 일범이 아이 물품을 사다 놓자, 일범과의 관계를 끝내야겠다고 확정적으로 마음먹는다. 남근성의 한 요소이기

사진 2. 절망감이 배어 있는 표정으로 일범을 껴안고 있는 보라

도 한 '자식'은 두 사람의 영속되는 관계를 상징하는 것이기에 사랑의 요소 중 '영혼'의 차원과 친화성이 있는 것이다. 또한 보라는 일범이 자신과 똑같은 셔츠를 입고 약속장소에 나타나자, 멀리서 그 모습을 보고는 그를 만나지 않고 돌아가버린다. 이처럼 보라는 일범과 육체나 정신의 차원이 아닌, 영혼의 차원을 공유하는 것을 거부한다.

(3) 영혼의 사랑, 민기

반면 민기는 보라에게 영혼의 파트너이다. 이 점은 보라가 민기가 실직했고, 민기와 육체적으로도 행복하지 않으면서도 그에게로 회귀하고자 한다는 점에서 드러난다. 보라는 민기가 남편으로서 굉장히 불만족스러움에도 결혼생활을 유지하기를 원하고, 일범이 자신에게 자식을 요구하고 민기가 자신과 일범의 관계를 눈치채게 됨으로써 선택의 기로에 놓였을 때 망설임 없이 민기를 선택한다. 보라는 일범과 헤어지는 것에 대해서도 마치 좀 어려웠던 일 하나를 잘 처리한 듯이 말한다.

"이제 해결됐어. 아주 깨끗하게 해결됐어."

영화 속에서 보라에게 민기가 영혼의 파트너라는 점은 명확하게 그려지지는 않는다. 그러나 보라가 일범을 포기하면서도, 그리고 민기에게 불만족해 하면서도 그에게 회귀하고자 한다는 점에서 민기가 보라에게 영혼의 파트너일 가능성이 추론된다. 보라의 '민기로의 회귀'는 자식 때문이라고 보기도 어렵기 때문에, 보라와 민기에게 육체나 돈(실직)으로 끝나지 않는 특별한 관계의 차원이 있다는 것을 알 수 있다. 그러나 아무리 보라가 영혼의 파트너에게 충실하기로 결정했다고 해도, 즉 '깨끗하게 해결된' 이성적 결단을 내린다고 해도, 남근성의 향유를 향한 실존적 욕망은 포기할 수가 없는 것이다. 보라가 일범과의 관계를 깨끗이 끝내겠다고 다짐하면서도 일범과의 반지를 빼지 않는 것은 그런 그녀의 욕망을 말해준다. 그렇기에 보라는 죽음의 직감을 가지면서도 민기의 남근성을 거세하고 일범의 남근성을 향유하는 것을 선택한 것이다.

3. 불법이 아닌 비법으로서 여성성

(1) 법의 생성파트너로서 비법

이렇게 남근성과 여성성을 구조화하여 개념화 할 때, 여성성의 의미가 재해석된다. 여성성은 남근성과 '대립'하는 것이 아니다. 또한 여성성을 프로이트처럼 '거세된 남근성'으로 보는 것도 옳지 않다. 여성성을 거세된 남근성이라고 말하는 것은 – 남근성을 법의 기호로 바라볼 경우에 – '여성성은 불법이다'라고 말하는 것이기 때문이다. 그러나 여성성은 거세된 남근성도 아니고, 남근성과 대립하는 것도 아니다. 여성성은 남근성이 아닌 것, 그래서 남근성과는 다른 또 하나의 '인간의 성적 코드'이다. 여성성은 남근성의 밖에 있으며, 남근성'을' 필요로 하고, 또한 남근성'이' 필요로 하는 파트너이다. 그렇기에 여성성은 '불법(不法)'이 아니라, '비법(非法)'으로 기호화하는 것이 적절하다. 비법이라고 하는 것은 법의 바깥에 있으면서 법이 법으로 생성될 수 있게 하고, 다시 그 법의 좋은 기능을 향유하는 법외적인 생성적 존재, 곧 사랑을 말한다. 이렇게 볼 때 법은 비법인 사랑과 파트너가 된다. 이때의 사랑은 법의 질서로 파악되지 않는 모든 존재들의 승인을 향한 욕망과 죽음을 무릅쓰는 순수욕망이다.

(2) 법질서와의 차이로서 비법

이런 설명은 라깡의 이해와도 맞닿아 있다. 라깡에게 여성성과 남성성은 주체가 팰러스에 대해 취하는 '태도의 구조'로서 개념화된다. 남성적 구조는 주체가 팰러스의 질서에 온전히 지배·복속되는 것이고, 여성적 구조는 팰러스의 질서에 부분적으로, 다시 말해 비전체적으로만 지배되는 것이다. 그러니까 여성적 구조를 가진 주체는 팰러스의 질서 '밖'에도 존재한다. 그러나 팰러스의 질서 밖이라는 것이 '결여'를 의미하는 것은 아니며,[20] 단지 '차이'를 말하는 것이다. 팰러스의 작용은 총체성과 획일성을 요구하는 것이기에, 여성성은 보편성, 총체성이 아닌 순수한 '차이'로서 존재한다는 것이다.[21] 팰러스의 질서는 언어적 질서이기에, 라깡에게도 팰러스의 질서는 곧 법의 질서가 된다. 여성성은 그런 팰러스의 질서에 부분적으로만 지배되며 부분적으로는 팰러스의 질서 밖에 있다. 그래서 여성성은 법이 아닌 것, 즉 비법(非法)이 된다. '성(性)에 대해서는 무언가가 법의 회로 너머에 남아 있으며, 법의 한계지점에서 성에 대해 더 정확한 의미가 부여될 수 있다'[22]는 말은 팰러스의 질서로 다 포착되지 않는 여성성의 비법으로서의 성격에 대한 적절한 고찰이다.

---

20) 여성적 기표는 기표의 불완전성이 아니라 기표 자체의 불가능성을 의미하는 것이라는 민승기, 「라깡과 레비나스-타자의 윤리학」, 김상환·홍준기 엮음, 『라깡의 재탄생』(창비, 2009), 332쪽 참조.

21) 자세히는 홍준기, 『오이디푸스 콤플렉스, 남자의 성, 여자의 성』(아난케, 2008), 271~272쪽.

22) 박찬부·조윤숙, 「대타자에 대한 주체의 위치—라깡의 성담론」, 『영어영문학』(제51권 1호, 2005), 95쪽 참조.

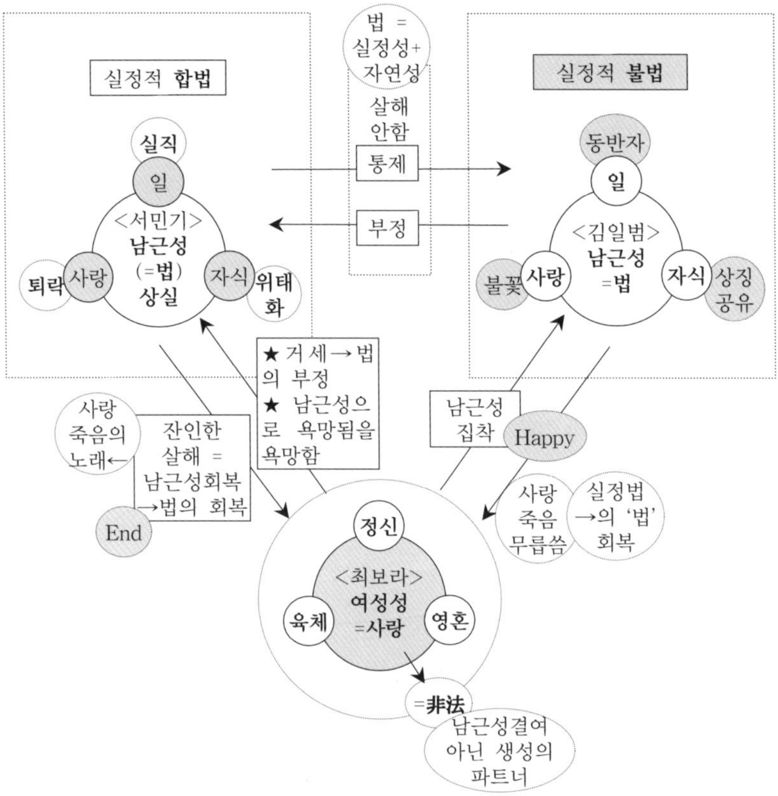

Ⅳ. 완전한 남근성에의 순수욕망과 정법

이제 영화 <해피엔드>의 클라이막스 장면, 보라가 민기의 자식은 팽개쳐두고, 일범과 민기의 영토에 들어와 죽음에 이르는 사랑을 나누는 장면의 정신분석학적, 기호론적 의미가 밝혀질 수 있다.

1. 보라의 여성성에 대한 순수욕망

보라는 민기에게서는 영혼의 사랑과 자식으로 기호화된 남근성을 향유하고, 일범에게서는 육체와 정신의 사랑 그리고 일과 사랑으로 기호화된 남근성을 향유할 수 있었다. 만약 보라가 여성성, 즉 남근성의 향유와 사랑의 향유를 '합리적으로' 극대화하고자 했다면, 그런 장면을 절대 연출하지 않았을 것이다. 보라는 몽고족의 일처이부제와 비슷한 가족형태를 비공식적으로, 사적으로 유지하려고 끝까지 애를 썼을 것이다.

(1) 남근성의 향유에 대한 순수욕망

그런데 왜 보라는 민기의 영토에 일범과의 사랑을 끌어들인 것일까? 여기서 보라의 순수욕망을 생각할 수 있다. 보라는 자신의 여성성에 대한 욕망을 순수욕망으로 발전시킨 것이다. 이는 두 가지 의미에서이다. 첫째, 보라는 그런 행동을 하는 순간 남근성의 향유에 대한 욕망을 순수욕망으로 추구한 것이다. 그 순간 보라는 자식으로 기호화되는 남근성에 환원되어 버린, 그래서 거의 거세된 것과 같은 민기의 남근성을 자기에게서 그리고 자기를 살해함으로써 회복시킨다. 그런 보라의 사랑행위는 죽음을 무릅쓴 것이었다. 그러니까 그 클라이막스 장면에서 보라는 남근성의 향유에 대한 욕망을 죽음을 넘어선 욕망, 즉 순수욕망으로 추구한 것이다.

(2) 사랑에 대한 순수욕망

둘째, 보라가 그런 행동을 하는 것은 여성성으로 기호화된 사랑에 대한 욕망을 순수욕망으로 추구하는 것이다. 사랑에 대한 욕망은 사랑의 세 가지 코드가 함께 할 때 완전한 것이 된다. 일범과 나누는 육체와 정신의 사랑에 대한 욕망과, 민기와 나누는 영혼의 사랑에 대한 욕망을 하나로 합칠 때 사랑의 세 가지 코드는 완전하게 실행된다. 민기의 영토에서 일범과 사랑을 나누는 것은 사랑의 완전함, 곧 사랑의 영원성을 향한 것이다. 보라는 이런 사랑의 완전성 추구가 자신을 죽음으로 몰고 갈 것이라는 불안한 예감을 이미 갖고 있었다. 그럼에도 그녀는 그 죽음의 불안을 무릅쓰고 완전한 사랑에 대한 욕망을 추구한다. 바로 그렇기 때문에 보라가 집에서 일범과 사랑을 나누는 순간 그녀의 사랑에 대한 욕망은 순수욕망으로 승화되는 것이다.

2. 법과 비법이 함께 하는 법

이와 같은 보라의 순수욕망은 법의 기호로 재해석될 수 있다.

(1) 법과 비법의 교류

민기와 일범은 법이고, 보라는 비법이다. 민기나 일범의 남근성은 보라의 여성성이 없이는 불가능하다. 이는 법은 비법 없이는 온전하게 생성·발전할 수 없는 것임을 말한다. 이를 현대의 법이론으로 재해석하면 법다원주의(legal pluralism)의 개념으로 옮길 수 있다. 법은 법 안에서 법을 구성하는 요소들을 완전하게 생산하는 것이 아니라, 법 밖의 규범이나 관습, 문화로부터 자신을 생성시키는 실질을 가져오는 것이다. 그러므로 법은 단지 공식적인 입법기구만이 아니라 법 밖에서 법을 생성시키는 실질을 생산하는 다양한 사회적 행위자들이 함께 생산하는 것이다. 남성성이 여성성을 죽이면 남성성도 소멸하는 것처럼, 법이 법 밖의 규범들을 외면하면 법의 생명도 소멸하는 것이다. 그러므로 법은 끊임없이 비법과 교류를 펼쳐야 한다. 몇 가지 예를 들자면, 의

료사고책임법은 의료과실을 판단할 때 비법적인 규범으로서 의료인들의 임상의료지침과 교류해야 하고, 공인회계사의 부실감사책임법은 부실감사를 판단할 때 비법적인 규범으로서 '국제적인' 회계기준과 교류해야 한다. 또한 소프트웨어의 특허권 부여여부를 판단할 때 특허법은 법 밖의 규범, 이를 테면 카피레프트운동의 일환인 프리소프트웨어재단(FSF)의 일반공공사용규약(GPL)을 고려하면서 특허권을 설정해야 한다.

(2) 순수욕망으로서 교류의 극대화

영화 <해피엔드>에서 보라의 죽음을 무릅쓴 순수욕망은 법과 비법 사이의 교류가 미온적인 것, 불완전하고 단편적인 것이 아니라 더욱 더 활발한 것, 완전한 것, 전면적인 것이 될 것을 요구하는 상징을 갖는다. 이것은 민족국가(nation)의 법체계로부터 세계시민사회로 발전하는 오늘의 역사적 단락에서 절실히 요청되는 바이기도 하다. 법다원주의의 활성화, 완전화, 전면화가 없이는 지구촌은 기술적으로 더욱 위험해진 갈등 속에 처할 것이기 때문이다. 세계화의 시대는 이미 법다원주의에 대한 순수욕망을 필요로 하고 있다.

[7] 남근성에 대한 도덕적 질투로서 법 : <질투는 나의 힘>

〈질투는 나의 힘〉의 줄거리

영문학과 대학원생인 이원상(박해일 분)은 여자친구 노내경(배종옥 분-1인2역)이 유부남인 잡지사 편집장 한윤식(문성근 분)을 사랑하게 되었다는 말을 듣고 여자친구와 헤어진다. 평범한 아내, 딸 미림과 무난한 가정생활을 영위하는 편집장 윤식은 작가가 꿈이었지만 이제는 연애를 삶의 목표로 살아가고 있는 자칭 로맨티스트이다. 그는 아내에게도 잘하고 애인에게도 잘하면 된다면서 여러 여자들과 연애를 한다. 원상은 그 잡지사에 취직을 하고 윤식의 운전기사를 자처하면서, 그와 가까워지고 그를 닮아간다. 윤식의 집에 드나들게 된 원상은 윤식의 딸 미림(김꽃비 분)과도 인사를 한다. 원상은 안혜옥(서영희 분)의 집 옥탑방에서 하숙을 하고 있고, 혜옥은 원상을 좋아한다. 혜옥의 어머니는 안 계시며, 아버지는 정신병이 있고, 남동생 또한 비슷한 징후를 보이고 있다. 그녀는 자신을 여동생처럼 대해주던 원상이 잡지사에 취직한 후 냉정하게 변해버린 것에 불만을 갖는다. 박성연(배종옥 분-1인2역)은 수의사이자 아마추어 사진작가인데, 그 잡지사에서 사진기자로 일하게 된다. 원상과 성연은 소소한 대화를 나누며

친분을 쌓는다.

잡지사 직원들의 회식 날, 성연은 술에 심하게 취한다. 원상은 성연의 집을 안다며 자기가 데려다 주겠다고 하지만, 윤식은 그런 원상을 만류하면서 자신이 술에 만취한 성연을 데리고 택시를 탄다. 이날 성연과 윤식은 섹스를 하고, 윤식은 외박을 한다. 윤식의 외박 사실을 모르던 원상은 아침에 윤식을 데리러 그의 집으로 가고, 윤식의 집 문이 열려 있는 것을 발견하고는 아무도 없는 집 안을 이리저리 살펴본다. 화장실에서 소변을 본 원상은 자신의 소변이 몇 방울 떨어지자 깨끗이 닦는다. 원상은 그 때 집으로 돌아온 윤식의 부인으로부터 윤식이 외박을 했다는 말을 듣는다. 몇일 후, 윤식과 성연은 함께 모텔에 갔다가 윤식의 장인(남일우 분)과 로비에서 마주친다. 장인은 나중에 윤식을 집으로 초대해서 아내가 옆에 있을 때에는 소중함을 모르는 법이라고 우회적으로 말을 하지만, 윤식은 후회하면서 살고 싶진 않다고 대답한다.

성연은 요즘 자신을 좀 서먹하게 대하는 것 같다며 원상이 아르바이트를 하는 학교로 찾아오고, 이날 둘은 술을 마신다음 성연의 집으로 간다. 원상은 윤식을 의식해서 성연에게 윤식과 자지 말고 자기와 자라고 말하지만, 성연은 그에 대해 대답해주지 않는다. 논문 제출 마감일 전날, 원상은 급하게 논문 준비를 하다가 윤식의 전화를 받는다. 윤식이 자신의 자리를 대신할 새로운 잡지사 사장이 내일 온다면서 술을 마시러 나오라고 제안 한 것이다. 이런 윤식의 말에 원상은 준비하던 논문을 미뤄두고 술집으로 가지만, 이미 성연이 윤식을 데리고 그 술집을 떠난 상황이다. 원상은 윤식의 차를 길가에 세워둔 채, 그 차 주인을 찾는 사람에게 자기는 주인이 아니라는 말만 되풀이 한다.

한편 혜옥의 남동생이 아버지와 비슷한 증상을 보이고, 그런 사실에 울며 괴로워하는 혜옥을 위로해주던 원상은 충동적으로 그녀와 섹스를 한다. 혜옥은 이제 원상과 결혼을 하는 거라는 생각에 들떠서 함께 산부인과를 가자고 하지만, 원상은 그럴 생각이 없기 때문에 그녀를 피한다. 산부인과에서 기다리던 혜옥은 원상이 나타나지 않자 잡지사로 찾아오고, 원상에게 자신과 결혼하지 않을 거면 돈으로 보상하라면서 소리를 지른다. 성연은 원상에게 점점 마음을 열어가지만, 원상은 그녀를 차갑게 대한다.

원상은 윤식에게 혜옥과 결혼을 해야 할지를 물어보고, 윤식은 그냥 사귀기만 하라는 답을 준다. 그날 윤식의 장인이 세상을 뜨고, 원상은 장례절차를 옆에서 돕는다. 윤식은 회사를 그만두고 자기 잡지사를 차릴 거라고 하면서, 원상에게 함께 일을 하자고, 하숙집에서 나와서 자기 집에서 함께 살자고 제안한다. 윤식의 제안을 받아들여서 원상은 혜옥에게 그저 쪽지만 남긴 채 윤식의 집으로 들어온다. 윤식의 집 앞으로 원상을 찾아온 성연은 편집장 집에서 나오라면서, 자신에게 했던 말들, 행동들이 다 편집장 때문이었냐고 묻는다. 원상은 자기와 편집장은 게임이 안 된다고 하면서 성연을 두고 윤식의 집으로 들어가버린다. 집으로 돌아온 원상은 윤식의 딸 미림의 방에 가서 '앞으로 잘 지내보자'며 어깨에 손을 올린다. 윤식이 저녁을 먹자며 원상을 부르고, 원상은 윤식 부부와 함께 화기애애하게 저녁을 먹는다.

Ⅰ. 질투의 심리와 규범의 생성

1. 질투의 보편성과 규범의 구속력

인간은 누구나 다른 누구를 질투한다. 그러나 전통적으로 질투는 — 여자나 하는 — '부덕(不德)한 것'으로 이해되어 왔다. 그런데 영화 <질투는 나의 힘>은 질투가 힘이 없는 자, 그래서 힘이 있는 자를 질투할 수밖에 없는 자에게 힘이 되는 것이라고 말한다. 이런 질투의 힘에서, 질투의 의미는 '부덕한 것'으로부터 힘이라는 '긍정적인 에너지'로 뒤집어진다. 그런데 질투하는 자의 힘은 아직 성취된 것이 아니라 미래의 가능성일 뿐인 반면, 질투되는 자의 힘은 이미 성취된 것, 즉 과거에 형성되어 현재에까지 이르는 것이다. 그렇기에 질투는 과거에 형성된 힘을 질투하는 자가, 그 힘이 미래에 성취할 것으로 기대되는 자신의 힘으로 이어지도록 하는 행위이다. 이 행위의 핵심은 질투하는 자가 질투되는 자를 비판하면서도 질투되는 자에게 자신을 조응시키는 것(동일시)이다. 이 동일시의 주된 방법은 질투되는 자의 사고와 행동방식을 따라하는 것이다. 이 '따라함'이 일반화되면, 질투되는 자의 사고와 행동방식은 곧 규범이 된다. 결국 질투는 규범을 생성시키는 심리적 기제가 되는 셈이다. 그런데 질투되는 대상들에 구현된 이익 가운데 중요한 것들은 모두 '법익'이 된다. 그렇기에 질투는 법을 생성시키는 심리적 기제가 된다. 또한 이러한 심리는 의식되는 경우도 있지만 대개는 무의식의 세계에서 자기도 모르게 꿈틀댄다.

2. 영화 속의 기호론적 구조

(1) 힘과 법의 기호론적 구조

사회의 가장 기초적인 단위로서 가정에서 힘은 전통적으로 가부장에게 있다. 가부장은 팰러스(phallus), 즉 남근성[1]을 자신의 기표로 삼고, 힘[2]의 소유를 그 기의로 한다. 법은 전통적으로 아버지(父), 하느님의 법, 곧 부성(父性)의 법이어왔고, 따라서 부성의 정신분석학적 기호인 남근성은 곧 법의 기호가 된다.

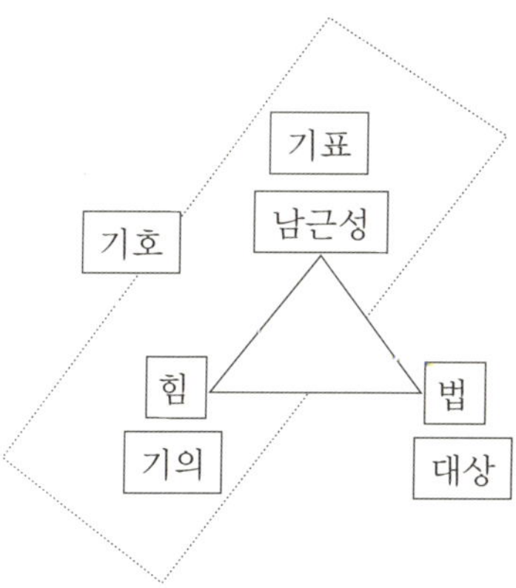

그렇지만 이 단락에서는 남

1) 해부학과 생물학에 많은 부분 기반 해 있는 프로이트의 이론에서 남근은 종종 생물학적 남근을 말하지만, 라깡은 남근을 팰러스라는 상징적 기표로 해석한다. 자세히는 홍준기, 『오이디푸스 콤플렉스, 남자의 성, 여자의 성』(아난케, 2008), 126쪽 참조.

2) 남근이 상징하는 '힘'은 성적 대상으로 하여금 자신의 가치를 인정하게 만드는 능력이며, 오이디푸스 콤플렉스에는 애정 콤플렉스와 힘 콤플렉스가 밀접히 결합되어 있다. 이런 설명으로 이창재, 『프로이트와의 대화』(학지사, 2005), 222~225, 164~165쪽 참조; 라깡의 이론에서 팰러스는 권력을 배급하는 기표라는 점에 대해서는 마단 사럽, 『알기쉬운 자끄 라깡』(김해수 옮김)(백의, 1996), 145쪽 참조.

근성이란 기표의 기의를 '힘'으로 보기로 한다. 왜냐하면 법은 존재론적으로는 힘과 동일한 것이 되지만, 목적론적으로는 힘이 곧 법인 것이 아니라 법의 목적, 즉 법을 생성시키거나 법에 의해 생성되는 목적적 결과이기 때문이다. 그러므로 법은 개념적으로 — 남근성으로 기호화되는 것이 아니라 — 남근성의 기의인 힘을 향한 질투로 기호화된다.

(2) 등장인물의 기호론적 배열

영화 <질투는 나의 힘>에서 질투는 주인공 원상의 힘을 향한 노력이다. 원상이 질투하는 대상인 편집장 한윤식은 남근성이라는 기표와 그 기의인 힘을 담지하는 주체이다. 영화는 과거에서 현재, 그리고 미래로 흐르는 시간성을 축으로 힘의 기표를 담지하는 주체로 장인어른과 편집장 그리고 원상을 각각 배치시킨다. 즉 편집장인 윤식은 '현재'의 힘이며, 그의 장인은 '과거'의 힘, 원상은 '미래'의 힘을 의미한다. 그래서 편집장은 일관되게 원상을 '자기'라고 부른다. 즉 원상은 편집장에게 미래의 자기자신인 것이다.

또한 편집장의 부인과, 애인인 내경과 성연 그리고 딸인 미림은 편집장의 남근성(힘)을 향유하는 주체들이다. 편집장의 부인은 과거의 힘(장인어른)으로부터 나온 여성으로서 편집장 윤식에게는 이미 과거의 여성이다. 이에 비해 내경과 성연은 현재 편집장의 남근성을 향유하는 주체들이다. 부인, 그리고 내경과 성연은 편집장의 남근성을 향유하는 주체들임과 동시에, 편집장이 향유하는 여성성이다. 그러나 편집장의 딸은 편집장의 힘을 향유하기는 하지만 현재의 힘인 편집장이 향유할 수는 없는 — 즉 현재의 힘에게는 금지되어 있는 — 여성성이며, 미래의 힘이 될 남자의 남근성을 향유하며 동시에 그에게 향유되는 주체로 설정된 기호를 담지하는 주체이다. 이를테면 원상이 자신을 현재의 힘인 편집장과 동일시함으로써 미래에 '힘의 주체'가 되면, 원상에게 편집장 윤식의 딸 미림이란 기호에 상징화되어 있는 욕망의 대상을 성취하는 미래가 열릴 수도 있다는 것이 영화의 기호론적 구조이다. 원상은 내경과 성연을 욕망하지만 그 욕망은 원상 자신의 욕망이라기보다는, 원상이 동일시하고자 하는 대상인 편집장의 욕망을 모방하는 것이다. 여기서 원상의 욕망은 윤식을 향해 있는 것이다.[3] 원상으로 하여금 편집장의 욕망을 모방하게 하는 근원은 미래에 힘을 성취함으로써 얻게 될 향유, 이를테면 편집장의 딸 미림에 의해 기호화된 욕망의 대상이다.

Ⅱ. 오이디푸스 콤플렉스와 질투

원상의 편집장 윤식에 대한 질투는 프로이트가 오이디푸스 콤플렉스 이론을 통해 고찰한 '아들(子)이 아버지(父)에 대해 갖는 질투'와 상징적 구조를 공유한다.

1. 법을 생성시키는 오이디푸스 콤플렉스

프로이트는 유년기에 남아가 어머니에 대해서 성적 욕망을 가지면서, 아버지를 경쟁자로 인식하는 현상의 원형을 그리스 비극 『오이디푸스』에서 발견하고, 이를 오이디푸스 콤플렉스라고 이름 붙였다. 그는 『오이디푸스』가 그토록 오랜 세월 사람들에게

3) 원상은 대타자인 윤식을 욕망하고, 대타자인 윤식의 욕망을 모방하는 것이다. '주체의 욕망은 대타자의 욕망'이라는 라깡의 명제에 대한 자세한 설명은 딜런 에반스, 『라깡 정신분석 사전』(김종주 외 옮김)(인간사랑, 2004), 282~285쪽.

사진 1. 성연과 대화하는 윤식을 바라보는 원상

강렬한 감동을 주는 것은 그 비극이 인간에게 보편적으로 내재하는 욕망을 이야기하기 때문이라고 보았다. 오이디푸스 콤플렉스 이론에 따르면, 남아는 자신의 경쟁자인 아버지를 질투하며 그를 제거하고 싶은 공격적 마음을 갖지만, 아버지의 막강한 힘과 자신의 미약한 힘의 차이를 절감하면서 어머니에 대한 성적 욕망을 포기하고 아버지에게 복종한다. 이 과정에서 아들은 아버지의 막강한 힘을 선망하며 그와 동일시하여 그의 힘을 얻게 되기를 소망한다. 힘에 대한 질투로서 법도 그 생성의 심리적 기반을 수범자들이 보편적으로 공유하는[4] 오이디푸스 콤플렉스로부터 얻는다.

[오이디푸스 콤플렉스 이론] 프로이트는 유아가 무성(無性)적이고 순수한 존재라고 생각했던 시대[5]에 — 비록 성인들이 유년기 기억상실(Infantile amnesia)로 기억하지는 못하지만[6] — 유년기에

---

4) 오이디푸스 콤플렉스 이론의 서구편향성이 비판되기도 하지만(이에 대해서 간략히는 마이클 칸, 『21세기에 다시 읽는 프로이트 심리학』(안창일 옮김)(학지사, 2008), 81~85쪽 참조), 오이디푸스 콤플렉스가 자연상태를 문화의 영역으로 바꾸는 심리적 기제라고 보는 것(이에 대해서는 아니카 르메르, 『자크 라캉』(이미선 옮김)(문예출판사, 1998), 139~140쪽 참조)은 적어도 서구 문화를 공유하는 문화권에서는 충분히 유효할 수 있을 것이다.

5) 프로이트의 유아성욕론은 당시 많은 반박과 분노에 직면했다. 이에 관해 프로이트, 「나의 이력서」, 『정신분석학 개요』(박성수 · 한승완 옮김)(열린책들, 2004), 234쪽.

6) 실제로는 유년기의 기억은 '상실'된 것이 아니라 억압된 것이다. 유년기 기억상실을 문명의 발전과의 관계 속에서 심도있게 고찰하는 글로는 Abraham Drassinower, *Freud's theory of Culture: Eros, Loss and Politics* (Rowman&Littlefield, 2003), 141~155쪽 참조; 유년기 기억상실을 자본주의의 문제와 연결한 분석은 Eugene Victor Wolfenstein, "Mr. Moneybags meets the rat man: Marx and Freud on the meaning of money",

도 성욕[7]이 존재한다는 유아성욕론을 주장했다. 그에 따르면 마음껏 성적 욕망을 향유하던 유아는 오이디푸스 단계에 오게 되면 '더 이상 그렇게 해서는 안된다'는 규범적 금지에 의해 억압당하게 되고, 그런 금지규범을 내면화함으로써 도덕적, 사회적 존재로 변화하게 된다.[8] 오이디푸스 콤플렉스기에 아이들은 남아에게는 남근이 있지만 여아에게는 남근이 없다는 사실과 어머니에게도 남근이 없다는 사실을 알게 된다. 이때 남아는 자신이 어머니의 남근이 되겠다는 욕망을 갖으면서 아버지를 경쟁자로 여기게 되는 반면, 여아는 자신에게 남근이 없는 것이 어머니의 탓이라고 생각하고 원망하게 되며, 어머니에게 전적으로 귀속되던 자신의 사랑을 거두고 대신 남근을 가지고 있는 아버지를 성적 대상으로 하게 된다. 프로이트는 이런 여아의 심리적 변화를 남근 선망이라고 개념화했다. 이런 변화의 과정을 지나면서 이 시기의 아이에게 이성의 부모는 사랑의 대상이 되고, 동성의 부모는 질투와 경쟁의 대상이 된다.[9] 이는 남아에게는 부친살해의 욕망으로, 여아에게는 모친살해의 욕망으로 나타나기도 한다.[10] 그런데 사랑의 대상인 이성의 부모가 자신보다 자신의 경쟁자인 동성의 부모를 더 좋아한다고 아이가 느끼게 됨으로써, 아이는 사랑의 대상인 이성의 부모에 대해 양가

Political Psychology (Vol. 14, No. 2, Special Issue: Political theory and political psychology, Jun., 1993). 302쪽 참조.

7) 프로이트의 성욕 개념은 흔히 오해되듯이 성기를 중심으로 한 쾌락만을 의미하는 것이 아니며, 결합하고자 하는 욕망 등 흔히 '사랑'이라고 말해지는 것을 모두 포함한다. 이에 대한 프로이트 자신의 설명은 지그문트 프로이트, 「나의 이력서」, 『정신분석학 개요』(박성수 · 한승완 옮김)(열린책들, 2004), 239쪽.

8) 이런 점에서 프로이트의 오이디푸스 콤플렉스론은 헤겔의 정신철학과도 상응점들을 가진다. 이에 대해서는 Clark Butler, "Hegel and Freud: A Comparison", *Philosophy and Phenomenological Research* (Vol. 36, No. 4, Jun., 1976), 506~522쪽 참조.

9) 아들과 아버지의 관계를 이성애적 요소와 동성애적 요소로 바라보는 장 라플랑슈/장 베르트랑 퐁탈리스, 『정신분석 사전』(임진수 옮김)(열린책들, 2005), 261~262쪽 참조.

10) 물론 여기서 말하는 심층심리적 의미의 부친살해를 현실의 존속살인사건에서 아들의 부친살해고의를 인정하는 증거로 사용해서는 안된다. 정신분석학의 법적 남용에 대한 정신분석학자들의 우려는 Deborah W. Denno, "Criminal Law in a Post-Freudian World", *University of Illinois Law Review* (2005), 636쪽 참조.

감정을 가지게 된다. 또한 아이는 자신의 경쟁자인 동성의 부모가 강력한 힘을 가지고 자신을 거세하거나 처벌할 것이라는 불안을 가지게 되고, 이 공포에 굴복하면서 이성의 부모에 대한 욕망을 포기한다. 그래서 남아는 아버지의 요구를 내면화하여 어머니에 대한 욕망을 포기하고 아버지와의 동일시를 추구하게 된다. 이는 강력한 힘을 가진 아버지와 동일시함으로써 언젠가는 아버지의 '힘'을 자신도 소유하겠다는 욕망의 표현이기도 하다. 여기서 아버지는 남근이라는 기표를 '소유하고 있는' 존재인데,[11] 아들에게 이 남근은 아버지의 힘의 상징임과 동시에 자신이 갖게 될 힘을 상징한다.[12] 반면 여아는 거세불안 대신 사랑의 상실에 대한 불안[13]을 가짐으로써 아버지에 대한 욕망을 포기하고 동성인 어머니와 동일시한다. 여아는 이로써 어머니의 여성성을 획득하고, 언젠가는 어머니처럼 남근을 향유하게 되기를 욕망한다.[14] 오이디푸스 콤플렉스기 이후 성욕의 잠복기가 진행되다가, 성욕을 현실로 옮길 수 있는 '힘'을 갖게 되는 사춘기에 들어서면서 다시 유년기에 남겨뒀던 오이디푸스 콤플렉스의 해결이 중대한 과제로 등장하게 된다.[15]

---

11) 오이디푸스 콤플렉스의 단계를 통해 주체는 '내가 어머니의 남근인가 아닌가'라는 존재론적 차원에서 '내가 남근을 소유하고 있는가 아닌가'라는 소유의 문제로 넘어간다는 라깡의 설명에 대해서는 조엘 도르, 『라깡 세미나 · 에크리 독해I』(홍준기 · 강응섭 옮김)(아난케, 2009), 141~143, 150~151쪽 참조.

12) 마이클 칸, 『21세기에 다시 읽는 프로이트 심리학』(안창일 옮김)(학지사, 2008), 93쪽 참조.

13) 지그문트 프로이트, 「불안과 본능적 삶」, 『새로운 정신분석 강의』(임홍빈 · 홍혜경 옮김)(열린책들, 2007), 118쪽 참조.

14) 프로이트는 여성의 심리에 대한 나름의 해명을 시도하면서도 여성성의 복잡함을 인정하고 '여자는 무엇을 원하는가?'라는 물음의 과제를 남겼다. 이 물음에 답을 해보는 여성 정신분석학자 줄리아 크리스테바의 분석은 줄리아 크리스테바, 『정신병, 모친살해, 그리고 창조성: 멜라니 클라인』(박선영 옮김)(아난케, 2006), 272~276쪽 참조.

15) 사춘기의 성적 발달 특성에 대해서는 데이비드 스태포드 클라크, 『한권으로 읽는 프로이트』(최창호 옮김)(푸른숲, 2005), 131쪽; 마이클 칸, 『21세기에 다시 읽는 프로이트 심리학』(안창일 옮김)(학지사, 2008), 101~106쪽 참조.

2. 질투의 양면성

아버지에 대한 자식의 질투는 '선망과 동일시' 그리고 '반항과 공격'이라는 양면성을 갖는다.

(1) 원상의 편집장에 대한 선망과 동일시

영화 <질투는 나의 힘>에서 원상은 수돗물이 불결할지도 모른다는 편집장의 말을 듣고 수돗물이 아닌 생수를 마시고, 편집장의 집에 드나들게 된 이후부터 편집장의 키보드를 치고, 도서관 여직원을 비난할 때 편집장이 다른 사람을 욕할 때 사용했던 언어('틀림없이 돈 많고 교육을 많이 받았을 거야')와 똑같은 언어를 그대로 사용한다. 뿐만 아니라 다소 고지식했던 원상은 여자들과의 섹스에 능숙한 편집장을 모방해서 여동생처럼 돌보던 하숙집 딸인 혜옥과 충동적인 섹스를 하고, 편집장에게 결혼에 대하여 물은 후에 그가 말해주는 바 대로 행동한다.

> "편집장님 말을 들어보니까 문제가 너무 단순해진 거 같아요...전 어릴 때부터 누구한테 이래라 저래라 하는 말을 한 번도 들어본 적이 없어요. 편집장님이 처음이에요."

영화의 마지막 장면에서 원상이 편집장의 집에 입주하는 것은 아버지와 자신을 동일시하는 아들의 질투심리를 가장 인상적으로 보여준다. 이처럼 원상에게 편집장은 능숙하게 힘을 다루며 자신에게 힘을 얻는 길을 가르쳐주는, 선망과 동일시의 대상이다.

(2) 원상의 편집장에 대한 소극적 반항과 공격

그러나 원상은 윤식을 그저 선망하기만 하는 것이 아니라, 윤식의 힘에 대해서 소극적인 반항과 공격을 하기도 한다. 편집장의 집에 가서 소변을 누는 것, 편집장의 자동차를 길가에 방치하는 행동 등이 그 예이다. 또한 원상은 성연에게 칭얼대기도 한다.

> "누나, 편집장님이랑 자지 마요. 응? 자지마요...네? 이미 잤다면 더는 자지 마요. 꼭 누구랑 자야 된다면 나랑 자요. 나도 잘해요...정말 그 사람이랑 자지 않는다고 나랑 약속해요. 약속. 약속. 약속. 응? 약속..."

이런 원상의 모습은 어머니에게 '나도 잘할 수 있으니 강력한 아버지와 성관계를 하지 말고 나랑 해요'라고 말하는, 질투심에 사로잡힌 오이디푸스 콤플렉스기의 남자아이가 갖는 무의식을 보여준다. 거세공포 때문에 아버지를 직접 공격하지는 못하지만, 어머니를 아버지로부터 빼앗아오고자 하는 소극적인 반항과 공격을 하는 것이다.

3. 법의 질투적 양면성

여기서 법의 효력구조를 질투의 양면성에 비유할 수 있다. 법을 남근성의 힘에 대한 질투라고 할 때, 질투가 양면성을 갖는 것처럼 법도 양면성을 갖는다.

(1) 법의 양면적 효력구조

이를테면 선망과 동일시는 법규범을 시민들이 자신의 행동규범으로 내면화하여 수용하는 것을 의미한다. 형법학의 개념으로 표현하면 적극적 일반예방을 의미하는 것이다. 이에 비해 반항과 공격은 실정법의 권위의 정당성에 불복종하는 법의 부정을 의미한다. 현대적인 법이론의 개념으로는 시민불복종이나 인권운동,

공익소송운동 등[16]을 가리킨다. 여기서 질투의 양면성이 본질적이라면 법의 양면적인 효력구조도 본질적이라고 할 수 있다. 그러니까 법은 부정될 수 있음이 전제되면서 긍정될 때 비로소 효력을 갖는다는 것이다. 만일 모든 수범자들이 어떤 법을 모두 지킨다고 가정해보자. 역설적이게도 그 법은 더 이상 법이 아니며, 법일 필요가 없게 된다. 법 외의 규범이거나 그냥 사람들의 통일된 행동방식과 같은 것이 되는 것이다. 또한 법의 효력에서 이러한 양면성은 시민불복종이나 인권운동, 공익소송운동이 민주적 법치국가의 입법과정에서 실현되는 민주성의 한계 때문에 완전히 확보될 수 없는 실정법의 정당성 한계를 보충해주는 것으로서 민주적 법치국가의 필수 불가결한 요소임을 말해주기도 한다.

(2) 근대성의 법

영화 <질투는 나의 힘>에서 질투로 파악되는 이와 같은 법은 근대성의 기획 아래 있는 법이다. 왜냐하면 자식이 질투하는 부성(父性)은 '단일한 부성'이기 때문이다. 예컨대 영화는 오직 '편집장'만을 힘의 주체이자, 팰러스라는 기표의 담지자로 설정하고 있다. 이런 설정은 물론 전근대성의 법이라는 패러다임과 분명히 다르다. 전근대적 기법을 썼다면, 영화는 '절대 도덕'의 상징인 혜옥을 절대선(善)으로 위치시키고 혜옥을 버린 원상이 벌을 받게 되는 권선징악의 결말로 나아갔을 것이다. 그러나 <질투는 나의 힘>의 결말은 다르다. 그렇다고 탈근대성의 법 패러다임으로 나아간 것도 물론 아니다. 포스트모던의 시대는 탈중심적이고 다원적인 힘의 원천'들'이 존재하는 다수의 부성(poly-father)의 체제이거나, 아니면 '아버지의 죽음' 또는 '아버

16) 시민운동의 법적 의미에 관하여 이상돈, 『시민운동론』(법문사, 2007) 참조.

지의 몰락'이 펼쳐진다고 말해지는 시대이기 때문이다. 오늘날 칭송되는 개인의 자유로운 향유가 아버지의 죽음이라고 해석되는 것이다. 그러나 우리는 여전히 오이디푸스적 시대를 살고 있다고 할 수 있다. 지젝의 분석처럼, 오늘날 아버지는 몰락한 것이 아니라, '향유하라!'는 명령을 내리는 외설적 아버지로 여전히 지배하기 때문이다.[17] 오이디푸스 콤플렉스의 이론을 통한 법의 정신분석학적 이해는 포스트모던의 시대에도 여전히 유효하다.

Ⅲ. 질투의 도덕형성과 도덕의 법형성

질투는 도덕을 생성시키고, 법은 그 도덕을 기반으로 생성된다.

1. 힘에 대한 질투로서 도덕

(1) 도덕의 법을 생성시키는 질투의 기능

법의 핵심은 도덕인 경우가 많다. 그런 도덕적 법규범이 어떻게 생성되는 것인지에 대한 정신분석학적 해명은 질투에 내재된 도덕형성의 심층심리적 기제를 들여다보면 매우 잘 드러난다. 질투가 도덕을 생성시키는 것은 힘에 대한 반항심리에 기반한다. 영화 <질투는 나의 힘>에서 원상은 성연에게 편집장과 자지 말라고 하는데, 그 근거는 '편집장은 결혼한 유부남'이라는 도덕적 이유 뿐이다.[18] 그리고 원상은 편집장과 술을 마시면서 그를 자

---

17) 이에 대해 자세히는 홍준기, 「슬라보이 지젝의 포스트모던 문화 분석－문화적·정치적 무의식과 행위(환상을 통과하기)－」, 『철학과 현상학 연구』(Vol.22, 2004), 특히 197~204쪽; 슬라보예 지젝, 『까다로운 주체』(이성민 옮김)(도서출판b, 2005) 참조.

꾸만 그의 부인에게로 귀속시키려고 애를 쓴다. 원상의 이런 미미하고 소극적인 반항은 도덕에 의존한 논리로만 정당화될 수 있을 뿐이다. 여기서 도덕의 기능이 분명해진다. 힘 있는 자와 힘 없는 자 사이의 힘의 불균형을 교정하는 것이다. 도덕은 있는 자, 강한 자에게서 없는 자, 약한 자에게로 힘을 이동시킨다. 그렇기에 니체(Nietzsche)는 도덕을 약자들의 도덕, '노예도덕'이라 부른다. 지금까지 법은 근원적으로 약자들의 도덕이라는 기반 위에서 생성된 것이라 할 수 있다.

(2) 힘보다 약한 도덕과 원상의 약함

하지만 약자들의 도덕은 약자를 강자로 전복시킬 수 있는 정도로 강력하지는 않다. 만약 그렇다면 도덕은 더 이상 도덕이 아니라 강자의 힘이 될 뿐이다. 영화 속에서 이 점은 몇 가지 장면에 명확한 언어로 상징화되어 있다. 이를테면 원상이 편집장의 집 변기에 소변을 봄으로써 기호론적으로는 수컷의 영역표시와 같은 도전적 행위를 하지만, 원상은 떨어진 소변 몇 방울을 금세 닦아낸다. 이는 원상이 편집장의 힘에 굴복한다는 것을 의미한다. 또한 원상은 편집장의 자동차를 길가에 방치하면서 누구의 차냐는 다른 운전자의 짜증 섞인 질문에 매우 허탈한 모습으로 중얼거린다.

"난 주인이 아닙니다..."

---

18) 영화에서 원상이 성연보고 윤식과 자지 말라고 하는 이유로서 '윤식이 유부남이라는 도덕적 근거'는 등장하지 않았다. 하지만 만약 원상과 성연이 좀더 대화를 진행시켰다면, 다시말해 성연이 '내가 왜 윤식과 자지 않고 너랑 자야 하는데? 윤식이 더 힘도 강하고 가진 것도 많은데'라고 물었다면, 결국 원상이 댈 수 있는 근거는 '윤식은 유부남이니 그와 자는 것은 도덕적으로 옳지 않다'는 도덕적 근거였을 것이다.

또한 왜 자기를 피하냐는 성연의 질문에도 무기력하게 대답한다.

> "누나가 편집장님 사랑하잖아요...어짜피 게임이 안돼요. 난 누나 행복하게 해줄 수가 없어요. 난 그런 사람이에요."

이런 에피소드들은 원상이 아직 현재의 '힘의 주인'이 아님을, 그리고 그가 현재 자신의 힘의 결핍을 절실히 느끼고 있음을 단적으로 보여준다.

영화 <질투는 나의 힘>에서 힘에 대한 반항은 힘이 존재함을 확인시켜주고 힘을 더 생동감 있게 하는 것, 다시 말해 힘을 재생산하는 기제로서 존재한다. 이와 같은 힘과 반항의 관계설정은 이 영화에서 해독되는 법의 기호들이 탈근대적인 것이 아니라 근대적인 것임을 다시한번 말해준다. 탈근대적이라면, 포스트모더니즘의 사상가 푸꼬처럼 '반항이 먼저이다'라고 말할 것이기 때문이다.[19)]

2. 팰러스의 부재, 힘을 제압한 도덕의 불행

(1) 힘을 모르는 도덕으로서 혜옥의 추함과 불행

질투의 심리 속에서 형성되는 도덕이 힘보다 약할 때, 질투는 불행한 현실이 아니라 더 행복한 미래를 향하는 것이 된다. 반면 질투에서 도덕적 요소가 질투되는 힘을 완전히 제압해버리게 되면, 질투를 통한 행복은 사라지게 된다.

이 점은 '혜옥'이라는 기표가 잘 보여준다. 혜옥의 가정에는 – 아버지가 정신병이 있다는 점에서 – 팰러스로서 아버지(父)

19) 이와 같은 푸꼬의 명제를 법의 영역에 응용한 연구로는 Ben Golder/Peter Fitzpatrick, *Foucault and law* (Routledge, 2009), 73~82쪽 참조.

사진 2. 혜옥과 원상

가 부재하다고 할 수 있고, 혜옥의 남동생도 아버지의 정신병과 유사한 증상을 보인다. 이렇게 혜옥의 가정의 두 남성은 거세되어 있다. 이로써 혜옥이라는 기표는 '팰러스의 부재'라는 기의, 즉 '힘'과 절연된 절대적 '도덕'을 의미하게 된다. 영화에서 힘과 절연된 도덕인 혜옥이라는 기표는 불행과 추함을 상징한다. 혜옥은 원상과 성관계를 가진 후에 당연히 그와 결혼할 것으로 기대하는데, 원상이 결혼할 수 없다고 하자 원상이 일하는 출판사에 찾아와서 실성한 듯 소리친다.

> "그럼 돈으로 보상해, 1000만원. 아니 1억. 100억, 아니 그거보다 더!!!"

이런 혜옥으로부터 느껴지는 추함의 심미적 체험은 혜옥이 상징하는 절대 도덕이 법일 수 없음을 직감적으로 체험하게 해준다. 법은 혜옥과 같은 불행의 상태가 아니라, 행복을 위해 존재하는 것이다. 이처럼 혜옥이 담지하는 기표, 즉 팰러스 부재의 여성이라는 기표는 편집장의 딸 미림과 같이 팰러스를 소유하고 있는 여성[20]과는 달리, 미래의 힘인 원상의 욕망의 대상이 될 수 없음을 의미한다.

---

20) 남근을 가지고 있는 여자는 항상 아버지의 남근을 가지고 있는 것이라는 멜라니 클라인의 이론에 대하여는 홍준기, 『오이디푸스 콤플렉스, 남자의 성, 여자의 성』(아난케, 2008), 246쪽 참조.

(2) 힘과 도덕 사이의 법

이로써 법과 도덕 및 힘의 관계가 명확해진다. 법이란 힘을 선망하면서 도덕을 생산해내는 질투와 같다는 것이다. 이를 풀어서 설명해보면, 법은 힘을 가진 주체를 선망하고 그와 동일시하는 것임과 동시에, 도덕의 힘을 빌어서 힘을 가진 자에게 공격을 가하지만, 결코 도덕이 힘을 능가하지는 않는 것을 말한다. 이런 의미에서 법은 전통적인 법철학이 생각했던 것처럼 힘을 도덕과 이성의 틀 안에 제어하고 억압하는 데 있는 것이 아니라, 오직 '힘과 도덕 그 사이'에 존재한다고 할 수 있다.21)

그러므로 첫째, 법은 '도덕을 모르는 힘'으로서 존재하지 않는다. 예컨대 '성공한 구테타'의 이론, 즉 5.18.민주화운동이나 군부의 내란행위가 '성공했으면 불법이 제거된다'는 헌법재판소의 입장은 법을 올바르게 파악한 것이라고 할 수 없다.22)

둘째, 그러나 법은 '힘을 모르는 도덕'으로도 존재하지 않는다. 한 예로 혼인빙자간음죄를 들 수 있다. 영화 <질투는 나의 힘>에서 혜옥의 주장을 가장 강경하게 실천한다면 원상을 혼인빙자간음죄로 고소하고 처벌하게 만들 것이다. 물론 원상은 혼인을 생각한 것이 아니지만, 여성주의의 시각이 결합되면 그에게 미필적인 고의를 인정할 수 있을 것이다. 그러나 사랑의 기호론에서 사랑을 얻는 자가 강자이고, 잃어버리는 자는 약자가 된다. 이런 힘의 차이는 사랑의 자연스런 흐름과 사랑을 통한 인간적 소통의 자유의 결과이다. 그러나 혼인빙자간음죄는 사랑의 관계

---

21) 법학에서 전통적으로 힘은 법실증주의를, 도덕은 자연법론을 의미하는 것이어왔는데, 법은 힘과 도덕을 모두 자신의 요소로 한다. 합법성은 정당성과 실정성 사이에 존재하는 것이다. 이상돈, 『기초법학』(법문사, 2008), 16쪽, 108쪽 참조.

22) 한인섭, 「정치군부의 내란행위와 성공한 구테타론의 반법치성: 형사법적 검토를 중심으로」, 『5.18 법적책임과 역사적 책임』(이대출판부, 1995) 참조.

에서 힘의 유동성을 바라보지 않고 사랑을 얻지 못한, 또는 잃어버린 여자를 곧 약한 자인 것으로 설정하고, 그런 여성의 욕망을 도덕으로만 포장한다. 이는 힘을 모르는 도덕의 전형을 이룬다. 혼인빙자간음죄가 최근 위헌결정[23]을 받은 것은 힘을 모르는 도덕이 법이 아님을 보여주는 것이기도 하다.

Ⅳ. 질투의 시간성과 시간성의 법

이처럼 법을 '힘에 대한 질투'나 '힘과 도덕 사이에 있는 것'으로 표현하는 것은 법을 새롭게 정의하기에 아직 충분하지가 않다. 이 명제에 시간성이 투영될 때, 보다 더 완전한 명제가 될 수 있다. 즉 법이란 '미래에 지향된' 힘에 대한 질투라는 것이다.

1. 질투의 미래적 시제

원상이 편집장을 선망하고 그와 동화되고자 그를 모방하고, 편집장의 집에 입주해서 그를 힘을 갖는 남근성의 기준으로 삼아 사회화되는 과정은 그런 과정을 추동하는 원동력이 없이는 불가능하다. 즉 원상에게는 편집장을 질투할 힘이 필요하다. 그런 힘은 바로 질투하는 자가 가지는 '미래의 힘에 대한 기대'로부터 나온다. 다시 말해 현재 팰러스를 소유한 자를 중심으로 한 사회화와 규범의 내면화, 규범의 재생산은 수범자에게 미래에 그러한 힘을 얻을 수 있을 것이라는 '기대'가 주어질 때에만 유지된다. 주체는 미래에 자신이 남근성의 소유자가 될 것이라는 기대를 토대로 '아버지의 이름'을 수용하는 것이다.[24] 편집장의 딸 미림

23) 헌재결 2009.11.26. 2008헌바58, 2009헌바191(병합)<전원재판부>.

의 기의는 바로 그와 같은 '미래의 행복에 대한 기대'라고 할 수 있다. 원상은 편집장의 집에 입주한 후, 미림의 어깨에 손을 올리면서 이렇게 말한다.

"미림이라 그랬지? 몇 학년이야? 우리 앞으로 잘 지내보자."

이는 원상의 욕망이 어디를 향해 있는지를 상징적으로 보여준다. 바로 현재의 힘인 편집장의 '딸과 잘 지내볼' 미래에 대한 가능성이 원상으로 하여금 현재의 쾌락을 포기하고, 편집장이라는 아버지의 기표에 복종하여 그 기표를 중심으로 규범을 내면화함으로써 '쁘띠 편집장'이 되고, 그의 세계를 재생산하도록 하는 원동력이다.

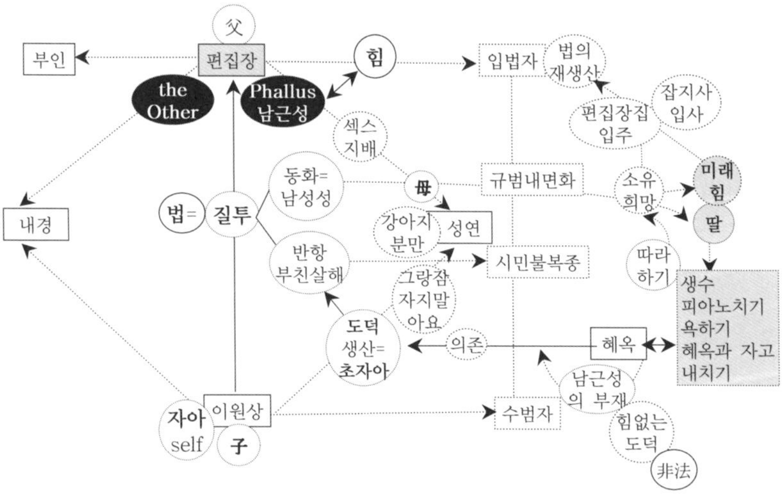

24) 김석, 『에크리 읽기-라캉으로 이끄는 마법의 문자들』(살림, 2007), 136쪽 참조.

2. 질투로서 법의 재정의

그러나 원상이 편집장의 집에 들어갈 때 그가 기대한 미래가 실현 될 것인지는 물론 불투명하다.

(1) 전미래시제의 법

하지만 성취되지 않을 수도 있는 '미래에 대한 기대'가 현재의 법을 법으로 존립할 수 있게 하며, 미래적 불확실성은 현재의 법이 존재할 수 있는 조건이 된다. 이것을 법의 '시간적 차원'이라 할 수 있다. 이런 '미래에 대한 기대'가 없이는 사람들이 법을 자신의 행위규범으로 내면화하지 않는다. 그 대신 당장 힘을 독점하거나 적어도 균분하기 위한 전쟁을 시작할 것이다. 미래에 대한 기대를 가질 수 없다면, <질투는 나의 힘>의 원상도 편집장의 집에 들어가 그의 규범을 내면화하는 것이 아니라, '쾌락주의'로 나가게 될 것이다. 즉, 성연과 내경을 사이에 두고 편집장과 경쟁하며 전쟁을 벌이고, 부친살해를 시도하며, 심지어는 거기서 한발 더 나아가 그의 부인까지 탐내는 것이다. 그러나 원상에게 현재의 힘인 편집장이 향유하지 못하는 욕망의 대상인 '미림'을 자신이 미래에 향유할 가능성이 열려 있기에, 원상은 편집장의 지배에 더 이상 반항하지 않고 성연을 미련 없이 떠나버린다.

사회계약이론에서 개인들이 폭력을 포기하는 것도 바로 이런 법의 미래적 시제를 보여준다. 이런 점에서 보면 법은 힘의 균분을 현재의 내용이 아니라 미래의 기획으로 설정할 수밖에 없다. 그러니까 법이 기획한 실제의 내용은 언제나 미래로 미루어져 있는 것이다. 데리다의 개념을 빌면, 법은 언제나 전미래시제(futur antérieur)[25]로서 성립할 뿐이다. 즉, 현재의 법은 언제나

'미래의 어느 시점에 가서야 (그때의 법은) 올바른 것이었던 게 될 것이다'라는 전미래시제를 띠는 것이다.

(2) 법의 재정의

이로써 법은 새롭게 정의된다. 법은 미래의 힘이 되고픈 현재의 힘에 대한 도덕적 질투이다. 풀어서 말하면, 법은 미래의 힘을 향해 현재의 힘을 도덕적으로 비판하면서도, 그 힘을 선망하고 수용함으로써 그 힘과 같아지려는, 그러나 그 힘의 획득이 불확실한 기획인 것이다.

---

25) 이 개념에 대해서는 이상돈 · 이소영, 『법문학』(신영사, 2005), 167~168쪽; 자크 데리다, 『마르크스의 유령들』(진태원 옮김)(문학과 지성사, 2007), 392~395쪽 참조.

[8] 환상적 자아에서 성숙한 자아로 이전시키는 법: <아내가 결혼했다>

〈아내가 결혼했다〉의 줄거리

주인아(손예진 분)는 미모의 프리랜서 프로그래머로, 회사의 모든 남자들이 그녀를 좋아할 정도로 인기가 많고, 자유로운 연애를 즐기는 여성이다. 노덕훈(김주혁 분)은 예전에 인아와 같은 회사에 근무했었는데, 계속 그녀를 마음에 두고 있던 중 우연히 지하철에서 마주치게 되고, 처음 함께 식사를 한 날 인아의 초대로 인아의 집에 가게 된다. 이날 덕훈은 인아와 황홀한 섹스를 하고, 두 사람은 연인 관계로 발전한다. 인아를 '내꺼'라고 말하는 덕훈과는 달리, 인아는 소유적이지 않은 사랑을 하자고 말한다. 인아는 종종 휴대폰을 꺼놓는데, 덕훈은 밤 늦게까지 술 마시는 걸 좋아하고, 자유로운 연애를 하는 그녀의 성격을 알기에 그런 점이 너무 마음에 걸린다. 어느 날 또 인아의 휴대폰이 꺼져있고, 안절부절 못하고 짜증을 내던 덕훈은 인아의 집을 찾아간다. 인아는 캐묻는 덕훈에게 다른 남자와 잤다고 솔직히 말해준다. 덕훈은 그런 사실에 화를 참지 못하고 헤어지자고 말한다. 그러나 덕훈은 인아와 헤어진 후에 너무 괴로워하다가, 결국 인아에게 자기를 다시 만나달라고 간청한다. 서로가 너무 다르다면서 다시 만날 것을 거절하던 인아도 덕훈의 진심을 알기에 그를 받아준다. 그날부터 덕훈은 '인아의 다른 모든 연애들을 무덤으로 보내버리겠다'는 일념 하에 결혼하자고 조르고, 인아는 자기 꿈은 '밤새도록 술 먹고 길바닥에서 객사하는 것'이라고 대답하면서 극구 거부한다. 덕훈은 끈질긴 청혼 끝에 결혼을 하게 되고, 알콩달콩하고 남부러울 것 없는 신혼생활에 행복하면서도, 인아가 밤늦게까지 술을 마시고 휴대폰을 꺼놓는 생활 방식을 바꾸지 않는 것이 불만이다. 그러던 어느날, 인아는 예전부터 꼭 하고 싶었던 일인데 기회가 생겼다며, 1년간 경주에서 근무를 하고 싶다고 말한다. 평일에는 경주에, 주말에는 서울에 있겠다는 것이다. 어쩔 수 없이 주말부부가 된 덕훈은 주말이면 칼퇴근을 하고 사랑스러운 인아와 주말부부 생활을 행복하게 즐긴다. 그런 달콤한 나날들이 지속되던 중, 인아가 청천벽력 같은 선언을 한다. 사랑하는 사람이 또 생겼다며, 그 사람과'도' 결혼을 하고 싶다는 것이다. 인아는 헤어지자는 말인거냐고 묻는 덕훈에게, 덕훈도 사랑하기 때문에 덕훈과의 결혼도 유지하고 싶다고 말한다. 덕훈은 이혼서류를 준비해서 경주로 내려가고, 인아와 그녀의 새 애인인 한재경(주상욱 분)이 함께 있는 집으로 가서 재경을 때리고, 인아의 목을 조르고, 절대 이혼해주지 않을 거라고 소리친다. 덕훈은 눈물을 흘리며 괴로운 마음을 안고 서울 집으로 돌아가고, 인아도 울면서 그런 덕훈의 뒤를 따라간다. '덕훈과 헤어지지 않는 게 소원'이라는 인아의 말에 덕훈은 인아가 자신 또한 진심으로 사랑한다는 걸 이해하게 되고, 인아와 재경을 인정해주기로 한다. 불편한 마음을 참고 억지로 생활을 유지해가지만, 적응하기가 쉽지만은 않다. 인아는 두 집에서 생활을 하면서도, 시댁을 정성으로 챙겨서 덕훈의 어머니로부터 사랑을 듬뿍 받는다. 시댁 일을 하고 지쳐서 잠이 든 인아를 보며, 덕훈도 약간은 그녀를 이해하는 마음이 더 생긴다. 한편, 덕훈도 채팅에서 만난 여자와 소소한 연애를 하게 되는데, 그 여자가 건 전화를 우연히 받은 인아는 자신이 와이프라고 말해서 그녀를 잘라낸다.

인아가 딸을 낳게 되고, 덕훈은 아이의 아빠가 누구인지에 집착한다. 하지만 그러면서도 딸 지원이를 보러 병원에 갔을 때, 재경의 부모님이 병실에 와 계시자 자기는 외사촌이라고 거짓말을 해준다. 덕훈은 이런 저런 일들을 겪으면서 재경과도 조금씩 정을 쌓아간다. 이렇게 적응을 해 나가던 어느 날, 인아와 재경의 부부 인터뷰가 잡지에 실리고, 그 인터뷰로 인해 회사 동료들은 모두 덕훈이 이혼을 했다고 생각하게 된다. 개인적으로는 적응이 되어 갔지만, 사회적으로까지 입장이 우스워지자 덕훈은 더 이상은 안되겠다는 생각을 한다. 덕훈은 지원이의 머리카락으로 유전자 검사를 해보고 자기의 생물학적 딸임을 확인한 후에, 재경과 인아가 주최하는 지원이 돌잔치에 가서 재경의 가족들 앞에서 자신이 인아의 남편이고 지원이가 자기 딸임을 공개한다. 이 사건 이후 인아는 지원이를 데리고 아무 말 없이 떠나버린다. 재경은 덕훈에게 그 인터뷰가 동의 없이 실린 것이라고, 오해를 풀라고 말해준다. 그녀가 떠나자 인아가 너무 그리워진 두 남자는 그녀의 빈자리를 채우며 서로 가까워지게 된다. 그리고 재경은 자기와 인아는 피임을 했기 때문에, 지원이의 생물학적 아빠가 덕훈임을 이미 알고 있었다고 말한다. 여섯 달이 지나서 인아로부터 스페인으로 오라는 엽서가 오고, 덕훈과 재경은 함께 스페인으로 간다. 네 사람은 스페인에서 함께 살아간다.

I. 결혼의 법정신분석학적 성찰

영화 <아내가 결혼했다>는 모노가미(Monogamy, 일부일처제)의 전통을 넘어선다. 만일 이 영화를 모노가미와 그 윤리적 배후에서만 바라본다면, 덕훈은 재경과 인아를 고소하여 그들을 간통죄로 처벌하게 만들거나, 아니면 자신의 고매한 인품으로 용서하고, 인아를 자기만의 부인 자리로 되돌려 놓으려 해야만 한다. 또한 이런 모노가미의 윤리적 관점을 유지하면서 이 영화에서 덕훈과 인아의 위치를 바꿔 놓으면, 아마도 옛날 가(부)장이 두 여자와 사랑을 하고 동거를 하는 스토리의 대표격인 영화 <미워도 다시 한번>과 얼충 비슷한 구조가 될 것이다. 그렇기에 영화 <아내가 결혼했다>는 여성주의의 시각에서 읽힐 수도 있다. <미워도 다시 한번>이 남성주의적이라면, <아내가 결혼했다>는 여성주의적인 것이다. 즉, 모노가미의 윤리를 고정시켜 놓은 채, <미워도 다시 한번>을 여성 중심으로 뒤집으면 <아내가

결혼했다>가 되는 것이다.

그러나 이 영화는 남성주의와 여성주의의 대결구도를 넘어서 성숙한 자아를 향한 정신분석학적 성찰을 추진하고 있다. '아내의 결혼'이란 그런 성찰을 위해 결혼제도의 모노가미적 테두리를 해체하는 의미를 담고 있다. 그런 성찰은 환상적 자아의 패러다임에서 진행된 인류의 문명화가 초래하는 신경증과 자아결핍에 대한 반성을 포함한다. 이런 반성은 결혼과 사랑에 관한 현재의 실정법을 해체적으로 재구성하는 흐름을 가져올 수 밖에 없다. 그런 재구성의 과정은 곧 법에 대한 새로운 이해의 과정이 될 수 있다. 이 점이 이 단락에서 영화 <아내가 결혼했다>를 읽는 법정신분석학의 독해법이다.

Ⅱ. 모노가미에 갇힌 자기애적 사랑

모노가미는 아직도 시멘트와 같이 단단한 (사랑에 관련한) 법제의 기반이다. 다소 균열이 가고는 있지만 아직도 그 인간적 변화는 요원하다.

1. 영원한 사랑의 역설

(1) 초자아의 명령으로서 영원한 사랑

모노가미를 완전히 해체하는 것은 인간학적으로 가능한 것이 아닐 수도 있다. 모노가미에 전제되어 있는 '영원한 사랑(eternal love)'[1]에 대한 갈구가 인간의 본성 가운데 하나일 수 있기 때문

1) '영원한 사랑'에 대한 집착은 기독교의 이데아적 사랑이 연장된 '사랑의 종교적 이상화'라 할 수 있으며, 영원히 살고 싶은 영생에 대한 욕망이 투영된 것이라

이다. 모노가미는 기독교적 전통에 있는 서구 문명의 근대적 에토스에 의해서 여전히 지지되는 삶의 양식이다.

그러나 모노가미의 약속 속에서 사랑의 영원성이 성취되어야 할 목표가 되어버리고 나면, 사랑은 역설적으로 소외되고 만다. 목표는 노력의 필요성을 낳고, 노력의 필요성은 의무를 낳는다. 그렇기에 목표가 된 사랑의 영원성은 사랑을 의무로 만들기 쉽다. 그러나 아쉽게도 의무화된 사랑은 더 이상 에로스가 아니라, 초자아의 명령이 되어버린다. 이 점에서, '모든 것은 소멸한다는 진실에 대한 고통스러운 인식만이 삶의 아름다움을 더 증대시켜 준다'는 프로이트의 말에 귀기울일 필요가 있다.[2] 프로이트에 의하면, "오직 일시적인 것, 그리고 무상한 것에 대한 사랑만이 진실로 에로틱한 것"[3]이 된다. '영원한 사랑'이 추구하는 불멸성은 일시적이고 무상한 에로스를 사그러들게 하기에, 오히려 역설적으로 사랑을 말라버리게 하는 것이다.

(2) 덕훈의 독점욕, 환상적 자아의 자기애적 사랑

오직 모노가미만을 사랑의 양식으로 승인하는 문명은 나르시시즘과 소유적 개인주의에 빠져있다. 또한 유아적 환상에서 해방되지 못한 환상적 자아(illusory self)[4]를 만들어낸다. 환상적 자아는 단일한 한 사람이 자신의 모든 욕망을 다 충족시켜줄 수

는 분석으로 이상돈, 『욕망은 행복을 낯설게 한다』(연극과인간, 2003), 24~28쪽 참조.

2) 지그문트 프로이트, 「덧없음」, 『예술, 문학, 정신분석』(정장진 옮김)(열린책들, 2007), 336쪽 참조.

3) Abraham Drassinower, *Freud's theory of Culture: Eros, Loss and Politics* (Rowman&Littlefield, 2003), 30쪽.

4) 모노가미적 환상을 가진 주체를 환상적 자아라는 개념으로 분석하는 Marilyn Charles, "Monogamy and its discontents: On winning the Oedipal war", *The American Journal of Psychoanalysis* (Vol. 62, No. 2, June 2002), 120~121쪽 참조.

있을 것이라는 환상을 갖고 있는데, 이는 아이가 부모에게 갖는 비현실적 환상이 연장된 것이라는 점에서 유아적이라고 할 수 있다. 이런 환상적 자아의 환상은 '완벽한 너의 반쪽을 언젠간 운명적으로 만날 것이고, 영원히 행복할 것이다'라는 메시지를 전달하는, 넘쳐나는 로맨틱 소설과 영화들에서 지지되고 강화된다.

영화 <아내가 결혼했다>에서 덕훈도 인아와 결혼해서 인아의 다른 모든 사랑을 무덤에 묻어버리겠다는 목표를 세운다. 그러나 이는 인아를 사랑하는 것이 아니라 자기자신을 사랑하는 것이다. 즉, 환상적 자아의 사랑은 상호주관적인 것이 아니며, 자기애(自己愛)적인 것이다.[5] 왜냐하면 사랑의 파트너는 자신이 '아기폐하'[6]이던 시절에 누렸던 소유적 행복감, 말하자면 '상실된 천국'을 재현시켜줄 대상으로 선택되는 것이기 때문이다. 환상적 자아의 영원한 사랑은 현재의 사랑의 파트너를 유아기 시절의 부모의 대용품으로 전락시킨다. 사랑의 파트너는 상호주관적 소통의 파트너가 아니라, 주체의 심리적 결핍을 완전히 채워줘야 할 의무가 있는 대상, 다시말해 자신의 모든 소망을 채워줄 '이상적 부모'로 설정되는 것이다.[7] 영화 속에서 인아는 덕훈의 그 야심찬 기획을 그녀의 존재로써 거부한다.

---

5) 로맨틱 러브는 자신의 환상을 투사하는 것이므로, 다른 사람을 향한 사랑이 아니라 자기자신을 향한 사랑이라는 분석은 로버트 A. 존슨, 『로맨틱 러브에 대한 융 심리학적 이해: We』(고혜경 옮김)(동연, 2009), 311~312쪽 참조; 로맨틱 러브는 사랑이 아니라 자아확장의 환상만이 있는 자기애적인 것이라는 분석은 Marilyn Charles, "Monogamy and its discontents: On winning the Oedipal war", *The American Journal of Psychoanalysis* (Vol. 62, No. 2, June 2002), 129쪽 참조.

6) 아기일 시절 부모와의 관계에서 누렸던 왕과 같은 지위를 말하는 개념으로 지그문트 프로이트, 「나르시시즘 서론」, 『정신분석학의 근본개념』(윤희기·박찬부 옮김)(열린책들, 2007), 69쪽 참조.

7) 성인이 된 후 사랑의 관계에 오이디푸스 콤플렉스가 반영된다는 점은 마이클 칸, 『21세기에 다시 읽는 프로이트 심리학』(안창일 옮김)(학지사, 2008), 112~132쪽 참조.

(3) 자기애적 사랑의 신경증

사진 1. 연애를 시작하는 인아와 덕훈

이런 자기애적 사랑에서 남성과 여성은 서로 다른 소유욕의 양태를 보인다. 남성은 가부장적이고 정복적인 방식으로 파트너를 소유하고자 하는 반면, 여성은 파트너를 자궁에 편입함으로써 파트너를 소유하고자 한다. 이처럼 성차에 따라 발현양식에 차이가 있다고 하더라도, 오이디푸스 콤플렉스가 연장된 자기애적 사랑은 소유적이며 배타적이라는 공통점이 있다. 그러나 자기애적 사랑의 그릇된 욕망은 필연적으로 충족될 수 없는 것이고, 이런 욕망충족의 실패는 주체에게 신경증적 불만을 불러일으킨다. 유아기에 부모에게 느꼈던 실망과 좌절이라는 트라우마적 경험을 또다시 하게 되기 때문이다. 이런 불만은 파트너에 대한 실망을 넘어서서, 자신의 기대에 못 미치는 파트너를 증오하고 괴롭히는 파국적인 결말을 불러오기도 한다. 영화 <아내가 결혼했다>에서 덕훈은 인아가 재경과 함께 있는 모습에 분노가 폭발해서 인아의 목을 조르며 차라리 죽으라고 외친다. 물론 덕훈이 살인을 하지는 않았지만, 모노가미적 사랑은 언제나 살해의 충동을 수반한다. 유아기적 기대를 갖고 있던 주체는 현재의 파트너에게 자신이 부모에게 가졌던 분노를 전이해서 대신 표출하는 것이다. 이런 사랑은 주체를 유아기적 환상에서 해방시키고 성숙한 주체가 되도록 돕는 치유적 사랑이 아니라, 오히려 결핍으로 고착시키는 병적인 사랑이다.

2. 문명의 수단으로서 모노가미

소유적이고 배타적이며 영원'해야' 하는 모노가미의 사랑은 필수적으로 가혹한 본능의 포기를 수반하며, 바로 그런 이유에서 근대적 문명의 원동력으로 작동한다. 모노가미는 근대적인 서구 문명의 전형적인 문화양식인데, 전근대적인 비서구권 문명에서는 폴리가미가 여전히 공식적인 문화양식으로 남아 있기도 하다.

(1) 연민의 공동체와 죄책감의 연대

문명이 인간의 본능인 에로스를 억압하고 규제하는 것은 그 에너지를 문명을 일구는 데 필요한 노동의 에너지로 전환시키고, 또한 에로스를 우정, 가족 간의 사랑, 동료애, 인간애 등의 '목적이 제한된(aim-prohibited) 형태'로 변형시켜 공동체를 형성할 수 있게 하기 위함이다.[8] 문명은 공동체의 '모든 구성원들'에게 똑같은 정도로 본능의 포기를 요구해서 구성원들이 자신의 희생에 대해 억울한 마음을 갖지 않고, 서로의 희생에 대해 '연민'을 하도록 만든다. 그렇기에 정신분석학의 관점에서 문명은 '연민의 공동체'이다. 프로이트는 연민 공동체 형성의 기원을 부친살해 신화로 설명한다. 아버지만이 성적 욕망을 마음껏 채울 수 있었던 문명 이전의 부족에서 아들들이 힘을 합해 아버지를 살해하고 그의 몸을 먹었는데, 그로 인한 죄책감과 아버지에 대한 사랑으로 자신들의 본능을 포기하고 서로를 살해하지 않으며 함께 공동체를 이루기로 약속한다는 것이다. 이런 약속이 바로 터부의 생성원이며, 토템은 약속에 대한 징표이다. 따라서 문명은 공평한

---

8) 자세히는 R. J. Bocock, "Freud and the centrality of instincts in psycho-analytic sociology", *British Journal of Sociology* (Vol. 28 No. 4, Dec., 1977), 476~478쪽 참조.

본능의 포기에 기반한 '연민'의 공동체이며, 동시에 '죄책감의 연대'[9]라고 할 수 있다.

(2) 본능포기의 연민이 되어버린 사랑

또한 본능포기에 대한 연민의 공동체에서, 그 연민의 고리를 빠져나가는 구성원은 증오의 대상이 되고 '범죄자'로 낙인이 찍힌다.[10] 간통죄는 그런 낙인찍기의 대표적인 법제도이다. 간통죄의 존치를 주장하는 학자들이 내세우는 그 죄의 정당한 보호법익, 그러니까 결혼할 때 맹세한 '사랑(의 존속)에 대한 신뢰'는 사실은 사랑에 대한 신뢰가 아니라 연민과 죄책감의 연대에 대한 신뢰일 뿐이다. 모노가미는 바로 이와 같은 연민과 낙인찍기의 공동체 속에 갇힌 심리적 기제가 생산한 결혼제도이다. 그러나 이런 제도 속에서 사랑은 초자아의 명령, 즉 문명을 유지하고, 성본능을 희생함으로써 노동력을 키우며, 모두의 생존을 가능케 하는 공동체의 형성을 위해 노력하라는 명령 아래 지배받게 된다. 그러나 이와 같은 초자아의 지배 아래 놓이는 개인들, 특히 부부의 사랑은 에로스가 아니라 '본능포기에 대한 연민'으로만 남게 되기 쉽다. 그러나 사람은 연민만으로 살 수 없다. 연민으로만 사랑할 수도 없다. 연민의 연대는 서로에게 죽음으로 치달아 가

9) 가설적 사건으로서 부친살해 신화와 그로인해 공유된 죄책감이 문명의 토대라는 프로이트의 사고는 F.R. Ankersmit, "Freud as the last natural law theorist", *Political Representation* (Stanford University Press, 2002), 77~80쪽 참조; 프로이트의 이론에서 '죄책감의 제도화'가 문명의 도구임에 대해서는 Robin West, "Law, Rights and Other Totemic Illusions: Legal Liberalism and Freud's Theory of the Rule of Law", *University of Pennsylvania Law Review* (Vol. 134, No. 4., Apr., 1986), 834쪽 참조.

10) 니체의 초인은 연민의 고리를 빠져나가는 구성원이라 할 수 있는데, 이에 대해서는 프리드리히 니체, 『우상의 황혼』(백승영 역)(책세상, 2005), 186~188쪽; Friedrich Balke, "From a Biopolitical Point of View: Nietzsche's Philosophy of Crime", in P. Goodrich & M. Valverde eds., *Nietzsche and Legal Theory: Half-written laws* (Routledge, 2005), 54~55쪽 참조.

는 충동, 즉 타나토스(thanatos)를 강화시킬 것이고, 그 죽음충동을 막기 위한 각자의 몸부림은 다양한 신경증적 일탈행위로 발현될 수 있다. 프로이트가 말하는 신경증에 걸린 현대인[11]이란 바로 모노가미로 제도화된 성윤리의 자화상인 것이다.

Ⅲ. 성숙한 자아, 사랑 그리고 실존

그렇기에 현대인에게 사랑은 주체가 어린 시절부터 문명과의 조응 속에서 포기해야했던 것, 즉 희생해야 했던 본능에 대한 위로가 될 수 있어야 한다. 이런 위로는 초자아적, 자기애적 사랑으로는 주어질 수 없고, 서로의 '자아와 이드 사이의 대화'를 북돋음으로써 각자가 '자기자신에 대한 대안적 자기해석'을 할 수 있도록 돕고, 그를 통해 '서로에 대한 공감의 가능성'을 높여가는 성숙한 사랑을 통해서만 가능할 수 있다.

1. 대안적 자기해석으로서 사랑

(1) 성숙한 자아들의 상호주관적 관계

자기애적 사랑이 환상적 자아와 이상화된 대상 사이의 관계, 즉 <주체-객체의 관계>라면, 자기애적 사랑의 반대편에 있는 성숙한 사랑은 성숙한 자아와 성숙한 자아 사이의 상호주관적 관계에서 펼쳐지는 사랑이다. 이 단계에서는 상대가 나의 자기애의 확장인 것이 아니다. 따라서 파트너를 이상화할 필요성도 없다. 자기애적 사랑이 신경증을 발생시키는 반면, 성숙한 사랑은 신경

11) 지그문트 프로이트, 「문명적 성도덕과 현대인의 신경병」, 『문명 속의 불만』(김석희 옮김)(열린책들, 2005), 10쪽 참조.

증을 발생시키는 '문화'를 해체함으로써 신경증을 치유한다. 왜냐하면 성숙한 사랑을 하는 주체들, 즉 성숙한 자아란 문화적으로 각인된 자신의 자아와 이드 사이의 대화[12]를 꾸준히 진행함으로써, 과도한 본능 희생을 강요하는 문화를 해체하고 변화시켜 나아갈 수 있기 때문이다. 여기서 '이드와 어떻게 대화하는가'는 정신분석학이 제시하는 문명의 핵심과제이다. 이드와 대화한다는 것은 곧 자신의 '무의식을 의식화하는 것'이다. 무의식의 의식화는 물론 전문적인 정신분석의 과정을 통해서 추진될 수 있지만, 그보다 더 궁극적인 것은 '사랑함'에 의존한다. 그러니까 성숙한 자아란 무슨 이성철학적 사유를 펼치는 초자아가 아니라, 사랑함으로써 자신의 무의식에 억압된 충동들을 끌어내어 초자아의 도덕적 명령과 균형을 이루게 된 개인의 정신을 말한다. 성숙해서 사랑하는 것이 아니라 사랑해서 성숙해지는 것이다. 성숙해진 다음에 사랑하는 것이 아니라 사랑한 다음에 성숙해지는 것이다.

[문명에 대한 감수성] 인간은 타인과의 에로스를 통해서 아버지라는 절대적 권위로부터 해방되고 자아를 형성하게 된다. 환상적 권위인 아버지로부터의 분리라는 고통스러운 애도의 작업[13]은 에로스의 지원이 있을 때에만 가능하기 때문이다. 성숙한 사랑은 성인이 된 후에도 주체를 지배하는 '억압적 아버지'인 문명적 초자아를 해체하고, 진정한 자아를 찾을 수 있게 해준다. 타인과의 에로스는 초자아, 자아 그리고 이드 사이의 대화의 물꼬를 터주고 자신의 본능을 돌볼 수 있게 해줌으로써, 문명이 명령하는 '정상성'에

12) 프로이트가 에고와 이드 사이의 대화의 상실을 근대 문명의 근본적인 문제로 생각했다는 점은 Abraham Drassinower, *Freud's theory of Culture: Eros, Loss and Politics* (Rowman&Littlefield, 2003), 133쪽 참조.

13) 정신분석학의 작업은 환상적 권위로부터의 분리를 위한 애도 작업이라는 점은 Abraham Drassinower, *Freud's theory of Culture: Eros, Loss and Politics* (Rowman&Littlefield, 2003), 6쪽 참조.

맞춰 살기 위해 치러야 했던 고단함을 위로해준다. 성숙한 사랑은 자신의 실존을 문명의 명령에 따라서가 아니라 스스로에 대한 정신분석적 해석을 통해 형성하도록 만든다. 이러한 초자아, 자아, 그리고 이드 사이의 대화는 문명의 요구를 비판적으로 돌아볼 수 있는 계기를 마련해준다는 점에서 '문명에 대한 감수성'이라고도 말할 수 있다.[14)]

영화 <아내가 결혼했다>에서 인아가 그토록 소유하지 않고 사랑하려 했던 이유, 만일 그럴 수 있다면 '밤새도록 술 먹고 길바닥에서 객사하는 것'도 자기의 꿈이 될 수 있다고 말한 이유가 바로 여기에 있다.

> "내 꿈이 뭐게. 객사. 밤새도록 술 먹고 해 뜨기 전에 죽는 거야. 집시들 같이, 길바닥에서."

(2) 대안적 자기해석으로서 사랑

이때 성숙한 자아로 만드는 사랑, 초자아와 이드를 소통시키는 자아의 사랑이 구체적으로 어떤 모습이라고 규정하는 것은 불가능하다. 그러나 적어도 첫째, 그런 사랑은 인류의 오랜 역사에서 초자아의 성윤리를 찍어내는 틀이었던 모노가미의 갇힌 사랑을 넘어서는 사랑일 것이다. 둘째, 성숙한 자아로 만드는 사랑은 의식하지 못했던 자신의 잠재된 욕망과 가치편향 등을 인식함으로써 자기자신을 새롭게 해석하고 이해할 수 있게 하는 사랑이다. 이런 사랑은 타인에 대해서도 새로운 해석관점을 갖게 만들고, 그에 따라 타인을 이해하는 폭을 넓혀준다. 이를 두고

14) 정신병리학자들과는 달리 정신분석가는 문화적 상대성을 더 섬세하게 고려한다는 점은 Harold D. Lasswell, "The contribution of Freud's insight interview to the social sciences", *The American Journal of Sociology* (Vol. 45, No. 3, Nov., 1939), 384~386쪽 참조.

자신에 대한 대안적 해석모드의 형성과 타인에 대한 공감가능성의 증대라고 말할 수 있다. 이런 사랑은 신경증을 치유하고, 동반자적이고 성숙한 사랑으로 이끌어주며, 그런 성숙한 사랑의 관계 속에서 문명은 해체적으로 재구성된다.

2. 다양한 문화적 양식으로서 사랑

(1) 실존적 선택으로서 사랑

사진 2. 재경과도 결혼하겠다고, 이해해달라는 인아

그런데 이러한 논의가 '모노가미는 결코 성숙한 사랑이 될 수 없으며, 따라서 모노가미는 폐기되어야 한다'고 주장하는 것이 아님에 주의해야 한다. 모두가 꿈꾸는 행복한 모노가미가 누군가에겐 가능할 수 있다. 다시 말해 '어떤' 성숙한 사랑은 모노가미의 양식을 띨 수도 있다. 문제는 모노가미라는 사랑의 양식 그 자체가 아니라, 그것만을 사랑의 에토스로 강요하는 것, 즉 아도르노(Adorno)의 말을 빌리면 '동일성 강제'이다. 모노가미가 사랑의 획일화된 에토스가 아니라 다양한 '문화적 옵션'의 하나로 자리 잡는다면, 그래서 누군가는 모노가미를, 다른 누군가는 폴리가미를 선택할 수 있게 된다면, 모노가미도 아름다운 사랑의 양식이 될 수 있다. 그렇기에 영화 <아내가 결혼했다>에서 '왜 재경과 그냥 동거만 하지 결혼을 또 하겠다고 하느냐'는 덕훈의 질문에 인아가 다음과 같이 대답한 것이다.

"결혼이랑 연애는 다르니까.. 연애는 아무리 사랑해도 서로 도드라진 데만 보는거야. 근데 결혼은 해보니까 삶 전체가 포개지는 느낌이야."

"내가 무슨 별을 따 달래, 달을 따 달래. 난 그냥 남편만 하나 더 갖겠다는 것뿐인데..."

이런 인아의 대답은 그녀가 결혼을 하나의 문화적 옵션으로, 자신의 실존을 채워주는 하나의 양식으로 이해하고 있음을 보여준다. 다시 말해 모노가미의 폐지 그 자체가 중요한 것이 아니라 사랑의 다양한 양식이 존재하고, 그것들을 실존적으로 선택할 수 있는 자유가 중요한 것이다.

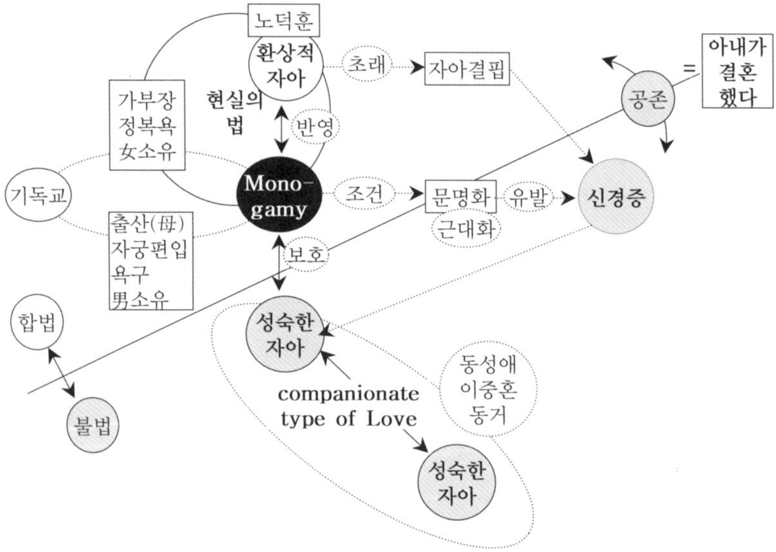

(2) 덕훈, 인아, 재경의 사랑을 통한 자기이해

그러나 과감하게 사실상의 이중혼을 선택하며 모노가미의 여러 문제점들을 생각할 계기를 주는 인아도 성숙한 사랑의 이상적 모습인 것만은 아니다. 인아도 덕훈을 자기자신에게만 귀속되는 존재로 만들고자 하는 소유적이고 유아적인 욕망으로부터 자유롭지 못했기 때문이다. 즉, 그녀는 자신의 사랑은 소중히 생각하면서 덕훈에게 새로운 '온라인 와이프'가 생겼을 때 질투하면서 자신이 와이프라는 사실을 전화로 말함으로써 그 관계를 끊어버린다.

이런 인아와 달리 덕훈은 그녀를 모노가미 안에 가둬두려고 온갖 노력을 다 했었지만, 막상 아기 지원이를 보러 갔을 때 재경의 부모님들이 계시자 인아의 사촌오빠라고 스스로를 소개하면서 그 상황을 잘 무마시키고 재경과 인아의 사랑을 지켜준다. 그렇다면 성숙한 사랑의 정도를 점수화해본다면 인아와 덕훈, 재경 모두 비슷한 점수를 받을 것 같다. 인아는 강요된 문화의 틀을 벗어나서 주체적으로 실존적 선택을 하고, 덕훈과 재경 모두에게 최선을 다했다는 점까지에서 성숙한 사랑의 주체라고 평가될 수 있다. 반면 덕훈의 새로운 애인을 질투하면서 상의도 없이 그녀를 제거하는 인아는 초기의 덕훈과 마찬가지로 자기중심적이고 파괴적이다. 덕훈은 처음에는 인아에 대해서 자기애적 사랑의 전형적인 모습을 보였지만, 영화가 진행되면서 성숙한 사랑의 단계로 성장해간다. 덕훈이 자신과 재경 모두에게 최선을 다하는 인아의 모습을 보며 독백한다.

"가끔은 이 여자를 진짜로 이해하고 싶어진다."

영화의 마지막에서 인아가 스페인으로 떠난 후 재경과 인간적인 소통을 하고, 넷이서 함께 살아갈 집을 행복하게 상상해보는 덕훈의 모습은 인아와 재경 그리고 자기자신 모두에 대한 '공감의 능력'이 아름답게 성장해있는 모습이라고 할 수 있다.

재경의 성숙함은 단지 그가 인아가 결혼했다는 것을 알면서도 인아를 사랑했다는 점에 의해 인정되는 것은 아니다. 그 보다 재경의 성숙함은 덕훈이 인아의 목을 조를 때, 가만히 한 구석에 서서 두 사람에게 시간을 주었다는 점에 있다. 재경은 자신이 끼어들 수 없는 그 두 사람만의 관계의 차원이 있음을 인정한 것이다. 만약 재경이 '인아는 내가 사랑하는 여자'라면서 인아의 목을 조르는 덕훈을 뜯어말렸다면, 인아와 덕훈은 새로운 사랑의 등장이라는 어려운 과제 앞에서 자신들의 관계를 다시금 새롭게 형성해 나갈 중요한 가능성을 잃어버렸을 지도 모른다. 재경은 또한 지원이 자신의 아이가 아님을 이미 알고 있었음에도 마치 자신의 아이인 것처럼 사랑해준다. 재경의 지원이에 대한 사랑은 편협한 혈연주의의 울타리 밖으로 열려있는 성숙한 것이다.

Ⅳ. 법의 성숙과 정신분석학적 과제

영화 <아내가 결혼했다>의 주인공들, 인아와 덕훈 그리고 재경이 모노가미를 깨는 사랑의 체험을 통해 자기자신을 새롭게 이해해가는 성숙의 과정을 파괴하는 법은 결코 성숙한 법이 될 수 없다. 사랑의 새로운 이해가 법에 던져주는 변화의 미래를 세 가지 예에서 그려본다.

1. 인권의 새로운 이해

(1) 삶을 견디기로서 인권

프로이트는 '삶을 견디는 것(endure life)이 모든 생명의 첫 번째 의무'라고 보았다.[15] 여기서 그가 지키고자 했던 인간의 권리는 '삶을 견딘다는 첫 번째 의무의 충족을 추구할 권리'임을 알 수 있다.[16] 즉 삶을 견딘다는 것은 인간 존재의 첫 번째 의무인 동시에 권리인 것이다.

<아내가 결혼했다>의 인아, 덕훈, 재경 세 사람의 관계 속에서 '삶을 견디는 의무의 충족을 추구할 권리'인 정신분석적 인권 개념의 성립근거를 경험적으로 체험해볼 수 있다. 프로이트가 말하는 '삶을 견딘다'[17]는 것은 '끊임없이 대안적 자기해석'을 하는 것을 의미한다. 즉 삶을 살아가면서 발생한 억압과 고통을 치유할 수 있도록 끊임없이 대안적 자기해석을 하는 것이 곧 삶을 견디는 것이 된다. 따라서 '삶을 견딘다는 의무의 충족을 추구할 권리'라고 하는 것은 바로 '끊임없이 대안적 자기해석을 할 수 있는 권리'를 의미한다. 대안적 자기해석을 더 이상 할 수 없을 때, 주체의 삶은 더 이상 견딜 수 없는 것이 되어 버린다. '대안적 자기해석을 할 권리'를 인권으로 바라본다면, 예컨대 간통죄의 폐지는 너무나 당연한 것이 된다. 왜냐하면 사랑은 "실존의 의미를 공유하는 상호적 행위"[18]로서 대안적 자기해석을 하는 가장 중요한 실존적 소통양식이기 때문이다.

(2) 에로스의 파트너에 대한 인권

덕훈은 인아와 재경이 함께 있는 집에 불쑥 들어가서 '너네들의 현재 스코어는 간통일 뿐'이라고 소리치면서 인아의 목을 조

15) 지그문트 프로이트, 「전쟁과 죽음에 대한 고찰」, 『문명 속의 불만』(김석희 옮김)(열린책들, 2005), 69쪽.

16) 삶을 견딜 의무에 대한 프로이트의 명제에서 프로이트의 인권 의식을 끌어낸 것은 Abraham Drassinower, *Freud's theory of Culture: Eros, Loss and Politics* (Rowman&Littlefield, 2003), 96~97쪽 참조.

17) 현실은 누구에게나 견디기 힘든 것이라는 프로이트의 관점과 그의 미학적 사고에 대해서는 Ludwig Marcuse, "Freud's Aesthetics", *The Journal of Aesthetics and Art Criticism* (Vol. 17, No. 1, Sep., 1958), 4쪽 참조.

18) 이상돈, 『욕망은 행복을 낯설게 한다』(연극과인간, 2003), 47쪽.

르고 차라리 죽으라고 한다. 덕훈의 심정은 십분 이해가 가지만, 그럼에도 영화를 보면서 인아와 재경, 덕훈 모두에게 생긴 심정적 공감의 흐름 속에서, 인아와 재경이 죽어 마땅한 '범죄자'로 공격당하는 것은 어딘지 좀 불편한 마음을 불러일으킨다. 그러기에 인아는 이렇게 말한다.

> "그 사람을 보면 미래가 보여.
> 지금보다 내가 더 나 자신으로 살아갈 수 있을 것 같은..그런 미래."

인아는 덕훈과도 행복을 느끼지만, 재경과의 관계에서 덕훈과의 관계에서와는 다른 '대안적 자기해석'을 할 수 있었고, 그것이 그녀에게 절실하게 소중했던 것이다. 하지만 재경과의 사랑이 생겼다고 해서, 그녀가 덕훈을 덜 사랑하게 되는 것은 아니다.

> 덕훈: 사랑이 나눠지니?
> 인아: 하나를 반으로 나누는 게 아니라, 두 배가 되는 게 아닐까?

타인과의 성숙한 사랑의 관계는 가장 중요한 대안적 자기해석의 기제이다. 성숙한 에로스 속에서 우리는 서로에게 전이를 하고 전이 받으며 함께 새로운 해석모드들을 만들어감으로써, 과거의 고통을 다른 관점에서 이해하고 비로소 그 고통으로부터 자유로워질 수 있고, 현재와 미래를 새롭게 열어갈 수 있다.

[대안적 자기해석 모드와 에로스의 파트너] 정신분석은 주체가 기존에 가지고 있는 해석 모드에 대안이 될 수 있는 '대안적 자기해석 모드'를 분석가와 피분석자가 함께 형성하는 과정이다.[19] 그

19) 프로이트의 정신분석이 자기-해석의 대안적 모드를 구성하는 작업이라는 점은 Abraham Drassinower, *Freud's theory of Culture: Eros, Loss and*

사진 3. 덕훈에게 사랑하는 사람들을 사랑하면서 살고 싶다고 이야기하는 인아

래서 정신분석학은 '심층해석학'일 수밖에 없다.[20] 자신에 대한 심층해석은 예컨대 주체가 이해할 수 없었고 감당할 수 없었던 심적 충격으로 인해 발생한 트라우마를 치유할 수 있다. 사랑이란 파트너의 무의식적 소망들과 욕망들에 가장 가까이 다가가는 것이기도 하다. 에로스의 깊이는 '서로의 실존을 어느 정도의 깊이로 이해하고 있는가'를 의미하는 것이고, '누군가의 실존을 이해한다'는 것은 그 사람의 무의식을 보듬어 안아주고[21] 그 사람의 심층심리적 결핍이 무엇인지를 보살펴주는 것이기 때문이다. 그렇기에 우리는 "살기 위해 사랑하고, 사랑함으로 살아있게" 되는 것이고, "사랑은 죽음을 연기시키는 인간적 실존의 의미"인 것이다.[22] 그러나 이런 사랑은 '불멸'의 사랑도 '영원한' 사랑도 아닌, 매 순간 일시적이고 무상한 에로스이다. 불멸이나 영원에 대한 약속은 에로스를 통해 해체해야 할 '억압적 초자아'의 다

Politics (Rowman&Littlefield, 2003), 79쪽 참조; 정신분석은 피분석자의 자기분석(self-analysis) 기술을 증대시키는 것으로, 이미 선호되는 해석기술이 결정되어있는 종교와는 달리, 다양하고 고유한 자기분석기술에 집중한다는 점은 Harold D. Lasswell, "The contribution of Freud's insight interview to the social sciences", *The American Journal of Sociology* (Vol. 45, No. 3, Nov., 1939), 381~382쪽 참조.

20) 이에 대해서는 알프레트 쉐프, 『프로이트와 현대철학』(김광명 · 김정현 · 홍기수 옮김)(열린책들, 2001), 225~226쪽 참조; 반면 정신분석학은 반-해석학으로 이해되어야 한다는 라플랑슈의 입장에 대해서는 Tim Dean, "Art as Symptom: Zizek and the Ethics of psychoanalytic Criticism", *Diacritics* (Vol. 32, No. 2, Summer, 2002), 33~35쪽 참조.

21) 그래서 융의 분석심리학은 진정한 사랑이란 '그 사람의 그림자도 사랑하며 상대의 총체성을 받아들이는 것'이라 말한다. 이에 대해서는 로버트 A. 존슨, 『로맨틱 러브에 대한 융 심리학적 이해: We』(고혜경 옮김)(동연, 2009), 309~310쪽; 에로스는 지배가 아니고, 대결 또는 융합도 아니며, 나와 절대적으로 다른 타자와의 관계맺음이라는 레비나스의 사고는 이희원, 「레비나스, 타자 윤리학, 페미니즘」, 『영미문학페미니즘』(제17권 1호, 2009), 247쪽 참조.

22) 이상돈, 『욕망은 행복을 낯설게 한다』(연극과인간, 2003), 19쪽.

> 른 이름이기 때문이다. 사랑의 불멸성에 집착할 때 에로스는 사그라들게 되고 죽음을 연기시키는 사랑도 사라져버리며, 오히려 에로스의 일시성을 수용할 때에야 죽음이 아닌 생(生)이 찾아온다.

현재 자신의 파트너가 그런 상대라면 가장 행복하겠지만 불행히도 그렇지 못해서 현재의 파트너와의 삶이 서로의 불행을 더 깊게 하고 삶을 견디는 것을 절망적으로 만든다면, 또는 새로운 사랑을 하는 것이 실존적으로 절실히 필요한 것이라면, 그런 실존적 갈망을 범죄화하는 것은 오히려 비윤리적이다. 간통의 범죄화는 새로운 사랑이 실존적 의미를 가질 수 있는 것임을 너무나 쉽게 무시하고, 그것을 동물적인 본능의 발현인 '향락'일 뿐이라고 단정하는 듯하다. 이런 관점은 인간이 매우 섬세하고 복잡한 심층심리를 가진 존재임을 인정하지 않고, 사랑이 인간실존에 갖는 의미를 너무 가볍게 바라보는 것이다.

2. 사랑과 법다원주의

(1) 인아의 대안적 자기해석

모노가미가 지배하는 문명에서, 모노가미의 형식을 띠지 않는 다른 모든 성숙한 사랑은 불법이 되는 반면, 단지 모노가미의 형식을 취한다는 이유만으로 그 어떤 계산적이고 이기적인 관계도 합법적인 것으로 인정되고 보호된다. 모노가미를 위협하거나 모노가미에 들어맞지 않는 모든 실존적 행위는 '가정 파탄'이나 '문란한 일탈'의 낙인이 찍힌다. 하지만 덕훈과 인아의 대화는 그런 우리의 태도가 비인간적임을 돌아보게 해준다.

> 덕훈: 사랑해
> 인아: 나두

덕훈: 내.꺼. (덕훈의 이 말에 약간 표정이 어두워지는 인아)

인아: 이 지구상에 아직도 철마다 연애를 하는 종족이 있대. 사랑하는 사람을 만나면 같이 살고, 식으면 헤어지고. 뭐 가끔은 평생을 한 사람하고만 사는 사람도 있긴 있지만 그런 사람은 십 프로도 안된대. 사랑하다가 누군가 먼저 마음이 식잖아? 그래서 헤어지고 싶잖아.. 그러면 이렇게 가만히 나뭇잎을 내민대. 나에게는 당신이 이렇게 가벼워졌어요. 그럼 상대는 그 뜻을 알고는 말없이 떠난대. (나뭇잎을 덕훈에게 주면서) 자, 선물이야. 언젠가 필요하게 될지도 모르잖아.

덕훈: 뭐냐, 지금?

인아: 나 자기 사랑하는데 자기 껀 아니다? 나 자기 구속할 생각 없어, 나도 그렇고.

덕훈: 너 지금 내가 내꺼라고 그랬다고 그러는거냐?

인아: 나 오래오래 자기를 사랑할 거 같애. 근데 평생 자기만 사랑할 자신은 없어.

덕훈: 그래~ 그거야 마찬가지지, 나도. 미래를 어떻게 장담해. 근데 우리 충분히 사랑하잖아, 지금.

인아: 다른 사람을 사랑하게 될 수도 있잖아.

덕훈: (팔짱을 확 빼면서) 아, 해해해. 얼마든지. 벌써부터 헤어질 생각이나 하고.

인아: 아니야~~ 자기랑 헤어질 생각은 한번도 안해봤어.

덕훈: 아, 잠깐만. 그러니까 니 말은, 양다리를 걸치겠다는 거냐, 지금?

인아: 사랑하고 싶은 사람들을 사랑하면서 살고 싶다는 거야.

덕훈: 드..드..들~? 얘 아주 우끼는 애네, 진짜. 살다살다.

사랑하는 사람'들'을 사랑하면서 살고 싶다는 인아의 소망에는 그 어떤 문란함도 일탈적임도 느껴지지 않는다. 따듯한 인간애와 실존적 진지함이 담겨있을 뿐이다. 우리의 제도가 더 인간적인 방향으로 나아가려면, 현재 통일적인 에토스의 위치를 점하고 있는 일부일처제를 단지 '문화적 옵션'들 중의 하나로 자리매김시킬 필요가 있다.

(2) 에로스의 다양한 소통 양식의 합법화

이 글에서 지적한 모노가미의 한계들은 모노가미라는 사랑의 양식 자체의 문제가 아니라, 모노가미가 '유일한' 사랑의 양식으로 강요됨으로써 발생한 '부작용'들이었다. 모노가미는 분명 사랑의 한 양식으로서 훌륭한 심리적 기제이며, 인간의 근원적 욕망이 모노가미적 요소를 포함하고 있음은 의심할 여지가 없다. 그렇기에 모노가미를 여러 문화적 옵션들 중 하나로 유지하면서, 지금까지 불법으로 단죄되었던 다양한 실존적 양식들, 다시말해 에로스의 소통 양식들 – 예를 들어 동성애자들의 시민적 결합, 양성애, 혼인과 분리된 친족관계[23], 이중혼, 동거[24] 등– 을 합법적인 것으로 인정해주어야 한다.[25] 이것이 바로 '법다원주의'의 에토스이다. 데리다의 표현을 빌면, 법적 정의란 헤아릴 수 없이 많은 '차이'들을 꿈꾸는 것(dream of the innumerable)이라고 말할 수 있다.[26] 바로 이 수많은 서로 다른 꿈들을 꿀 수 있게

23) 혼인과 분리되어서 만들어지는 우연적이고 가변적인 다양한 친족관계에 대해서는 Judith Butler, "Is Kinship Always Already Heterosexual?", *Left Legalism/Left Critique*(W. Brown & J. Halley eds.,)(Duke University Press, 2002), 249~253쪽 참조.

24) 동거를 '사랑의 열린 마당'으로 재해석하는 이상돈, 『욕망은 행복을 낯설게 한다』(연극과인간, 2003), 92~97쪽 참조.

25) 이를 위해서는 몇몇 특정 양식의 합법화가 아니라, '혼인을 하지 않았다는 이유로 차별받지 아니한다'는 형태의 차별금지조항을 두는 방식이 바람직하다. 왜냐하면 특정 양식만을 합법화할 경우, 그 외의 실존적 양식들은 여전히 법의 보호 밖에 남게 될 것이기 때문이다. 이에 대해서는 이상돈, 『법학입문』(법문사, 2009), 14쪽 참조.

26) 이에 대해서는 John D. Caputo, "Dreaming of the Innumerable: Derrida, Drucilla Cornell, and the Dance of Gender", E. Feder, M. Rawlinson, E. Zakin (eds.), *Derrida and Feminism: Recasting the Question of Woman* (Routledge, 1997), 141, 156쪽 참조.

하는 것이 법다원주의의 에토스이다.

법다원주의의 에토스 속에서 자기애적 사랑이 아닌 성숙한 사랑이 꽃피고, 문화는 해체적으로 재구성되면서 보다 인간적인 방향으로의 변화를 일구어나갈 수 있게 될 것이다. 이성애적이고 성기중심적이며 모노가미적인 성만을 합법적인 것으로 인정하는 법은 오히려 '심각한 부정의의 원천'[27]이다. 에로스의 문제에서 정의(正義)는 법다원주의의 흐름과 같이 갈 수 밖에 없다. 왜냐하면 사랑은 굉장히 섬세하고 복합적인 무의식과의 상호작용 속에서 벌어지는 정신적, 육체적 사건이기 때문이다.

(3) 높은 문명 감수성

인아가 이중혼을 택하기는 했지만, 인아 안에도 모노가미적 욕망이 존재함을 알 수 있는 에피소드가 있다. 인아가 재경과는 피임을 한 것이 그것이다. 만약 인아가 모노가미적 욕망을 전혀 갖고 있지 않았다면, 재경과도 피임을 하지 않고 세 사람 — 인아, 재경, 덕훈 — 모두의 아이를 만들겠다고 생각했을 것이다. 뿐만 아니라 인아는 아이의 이름을 덕훈이 좋아하는 축구 선수 이름을 따서 짓고, 아이가 생긴 것도 덕훈에게 가장 먼저 말해준다. 인아가 말로는 '투톱체제'라고 하면서 재경과 덕훈을 똑같은 위치에 놓은 듯해도, 깊숙한 심층심리적 차원에서는 덕훈과의 모노가미를 향한 욕망 또한 존재하는 것이다. 인아가 '모노가미'와 사실상의 '이중혼'이라는 합법과 불법의 요소를 모두 자신 안에 공존시키며 가장 자기자신이 행복할 수 있는 삶의 실존양식을 주체적으로 찾아나가듯이, 다양한 양식의 결합과 선택을 법이 보

27) 이런 지적은 Thomas C. Grey, "Eros, Civilization and the Burger Court", *Law and Contemporary Problems* (Vol.43, No.3, The Burger Court: Reflections on the First Decade, Summer, 1980), 91쪽.

장해주어야 한다. 이와 같은 법다원주의는 성숙한 사랑에 기반하여 자신과 타인에 대한 감수성과 이해가능성이 높아진 성숙한 공동체의 구성원들을 만들어냄으로써, 더 건강한 문명 공동체를 만드는 토대가 되어줄 것이다. 이러한 문명은 이상적으로는 가장 높은 문명 감수성과 가장 낮은 본능 억압의 수준으로 유지될 것이다.

(4) 에로스의 조절밸브로서 법

법다원주의의 에토스 위에서, 합법으로 인정될 수 있는 '에로스의 소통양식'의 목록은 미래를 향해 열려있으며, 공동체 구성원들의 실존적 선택에 따라 수많은 양식들이 만들어 질 수 있을 것이다. 그러나 그 열림은 아무런 제한이 없는 것은 아니다. 에로스의 소통에 있어서 '최소한의 도덕'으로서 상호주관성이 요청된다. 그러나 현재 법은 에로스의 조절밸브로서, 상호주관성을 잃지 않은 에로스의 소통마저도 불법으로 단죄하고 있다. 간통죄, 성매매의 단죄가 그 대표적인 예이다. 최소한의 도덕으로서 상호주관성을 잃어버린 에로스는 범죄가 될 것이다. 그러나 상호주관성을 잃지 않는 한 그 에로스의 소통은 비도덕적인 것이 아니므로, 그 영역에 침투한 법이 오히려 비도덕적인 것이 된다. 다시 말해서, 에로스의 상호주관성을 잃어버리지 않는 선까지는 어떠한 양식을 띤 에로스의 소통일지라도 승인하고 허용하는 것이 오히려 도덕적, 문명적 법이라고 할 수 있다. 현행법은 유상성을 근거로 성매매를 불법, 부도덕이라고 판단하지만, 법정신분석학의 관점에서는 에로스의 상호주관성이 유지되는 이상, 성매매는 비도덕적인 것이 아니게 된다.

3. 소송에 대한 새로운 이해

대안적 자기해석모드 개념은 소송의 목표도 새롭게 이해할 가능성을 열어 놓는다. 이를 테면 소송의 이상적인 목표를 소송 참여인 모두에게 소통가능한 자기해석의 대안모드를 만들어가는 것으로 이해하는 것이다. 물론 이것은 재판의 이상(ideal)일 뿐 현실이 되기는 쉽지 않다. 그러나 소송에 참여하는 모든 참여자들은 나름의 심리적 문제들을 안고 있으며, 그 문제들로 인해 그들 사이에 갈등이 발생한 것일 때가 많다. 따라서 소송참여자 모두가 함께 자기해석의 대안모드를 만듦으로써 과거를 재구성할 때, 잃어버린 상징체계의 의미가 회복되고, 비로소 정의를 실현할 수 있는 재판이 가능해질 수 있다. 대안적 해석모드를 만들지 못한 질병상태에서의 서술은 서로에게 의미가 되지 못하며 질병을 심화시킬 뿐이다. 여기서 법관의 권위도 재해석된다. 한마디로 법관의 권위는 전이적인 권위[28]라고 할 수 있다. 여러 소송참여인들의 의사소통을 중재하는 소통자로서, 법관은 참여자들로부터 전이를 받고 그 전이를 잘 다룸으로써, 신경증을 해소하고 대안적 자기해석모드를 형성하는 과정을 돕는 자로 자리매김 되어야 한다. 이런 법관 개념에서는, 전이를 능숙하게 다룰 수 있는 능력이 법관의 권위를 형성한다. 최근 우리나라에서도 다각도로 추진되고 있는 치료적 사법도 바로 이런 법정신분석학의 중요한 실천영역이 될 수 있다.

28) 이에 대해서는 이 책 [음란서생] 단락에서도 다룬다.

제 3 부 법, 해체와 소통

Part 3

[9] 추한 선과 아름다운 악의 변증으로서 법: <친절한 금자씨>

〈친절한 금자씨〉의 줄거리

이금자(이영애 분)는 20살 때 6살 박원모 어린이 유괴살인사건의 범인으로 감옥에 갔다가, 13년 반의 옥중 생활을 마치고 출소한다. 금자는 눈에 띄는 미모를 가졌고, 교도소에서 너무나 상냥하게 다른 수감자들을 돕고 신앙생활도 열심히 해서 '살아있는 천사'리고 불렸다. 그래서 그녀의 별명은 '친절한 금자씨'이다. 출소한 후 금자는 전혀 다른 사람이 된다. 복역 중 자신을 도와준 전도사에게 "너나 잘하세요"라는 차가운 말을 남기고, 미소도 전혀 짓지 않으며, '친절해보일까봐' 빨간색 아이섀도우를 바르고 다닌다. 금자가 교도소에서 도와주었던 수감자들은 살 집과 입을 옷을 마련해주고, 특별한 총을 만들어주는 등 출소한 금자의 복수를 물심양면으로 돕는다. 금자는 교도소에 있을 당시 동료 수감자에게 자신의 신장을 이식해주고, 치매에 걸린 남파간첩 할머니의 수발을 들고, 모든 수감자들을 괴롭히던 '마녀'를 살해했다. 마녀는 남편과 내연녀를 살해하고 그 둘의 육체를 구워먹은 후 교도소로 들어왔는데, 수감자들에게 오럴 섹스를 요구하거나 밤새도록 부채질 하게하고, 말을 듣지 않으면 마구 구타해서 원성이 자

사진 1. 기도하는 천사 같은 금자

자했다. 금자는 목욕탕에서 마녀가 걸어가는 길에 비누를 칠해서 넘어지게 만든 후에, 간호해준다며 3년간 도시락에 락스를 뿌려서 직접 먹여줌으로써 마녀를 살해했다.

원모를 살해한 진범은 금자가 아니라 백 선생(최민식 분)이다. 백 선생은 당시 금자가 다니던 고등학교의 교생이었고, 의도치 않게 임신을 하게 된 금자는 백 선생을 찾아가 도움을 구하고 그와 함께 살았다. 금자는 백 선생이 원모를 유괴하는 것을 도왔지만, 살해는 백 선생 혼자 한 범죄였다. 백 선생은 갓 태어난 금자의 딸을 인질로 삼아 대신 자수를 하지 않으면 딸을 죽이겠다고 했고, 금자는 딸을 잘 키워준다는 약속을 믿고 대신 감옥에 갔다. 그러나 백 선생은 약속을 어기고 딸을 호주로 입양 보냈다. 금자는 호주로 입양간 딸을 찾아가는데, 원래는 얼굴만 한번 보고 오려는 생각이었지만, 딸 제니가 금자를 따라 한국에 온다. 금자는 영어를 못하고 제니는 한국어를 못한다.

금자의 복수 대상은 자신을 죄인으로 만든 백 선생이다. 백 선생은 어린이들을 대상으로 영어학원을 운영하고 있고, 현재 백 선생의 와이프도 금자와 함께 수감생활을 했던 동료이다. 한편 복역당시 금자를 전도했던 전도사(김병옥 분)는 금자의 출소 후의 행적을 사진으로 찍어서 백 선생에게 돈을 받고 판다. 백 선생은 킬러를 고용해서 금자와 제니를 납치하려 하지만, 오히려 킬러들이 금자의 총에 맞아 죽는다. 백 선생은 와이프가 밥에 타놓은 약 때문에 정신을 잃고, 금자는 그런 백 선생을 납치해서 폐교로 데리고 가 묶어놓는다. 금자는 자신을 버린 엄마에게 복수를 하고 싶었으며, 최소한 세 번은 미안하다고 말하라는 제니의 편지를 읽는다. 금자는 백 선생에게 통역을 시켜서 제니에게 하고 싶었던 말을 전달한다. 제니를 버릴 수밖에 없었던 사정과, 죄를 지었다면 속죄를 해야 한다는 것 등. 금자는 제니에게 눈물을 흘리며 네 번 미안하다고 말한다. 백 선생을 죽이려던 금자는 백 선생이 원모 뿐 아니라 더 많은 아이들을 죽였다는 것을 알게 된다. 금자는 최원모 사건을 담당했던 형사에게 이 사실을 알리고, 아이들의 시신을 찾는다. 백 선생의 집에서는 유괴된 아이들이 죽기 직전 울며 애원하는 영상이 담긴 비디오가 여러 개 발견된다. 금자는 아이들의 유족들을 불러모으고 그 영상들을 보여준 후, 백 선생을 법에 의해 처벌할지 직접 처형할지를 결정하라고 한다. 직접 처형하기로 결정한 유족들은 한사람씩 차례로 백 선생을 흉기로 찔러서 살해하고, 밀고자가 없도록 단체사진을 찍는다. 백 선생의 시체를 땅에 묻기 전 금자는 총으로 백 선생의 시신을 쏘고, 눈물을 흘리며 동시에 미소를 짓는다. 복수가 끝난 후 금자는 빨간 눈화장을 지운다. 그 때 금자 앞에, 금자가 그동안 쭉 만나고 싶어 했던 원모 유령이 나타난다. 금자는 반가운 마음에 웃으면서 다가가 원모에게 무언가 말을 하려 하지만, 원모는 금자의 입에 재갈을 물려버린다. 금자는 복수를 하고도 영혼의 구원을 얻지 못했다. 눈이 오고, 제니가 맨발로 마중을 나와 금자를 안아준다. 금자는 직접 만든 두부 케이크를 제니에게 보여주고, 그 케이크에 얼굴을 묻는다.

Ⅰ. 법, '너나 잘하세요'

1. 너나 잘하세요

영화 <친절한 금자씨>는 '너나 잘하세요'라는 시대의 언어를 만들어냈다. '너'라는 낮춤말과 '잘하세요'라는 높임말의 결합은 사람들에게 알 수 없는 마력을 느끼게 했다. 이 영화가 나온 이후, 이 모순적인 어법은 대유행이 되었다. 이제는 그 어법의 어색하고 묘한 마력이 사라지고, 적절한 상황에서는 언제든지 사용할 수 있는 보편적인 어법으로까지 자리잡은 듯하다. 딸이 엄마의 잘못을 지적할 때 평소 딸의 생활태도에 불만이 많았던 엄마는 딸에게 말한다. '너나 잘하세요'라고. 실로 영화의 위력은 대단하다. 이와 비슷하게 이를테면 법이 개인의 사생활에 부당하게 또는 과도하게 개입할 때, 시민들은 법에게 이렇게 말하고 싶어진다. '법...너나 잘하세요'. 여기서 '너나'는 법의 위엄과 권위를 부정하고픈 마음을, '잘하세요'는 존경까지는 아니어도 (어쩔 수 없이) 존중해야만 하는 존재로서 법을 승인하는 마음을 표현한다. 법은 '너'까짓 것 같은 존재와 '~하시는 분'이라는 존재, 그 사이에(inbetween) 있는 것이다.

여기서 법이 '하시는' 일은 선으로, 너까짓 것 같은 법이 하는 일은 악으로 기호화할 수 있다. 또한 법이 하시는 일은 고매한 방식이어야 하므로 평화(비폭력성)를, 너까짓 것 같은 법이 하는 일은 폭력으로 기호화할 수 있다. 이런 법의 이해는 법은 어디까지나 선과 평화를 실현하는 것이고, 악과 폭력은 불법이라고 보는 상식과 배치된다. 그러나 그런 상식은 실은 법의 이념일 뿐이다. 현실의 법은 선과 악, 그리고 평화와 폭력, 그 사이에 위치하는 것이다. 선-악은 법의 윤리적 차원, 그리고 폭력성-비폭력성은 법의 사회적 차원이라고 할 수 있다. 영화 <친절한 금자씨>는 이 점을 잘 보여준다.

2. 선과 악의 분석심리학적 이해

그러나 법이 선과 악 사이에 위치해도 좋은 것일까? 정신분석학, 특히 분석심리학은 선과 악의 문제를 '그림자'[1]라는 개념을 통해서 고찰한다. 악은 선의 그림자이기 때문에, 그 둘은 분리할 수가 없는 것이다. 그림자가 선의 이면임을 인정하지 않고 그 둘을 분리해서 선만을 자신의 특성으로 하고자 할 때, 다시말해 '그림자 없는 자'[2]가 되고자 할 때, 그림자는 더더욱 짙어져서 결국 그 사람을 삼켜버리고 만다.[3] 융은 이처럼 대극 사이의 균형

1) 이 개념에 대해 자세히는 이 책 [나쁜남자] 단락 참조.

2) 이 개념은 카를 융, 「정신의 본질에 관한 이론적 고찰」, 『원형과 무의식』(한국융연구원 C.G. 융 저작 번역위원회 옮김)(솔출판사, 2006), 73쪽.

3) 이를 잘 고찰하고 있는 대표적인 소설은 스티븐슨의 『지킬박사와 하이드씨』이

이 깨졌을 때, 불균형이 견딜 수 없는 수준에 이르면 그 소외되었던 측면이 반대로 지배적 성향으로 발현되는 심리법칙을 "반대극으로의 역전"이라고 설명한다.[4] 기독교적 페르소나는 종종 그림자가 존재할 수 밖에 없음을 부정하고 순수한 선 그 자체가 되기를 요구하는데, 이는 특히 성직자에게 강박적으로 요구된다.

[기독교에서 선과 악] 선과 악에 대한 기독교의 태도는 역사적으로 변천해왔다. 구약성서와, 신약성서에서 예수 그리스도의 가르침에서는 선과 악이 모두 하느님께 속하는 것이었다. 그러나 그 후에 바울이 악은 선을 실현하기 위해 반드시 제거되어야 하는 것이라고 가르침으로써 선악에 대한 태도에 변화가 있었고, 이런 경향은 요한에 와서 더욱 강화되어서 선과 악을 전면적으로 대립시키고 악의 철저한 응징을 요구하는 적그리스도 개념으로까지 이어졌다고 분석되기도 한다.[5]

한 예로 가톨릭의 사제는 '성욕'과 '물욕'이라는 자신의 그림자와 완전히 단절되어서 '그림자 없는 자'가 되어야 한다.[6] 이런 기독교적 사고는 인디언들의 사고와 대조적이다.[7] 인디언들이 말하

다. 선의 전형인 지킬박사의 또 다른 인격인 그림자 하이드씨는 악의 전형이다. 놀랍게도 이 둘은 동일인의 두가지 인격이며, 하이드를 자기자신으로 인정할 수 없었던 지킬박사는 종국에는 결혼식 장에서 하이드로 변해버리고 만다. 선의 전형인 지킬의 내면의 악은, 그가 그것을 외면한 만큼 더 강력했던 것이다. 그러나 하이드의 내면에 있던 지킬이 다시 의식 위로 떠오르고 그는 자살을 선택한다.

4) 이에 대해서는 마리안느 쉬스 엮음, 『사랑에 대한 칼 융의 아포리즘』(솔, 2007), 114쪽.

5) 이런 분석은 김성민, 「악의 문제와 그 극복에 관한 고찰－C. G. 융의 그림자 이론과 흥부전에 대한 분석심리학적 해석을 중심으로－」, 『한국기독교신학논총』(22집, 2001), 378~380쪽 참조.

6) 인간은 인간이 알 수 없는 하느님의 법에 의해 심판되며, 인간의 죄의 완전한 구속은 오직 죽음을 통해서만 가능하다는 유대교의 사고 또한 인간의 악을 의식으로 통합해야 하는 것이 아니라, 제거해내야 할 '불결한 무언가'로 설정하고 있는 것이다. 자세히는 김임구, 「근세의 종언－카프카의 소설 『소송』에 대한 잠재정신사적 해석」, 『카프카연구』(제21집, 2009), 18쪽 참조.

는 '신성한 사람'인 위차사 와칸(wicasa wakan)은 치유와 예언을 행하고 자연현상을 움직일 수 있는 주술사이다. 이런 주술사는 '좋지도 나쁘지도 않고, 그냥 살며', 여러 규범들에 매여서 자기자신을 갈고 닦아야 하는 서구의 성직자와는 달리 자기자신으로서 살아간다. 감옥을 가게 될 경우도 있고, 술집도 가며, 여자와 난잡하게 놀기도 한다. 서구의 사고방식에서 볼 때는 그릇된 그런 생활을 하더라도, 그들이 주술사일 수 있게 만드는 비전과 권능은 그 주술사를 떠나지 않는다. 또 인디언 말로 위대한 영을 의미하는 '와칸 탄카'는 '만물이 자신의 본성에 따라, 자기 내면의 충동에 따라 알아서 행동하는 것'을 바라면서 사람과 자연이 서로를 사랑하게 만드는 주술사이다.[8] 이런 인디언들의 사고 속에서 악 또한 우리 자신을 이루는 한 요소가 된다.

Ⅱ. 영화 속의 선과 악, 평화와 폭력

선과 악, 폭력과 평화(비폭력)라는 두 가지 항으로 매트릭스를 만들고, 영화 <친절한 금자씨>에 등장하는 인물들의 대표적인 행위들을 분류해보자.

---

7) 융의 분석심리학의 관점에서 기독교와 인디언의 사상을 비교하고, 바울과 달리 예수 그리스도는 악을 선의 그림자로서 이해했다고 분석하는 존 A. 샌포드, 『융학파 정신분석가가 본 악(惡)』(심상영 옮김)(심층목회연구원출판부, 2003), 130~134쪽.

8) 존 파이어/레임 디어, 『무엇 하나 소중하지 않은 것이 없다』(정도윤 옮김)(아름드리미디어, 2004), 292~299쪽 참조.

1. 영화의 기호론적 배열

(1) 평화적 선과 폭력적 선

우선 평화적 방법으로 선을 실현하는 행위로 금자의 마녀 살해를 들 수 있다. 금자의 마녀제거는 마녀라는 악을 제거하는 것이기에 윤리적으로 선이고, 그 행위의 방식이 3년 동안 밥을 먹여주는 봉사의 방식이므로 비폭력적이고 평화적인 것이라고 평가될 수 있다. 마녀라는 악을 제거함으로써 감옥의 평화라는 선이 달성되었다. 이처럼 선을 실현하되 평화적인 방식을 통하는 것이 바로 법의 가장 순수한 이념이다.

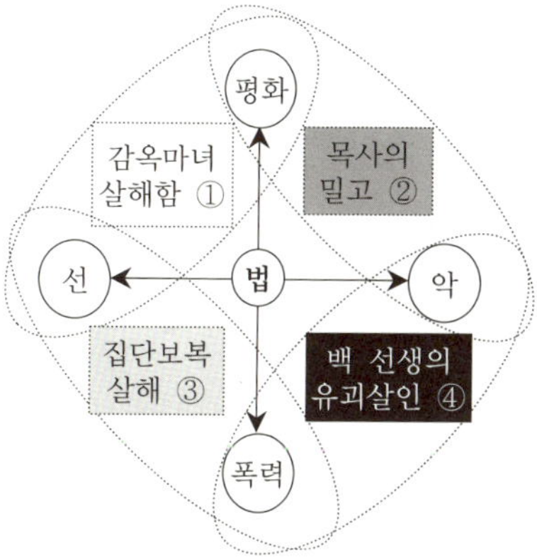

둘째, 선을 실현하되 폭력에 의하는 경우이다. 영화 속에서 유괴·살해된 아이들의 가족들이 집단으로 백 선생을 보복살해하는 행위가 이에 해당한다. 이들의 행위가 선에 배치될 수 있는 것은 백 선생이라는 악의 제거이기 때문이다. 하지만 이에 대한 사회적 평가는 폭력적인 행위라고 내려질 수밖에 없다.

이처럼 폭력으로 선을 실현하는 것이 바로 법의 통상적인 현실이다. 법은 본질적으로 폭력에 속하는 것이지만[9], 악을 제거한

9) 법의 기원은 야만적인 폭력이며 현재의 법 또한 폭력의 지원 없이는 유지될 수 없다는 프로이트의 고찰은 Costas Douzinas/Adam Gearey, “Psychoanalysis becomes the Law”, *Critical Jurisprudence: The Political Philosophy of Justice* (Hart Publishing, 2005), 308쪽 참조(이에 대한 요약 서평은 이상돈·이소영·민윤영·정채연, 『문헌연구 포스트모더니즘과 법』(세

다는 측면에서 선으로 위치지워진다. 가장 대표적인 예시가 바로 사형제도일 것이다.

> **[법의 폭력적 기원]** 부동산 양도에 관한 중세의 보통법에서 법의 폭력적 기원에 대한 좋은 예시를 발견할 수 있다. 중세에는 문서로 된 권리증서가 없었고 땅의 잔디와 잔가지를 건네주는 의식으로 토지를 사고 팔았는데, 그 때 이 의식을 목격하는 어린아이를 채찍질함으로써 그 고통 때문에 아이가 평생 그 의식을 기억하도록 했다. 이런 예들은 니체가 도덕적, 법적 의무들이 이성이 아니라 '피'로부터 시작한다고 말한 것과도 상응한다.[10]

(2) 평화적 악과 폭력적 악

셋째, 윤리적으로는 악을 실현하는 것이되, 그 방법이 비폭력적인 행위를 살펴보자. 예컨대 영화 속 전도사의 밀고행위가 그러하다. 전도사는 백 선생에게 금자에 대한 정보를 제공함으로써 '악'인 백 선생을 도우며, 그의 밀고는 금자에 대한 납치 교사가 일어나는 계기가 되었다. 그러나 전도사의 밀고는 완전히 악에 수렴되는 것은 아니며, 선의 차원도 동시에 내포하고 있다. 금자가 백 선생을 살해하는 것을 예방한다는 것이 그것이다. 전도사는 피해의 당사자가 아니기 때문에, 스스로 보복함으로써 선을 실현하는 주체는 아니다. 이처럼 사건과 무관한 제3자의 밀고는 사적 보복의 악순환을 끊는 국가의 기능에 기여한다는 점에서

창출판사, 2006). 139~148쪽 참조). 카프카에게서 법은 원시적이고 무자비한 폭력의 제도화라는 신화적 성격을 갖는다는 벤야민의 분석은 Rodolphe Gasché, "Kafka's Law: In the Field of Forces between Judaism and Hellenism", *MLN* (Vol. 117, No. 5, Comparative Literature Issue, Dec., 2002), 983~984쪽 참조.

10) 자세히는 John Linarelli, "Nietzsche in Law's Cathedral: Beyond Reason and Postmodernism", 53 *Catholic University Law Review* 413 (2004), 35~36쪽 참조.

일정한 정도 선의 의미를 가질 수 있다.

넷째, 윤리적으로 악한 것을 폭력적 방법으로 실현하는 행위의 영화 속 사례는 백 선생의 유괴살해이다. 가족들의 집단보복살해가 악의 제거라는 측면에서 선으로 수렴될 수 있는 반면, 백 선생의 유괴살해는 온전하게 악에 수렴된다.

2. 친절한 복수의 위치

(1) 금자의 친절과 잔혹

그렇다면 금자의 백 선생에 대한 복수는 어디에 위치할 수 있을까? 금자의 복수는 앞의 네 가지 유형 가운데 어느 하나로 분류할 수가 없다. 그녀의 복수는 '선과 악 사이, 폭력과 비폭력 사이'에 위치한다. 첫째, 금자의 복수는 그것이 완전히 선에 수렴되는 것인지 여부를 분명하게 판단할 수가 없다. 금자가 선한지, 악한지, 폭력인지, 비폭력인지는 모호하다. 그렇기에 금자는 아리송하고, 분명히 알 수가 없다. 동료 수감자들이 출소한 금자에게 가장 많이 묻는, '왜 이렇게 변했냐'는 질문은 그들이 느끼는 모호함, 아리송함에 대한 표현이다. 상냥하고 천사 같던 감옥에서의 금자와 빨간 섀도우를 바르고 차가운 표정을 한 금자는 마치 다른 사람 같아서, '그녀가 누구인지'를 도무지 알 수가 없는 것이다. 그런데 금자는 '변한' 것이 아니다. 친절한 천사 금자와 잔혹한 마녀 금자는 금자 안에 언제나 동시에 공존하는 두 가지 인격, 빛과 그림자이다. 감옥에서 신앙간증을 하면서 금자는 이렇게 말한다.

> "늘 생각하고, 깨달았습니다. 내 안의 천사는 오직 내가 부를 때만 자기의 존재를 드러낸다는 것을요. 어디계신가요? 나와 주세요."

금자는 선 그 자체 또는 악 그 자체일 수 없으며, 금자 안에는 선과 악이 공존한다. 선한 인격, 그리고 악한 인격은 둘다 '내가 부르고자 할 때' 언제나 밖으로 불러낼 수 있는, 나의 두 가지 인격인 것이다.

(2) 심층심리적 균형

여기서 금자의 복수도 선을 실현하는 것이 아니라, 선과 악이라는 양 극단 사이에서 심층심리적 균형잡기를 하는 것으로 바라볼 수 있다. 왜냐하면 금자의 복수를 오롯한 선으로 만들어 주는 이성적 이유들이 충분하지 않기 때문이다. 금자가 왜 백 선생을 죽여야 하는지, 그 복수의 정당하고 합리적인 이유는 명백히 드러나지 않는다. 금자의 복수는 선을 실현하고 속죄를 하고자 하는 것이 아니라, 스스로의 심층심리적 균형을 찾아가는 과정인 것이다. 그렇기에 금자의 복수는 '복수 자신을 향해있다'고 할 수 있다. 이 점은 복수가 끝난 후에 등장한 원모 유령이 금자에게 재갈을 물리는 것에서 인상적으로 드러난다. 원모의 그런 행위는 금자에게 '너의 복수는 속죄나 선하고는 상관없는 것이고, 너 자신의 균형을 향한 것, 다시 말해 복수 그 자체를 향한 것이야'라고 말하고 있는 것이다. '금자는 복수가 끝난 후에도 그토록 원하던 영혼의 구원을 얻지 못했다'는 영화 속 내레이션처럼, 순수선에 이르는 영혼의 구원이란 인간에게 가능한 것이 아니다. 인간은 심층심리에서 선과 악 사이에서 끊임없는 균형잡기를 하도록 구조화 되어 있는 존재이기 때문이다.

Ⅲ. 법의 아리송함에 대한 성찰

법은 영화 <친절한 금자씨>에서 '복수하는 친절한 금자씨'와 같다. 금자의 아리송한 모습이 곧 법의 모습인 것이다.[11] 이런 법의 모습을 세 가지 차원으로 나누어 볼 수 있다.

1. 사회윤리적 차원

사진 2. 빨간 아이섀도우를 칠한 마녀 같은 금자

첫째는 사회윤리적 차원이다. 법의 명령은 때때로 '너나 잘하세요'라는, 수범자들의 아리송한 반발을 사기도 한다. 법의 내용에 대한 시민들의 평가는 아리송하기 쉽다. 이는 앞에서 분석한 매트릭스의 네 가지 유형에서 보듯, 현실의 법이 실현하는 규범적 내용에 대한 사회윤리적 판단이 다양할 수 있기 때문이다. 그러나 대개 법은 선과 평화 가운데 어느 하나 정도는 실현하려 함으로써 그 윤리성을 확보하려고 한다.

2. 제도적 차원

둘째, 금자씨를 온전히 선하다고 평가할 수 없는 것처럼, 법

11) 카프카의 작품에서도 모호성이 신화적 법의 본질적 특성으로 등장하는데, 이와 관련해서는 Rodolphe Gasché, "Kafka's Law: In the Field of Forces between Judaism and Hellenism", *MLN* (Vol. 117, No. 5, Comparative Literature Issue, Dec., 2002), 981쪽 참조.

도 선과 악 사이, 폭력과 비폭력 사이에 위치하는 것이다. 다시 말해 법은 본질적으로 어느 정도 악을 수반하며, 법에서 악을 완전히 떼어낼 수가 없다. 온전한 선은 법이 아니라 종교의 몫일 듯하다. 법은 자연법론이 상정하듯 온전히 선하고 비폭력적인 것이 아니다. 법은 폭력을 진압하기 위해 폭력을 사용하며, 폭력적이지 않은 법은 없다. 그리고 때로는 법이 진압하고자 했던 폭력보다 그 법의 폭력이 더 클 때도 있다. 나아가 이 세상의 모든 폭력이 진압되어서 유토피아가 도래한다면 법은 죽는다. 이와 같은 법의 모습을 법의 '제도적 차원'이라고 할 수 있다.

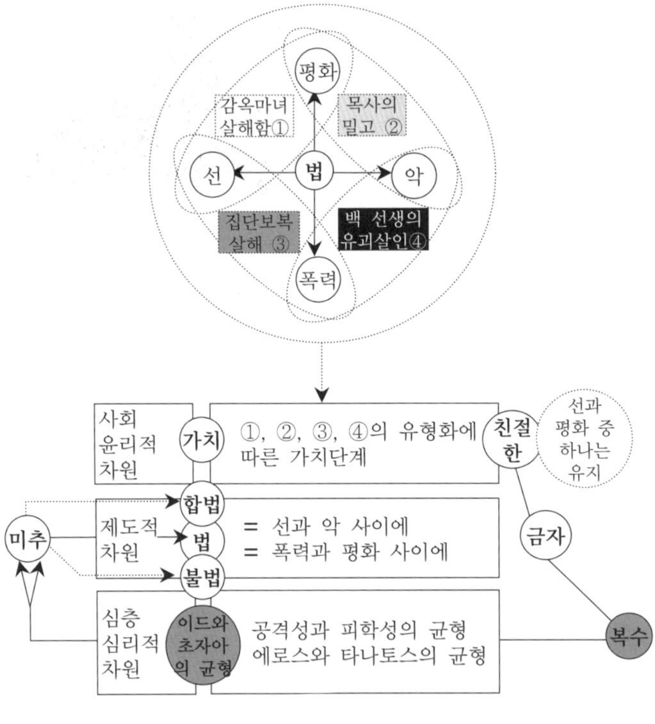

3. 심층심리적 차원

인간이 공격성과 비공격성, 에로스와 타나토스, 선과 악 사이에서 끊임없이 균형을 잡아가는 존재인 것과 마찬가지로, 법도 그런 균형을 잡는 존재이다. 또한 법의 작동이 수범자들의 정신세계에서 초자아와 이드 사이의 균형이 달성되는 것에 기여하는지 여부를 법은 스스로 성찰해야 한다. 그렇기 때문에 법이 일정량의 악을 실현한다고 해서 그 법이 폐지되어야 하는 것은 아니다. 뿐만 아니라 법이 절대적으로 선만을 실현하려고 해서도 안 된다. 그런 법은 사람들의 무의식 속에 악에 대한 의지를 강화시켜놓는 부작용을 초래할 것이기 때문이다.

이와 같은 법에 대한 정신분석학적 성찰은 실천적으로는 법의 신중한 사용의 요청으로 나타날 수 있다. 예컨대 범죄에 대항하여 더 강한 형법을 내세우는 것은 악을 제거하는 방법이 아니다. 그런 형법은 법이 '그림자가 없는 선함'이라는 착각 속에 빠져있는 것이기 때문이다. 우리는 범죄자들이 인류가 공유하는 집단 무의식인 그림자 원형에 사로잡힌 채 삶을 살아가는 자들이며, "인류가 그림자를 보다 잘 의식할 때까지" 그림자를 구현하며 살아가도록 운명지어진 사람들일지도 모른다는 샌포드의 말과,[12] 그림자를 이기는 유일한 방법은 그것을 끌어안는 것이라는 분석심리학의 충고[13]에 귀기울일 필요가 있다. 범죄자들을 통해 우리 자신의 그림자를 인식할 때, 우리는 겸손해지고 타인에 대해서 판단을 내리는 것에 더 신중해질 수 있다. 이런 신중함과

12) 존 A. 샌포드, 『융학파 정신분석가가 본 악(惡)』(심상영 옮김)(심층목회연구원 출판부, 2003), 103쪽.

13) 이런 분석심리학의 관점을 영화 <에어리언> 씨리즈로 설명하는 김서영, 『영화로 읽는 정신분석』(은행나무, 2008), 79~82쪽 참조.

반성은 법에 필수적으로 요청되는 것이다. 이런 이해를 바탕에 둘 때, 예컨대 우리나라 형법이 자유형에 상한제를 두고 있는 것은 매우 성찰적인 것이라고 평가할 수 있다. 자유형의 최고치를 높이는 정책은 법정신분석학적으로 평가해 볼 때에는 더더욱 옳지 않다.

[10] 하이멘으로서 법: <공동경비구역 JSA>

〈공동경비구역 JSA〉의 줄거리

판문점 공동경비구역의 북한 초소에서 총격사건이 벌어지고, 북한 병사 정우진 전사(신하균 분)와 최만수 상위(김명수 분)가 사망하고, 오경필 중사(송강호 분)가 부상을 입은 채 발견된다. 남한 병사인 이수혁 병장(이병헌 분)은 다리에 총상을 입은 채 군사분계신 위에 쓰러져 있었다. 사건 경위에 대한 남한측과 북한측의 주장이 엇갈리는 가운데, 사건의 진상을 규명하기 위해 중립국 감독위원회의 법무장교인 한국계 스위스인 소피 E. 장 소령(이영애 분)이 파견된다. 그녀는 판문점에 근무하는 스위스 군의 보타 장군으로부터 '완벽한 중립성에 머물면서 남북한 어디도 자극하지 말라'는 주문을 받는다. 남한 측은 북한이 이 병장을 납치한 것이라고 주장하고, 반면 북측은 이 병장이 갑자기 잠입해서 북한 병사들을 살해했고, 이 병장이 떠나자마자 남한측이 공격을 퍼부었다고 주장한다. 사건의 현장에 있었던 이 병장과 오 중사는 모두 침묵을 지킬 뿐, 아무런 진실을 말해주지 않는다. 장 소령은 사건 현장에 남한측 병사는 이수혁 병장 뿐이었다는 남측과 북측의 주장과는 달리, 당시 이 병장과 함께 초소근무를 했

사진 1. 기념사진을 촬영하는 오 중사, 이 병장, 정 전사

고, 이 병장과 매우 가까웠던 남 일병이 현장에 있었을 것이라고 추측한다. 그러나 남 일병은 거짓말 탐지기를 하겠다고 하자 투신자살한다.

사건의 진실은 남한과 북한의 주장과는 다르다. 그 해 2월, 수색을 나갔다가 혼자 낙오한 이 병장은 지뢰를 밟아서 꼼짝할 수 없는 상황이 된다. 그 때 마침 그곳을 지나던 정 전사와 오 중사가 이 병장을 구해준다. 이 병장은 생명을 구해줘서 고맙다는 편지를 북측 초소로 던지고, 오 중사와 이 병장은 다리를 사이에 두고 편지를 던지면서 주고받는다. 이렇게 서신왕래만 하던 중, 정 전사가 오 중사를 흉내내서 이 병장에게 북측 초소로 넘어오라는 편지를 보내고, 이 날 이후 이 병장은 오 중사와 정 전사를 만나러 종종 북측 초소로 간다. 이 병장은 남 일병에게 오 중사와 정 전사를 소개해준다. 소심한 성격의 남 일병은 군사분계선을 넘기를 주저했지만 이 병장이 적극적으로 설득하고, 그 후 네 사람은 닭싸움을 하거나 공기놀이를 하고 여자친구 사진도 보여주는 등 소소하고 인간적인 정을 쌓아간다. 그러던 중 이 병장이 제대할 때가 다가오고 서로 작별인사를 하던 날, 이들은 김광석 노래를 배경으로 건배를 하고, 주소도 교환하고, 서로 모자를 바꿔 쓴 채로 기념사진도 찍는다. 이렇게 헤어짐을 아쉬워하고 있는 순간 최 상위가 초소문을 열고 들어온다. 최 상위와 이 병장은 서로 총을 겨누고, 상황을 부드럽게 무마하려는 오 중사와 달리 정 전사도 이 병장과 남 일병에게 총을 겨눈다. 상황은 순식간에 진행되어서 남 일병이 최 상위를 쏘고 이 병장이 정 전사를 쏜다. 이 병장은 오 중사의 이마도 쏘지만 총알이 나가지 않는다. 괴로워하던 남 일병은 갑자기 눈빛이 바뀌고 쓰러진 정 전사에게 수차례 총을 발사한다. 잠시 후에 정신을 차린 오 중사가 뒷수습을 하고, 남 일병과 이 병장을 북초소에서 내보낸다. 남 일병은 싸이렌이 울리자 이 병장을 버리고 혼자 남초소로 뛰어가버리고, 다리에 총을 맞은 이 병장은 다리 중간에서 쓰러진다. 그 후에 남한 병사들이 와서 이 병장을 구출한 것이 사건의 전말이다.

한편 대질신문을 하게 되고, 오 중사와 이 병장은 사건 이후 처음으로 서로를 만난다. 여기서 장 소령은 남 일병의 투신장면을 보여주고, 감정이

복받친 이 병장이 진실을 말하려는 순간, 오 중사가 이 병장을 공격함으로써 그의 말을 막는다. 장 소령이 점점 진실을 향해 다가가던 중, 표 장군(기주봉 분)이 장 소령의 아버지가 인민군이었던 사실을 알아내고, 그녀는 직무해제된다. 판문점을 떠나기 전, 장 소령은 남 일병의 동생 남수정의 얼굴을 정 전사가 초상화로 그린 사실을 알게 되고, 여러 정황으로 미루어 보아 네 명의 병사가 오랫동안 친하게 지냈다는 사실을 알아차린다. 장 소령은 이 병장에게 진실을 말해준다면 후임자에게 어떤 증거나 추리도 제공하지 않음으로써 이 병장이 끝까지 보호하려고 하는 사람, 오 중사의 안전을 보장해주겠다고 한다. 이 병장은 장 소령에게 그날 있었던 일을 말해준다. 사건의 전말을 들은 장 소령은 오 중사를 찾아가고, 오 중사는 남성식하고 이수혁을 용서할 수 있겠냐는 장 소령의 질문에 남초소에서 이런 일이 있었다면, 자기가 먼저 쐈을 거라고 대답한다. 이 병장이 용산으로 후송되기 전, 장 소령은 이 병장과 대화를 하면서 오 중사의 말에 따르면, 이 병장의 기억과는 달리, 정 전사를 쏜 것은 남 일병이 아니라 이 병장인 것 같다고 말한다. 이 병장은 정 전사를 쏜 것이 남 일병이었다고 기억하고 있었던 것이다. 그 말에 이 병장은 그 날의 기억을 새롭게 해내고 후송되는 차에 타기 직전, 권총으로 자살한다.

Ⅰ. 냉전의 기호에 의한 넓은 공감대의 형성

지구상에 남아 있는 냉전 이데올로기의 현장으로는 분단된 한반도가 유일하다. 북한은 공산주의와 일당독재의 체제를, 남한은 자본주의와 민주주의의 체제를 취함으로써 한반도의 정치체제는 극단으로 대립하는 두 부분으로 나뉘어져 있고, 공동경비구역(JSA)은 그 둘 사이의 중간지대이다. JSA는 이런 냉전의 최대 격전지를 상징할 수도 있지만, 동시에 두 체제가 소통하는 통로를 상징할 수도 있다.

이를 기호론적으로 읽어보면, JSA는 법의 의미구조를 나타내는 기호가 될 수 있다. 왜냐하면 예컨대 힘과 도덕, 실정법과 자연법, 남성과 여성, 강자와 약자, 자유와 평등 등과 같이 서로 정반대편에 위치하면서 대립하는 이항대립의 짝들이 법을 구성하고 있기 때문이다. 영화 <공동경비구역 JSA>는 두 이념의 대립이 죽음이라는 파국적 결말을 가져올 수도 있지만, 동시에 소통할 가능성도 있는 것임을 보여준다. 데리다가 말한 하이멘(Hymen)은 이런 기의를 갖고 있는 기표가 될 수 있다.

이 단락에서는 법의 기호를 하이멘으로 설정하고, 그 기호의 담지자가 공동경비구역이라고 파악함으로써 하이멘과 법의 정신분석학적 의미를 읽어내보기로 한다. 이런 해석을 통해서 도대체 왜 이 영화가 시대에 뒤떨어진 냉전의 소재를 가지고 그 수많은 관객들을 동원할 수 있었는지도 이해할 수 있게 된다. 냉전의 소재는 전세계적으로 볼 때, 특히 헐리우드 영화의 소재 변화에서 보면 더욱 더 시대에 뒤떨어진 것이 된다. 수많은 관객들이 이 영화에 공감하는 이유는 아마도 이 영화가 의식의 '전일성'(Einheit)을 회복·유지하려는 인간의 본성에 크게 부합했기 때문일 것이다. 이제 그 점에 대해서 살펴보기로 한다.

Ⅱ. 대립과 소통의 공동경비구역

1. 극단의 경계와 소통의 유혹

남한과 북한은 가깝고도 멀다. 제3자인 스위스 군법무단 소속 장 소령이나 스웨덴 육군 페르손 대위에게는 '생각보다 굉장히 가깝고, 방귀뀌는 소리까지 들을 수 있다는 정도의 거리'에 있다.

반면에 남북의 병사들에게는 서로 얼굴을 마주하면서도 절대로 소통을 해서는 안 되는 절대금기의 타자(他者)로서 멀리 떨어져 있는 것이다.

(1) 극단의 대립항

판문점 공동경비구역(JSA)은 남한과 북한의 경계이다. 이곳에 있는 다리는 '돌아오지 않는 다리'로 불린다. 자본주의를 대변하는 남한의 표 장군과 공산주의를 대변하는 북한의 최 상위는 이항대립적인 각각의 축을 상징한다. 표 장군은 체제이념의 이항대립적 상황을 이렇게 표현한다.

"세상엔 빨갱이, 그리고 빨갱이의 적만 있어"

표 장군에게 자신의 세계인 자본주의 남한(A)은 곧 공산주의 북한(B)이 '아닌' 것을 의미한다. 다시말해 A는 not B 이다(A = ~B). 그에게 북한 병사는 '마리'로 계산되는 인간 이하의 존재일 뿐이다. 그렇기에 북한 병사 2명을 살해한 이 수혁 병장은 그에게는 '두 마리나 사살한 영웅'이 된다. 반면 남한의 병사들을 괴뢰군이라고 부르는 최 상위의 경우에도 이와 같은 이항대립적 체제이해가 그대로 타당하다. 즉 그에게 북한은 곧 '남한이 아닌 그 무엇'인 것이다(B=~A).

(2) 금지된 소통의 소통 유혹

그러나 이처럼 '절대적으로 소통이 금지된', '너무나 가까우면서도 날카롭게 경계지워진' 공간의 성격은 인간의 심층심리에 들어가서 보면, 오히려 소통의 욕망을 강렬하게 불러일으키는 잠재성을 갖는다. 가장 날카로운 경계이기에 소통에 가장 근접해 있으며, 또한 가장 가까우면서도 절대적으로 금지되어 있기에 그 금지의 위반을 유혹하는 유인이 심층심리적으로는 매우 강하다. 영화 <공동경비구역JSA>의 전반부에는 바로 이 '경계에서의 소통'이 실현된 상황이 그려진다.

2. 하이멘이 된 공동경비구역

남한과 북한의 날카로운 갈림의 공간이었던 공동경비구역은 이수혁 병장, 오경필 중사, 남성식 일병, 정우진 전사, 이 네 사람의 소통에 의해 '경계지우면서 동시에 소통시키는' 하이멘(Hymen)으로 그 성격이 변화된다.

(1) 데리다의 하이멘 이론과 그 재해석

하이멘은 어원적으로 그리스 신화의 '결혼의 신'과 '처녀막'이라는 두 가지 의미를 갖고 있다. 데리다(Derrida)에 따르면 하이멘은 결혼이 상징하는 '융합'과 처녀막이 상징하는 '분리'를 동시에 의미하는[1] 모순적 상태의 사이성(in-betweenness)을 의미한다. 데리다는 하이멘의 은유를 통해서 여성성과 남성성이라는 이항대립적 성차가 지워진, 셀수 없이 다양한 다성적 섹슈얼리티를 제안한다. 하이멘(처녀막)은 여성의 몸의 내부도 아니고 외부도 아니기에 외부와 내부라는 이항대립을 해체하며, 마찬가지로 남성성과 여성성의 이항대립도 유지될 수 없는 허구가 된다. 또한 하이멘(결혼, 성교)을 통해 남성성과 여성성이 융합됨으로써 이항대립이 해체되고, 그 경계가 희미해지면서 '정체성이 확정되지 않은, 성적으로 표시된 다성적 목소리들'이 출현할 수 있다는 것이 데리다의 설명이다.[2] 하지만 하이멘의 사이성(in-betweenness)과

1) 자세히는 Robert Greer Cohn, "Mallarmé on Derrida", *The Frendch Review* (Vol. 61, No. 6, May, 1988), 884쪽 참조.

하이멘의 쾌락은 성차의 '융합'이 아니라, 여성성과 남성성이라는 성차적 코드가 유지되면서[3] 그 두 코드가 '소통'함으로써 발생하는 행복감이다. 그렇기에 하이멘은 융합도 분리도 아닌, 소통가능성으로 재해석될 수 있다. 데리다가 하이멘이 "처녀성(virginity)을 보호하는 것으로서...폭력적으로 뚫리거나 파괴(violently piercing or breaking)" 되는 것이라고 개념화하는 것[4]은 하이멘의 소통적 차원을 간과한 것이다.[5] 하이멘은 데리다의 개념화처럼 성차 해체의 기호인 것이 아니라, 성차를 통한 행복감의 기호이다.

(2) 하이멘의 행복과 금지된 만남의 쾌감

이수혁 병장과 남성식 일병이 반복적으로 북측 초소로 가게 되는 동기는 '의식의 차원'에서는 물론 인간적인 우정이다. 하지만 '심층심리의 차원'에는 다른 이유가 있다. 타자와의 조우가 주는 쾌감, 그러니까 만남이 금지된 두 극단이 만난다는 것 자체가

2) Jacques Derrida/Christie V. McDonald, "Choreographies: Interview", in Nancy J. Holland(ed.), *Feminist Interpretations of Jaques Derrida* (The Pennsylvania State University, 1997), 39~40쪽; 데리다는 이원적이지 않은 차이로서 성(nonbinarized differential understanding of the relations between the sexes)을 말하면서, 성차가 부여되기 이전의 섹슈얼리티는 이원적 구조로 포착되지 않는 근원적 불확정성을 가지고 있다고 한다. 이에 대해서는 Elizabeth Grosz, "Ontology and Equivocation: Derrida's Politics of Sexual Difference", in Nancy J. Holland (ed.), *Feminist Interpretations of Jacques Derrida* (The Pennsylvannia State Universitiy, 1997), 88~89쪽 참조.

3) 다성성을 강조하는 데리다와, 데리다의 사상을 수용하면서도 여성성과 남성성이라는 성차를 강조하는 이리가레이의 이론에 대한 비교는 신경원, 「데리다의 하이멘 경제와 이라가라이의 '타자의 타자'」, 『영미문학 페미니즘』(제8권 제1호, 2000), 105~106쪽 참조.

4) Jacques Derrida/Christie V. McDonald, "Choreographies: Interview", in Nancy J. Holland(ed.), *Feminist Interpretations of Jaques Derrida* (The Pennsylvania State University, 1997), 32쪽.

5) 참고로 하이멘은 막이 아니며, 구멍이다. 처녀막은 막이 아니기에, 파괴되거나 사라질 수도 없다. 그러므로 '처녀막'이나 '처녀성'이라는 개념은 거짓이다. 하이멘은 단지 소통가능성을 가진 구멍일 뿐이고, 그렇다면 '처녀'도 없고, 또한 '처녀가 아닌 여자'도 없다. 모든 여성은 단지 하이멘을 가지고 있을 뿐이다.

주는 쾌감, 바로 그것이다. 서로에게 금지되어 있으나 심층심리적으로는 매우 가까운 두 극단이 소통할 때 느낄 수 있는 행복감과 쾌감을 네 사람 모두 체험한 것이다. 이들은 표 장군(A=~B)이나 최 상위(B=~A)와는 달리 'A이면서 동시에 B일 수 있는', 그런 만남에서 행복감을 느낀다. 그러나 이 행복감은 각각이 A와 B에 소속되어 있을 때, 다시 말해 A와 B라는 서로 구분되는 '코드'가 서로에 대해 타자로서 존재하고 있을 때에만 가능한 것이다. 완전한 통합이 이루어져서 A가 곧 B가 되고 B가 곧 A가 되어서 둘이 하나의 코드가 되어 버리면, 하이멘이 주는 행복감도 사라져버린다. 여기서 자본주의를 남성성, 사회주의를 여성성이라고도 할 수 있다. 이렇게 기호화하는 것은 자본주의가 이성을 통한 자연지배, 약육강식의 논리, 쾌락의 추구 등 남성성(또는 父性)의 가치를 대변하는 반면, 사회주의는 약자에 대한 돌봄, 개발보다는 복지, 쾌락의 절제 등과 같은 여성성(또는 母性)의 가치를 의미하기 때문이다. 하이멘이 주는 행복감과 쾌감은 남성성과 여성성의 만남으로 가능해지는 것이다. 남성성과 여성성은 서로에 대해 타자이면서 동시에 가장 가깝다.[6] 하이멘의 행복감과 쾌감은 남성성과 여성성이 두 가지의 코드로서 존재할 때만 가능하며, 만약 남성성과 여성성이 하나의 코드로 합쳐져서 '단일한 코드'만 남게 된다면, 하이멘의 행복감은 사라져버린다.

[공산주의와 사회주의 및 사회국가의 구분] 여기서 하이멘이 법의 기호로 이해될 때에는 단서 하나를 잊지 않아야 한다. 이 글

6) 남성성과 여성성이 '타자이면서 가장 가까운' 이유는, 남성성과 여성성은 서로 분리되는 코드이기에 서로에 대해 '타자'인 반면 — 융의 아니마와 아니무스 연구에서도 드러나듯이 — 남성성 안에 언제나 여성성이 내재해 있고, 여성성 안에 언제나 남성성이 내재해 있는 것이기에 '서로를 내재하고 있는 타자'이기 때문이다. 아니마와 아니무스는 이 책 [천하장사마돈나] 단락 참조.

에서 두 극단 사이의 소통을 이야기할 때, 남한의 자본주의와 민주주의 체제에 대립하는 반대쪽의 체제란 <공동경비구역JSA>에서 그려지고 있는 북한의 공산주의와 일당독재의 체제를 의미하는 것은 아니라는 점이다. 이 글이 '소통의 대상'이라고 말하는 반대쪽의 체제는 공산주의와 일당독재의 체제인 현실 북한이 아니라, 자본주의와 소통하여 사회국가나 사회복지국가로 재해석된 극단으로서 사회주의를 가리킨다. 그러므로 하이멘을 법의 기호로 옮겨올 때에는, 북한의 현실체제를 의미하는 것이 아니라, 사회주의의 이상적인 체제를 상정하는 것임에 주의를 요한다. 그러니까 이하에서는 '영화 속의 북한'을 현실의 북한과는 다르게, 자본주의와의 소통 속에서 재해석된 사회주의를 구현한 체제를 의미하는 것으로 보기로 한다. 그러나 현실에서는 유럽의 사회국가 특히 북유럽의 복지국가가 사회주의를 민주주의와 결합하여(사회민주주의, 사민당의 정치노선) 실현하고 있음을 간과해서는 안된다. 민주주의 없는 사회국가는 오늘날 불가능하다.

3. 영화 속 하이멘의 구조

하이멘에 의해 분리되면서도 소통을 욕망하는 영화 속의 인물로 이 병장, 남 일병, 오 중사, 정 전사가 있다. 이들을 남성성과 여성성이라는 이원적 코드로 풀어보기로 한다.

(1) 남성성과 여성성의 배열

영화 속에서 남 일병은 여성성, 이 병장은 남성성, 그리고 정 전사가 남성성, 오 중사는 여성성을 상징한다. 남 일병이 여성성을 상징한다는 분석은 그가 이 병장을 만나기 이전에는 여동생하고만 놀고 친구도 거의 없었다는 여동생의 말과, 오 중사와 정 전사를 만나기 전까지 남 일병이 이 병장과는 대비되게 보여주었던 얌전함과 소심함 등을 근거로 한다. 반면 이수혁 병장은 동료

군인들로부터 '진짜 남자, 보통 놈이 아닌 독한 놈'이라는 평을 들으며, 속사수로 이름이 있다는 점에서 전형적인 남성성을 대변한다. 그는 북측 초소에서 최 상위와 마주쳤을 때에도, 놀라 넘어져버린 남 일병과는 달리 꿋꿋하게 최 상위와 총을 마주 겨눈다.

다음으로 정 전사가 남성성을 상징한다는 점은 아버지가 일찍 돌아가셔서 '집에 사내라고는 나 밖에 없다'는 그의 말과, 이 병장이 지뢰를 밟은 채 처음 오 중사와 정 전사를 만났을 때, 연민을 갖고 이 병장을 도와주는 오 중사와는 달리 '그냥 가자'며 냉정한 모습을 보이는 것에서 끌어내진 것이다. 반면 오 중사가 이 병장이 밟은 지뢰를 해체함으로써 이 병장을 살려준 것은 모

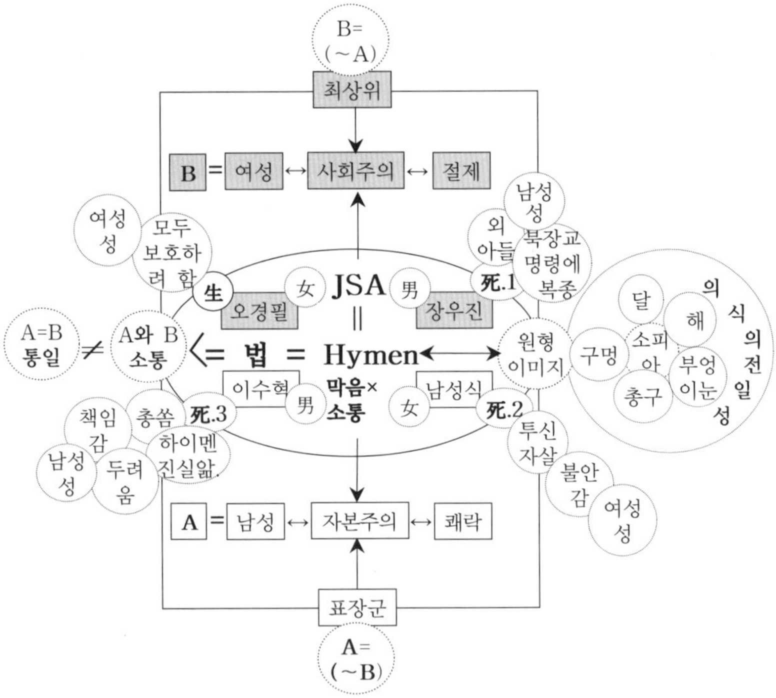

성적인 모습으로 읽힐 수 있으며, '돌아오지 않는 다리'를 건너 온 남 일병을 포옹하며 '따듯하구만'이라고 말한 것에서도 군인이라는 남성성에 얽매이지 않는 여성성을 보여준다.

(2) 정의의 코드

자본주의를 남성성, 그리고 사회주의를 여성성이라고 말한다면, 자본주의 안의 남 일병과 이 병장이 각각 여성성과 남성성을 드러내는 것은 남성성 안의 여성성과 남성성을 의미하고, 사회주의 안의 오 중사와 정 전사는 여성성 안의 남성성과 여성성을 의미한다. 남성성과 여성성은 이렇게 서로에 내재해있으며, 하이멘에서는 다층적인 차원의 여성성과 남성성이 서로 소통하며 행복감을 느낀다. 하이멘에서 느껴지는 행복감은 인간이 행복하려면 남성성과 여성성, 자본주의와 사회주의가 모두 코드로서 존재해야 함을 말해준다. 남성성과 여성성은 모두 한 인간 안에 공존하는 코드들이며, 어떤 코드가 의식화되는가에 따라 남성성과 여성성이 외적으로 판별된다.

유년기에 이루어지는 정의감각의 성장에 대한 연구는 자본주의와 사회주의라는 서로 대립하는 이념들이 한 사람의 잠재의식 속에 '코드'로서 공존한다는 점을 보여주기도 한다. 정의감각의 성장에 대한 연구에 따르면, 아이는 유년기에 신권주의적 정의, 무정부주의적 정의, 원시공산주의, 진보적 공산주의, 사회주의, 자유주의, 국가주의와 같은 다양한 정의감각들을 단계별로 발달시킨다고 한다. 이 모든 '정의의 코드들'은 한 사람의 잠재의식 속에 공존하고 있다. 법은 이 코드들 중 적합한 것을 상황에 따라 의식으로 불러내는 과제를 수행하는 것이다.[7)] 이렇게 본다면 법

7) 유년기의 정의감각의 성장과, 이와 관련한 법적 제도의 기능을 고찰하는 Albert A. Ehrenzweig, "Psychoanalytical Jurisprudence: A common lan-

이론이란 인간에게 본질적으로 존재하는 정의'충동'을 해소하는 양식들이 되며, 어떤 법이론이 어느 사회, 어느 시대에 지배적이라는 것은 그 이론이 정의감정을 모으고, 정의충동을 해소하는데 가장 유용하고 효율적이라는 것을 말해준다.

Ⅲ. 의식의 전일성으로서 하이멘과 휴머니즘

1. 의식의 전일성을 회복하는 공간

공동경비구역이라는 하이멘은 남성성과 여성성이 다층적으로 조우하면서 각자가 융이 말하는 의식의 전일성을 회복해가는 공간이기도 하다. 영화 속에서 의식의 전일성은 달, 총구, 부엉이의 눈 등의 다양한 원형 이미지를 통해 형상화되고 있기도 하다.

(1) 남 일병의 의식의 전일성

이를 먼저 남 일병을 예로 설명해보자. 네 사람 사이에 인간적인 정이 쌓여 가면서 '친구라고는 여동생 밖에 없으며' 소심하고 불안정했던 남 일병은 점차 잠재해 있던 남성성을 발휘하며 가까운 친구들을 만들어간다. 이를테면 남 일병은 정 전사의 구두를 닦아주면서 "마, 군인이 한번 가르쳐 주면 제대로 해야지"라고 말하기도 하는데, 여성적인 남 일병이 군인성과 남성성을 발현하기 시작하는 것이다. 남 일병은 넷 중에서 탄환으로 하는 공기놀이를 제일 잘 하기도 한다. 게다가 자신의 여자친구라면서 고소영의 사진을 보여주고, 닭싸움을 하는 등 남성적 호기를 부

---

guage for Babylon", *Columbia Law Review* (Vol 65., No. 8, Dec., 1965), 1356~1359쪽 참조.

린다. 영화의 이런 장면들은 하이멘 속에서 남 일병이 자신의 여성성 안에 내재해 있던 남성성과 조우함으로써 의식의 전일성을 회복해가는 것을 의미한다.

네 사람이 작별 인사를 하는 날, 유연한 오 중사와는 달리 더 경직된 군인의 모습을 보이던 정 전사가 남 일병이 건네준 생일 선물에 감동을 받아서 처음으로 남 일병을 '동지'가 아니라 '형'이라고 부르며 눈물을 흘린 것, 남 일병이 '고조 우누만'이라며 북한 말투를 흉내내고, 이 병장, 오 중사, 정 전사, 남 일병이 군인으로서 정체성을 의미하는 '군인 모자'를 서로 바꿔 쓴 채 기념 사진을 찍는 모습 등은 자본주의와 사회주의, 여성성과 남성성이 다채롭게 소통하는, 풍성하고 행복한 하이멘의 모습을 잘 보여준다.

(2) 오 중사의 의식의 전일성과 휴머니즘

오 중사는 다른 세 인물에 비해, 네 사람이 소통을 하기 이전부터도 다양한 코드들 사이의 소통을 상당한 수준으로 성취한 인물이다. 그는 남성성과 여성성, 자본주의와 사회주의라는 코드들을 통합하지 않고 각각의 코드로 유지하면서도, 그 코드들 사이의 소통을 잘 이루고 있다. 그 점은 우선, 그가 사회주의를 선택했지만, 폐쇄적이지는 않다는 점에서 확인된다. 오 중사는 미제 라이터를 좋아하고, '중사 동지는 어째 미제라면 그렇게 오금을 못 씁네까'라는 정 전사의 핀잔에도 여유롭게 '너도 한번 써보라, 왜 미제가 위대한지 금방 알게 돼'라며 유연한 모습을 보인다. 그는 이 병장이 자신을 처음부터 형이라고 부를 때에도, '맨날 동지 소리만 듣다 형이라는 말을 들으니 좋다'고 대답하고, 이 병장이 보내준 남한 노래들도 긍정적으로 평가하며, 남한 가수 김광석의 감성에 젖어들기도 한다. 이러한 개방성은 그가 아프리카, 아랍 등 해외에서 군사교관을 10년간 했다는 점에서 나오는 듯하다.[8] 북한이 아닌 다른 세계의 다양한 관점들을 경험한 그는 다른 세 인물들 보다 '소통적'이다. 그는 개방성을 가지고 있지만, 자신의 코드를 흐릿하게 만들지 않는다. 이 병장이 초코파이를 좋아하는 오 중사에게 '초코파이를 배터지게 먹을 수 있다'면서 남한으로 가자고 할 때, 오 중사는 정색을 하며 말한다.

> "내 꿈은 말이야, 언젠가 우리 공화국이 남조선 보다 훨씬 더 맛있는 과자를 만드는 기야. 알갔어? 그 때까진 어쩔 수 없이 이 초코파이를 그리워할 수 밖에 없어"

오 중사의 이 말은 '세상엔 빨갱이, 그리고 빨갱이의 적만 있다'는 표 장군(A=not B)이나 최 상위(B=not A)의 이분법적 사고와는 달리, 사회주의(B)가 단지 초코파이가 부재한 사회(not A)인 것이 아니라는 점과, 동시에 그가 자본주의(A)를 배타적으로 거부하는 것이 아님을 보여준다. 오 중사가 남한의 초코파이나 미제 라이터를 거리낌 없이 좋아하는 것은 그가 '사회주의 아니면 사회주의의 적'이라는 이분법적 사고에 빠져있지 않고, 두 코드를 소통시킨다는 점을 잘 보여주는 상징이다. 오 중사는 사회주의라는 자신의 코드를 유지하면서도, 다시 말해 하나가 되어야 한다는 통일 이데올로기와 거리를 두면서도, 자본주의와 즐겁게 소통하는 하이멘적 사고를 가장 잘 보여준다.

오 중사는 자본주의와 사회주의의 코드뿐만 아니라, 남성성과 여성성의 코드 또한 잘 소통시키고 있다. 이 병장을 구해주는 것이나 남 일병을 환영해주는 것 등에서 보듯, 그는 보통의 군인들

---

8) 그래서 최 상위는 오 중사가 '외국 좀 돌아다녔다고 난 척한다'며 못마땅해하기도 한다.

이 보이는 경직성이 아닌 따뜻한 모성을 발휘하기도 한다. 이는 그가 잘 발달된 여성성을 갖고 있음을 의미한다. 그런데 오 중사는 여성성과 함께 '사람을 몇 번 쏴봤다'는 강한 남성성 또한 발현하기도 한다. 이 병장이 자신이 속사수라며 정 전사와 오 중사에게 총을 재빠르게 뽑아들며 자신의 남성성을 어설프게 과시했을 때, 오 중사는 '사람 쏴봤어? 난 몇 번 해봤어'라며 이 병장에게 '실전에서는 뽑는 속도 같은 건 중요하지 않고, 얼마나 침착한가, 얼마나 빨리 판단하고 대담하게 행동하느냐가 전부'라고 말해주는 강한 남성성을 보인다. 이처럼 오 중사는 강한 여성성과 강한 남성성을 모두 갖추고서 어느 하나에 함몰되지 않은 채 두 코드 사이에서 균형을 잘 잡고 있다.

(3) 하이멘의 소통으로서 휴머니즘

이와 같은 성찰적이고 성숙한 태도는 영화의 끝에서 장 소령이 '이수혁과 남성식을 용서할 수 있겠냐'고 물었을 때, "우리가 남측 초소에서 그런 일을 당했다면은, 내가 먼저 쐈을 겁니다"라는 대답을 할 수 있게 한 기반이다. 이분법을 넘어서면서도 코드를 유지하는 성숙함은 상대방의 입장으로 관점을 옮길 수 있는 상호성을 가능케 한다. 이런 상호성은 진정한 휴머니즘의 단초이다. 이처럼 하이멘의 '경계지우면서 소통시키는' 성격은 휴머니즘의 내포를 새롭게 제시해준다. 한민족의 통일은 때때로 휴머니즘을 표방하고 있다. 하지만 통일은 소통의 결과로 저절로 일어나는 것이어야지, 이즘(주의)으로 기능하게 되면, 지젝이 지적하는 바와 같이 휴머니즘으로부터 멀어진 '이데올로기적 환상'[9] 이 되기 쉽다.

9) 이수연, 「라깡과 영화비평: 라깡의 이데올로기 개념으로 접근한 한국 정치영화」, 김상환 · 홍준기 엮음, 『라깡의 재탄생』(창비, 2009), 644쪽 참조.

[환상으로서 이데올로기] 지젝(Žižek)의 이데올로기론에 따르면, 이데올로기는 환상이다. 지젝은 통합적인 '사회'란 존재하지 않는 허구이며 단지 다양한 적대들의 접합만이 있는 것이라는 라클라우와 무페의 입장을 받아들여서, 분열되어 있는 사회에 '통합된 사회'라는 이미지를 만들어주는 것이 이데올로기의 환상으로서의 역할이라고 분석한다.[10] 이데올로기라는 환상은 역설적으로 사회의 안정화를 위한 조건이 된다. 그런데 환상으로서 이데올로기는 '진실'의 문제가 아니며, 실재와는 무관하게 텅 비어있는 것이다.[11] 이런 맥락에서 지젝은 환상은 해석(interpret)되는 것이 아니라 횡단(tranverse)될 수 있을 뿐이라고 설명한다.[12]

휴머니즘은 인종과 혈통, 체제와 이념을 넘어서서, 각자가 각자의 모습을 한 채로 전개되는 소통을 내용으로 할 때 비로소 진정한 것이 된다. 다시 말해 다른 것들이 다른 것으로 존재하면서 발생하는 상호적인 관용과 소통이야말로 휴머니즘적이라고 말할 수 있는 것이다. 소통이 없다면 중립도 궁극적으로는 휴머니즘일 수 없다. 보타 장군(크리스토프 호프리히터 분)이 76명의 인민군 제3세계 포로를 냉정하게 거부한 중립국 스위스와 스웨덴의 사례가 '중립국이 얼마나 휴머니즘적인가'에 대해 의문을 품게 한다고 말한 것은 바로 소통 없는 냉정한 중립이 진정한 휴머니즘일 수 없음에 대한 반성이다.

---

10) 자세히는 주은우, 「라깡과 지젝: 슬라보예 지젝의 라깡-헤겔-맑스주의」, 김상환·홍준기 엮음, 『라깡의 재탄생』(창비, 2009), 564~565쪽 참조.

11) 그렇기 때문에 서구의 대표적인 이데올로기인 반유태주의에 대한 비판은 '그것은 유태인에 대한 진실이 아니다'라는 것이 아니라, '반유태주의에서 말하는 유태인에 대한 관념은 유태인과 아무런 상관이 없다'는 것이 된다. 자세히는 김범춘, 「슬라보예 지젝의 이데올로기론에 관한 비판적 접근」, 『시대와 철학』(제19권 제2호, 2008), 88쪽 참조.

12) 슬라보예 지젝, 『이데올로기라는 숭고한 대상』(이수련 옮김)(인간사랑, 2002), 220쪽.

(4) 하이멘의 기능조건

공동경비구역은 이 병장, 남 일병, 오 중사, 정 전사에게'만' '하이멘'이고, 그 공간이 하이멘이라는 사실은 이들'만'이 공유하는 진실이다. 보타 장군의 말처럼 '진실을 감춤으로써 평화를 유지하는 곳'인 공동경비구역이 하이멘이라는 진실이 밝혀질 경우, 하이멘은 그 기능을 상실하게 될 것이다. 장 소령이 오기 전까지, 남한과 북한이 구성한 사건의 내용들, 즉 북한이 주장하는 기습테러공격이나 남한이 주장하는 납치설에는 그 공간이 하이멘이라는 사실이 밝혀져 있지 않다.

그러나 '여성'인 장 소령[13]은 표 장군이나 최 상위 등의 남성들과는 달리 직관적으로 그 공간에 특별한 진실이 있음을 감지하고, 진실을 발견하기 위한 수사를 계속한다. 장 소령의 수사가 성공할수록, 다시말해 장 소령이 진실에 다가갈수록, 네 사람이 공유하는 하이멘이 기능을 상실할 가능성이 점점 더 현실화된다.

사진 2. 이수혁 병장을 대상으로 수사를 진행하는 장소피 소령

2. 삶과 죽음을 가르는 하이멘

영화 <공동경비구역 JSA>에서 네 명의 인물들이 살고 죽는 것, 더 정확히는 조금이라도 더 살고, 조금이라도 더 일찍 죽는 순서는 공동경비구역이 담지하는 법의 기호인 하이멘의 진실을 신뢰하는 정도, 그리고 그것을 지키려는 의지의 강도와 상관관계

13) 장소피 소령은 53년 이래 판문점에 부임한 최초의 여군으로 설정되어 있는데, 이런 설정은 하이멘을 중심으로 영화를 비평할 때 상징적 의미를 가진다.

를 맺고 있다. 이것이 우연적인 결과인지 감독의 의도된 설정인지는 여기서 중요하지 않다.

(1) 죽음으로서 하이멘의 외면

최 상위는 네 사람 이외에 공동경비구역이 하이멘 상태에 있다는 것을 가장 먼저 알아차린 사람이다. 그리고 최 상위는 하이멘을 막음으로써 그 기능을 없애버리려고 한다. '이 새끼들은 적이니까 무장해제시키라'는 최 상위의 명령에 정 전사는 아주 잠깐 망설이지만, 즉각 그 명령을 따른다. 그는 가만히 있으라며 사태를 수습하고 하이멘을 지키려는 오 중사의 명령을 따르지 않으면서 이 병장에게 총을 겨눈다. 이런 정 전사의 행동은 소통을 막아버리고 상황을 다시 단절되어 있던 이전 상태로 되돌리려는 최 상위에게 협조하는 것이고, 하이멘의 행복감을 쉽게 포기하는 행동이다. 그렇기에 정 전사는 가장 먼저 죽는다.

그 다음으로 남 일병이 투신자살을 하고 남 일병의 자살 이후, 이 병장이 권총자살을 한다. 그런데 남 일병의 자살은 여성성을, 이 병장의 자살은 남성성을 드러낸다. 자살의 동기 측면에서, 거짓말탐지기를 사용해서 수사를 하겠다는 말에 동요하고 불안해하며 투신자살을 하는 남 일병의 자살은 여성적 히스테리[14]의 모습을 띄고 있다. 이에 비해 남 일병의 투신에 대한 책임감과, 자신의 기억과는 달리 자신이 정 전사를 살해했다는 죄책감으로 권총자살을 하는 이 병장은 남성적 책임감을 보여준다. 그러나 이 두 사람의 자살은 히스테리나 죄책감으로는 다 설명되지를 않는다. 그런 의식적 동기보다 더 심층적인 원인, 즉 '하이멘을 상실할 것에 대한 공포감'이 그들이 자살한 근본적인 원인

14) 히스테리 환자는 주로 여성이고, 강박증 환자는 주로 남성이라는 브루스 핑크, 『라캉과 정신의학』(맹정현 옮김)(민음사, 2008), 209~210쪽 참조.

이다. 자신들에 의해 하이멘의 진실, 즉 A(∼B)와 ∼A(B)가 소통했다는 진실이 탄로 나고, 그로 인해 하이멘을 상실할 것에 대한 두려움이 이들로 하여금 죽음을 선택하게 한 것이다. 남 일병이 추락하면서 이 병장과 눈이 마주치는 장면은 이 두 사람이 같은 두려움과 공포를 공유하고 있다는 점을 상징적으로 보여준다.

(2) 생명으로서 하이멘의 지킴

위와는 정반대로 영화 <공동경비구역 JSA>는 하이멘을 지키려는 노력의 정도에 비례하여 영화 속 등장인물들에게 조금이라도 더 긴 삶을 실현시켜준다. 이것은 하이멘이 가진 진실의 힘을 신뢰하고 그것을 지키려는 노력, 바꿔 말하면 의식의 전일성을 유지하고 휴머니즘에 지향하는 정신이 곧 인간을 살아있게 만드는 것임을 뜻한다. 처음부터 이 병장이 형이라는 호칭을 쓰는 것을 긍정적으로 받아들인 오 중사에 비해, 정 전사는 작별하는 순간의 마지막까지도 남 일병을 동지라고 부르다가 생일선물을 받고서야 겨우 형이라고 부른다. 오 중사에게 공동경비구역이라는 하이멘이 삶의 진실이고 삶 그 자체였다면, 정 전사는 그것이 삶의 진실임을 진심으로 수용하지 못하고 남측과의 잠깐의 교류라는 삶의 한 에피소드로서만 받아들였던 것이다. 정 전사는 이데올로기가 환상의 하나일 뿐이라는 삶의 진실을 인식하지 못하고, 이데올로기적 환상에 사로잡혀 있다. 오 중사와 이 병장이 북초소에서 서로를 만나기 전 편지를 통해 인간적인 소통을 했던 것에 반해, 정 전사는 처음 북초소로 온 이 병장에게 이렇게 말한다.

> "분단의 반세기. 그 오욕과 고통의 세월을 뛰어넘어 통일의 물꼬를 트러오신 이수혁 상병 동지를 열렬히 환영합네다."

오 중사는 이 병장의 방문을 이데올로기를 넘어선 인간적인 것으로 이해했고, 그에게 이데올로기는 단지 '환상'일 뿐 삶의 진실은 그 너머의 '소통'에 있는 것이었던 반면, 정 전사는 이 병장의 방문을 이데올로기 위에서 해석한다. 이렇듯 정 전사는 하이멘이 삶의 진실임을 깨닫지 못했고, 그렇기에 가장 쉽게 하이멘을 외면한 채 이 병장과 남 일병에게 총을 겨눌 수 있었으며, 삶의 진실을 외면한 댓가로 가장 먼저 죽음을 맞이한다.

남 일병도 하이멘의 진실을 깊이 신뢰하지는 못했다. 남 일병에게 하이멘이 삶의 희망이었음은 남 일병이 거울놀이를 하는 장면에서 잘 드러난다. 어느 날 북초소에서 거울 신호를 보내오고, 남 일병은 눈을 감은 채 거울 신호의 밝은 빛을 마치 햇볕을 쬐듯 받으며 행복해한다. 자신 안의 남성성과 여성성을 소통시키는 하이멘은 그에게 생명을 주는 생명수와도 같다. 하지만 그는 그런 인간적인 소통을 하면서도, '귀순 병사가 북초소에 근무하는 병사들은 남측 병사들을 월북 시키려고 교육받고 근무서는 거라고 했다'면서, 끝끝내 의심을 버리지 못한다. 이런 그의 불신은 최 상위가 북측 초소로 들어서서 대치 상태가 되었을 때 한 말에서도 드러난다.

> "이거 다 짜고 하는 거 아닐까요?"

투신자살이라는 히스테리적 반응은 이처럼 그가 공동경비구역의 하이멘을 삶의 희망으로 경험하면서도 동시에 그에 대한 깊은 불신을 떨쳐버릴 수 없었음에서 나온다. 희망과 불신 사이에서 남 일병의 정신은 분열되었고, 그는 히스테리컬하게 죽음을 선택할 수 밖에 없었다.

반면 이 병장은 '우리 월북 시키려고 그러는 거 아니냐'는 남일병의 질문에 생명의 은인인데 그럴 리가 없다고 대답한다. 또한 장 소령이 자신이 인민군의 딸이라는 것을 알았을 때 어땠냐고 묻자 '친근감이 들었다'고 대답한 것도, 그가 사회주의를 적대시해야 할 타자가 아닌 소통의 대상으로 받아들였다는 것을 보여준다. 그러나 이 병장은 하이멘의 진실을 신뢰하면서도 '정말로 전쟁이 나면, 우리도 서로 쏴야되는지' 혼란스러워하고, 북초소에서 위급상황이 발생하자 눈물을 흘리면서 말한다.

"씨발. 형이고 뭐고, 다 필요 없어. 결국 우린 적이야"

이 병장은 자기가 알고 믿고 살아오던 것과 다른 하이멘의 진실 앞에서 혼란스러웠던 것이다. 이 병장의 권총자살은 바로 하이멘의 진실을 신뢰하고 끝까지 지키지 못한 데서 비롯되는 것일 수 있다.

마지막으로 오 중사는 이 병장을 구해주고 남 일병을 따뜻하게 환영해주는 등 하이멘을 여는 핵심 동력이었고, 영화가 진행되면서도 하이멘을 지키는데 성공한다. 오 중사는 대질심문에서 이 병상이 하이멘의 진실을 폭로하려는 순간, 이 병장의 말을 막고 하이멘을 지켜낸다. 또한 그는 장 소령이 수사를 하면서 찾고자 했던 '사라진 탄환'을 사라지게 만든 장본인으로, 장 소령의 수사가 실패하도록 만든 결정적인 인물이다. 오 중사는 라디오에 박힌 탄환을 라디오 채 웅덩이에 던져버렸고, 바로 이런 이유로 장 소령은 탄환 한 발을 끝내 찾아낼 수 없었으며, 그 사라진 탄환이 수사를 미궁에 빠뜨렸던 것이다. 하이멘을 지키는 오 중사는 정 전사, 남 일병, 이 병장이 죽은 후에도 살아남는다.

Ⅳ. 하이멘으로서 법의 미래

하이멘은 법의 기호이다. 영화 <공동경비구역 JSA>는 법이 살아 있는 휴머니즘의 제도가 되기 위해서는, 대립하는 두 극단 사이에 소통이 되어야 함을 보여준다. 그러나 이는 물론 법의 현실이 아니라 법의 미래이다. 몇 가지 예에서 이 미래의 모습을 그려보자.

1. 통일이 아닌 소통의 법

하이멘이 지켜지기 위해선 장 소령의 수사는 반드시 실패해야 한다. 장 소령의 수사가 성공하는 것은 하이멘의 진실이 밝혀지는 것이고, 그 진실이 밝혀지면 하이멘은 기능을 상실할 것이다.

(1) 분단극복의 의미로서 소통

하이멘의 기능 상실은 두 가지 방향으로 가능하다. 하이멘이 막힌 채 다시 A와 B가 소통하지 않는 '분단'과 '단절'의 상태로 돌아가거나, 아니면 하이멘이 완전히 확대되어서 A와 B가 하나로 '통일'되는 것이다. 하이멘이 막혀서 소통이 전혀 불가능해 지는 것이나, 하이멘이 완전히 확대되어서 A와 B라는 코드가 하나로 통합되는 것이나, 하이멘의 기능이 상실된다는 점은 똑같다. A=B가 되어서 하이멘이 너무 확대되고 모두가 하나로 통합되고 나면, 하이멘의 기능인 성적 쾌락 또한 상실되고 만다. 남성성과 여성성이 하나가 되지 않고, 하이멘이 그 둘 사이의 '소통의 매체'일 때에만 하이멘이 주는 쾌감이 살아있을 수 있는 것이다. 소통되지 않는 분단의 상태가 지양되어야 할 상태인 것이지, 다양한 코드와 형식들이 폭파되어 하나가 되어 버리는 통일을 지향해야 하는 것이 아니다. 다시 말해 하이멘은 A=B가 아니다. 하이멘은 A와 B의 '소통'인 것이다. '분단'은 '통일'의 반댓말이 아니라, '소통'의 반댓말이다. 그러므로 우리 민족이 분단의 시대를 극복한다는 것은 하이멘으로 나아가는 것, 즉 '소통'을 향해 나아가는 것이다.

(2) 세계화 시대와 법다원주의

이처럼 미래의 법은 통일이 아닌 소통을 지향하는 법이 되어야 한다. 이를테면 여성 정체성을 가졌지만 성전환수술을 하지 않은 생물학적 남성에게 남성이라는 통일된 성별을 부여하는 것이 아니라, 그런 성적 정체성을 또 다른 성으로 인정하는 식의 유연한 개방성을 가진 법이 바로 소통의 법이다. 법다원주의의 요구도 통일이 아닌 소통의 논리를 내재화하고 있다. 예컨대 정리해고는 무조건 인권침해라거나, 아니면 (미국처럼) 자유의 향유인 것이라는 통일적인 평가를 받는 것이 아니라, 각국의 노동환경과 공론의 상황에 따라 다르게 판단될 수 있다. 특히 세계화 시대에 통일이 아닌 소통의 논리는 신진국과 개발노상국, 서구문명과 이슬람문명 등등의 관계를 정립하는 등대불이 되어 줄 것이다.

2. 민주적 법치국가와 국가보안

이런 소통을 남성성과 여성성의 배합이 실존적으로 결정되는 것에 비유할 수 있는 것처럼, 자본주의와 사회주의의 배합도 역사적으로 결정되는 실존적 성격의 소통이라 할 수 있다. 근대화 이후 그런 인류의 역사적 실존은 역사적 경험을 통하여 반성적으로, 사회국가조항을 가진 민주적 법치국가의 체제를 이루는 방향으로 발현되어 왔다. 그리고 그것이 바로 현재 우리의 체제이다. 소통의 논리에서 바라볼 때, 이런 체제 속에서 꾸준히 논란이 되어온 국가보안법의 존폐 문제도 새롭게 읽힌다.

영화 속에서 표 장군으로 대변되는, 이항대립적인 사상의 국가보안법으로는 과거의 반공법을 들 수 있다. 반공법은 하이멘을 완전히 막아버림으로써 소통을 할 수 없도록 만든다. 이에 반해 방어민주주의의 이념을 실현하는 방향으로 작동하는 현재의 국가보안법은 하이멘의 소통을 방해하는 것이 아니다. 민주적 법치국가가 사회주의 체제와 소통하는 경우에, 민주적 법치국가는 자신의 체제가 현실사회주의의 체제가 되어버리지 않도록 경계해야만 한다. 그렇지 않으면 더 이상의 소통도 불가능해진다. 민주적 법치국가의 법은 대립적인 두 극단의 코드를 하나로 통합하는 법이 아니라, 코드의 경계를 설정하면서도 그 코드들을 소통시키는 하이멘이어야 하는 것이다. 그렇기 때문에 민주적 법치국가가 자기방어적 기제를 갖는 것은 반드시 필요하다. 여기서 만일 국가보안법이 사회주의체제와 소통하면서 휴머니즘을 실현하면서도, 민주적 법치국가라는 정체성을 유지하는 '민주적 법치국가의 자기방어적 기제'로 기능하는 것이라면, 국가보안법은 여전히 하이멘으로서 기능하는 법이라고 평가할 수 있다. 적화통일의 위험을 경계하는 법은 코드의 통합을 방지하는 법으로서, 하이멘의 소멸을 막는 법이라 할 수 있다.

3. 하이멘은 살아 있다

하이멘의 소통으로 기호화된 법이 과연 미래에 더욱 발전할 것인지는 물론 의문이다. 이 의문은 영화 속에서 네 사람이 보이는 각기 다른 반응을 생각하면 더 커진다. 현실에서 사람들은 오 중사처럼 성숙한 태도를 보이기 어려우며, 대부분은 아마 정 전사처럼 그 진실을 아예 외면하거나, 남 일병처럼 진실의 힘을 느끼면서도 불신함으로써 괴로워하고, 또는 이 병장과 같은 혼란 속에 있게 될 것이다. 이런 태도 속에서 하이멘으로서 법은 살아남기 어렵다.

그렇지만 영화는 초반과 끝에 오 중사의 휘파람을 등장시킨다. 오 중사는 갈대밭에서 지뢰를 밟은 이 병장을 구해주면서 길게 휘파람을 분다. 그 다음으로 이 병장과 재회 했을 때에도 오 중사는 바로 그 긴 휘파람을 다시 불었다. 그리고 총기 사건이 종결되고 난 후 사건의 전말을 알게 된 장 소령이 오 중사에게 이 병장에게 전할 말이 없냐고 물었을 때, 오 중사는 장 소령에게 라이터를 건네면서 다시 한번 길게 휘파람을 분다. 오 중사의 휘파람은 소통을 상징하는 비밀스러운 초혼(招魂)의 소리와도 같다. 처음 두 번의 휘파람이 하이멘의 시작을 알리는 휘파람이었다면, 마지막 휘파람은 이 병장은 용산으로 후송되고 자신도 판문점을 떠나지만 하이멘은 살아있고 희망이 있음을 알리는 휘파람이다. 그의 휘파람은 나팔 소리처럼 우렁찬 것이 아니며, 그 의미를 모르는 사람에게는 들리지 않을 만큼 미약한 것이다. 하지만 인간의 몸을 소리통으로 하여 입술을 통해 멀리 소리를 보내는 휘파람은 비밀스럽지만 생명을 주는 하이멘을 불러내는 데 가장 적합한 소리일 것이다. 오 중사의 휘파람이 부르는 생명의 소리는 미래의 법을 하이멘으로 살아나게 하는 소리인 것이다.

[11] 성과 속의 이분법을 해체하는 법: <나쁜 남자>

〈나쁜 남자〉의 줄거리

사람들이 북적이는 명동의 거리. 선화(서원 분)는 하늘색 원피스를 입고 서양미술사책을 무릎에 놓은 채, 단아하게 앉아서 남자친구를 기다리고 있다. 검은 옷을 입고 온통 검게 그을린, 목에 긴 흉터가 있는 한기(조재현 분)는 우연히 선화에게 눈이 가고, 선화 옆에 앉아서 그녀를 집요하게 쳐다본다. 선화의 남자친구와 그녀는 그런 한기를 불쾌한듯 쳐다보고, 한기는 다짜고짜 선화에게 키스를 한다. 이 사태를 본 해병대는 한기를 구타하고, 선화는 한기의 얼굴에 침을 뱉는다. 그날 이후 한기는 선화 커플을 따라다니며 몰래 지켜본다. 선화는 서점에서 에곤 쉴레의 화보집을 보다가, 마음에 드는 그림을 찢어서 가방에 넣는다. 그때 한기의 부하 정태(김윤태 분)가 선화 옆에 훔친 지갑을 놓아두고, 계략이 있는 줄은 꿈에도 모른 선화는 지갑 속에 있는 현금을 챙긴다. 지갑주인은 선화를 소매치기로 몰면서 천이백만원을 내놓으라고 하고, 지갑에서 삼백만원정도 밖에 꺼내지 못한 선화는 사채업자에게 신체포기각서를 써주고 돈을 빌린다. 선화가 돈을 갚지 못하자 사채업자가 선화를 강간하려고 하고, 그 순간 한기의 부하 정태와 명수(최덕문 분)가 나타나 그녀를 사창가로 데려간다. 한기는 부하 정태, 명수를 데리고 사창가를 관리하는 깡패였던 것이다. 성매매 가게의 유리 벽 앞에 앉은 선화는 활발히 호객행위를 하는 창녀들과는 달리 고개를 푹 숙이고 가만히 앉아있다. 빨간 넥타이를 매고 술에 취해 걸어가던 남성이 선화의 손을 잡고 매춘 방으로 들어간다. 그 모습을 지켜보던 한기는 선화의 방 벽에 붙어 있는 거울 뒤에 있는 비밀의 방으로 들어가서 선화와 첫 손님의 모습을 지켜본다. 그 거울 방의 존재는 오직 한기만이 알고 있다. 선화의 첫 손님은 선화가 하지말라며 울고 애원해도 억지로 옷을 벗긴다. 그 모습을 지켜보던 한기는 명수를 시켜 그 손님을 쫓아내버린다. 선화는 두 번째 손님과 반강제로 성관계를 갖게 되고, 한기는 거울 뒤에서 그 장면을 씁쓸한 표정으로 지켜보고 있다.

선화를 좋아하게 된 명수는 선화에게 그녀가 이렇게 된 것이 한기 때문이라는 걸 말해준다. 선화는 사창가에서 나가려고 하지만, 포주가 그걸 막고 선화는 술을 마시다 쓰러져 잠든다. 한기는 잠든 선화의 얼굴을 쓰다듬고 눈물 자국을 닦아준다. 한기는 선화의 윗옷을 젖히고 가슴을 향해 손을 뻗지만 만지지 못하고, 대신 다른 창녀와 거친 섹스를 한다. 다음날, 스스로 가발도 쓰고 화장도 짙게 한 선화는 이전과는 달리 요염하게 손님을 유혹하고, 다른 창녀의 손님들을 가로챈다. 선화는 명수를 부추겨서 사창가에서 탈출하지만, 다시 한기에게 잡혀 돌아온다. 사창가로 돌아오기 전 한기는 선화를 데리고 잠시 바닷가에 간다. 어느 날, 술에 취한 한기가 선화를 데리고 매춘방으로 들어가고 선화는 그런 한기를 따라간다. 그러나 한기는 선화와 섹스를 하려하지 않고, 그저 옆에 누워서 손에 입을 맞추고는 잠이 든다. 시간이 흘러 선화는 적극적으로 호객행위를 하는 방향으로 변화한다.

한편, 한기 이전에 사창가를 관리하던 달수(이한위 분)가 출감해서 돌아온다. 한기는 몰래카메라도 엄격하게 금지하는 등 나름의 규율을 가지고 사창가를 관리해왔지만, 달수는 손님들을 협박해서 돈을 뜯기도 하는 등 질이 좋지 않은 깡패이다. 달수의 부하가 날카롭게 자른 유리칼로 한기를 찌른 사건이 발생하고, 정태가 달수를 살해한다. 전과가 있어서 살인으로 들어가면 사형 당할 것을 알면서도 한기는 정태 대신 감옥에 간다. 그 날 이후, 선화는 사창가에 머물면서도 울고 화만 낼뿐, 성매매 일을 하지 않는다. 한기가 선화를 풀어주라고 했지만, 선화는 사창가에 남아 한기를 기다린다. 한기가 사형되기 직전 정태가 자백을 하고, 한기는 사형을 면한다. 한기가 출감한 것을 모른 선화는 무기력하게 손님과 방에 들어가서 옷을 벗다말고, 몸에 손을 대는 손님 뺨을 때리며 방에서 쫓아내버린다. 그러고는 울음을 터뜨린다. 거울방에서 그 모습을 지켜보던 한기는 라이터를 켜서 자신이 거기에 있음을 알린다. 놀란 선화는 거울을 깨고, 거울의 깨진 틈으로 선화와 한기가 눈을 마주친다. 선화는 울면서 한기의 뺨을 때리고, 한기는 그런 선화를 꽉 끌어안는다. 두 사람은 서로를 부둥켜안고 눈물을 흘린다. 한기는 선화를 사창가에서 데리고 나가서 처음 선화를 만났던 벤치로 데려다주고, 그녀를 두고 혼자 떠난다. 이렇게 헤어지게 된 한기와 선화는 두 사람이 이전에 함께 갔던 바닷가에서 다시 재회한다. 한기와 선화는 사창가를 떠나서, 둘이서 트럭을 타고 전국을 떠돌아다닌다. 그 트럭의 뒤쪽에는 매춘 방이 준비되어 있고, 선화와 한기는 발이 닿는 대로 떠돌아다니면서, 선화가 트럭의 매춘 방에서 몸을 팔아서 버는 돈으로 함께 살아간다.

Ⅰ. 영화 <나쁜 남자>와 나쁜 느낌

영화 <나쁜 남자>를 본 많은 여성관객들은 뭔가 묘하게 찝찝한 느낌이 든다고 호소한다. 그런 느낌의 정체는 아마도 주류문화에 전제되어 있는 성과 속, 새디즘과 마조히즘의 이분법이 깨지기 때문일 것이다. 이 영화에서 성과 속의 이분법은 성(聖)으로서 숙녀와 신사, 그리고 그에 대비되는 속(俗)으로서 창녀와 깡패로 나타난다. 이분법적 구도 속에서 숙녀는 창녀와 대립각을 이루며[1)], 신사는 깡패와 대립각을 이룬다. 영화 <나쁜 남자>는

1) 성녀와 창녀의 이분법에 대한 비판적 고찰은 이상돈, 『기초법학』(법문사, 2008), 745쪽 참조; 16세기 중반부터 17세기 초, 영국에서 창녀-성녀 이분법이 흔들리는 사회 질서를 안정화하기 위한 중요한 수단으로 작동했고, 그 시기에 영국사회는 여성의 정숙함을 강조하는데 비합리적일 정도로 많은 에너지를 쏟았다는 분석은 김희진, 「"왜 그녀를 창녀라고 부르는거죠?": 새로 쓰는 『오셀로』, 폴라 보겔의 『데스데모나: 손수건에 대한 극』」, 『셰익스피어 비평』(제41권 3호, 2005), 403~404쪽 참조.

신사-깡패, 숙녀-창녀가 서로 날카롭게 구분되는 이분법적 개념틀을 깨고, 신사 속에 깡패성이 있고, 깡패 속에 신사성이 있으며, 숙녀 속에 창녀성이 있고, 창녀 속에 숙녀성이 있음을 드러내는 사건들을 펼쳐보여준다.

그러나 주류문화에서 남자는 신사가 되고 싶고, 여자는 숙녀가 되고 싶다. 그래서 경대할 손님이나 관객을 향한 인사말이 '신사숙녀 여러분'(ladies & gentlemen)으로 시작하는 것이다. 영화 <나쁜 남자>에 대한 (특히) 여성관객들의 나쁜 느낌은 이 영화가 그런 도덕적 욕망을 산산조각내기 때문이다. 영화 <나쁜 남자>는 신사-깡패, 숙녀-창녀의 이분법은 단지 이데올로기이며, ~'주의'일 뿐임을 보여준다.

왜 그런 것일까? 정신분석학적으로 바라보면 신사성, 숙녀성, 창녀성, 깡패성은 모두 인간 정신의 구성요소이다. 이 요소들이 균형 있게 공존할 때 의식의 전일성이 유지되고, 인간은 정신적으로 건강한 상태에 있게 된다. 법은 인간이 건강한 정신을 유지하는데 기여해야 한다. 그러나 전통적으로 법은 '신사성과 숙녀성'의 조건을 보장하는 권리와 의무의 체계로 그 정체성이 확립되어 왔다. 그러나 영화 <나쁜 남자>의 세계 속에서 법의 도덕적 기획은 단지 이데올로기적 환상에 불과한 것이 되고 만다. 그러므로 영화 <나쁜 남자>가 우리에게 보여주는 정신분석학적 진실 앞에서, 미래의 법은 새롭게 이해되고 재구성되지 않을 수 없게 된다.

Ⅱ. 성과 속을 이분하는 법의 그림자

1. 성과 속의 이분법과 법의 이원적 코드

영화 <나쁜 남자>는 주류문화에서 바라보면 이분법의 구도 속에 배열되는 인물들을 묘사하는 데서 시작한다. 영화가 보여주는 이분법적 구도들로는 신사성과 깡패성 또는 숙녀성과 창녀성, 그리고 새디즘과 마조히즘을 들 수 있다.

(1) 신사와 깡패, 숙녀와 창녀

주인공 한기는 불량스러운 모습과 칼자국 같은 흉터를 가진, 깡패의 전형적 모습으로 등장한다. 한기는 여대생 선화에게 허락 없이 강제로 키스를 하고, 싸움을 불사하며, 집요하게 선화를 창녀로 만든다. 게다가 영화의 끝에는 선화를 트럭에 태워서 다니면서, 손님을 찾아가는 이동성 창녀로 만들어 버린다. 그러니 선화의 부모님과 같은 입장에서 바라보면 한기는 죽여야만 한이 풀릴 수 있는, 나쁘디 나쁜 깡패새끼일 뿐이다. 영화 속에서 '깡패' 한기에 필적할만한 정도의 '신사'는 딱히 손꼽기 어렵다. 선화의 남친 현수가 신사 비슷한 모습을 보이기는 하지만, 신사의 전형은 아니다. 서양사의 전통에서 신사란, 부르주아처럼 지식과 교양, 용기와 미덕, 그리고 재산을 갖추고 있어야 한다. 이 세 가지는 신사성의 코드라고 할 수 있다. 하지만 현수는 문약한 모습으로서 '깡패성의 부재'를 보여줄 뿐, 적극적으로 신사다움을 발산하는 코드는 별로 갖고 있지 않다.

또 다른 주인공 선화는 청초한 모습의 여대생으로, 예비숙녀에서 숙녀로 성숙해가는 단계의 여자이다. 그녀의 얼굴은 아름다우며, 그녀가 입은 하늘색 원피스는 순결과 때묻지 않음을 상징하고, 무릎 위에 놓인 서양미술사책은 그녀의 지성과 교양을 상징한다. 서양사의 전통에서 볼 때 숙녀성의 코드라고 할 수 있는 아름다움, 순결, 교양을 갖추고 있는 것이다. 이에 비해 선화가 끌려간 사창가의 여자포주 은혜는 창녀의 전형을 보여준다. 천박한 옷차림새, 거친 말투와 폭력적 행동, 성을 돈의 수단으로 삼는 노예적 태도 등 누가 봐도 그녀는 창녀이다. 편향된 시각에서 바라보면 은혜는 타고난 창녀라고 말하고 싶어진다.

⑵ 새디즘과 마조히즘

영화 <나쁜 남자>가 보여주는 또 다른 이분법은 새디즘과 마조히즘의 이분법이다. 주류문화에서 남성은 주로 새디즘으로, 여성은 마조히즘으로 위치된다. 한기는 자신의 욕망을 좇기 위해 길거리에서 생면부지의 여자 선화에게 그녀의 순결을 비웃으며 짓밟기라도 하듯 강제로 키스를 한다. 그는 마치 선화의 고통을 즐기는 것처럼 보인다. 한기는 필요한 상황에서는 자신의 욕망을 달성하는 수단으로 폭력을 거리낌 없이 사용한다. 한기의 새디즘은 숙녀 선화를 창녀로 만들어 버리는 선 과정에서 강하게 발현된다. 이에 비해 선화는 마조히즘의 전형을 보여준다. 키스 당하고는 뺨을 때리고 침을 뱉지만, 결국에는 끌려가 창녀가 된다. 한기가 감옥에 갔을 때에도 마치 스스로를 학대하기라도 하는 듯 사창가에 머무르며 자신을 괴롭힐 한기를 기다리는 모습은 선화의 부모와 같은 일반인의 눈에는 미쳤다고 할 만한 마조히즘적 변태로 비춰질 것이다. 선화의 그와 같은 마조히즘적 선택은 결국 이동사창트럭에 실려 이곳저곳을 전전하며 몸을 파는 삶을 감수해야하는 결과를 가져왔다. 이로써 그녀의 마조히즘은 극점을 향해간다. 그러나 '새디즘과 마조히즘'이라는 이분법은 '변태와 정상'이라는 더 큰 이분법에 포섭되는 하위의 이분법일 뿐이다. 예컨대 우리는 '채찍질을 하면서 희열을 느끼는 남자와 그것을 맞으며 오르가즘을 느끼는 여자'를 모두 변태라고 부른다. 새디스트와 마조히스트 둘 다, 정상과 이분법을 이루는 '변태'라는 개념으로 포섭되는 것이다. 그래서 많은 보통의 관객들은 한기뿐만 아니라 선화도 이해하지 못한다. 그리고 여성관객들이 이 영화에서 느끼는 불쾌감은 한기의 새디즘과 깡패성보다는 여성인 선화가 보이는 마조히즘과 창녀성에서 비롯된 측면이 훨씬 더 큰 것 같다.

(3) 합법과 불법의 코드

우리가 '신사숙녀 여러분'이라고 말하는 것은 신사와 숙녀가 되는 것을 도덕적으로 지향한다는 의미를 함축한다. 그런 도덕의 제도화가 바로 법이다. 법은 신사성과 숙녀성을 법의 규범적 기획을 실현하는 인간행동의 특성으로 보고, '합법'이라는 코드를 부여해준다. 이에 비해 깡패성과 창녀성은 법의 규범적 기획을 파괴하고 위협하는 인간행동의 특성으로 파악하고 '불법'이라는 코드를 할당한다. 그렇기에 지금은 폐지된 「윤락행위등방지법」은 창녀를 신분성으로 파악하고 거기에다 불법(의 근원)이라는 코드를 배정하였던[2] 것이다. 또한 법은 신사됨을 실현하기 위해 가정 내의 폭력에 대해서도 서슴지 않고 개입한다. 궁극적으로 법(「건강가정기본법」)은 신사와 숙녀가 모여 사는 '건강가정'을 확립하는 것을 지향하는 것이다. 또한 법은 정상과 변태의 이분법 위에

2) 이에 관해 이상돈, 「성매매의 범죄화와 인권침해」, 『시민과 변호사』 (통권 131호, 2004), 18~22쪽 참조.

서 있다. 법원은 법의 궁극적인 형성기반으로 '정상인'의 감정(도의감정, 법감정)을 든다.[3] 여기서 평균적 일반인의 정의에 대한 감수성은, 특히 형법 제20조(정당행위)에 의한 위법과 합법의 판단에서 보듯, 우리 법원이 법을 길어올리는 샘물이라 할 수 있다. 또한 우리 법은 정상인이 아닌 자는 책임무능력자로 개념화하여 형벌을 부과하지는 않되, 때로는 더 오랜 기간 거의 감옥과 같은 곳에 가두어 두는 치료감호라는 보안처분을 받게 한다.

이상에서 신사와 숙녀, 정상은 성(聖)의 개념으로, 깡패와 창녀, 변태는 속(俗)의 개념으로 포괄할 수 있을 것이다. 지금까지 전통적인 법의 패러다임은 합법과 불법이라는 이원적 코드에 의해 질서를 형성하면서, 성에다 합법의, 그리고 속에다가는 불법의 코드를 할당하는 것이었다.

합법	성(聖)	신사	숙녀	정상
불법	속(俗)	깡패	창녀	변태

2. 성의 그림자로서 속과 의식의 전일성

분석심리학적으로 바라보면 창녀성은 숙녀성의, 깡패성은 신사성의 '그림자'이다. 분석심리학은 이 이분법의 벽들을 해체할 때, 우리 안의 그림자를 직시하고 의식의 전일성을 회복할 수 있다고 본다.

(1) 무의식 속의 제2의 인격으로서 그림자와 보상작용

'그림자'는 분석심리학의 용어로, 이상적인 자아가 되기 위해

3) 법감정이 법의 형성원으로 작용하는 점에 관해서는 이상돈, 『법미학』(법문사, 2009), 86쪽 참조.

서 억압해온 인격적 특성들을 의미한다.[4] 이 특성들은 무의식에서 제2의 인격을 이룬다. 쉽게 말해, '사람을 살해하지 말라' 또는 '문란한 성생활을 하지 말라'는 등의 도덕률을 지키기 위해서 사람들은 도덕적으로 금지된 자신의 성향(예: 공격충동, 성충동)들을 억압하는데, 이 억압된 성향들은 사라지지 않고 제2의 인격을 형성한다.[5] 융은 사람들이 자기자신의 그림자를 인식하는 것이 시대의 중요한 문제들을 풀기 위한 열쇠라고 생각했다.[6] 이념을 이유로 감행된 전쟁이나 집단학살, 인종갈등 등 인류 역사상의 크고 작은 비극들은 자신의 적을 '절대악'으로 간주한 데서 비롯되었는데, 자신의 적을 절대악으로 인식하는 것은 그 사회의 집단그림자가 투사된 결과라는 것이다.[7] 그림자는 나의 외적 인격, 즉 페르소나를 선하고, 도덕적이며, 아름답고, 우월한 모습으로 만들기 위해 무의식 속으로 밀어 넣고 망각한 악하고, 파괴적이며, 추하고, 열등한 인격의 퇴적층과 같다. 이 제2의 인격은 의식화하지 않고 모르는 척하면 할수록 더욱더 강해져서, 자아가 통제할 수 없는 순간에 튀어나와 자아를 장악해버린다. 나의 그

4) Edward C. Whitmont, *The Symbolic Quest* (Princeton University Press, 1978), 160쪽 참조.

5) 스티븐슨의 소설 「지킬박사와 하이드씨」는 제2의 인격인 그림자의 문제를 구체적으로 다루고 있다. '지킬박사'가 그 시대의 요구에 걸맞는 선하고 모범적인 페르소나라면, 그의 그림자인격은 페르소나의 정반대되는 측면들로 이루어진 악하고 비열한 하이드씨인 것이다. 구체적인 분석은 존 A. 샌포드, 『융학파 정신분석가가 본 악(惡)』(심상영 옮김)(심층목회연구원출판부, 2003), 147~186쪽 참조.

6) 자기 인식을 하지 못하고 이데올로기에 동일시할 경우, "대항할 수 없는 재앙의 성향을 지닌 집단정신"이 만들어진다는 융의 경고는 카를 융, 「정신의 본질에 관한 이론적 고찰」, 『원형과 무의식』(한국융연구원 C.G. 융 저작 번역위원회 옮김)(솔출판사, 2006), 88쪽.

7) 나치 학살, 아메리칸 원주민 학살, 전쟁 등의 사례들을 통해서 집단 그림자의 투사 문제를 고찰하는 존 A. 샌포드, 『융학파 정신분석가가 본 악(惡)』(심상영 옮김)(심층목회연구원출판부, 2003), 106~109쪽 참조.

림자는 내가 관계하는 타인에 대한 비합리적일 정도의 분노와 혐오감으로 투사되는데, 이와 같은 그림자 투사의 효과는 그 대상의 특성 때문이 아니라 나의 그림자 때문에 발생하는 것이다. 예를 들어, 유태인 학살은 유태인 때문이 아니라, 학살을 주도한 자들의 어둡고 추하고 악한 그림자인격이 유태인에게 투사되었기 때문에 발생한 것이다. 만약 고결한 듯 보이는 숙녀가 다른 사람의 사소한 창녀적 행동에 과도하게 심한 혐오감을 표출한다면, 그것은 그 숙녀가 자신의 무의식 속에 존재하는 '창녀로서 그림자'를 그 대상에게서 발견했기 때문일 수 있다.

융에 따르면 꿈은 그림자와 만나는 장소이다. 체면을 중시하는 사람이 꿈속에서는 바지를 안 입은 모습으로 나타나거나, 깡패나 창녀에게 시달리는 꿈을 꾸기도 한다는 융의 임상사례[8]에서 보듯, 그림자는 꿈으로 나타나 의식의 편향성을 보상하기도 한다(무의식의 보상작용[9]). 그러므로 꿈을 분석함으로써 자신의 그림자와 지속적인 교류를 할 때, 그림자는 파괴적이고 위험한 존재에서 의식의 전일성을 실현함으로써 정신을 발전시키고 삶을 풍요롭게 하는 긍정적 요소로 탈바꿈된다. 괴테의 『파우스트』에서 저명한 학자이던 파우스트 교수가 메피스토펠레스를 만나서 에로스와 권력을 누리게 되면서 생기를 얻는 것은 제2의 인격인 그림자와의 만남이 주는 긍정적인 효과에 대한 좋은 문학적 예시이다.[10] 이 점은 선과 악을 넘어선 초인적 존재가 되는 것을 인간의 목표로 제시한 니체(Nietzsche)가 악(evil) 안에는 인간을 향상시킬 수 있는 계기가 있다고 보았던 것과도 어느 정도 상통

8) 이에 대해서는 이부영, 『자기와 자기실현』(한길사, 2008), 123쪽 참조.
9) 무의식의 보상작용은 이 책 [해운대] 단락 참조.
10) 이런 설명으로 존 A. 샌포드, 『융학파 정신분석가가 본 악(惡)』(심상영 옮김)(심층목회연구원출판부, 2003), 94~97쪽.

한다.[11]

(2) 그림자의 의식화와 동화

그림자의 부정적인 면을 희석해서 긍정적인 계기로 전환시키려면, 그림자를 의식화하여 의식에 동화시키는 과정이 필요하다. 내가 도덕적인 숙녀이기만 한 것이 아니라 그에 비례하는 창녀성도 가지고 있음을, 그리고 내가 고결한 신사이기만 한 것이 아니라 그에 비례하는 깡패성 또한 가지고 있음을 인정해야 하는 것이다. 그림자를 의식화한다는 것은 그림자를 있는 그대로 수용함으로써 부도덕하고 방종한 사람이 되는 것도 아니고, 그렇다고 그림자를 완전히 정화해서 종교나 사회규범이 말하는 선을 실행하는 주체[12]가 되는 것도 아니다. 그림자의 의식화는 선과 악이 균형을 이룬 의식의 전일성을 도모하는 것이다.[13]

융에 따르면 그림자는 개인무의식으로서 그림자와 집단무의식인 원형으로서 그림자(예: 집단학살의 무의식적 경향)가 있다. 개인무의식으로서 그림자는 "대개 단지 낮은 것, 저급한 것, 미개한 것, 적응이 안 된 것, 다루기 힘든 것일 뿐 절대적으로 악한 것이 아니"[14]라 상대적으로 악할 뿐인 것으로서 그런 그림자는 의

11) 이에 대해서는 John Linarelli, "Nietzsche in Law's Cathedral: Beyond Reason and Postmodernism", 53 *Catholic University Law Review* 413 (2004), 30~31쪽 참조.

12) 그림자를 인정하지 않는 종교적 페르소나의 불균형성을 바울의 예로 지적하고, 반면 예수 그리스도는 페르소나와 그림자를 균형있게 인식했다는 고찰은 존 A. 샌포드, 『융학파 정신분석가가 본 악(惡)』(심상영 옮김)(심층목회연구원출판부, 2003), 119~144쪽 참조.

13) 분석심리학자, 그리고 치료자로서 분석가는 선과 악의 문제를 신학적, 철학적으로 접근하는 것이 아니며, 신학적, 철학적 관점에서는 악이라고 평가되는 것을 행하는 것이 환자의 자기실현을 위해서는 좋은 – 선한 – 것인 경우도 있을 수 있다는, 선과 악에 대한 임상적, 경험적 고찰은 카를 융, 「분석심리학에서의 선과 악」, 『인간과 문화』(한국융연구원 C.G. 융 저작 번역위원회 옮김)(솔출판사, 2004), 138~139쪽 참조.

14) C.G. Jung, Aion(Zürich: Rascher Verlag, 1951), p. 380 (이부영, 『그림자』

식화되고 의식으로 통합되면 오히려 긍정적인 힘으로 변화된다고 한다.[15] 이에 비해 원형적 그림자는 절대악적인 내용으로 이루어져 있어서 의식하여 경계할 수 있을 뿐, 의식으로 통합할 수는 없다고 한다.

(3) 영화 〈나쁜 남자〉의 그림자

영화 <나쁜 남자>에서 선화가 창녀가 된 참담한 인생유전이 그녀가 자기자신에게 내재해 있는 창녀성을 억압함으로써 초래된 그림자의 — 실제로 창녀가 될 만큼의 — 파괴적 효과 때문인지는 영화 속에서 다루어지지 않는다. 그렇기에 한기가 감옥에 갔을 때 사창가를 나오지 않은 것을 그에 대한 사랑이나 인간적 의리의 결과가 아니라, 선화의 창녀성의 발현으로 해석하는 것은 매우 작위적인 독해이다. 그러나 영화 속 선화의 참담한 인생유전은, 자신의 그림자를 외면함으로써 초래될 수 있는 파괴적 결과가 어떤 것인지를 우리에게 경고한다. 물론 정신분석학의 관점에서, 영화 <나쁜 남자>가 단지 무의식의 그림자에 대한 정신분석학적 교육의 효과만을 가지는 것은 아니다. 영화 <나쁜 남자>를 보면서 우리는 자신의 무의식 속에 밀어넣어 두었던 창녀성과 깡패성에 대한 의식화를 수행할 수 있고, 이를 통해서 이미 얼마간은 숙녀성과 창녀성, 그리고 신사성과 깡패성 사이의 지나친 불균형을 바로 잡을 수 있다. 즉 영화의 메시지는 단지 상징적인 것이 아니라 이미 사실적인 것이다.

(한길사, 2009), 81쪽 재인용).

15) 그림자를 실현하는 것의 궁극적 목표는 어둠 속에 있는 빛을 찾는 것이지 어둠 그 자체가 되는 것이 아니라고 설명하는 이부영, 『그림자』(한길사, 2009), 207~211쪽 참조.

Ⅲ. 영화 속에서 이분법의 해체

이제 영화 <나쁜 남자>에서 이분법주의가 어떻게 해체되는지를 살펴보자.

1. 성과 속의 상호적 내재성

우선 영화가 시작하자마자 검은색 옷을 입고 검게 그을린 채 목에 긴 흉터를 가지고 있는 깡패 한기는, 하늘색 바탕에 흰색 땡땡이 무늬의 원피스를 입고 하얀 가디건과 흰 샌달을 신고, 가지런히 다리를 모으고 조신하게 앉아서 남자친구를 기다리는 숙녀 선화에게 강제로 키스한다. '이 새끼 깡패 아냐'라면서 한기를 때려잡은 해병대나 '저건 쳐 넣어야 돼'라고 하면서 해병대에 잡힌 한기의 모습을 구경하던 사람들의 반응도 한기와 선화를 서로 다른 차원에 있는 깡패와 숙녀로 위치시킨다. 여기서 깡패 한기의 숙녀 선화에 대한 키스는 '성과 속의 이분법의 벽을 뚫음'을 의미하는 강렬한 상징이다. 키스 사건 이후, 영화 <나쁜 남자>는 성과 속이 이분법적으로 나뉘어져 있는 것이 아니라 서로가 서로에 내재해 있는 것임을 점점 더 구체적으로 드러낸다.

(1) 깡패의 신사성과 신사의 깡패성

우선 깡패인 한기 안에도 신사성이 내재하고 있다. 한기가 선화를 사창가로 끌고 들어온 장본인이긴 하지만, 한기 자신은 선화를 신사적으로 대하고 그녀에게 폭력을 가하거나 강제로 섹스하지 않는다. 잠든 선화의 윗옷을 들추고도 가슴에 손을 대지 못하고, 기껏 술에 취해 선화를 성매매 방으로 데리고 들어가서도 선화의 손을 잡고 손에 입을 맞추면서 잠이 들 뿐이다. 반면 양복을 입고 넥타이를 맨, 이른바 사회 속의 신사들은 성매매 여성들과의 관계에서 여지없는 깡패성을 드러내보인다. 그들은 울면서 거부하는 선화의 옷을 강제로 벗기고, 제발 그만하라고 애원해도 폭력적으로 자신의 욕구만을 채운다. 신사처럼 보이는, 성을 사는 남성들은 그런 선화의 애원에 "얘가 이상하게 날 흥분시키네", "울지만 말고 너도 좀 움직여봐"라고 하면서 야만적으로 자신의 성적 욕구를 배출할 뿐이다. 이런 모습이야말로 우리가 생각하는 깡패 그 자체이다. 선화가 창녀로서의 일상에 익숙해진 후에 손님들을 부를 때 "양복오빠"라고 하는 것에서도, 양복으로 상징되는 신사성 속의 깡패성이 보인다. 신사의 세계를 수호하는 경찰도 새로운 창녀가 어리다는 말에 '정말 어리냐'면서 서슴지 않고 성접대를 받는다.

(2) 창녀의 숙녀성

그렇다면 창녀 속의 숙녀성은 영화에서 어떻게 표현되어 있을까? 매춘을 하러 온 '신사'들은 심리적 결핍이 있는 존재들이다. 창녀들은 깡패 같은 신사들의 결핍을 연민하며, 그늘을 수용하고 포용해준다. 이런 인간적인 포용과 연민은 종교적 성(聖)의 차원을 보여준다. 성매매 여성들은 돈을 받긴 하지만, 결핍된 남성들을 '죄를 묻지 않고 품어주는' 존재인 것이다. 또한 선화가 한기가 감옥에 가 있는 동안에는 성매매를 거부한 것도 창녀 선화의 내면에 내재해 있는 숙녀성을 보여준다. 선화는 한기가 감옥에 가 있는 동안에는 일을 하지 않고, 자신을 좋아하는 명수가 섹스를 하자고 할 때에도 성매매가 아님에도 그의 뺨을 때리며 거절한다. 이전에는 별 말 없이 명수와 성관계를 가졌던 것과는 다른 반응이다. 그리고 선화는 한기가 자신을 풀어줬음에도 그의 곁을 떠나지 않고 사창가에 머물면서 사형당할 지도 모를 한기를 기다린다. 이와 같은 의리와 순정성은 숙녀의 덕목이라고 말해지는 것들이다. 선화 뿐 아니라 동료 창녀도 숙녀성을 넘어서는 덕성을 보여주기도 한다. 달수가 신참인 선화를 섹스 상대로 선택했을 때, 동료 창녀는 자신이 대신 들어가겠다고 한다. 영화 속에 자세히 나오지는 않았지만, 달수의 캐릭터로 볼 때 아마 성매매여성들이 상대하기 싫어하는 대상이었을 것이다. 달수를 잘 모르는 선화를 대신해 자기가 들어가겠다고 하는 동료 창녀가 보여준 의리와 연대성, 이타심은 숙녀들에게는 기대하기 어려운 인간적인 것이다.

(3) 숙녀의 창녀성

물론 창녀에게만 숙녀성이 보이는 것이 아니라, 숙녀에게도 창녀성이 내재해 있다. 영화 초반에 선화는 청초한 숙녀의 옷차림을 하고 있지만, 서점에서 마음에 드는 화보를 찢어서 훔치고, 옆에 놓여있는 주인 없는 지갑을 훔쳐 달아난다. 지갑주인이 '소매치기'라고 부른 것처럼 이런 선화의 행동은 소매치기나 흔히 부정적으로 그려지곤 하는 집시들이 할 법한 행동이다. 선화가 창녀가 되기 이전에도, 이미 숙녀 선화 안에 창녀성이 내재해 있는 것이다. 선화가 찢은 화보가 육감적 그림을 그린 에곤 쉴레의 작품이었던 것도, 그녀의 내면에 있는 창녀성을 상징적으로 보여준다.

물론 이런 창녀성은 도덕적 평가 안에 갇히는 것이 아니다. 숙녀성과 창녀성은 모두 동등하게 인간의 정신을 구성하는 요소일 뿐, 숙녀성은 우월하고 창녀성은 열등한 것이 아니다. '그림자는 인간의 실존을 풍부하게 해줄 수 있는 원시적 요소를 내포하고 있다'는 융의 말처럼[16] 창녀성에는 원시적 요소가 내포되어 있다. 바흐호펜은 이를 포착해서 선사시대의 모계중심 질서 이전의 질서를 인류 창녀적 단계(hetaeric statge)라고 말한다. 또한 카프카는 바흐호펜의 인류 창녀적 단계, 또는 늪의 세계(swamp world)가 인류 최초의 시대인 것만이 아니라, 현재의 시대이기도 하다는 전제 속에서 자신의 작품 세계를 만들어 나가기도 했다.[17]

(4) 새디즘과 마조히즘의 상호내재성

영화 <나쁜 남자>는 새디즘과 마조히즘도 서로 내재함을 보여준다. 즉 새디즘의 전형인 한기가 마조히즘도 보이고, 이에 대한 짝으로 새디즘이 선화의 몫으로도 주어지는 것이다. 영화 속에서 새디스트 한기가 보여주는 마조히즘은 도덕적 마조히즘[18]이다. 한기는 스스로 금기를 설정함으로써 그 금기를 즐긴다. 한기에게 선화와의 섹스는 금지되어 있는데, 이 금기는 한기가 스스로에게 부과한 도덕적 금기이다. 그는 자신이 설정한 초자아의 냉엄한 눈초리의 학대를 즐긴다. 금기를 통해 한기의 성적 욕구(needs)는 욕망(desire)으로 승화되고, 나아가 한기가 (살인누명을 자청하여) 죽음을 무릅씀으로써 그의 욕망은 마치 순수욕망처럼 승화되어 간다.

반면 마조히즘적인 선화는 자신을 열망하는 한기에게 자신의

16) C.G. Jung, Aion(Zürich: Rascher Verlag, 1951), p. 380 (이부영, 『그림자』(한길사, 2009), 81쪽 재인용).

17) 이에 대해 자세히는 Rodolphe Gasché, "Kafka's Law: In the Field of Forces between Judaism and Hellenism", *MLN* (Vol. 117, No. 5, Comparative Literature Issue, Dec., 2002), 978~979쪽 참조.

18) 도덕적 마조히즘은 자아가 처벌을 받기를 원해서 지나친 도덕적 금지의 지배하에 있는 것을 말하는데, 자세히는 지그문트 프로이트, 「마조히즘의 경제적 문제」, 『정신분석학의 근본개념』(윤희기・박찬부 옮김)(열린책들, 2007), 429~432쪽 참조.

성을 주지 않음으로써 한기를 가학하는 새디즘을 분출한다. 한기의 도덕적 마조히즘에 응답하는 선화의 도덕적 새디즘은 그 둘 사이의 섹스를 금기로 만듦으로써, 자신들의 욕망을 끊임없이 재생산한다. 물론 이 금기는 선화 쪽에서도 도덕적 마조히즘일 수 있다. 그녀에게도 한기와의 섹스에 대한 욕구 혹은 욕망이 있을 수 있기 때문이다. 욕망의 대상이 가질 수 없는 것이 될 때, 그 결핍에 대한 욕망은 끊임없이 재생산된다. 선화와 한기의 도덕적 새디즘과 마조히즘은 그들의 사랑이 생성되고 유지되는 기제이다.[19]

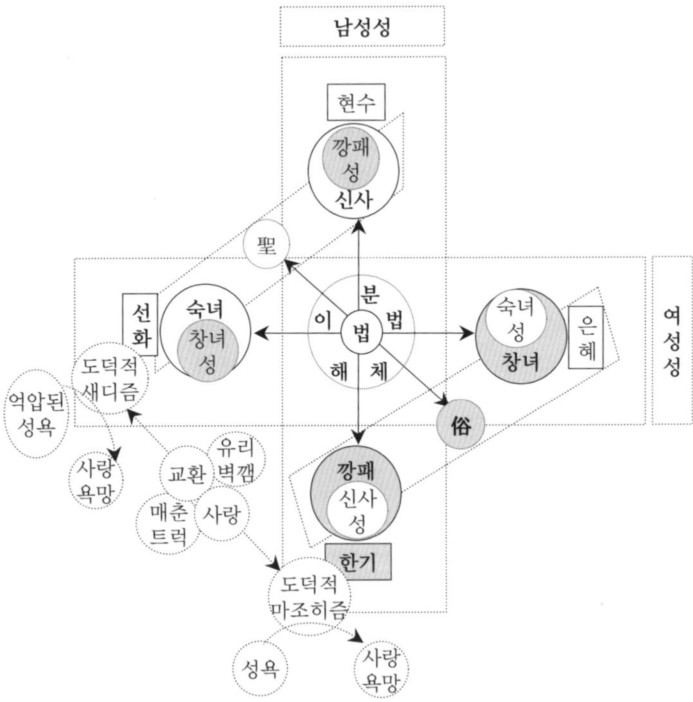

19) 욕망을 향한 욕망은 욕망을 재생산하는 금기를 욕망한다는 Judith Butler, "Circuits of Bad Conscience: Nietzsche and Freud", in Alan D. Schrift (ed.), *Why Nietzsche Still?* (University of California Press, 2000), 132쪽 참조.

2. 이분법의 해체

이렇게 선화 안의 숙녀성과 창녀성, 한기 안의 깡패성과 신사성이 변증적으로 발현되는 과정 속에서 이들은 의식의 전일성을 획득해나간다.

(1) 깡패 한기와 창녀 선화의 순수욕망

아울러 한기와 선화가 순수욕망으로 사랑하게 됨으로써 영화가 지속적으로 해체해가던 성과 속의 이분법도 완전히 해체된다. 이를 살펴보자. 영화 <나쁜 남자>에서는 숙녀라는 자기의식을 갖고 있던 선화가 자신 안의 창녀성을 인식해나가고, 또 창녀의 정체성을 갖게 된 후에도 숙녀성을 드러내는 과정이 그려진다. 이런 선화의 변화에는 '죽음'이 작동한다. 선화는 처음에는 사창가를 경멸한다. 시간이 지나면서 스스로 가발도 쓰고 화장도 하고 소극적으로 손님을 유혹하기도 하지만, 이것은 단지 사창가에 적응을 한 것일 뿐이고 창녀의 정체성을 갖게 된 것은 아니다. 선화의 변화는 한기의 신사성과 만나면서 일어난다. 도망쳤던 선화를 다시 잡아온 한기는 선화를 매춘 방으로 데리고 들어가지만, 선화와 섹스를 하려하지 않고 그저 옆에 누워서 그녀의 손을 잡아 입을 맞추고는 잠이 든다. 이 날 이후 선화는 아침에 파를 다듬는 동료들의 작업을 거들기도 하는 등 그들의 일상을 자신의 일상으로 공유하기 시작한다. 선화는 깡패에게 내재된 신사성을 의식하고, 숙녀인 자신에게 내재된 창녀성을 의식함으로써 창녀의 정체성을 수용하게 된 것이다.

이런 선화의 변화는 한기가 죽음을 무릅쓴 사랑의 욕망을 추구하면서 더 급격해진다. 한기는 부하 정태 대신에 감옥에 가고,

사형당할 위험을 무릅쓴다. 이런 한기의 행동은 깡패의 부하사랑이라기 보다는, 선화에 대한 사랑욕망이 라깡이 말하는 순수욕망으로 승화되는 과정으로서 죽음충동의 실현이라고 해석할 수 있다. 한기는 죽음을 무릅쓰면서 선화에 대한 욕망을 순수하게 만든 것이다. 이 순수욕망 앞에서 선화의 한기에 대한 욕망도 점점 더 커진다. 결국 선화도 한기가 그녀를 풀어줬음에도 그를 떠나지 않고 사창가에서 사형당할지 모를 그를 기다리고, 성매매도 하지 않는다. 사창가가 숙녀로서 선화에게 죽음과 같은 것이었다면, 그녀의 기다림과 매춘의 거부는 한기에 대한 그녀의 사랑욕망도 순수욕망으로 승화된 것이라 할 수 있다.

(2) 자아의 그림자 포용으로서 의식의 전일성

영화의 초반에 한기가 선화에게 강제로 키스 한 것은 이분법의 벽을 뚫는 시작을 상징했다. 여러 에피소드들 속에서 숙녀성, 창녀성, 신사성, 깡패성이 표출된 후, 선화가 거울 벽을 깨고 한기와 눈을 마주치고, 한기와 선화가 서로를 부둥켜 안는 것은 이분법이 완전히 해체되고 의식의 전일성이 회복되었음을 의미한다. 한기는 신사성과 금이 그어져 있는 깡패성을 한탄했다.

"깡패새끼가 무슨 사랑이야"

사진 1. 매춘트럭을 몰고 간 바닷가에서 나란히 앉아 담배를 피는 선화와 한기

그러나 진정한 사랑은 '숙녀와 신사들의 세계'에만 있는 것이 아니다. 사랑은 서로의 의식의 전일성을 회복시키면서, 깡패와 신사, 창녀와 숙녀가 교차하는 지점에서 무르익는다. 사

랑은 가장 사랑이 없을 것 같은 장소, 한기와 선화의 '매춘트럭'에서 아름답게 꽃핀다.

이처럼 의식의 전일성이 회복됨을 알리는 장면은 선화가 거울을 깨는 장면이다. 거울을 깨기 전 선화는 거울을 통해 오직 자신의 허상적 이미지만을 볼 수 있었다. 그 얇은 거울 막 뒤에 있는 자신의 어두운 그림자를 선화는 보지 못한다. 선화가 그림자를 보려고 하지 않을 때, 그림자는 어두운 곳에 웅크리고 선화를 뚫어지게 응시하는 것 밖에는 할 수 있는 것이 없다. 하지만 선화가 자신이 배척하고 떼어내려고만 했던 그림자가 자신의 일부임을 깨닫고, 그것의 상실에 고통스러워하며 눈물을 흘렸을 때, 그림자는 스스로 자신을 드러낸다. 선화가 한기에게 마음을 열었을 때, 한기는 라이터불로 거울 뒤에 자신이 있음을 알린다. 하지만 그럼에도 그 거울을 깨는 주체는 선화였다. 무의식에 갇혀 있는 그림자를 꺼내서 포옹할 수 있는 것은 결국 초자아나 이드가 아니라 바로 '자아'인 것이다. 자아가 거울을 깨버리고 자신의 그림자를 포옹할 때, 비로소 의식의 전일성이 실현된다.

3. 관객들의 의식의 전일성 회복

영화 <나쁜 남자>를 관람할 때, 관객들은 자신이 자신 안의 그림자, 즉 창녀성과 깡패성과 어떤 관계에 있는지를 알 수 있다. 자신 안의 창녀성, 그리고 자신 안의 깡패성을 인정하지 않고 외면하는 정도가 강할수록, 이 영화는 더욱 더 불쾌하게 느껴진다. 그렇기에 선화와 한기에 동화되어 영화의 흐름을 따라가는 것은, 관객 스스로 자신 안의 창녀성, 깡패성, 숙녀성, 신사성에 대해 균형 있는 성찰을 하도록 도와줌으로써, 관객들로 하여금 의식의 전일성을 회복하는 체험을 하도록 만든다. 영화를 보면서 자신의 그림자와 만나게 되는 것이다. 이런 의미에서 <나쁜 남자>가 불쾌하게 느껴지는 정도가 강하면 강할수록, 그 영화를 통해 얻을 수 있는 치유적 효과가 크다고 할 수 있다.

Ⅳ. 법의 그림자와 그림자의 법

신사숙녀를 법의 기호로 설정함으로써, 영화 <나쁜 남자>를 통해 법에 대한 새로운 성찰을 두 가지 방향으로 진행할 수 있다.

1. 그림자의 법

(1) 그림자와 마주하기의 도우미로서 법

첫째, 법은 수범자들이 신사와 숙녀가 되는 것을 돕되, 수범자들에게 신사와 숙녀의 그림자로서 깡패성과 창녀성을 마주할 수 있는 자유의 공간을 보장해주어야 한다. 즉 의식의 전일성을 달성하기 위해서 법은 신사와 숙녀를 지향하면서도 창녀성과 깡패성을 배척하지 말아야 한다. 이런 법은 그림자를 의식화하게 하는 법이라는 의미에서 그림자의 법이라 할 수 있다. 법이 그림자와 마주하기의 도우미가 되려면 합법과 불법이라는 전통적인 이원적 코드(binary code)[20]의 벽에 통로를 마련하는 것이 필요

20) 루만(N. Luhmann)은 각각의 사회체계가 고유한 이원적 코드를 가지고 있다고 보는데, 법체계는 '합법과 불법'의 이원적 코드를 갖는다. 자세히는 이상돈·홍성수, 『법사회학』(신영사, 2000), 211~212쪽 참조; 이원적 코드 이외에 코드의 목록을 늘리는 것은 법체계의 안정성을 해친다는 루만의 체계이론에 대해서는 Michael King, "Future Uncertainty as a Challenge to Law's programmes: the dilemma of parental disputes", *The Modern Law Review* (Vol. 63, No. 4, Jul., 2000), 532쪽 참조.

하다. 이것은 법의 이원적 코드를 폭파해버리는 것이 아니라, 두 코드를 서로 구분되는 것으로 유효하게 작동시키되 그 둘 사이에 상호작용과 소통을 가능하게 하는 것이다.

(2) 자아와 그림자를 같게 만드는 법의 잘못들

가령 창녀라고 불리는 성매매 여성의 직업성을 인정하는 것은 성매매를 반윤리적 범죄로 비난하고 공격하는 신사와 숙녀가 자신의 신사성과 숙녀성의 그림자를 의식화하는 작업이기도 하다. 그러므로 법은 성매매 여성의 직업권을 지금처럼 불법의 세계에 놔두는 것이 아니라, 합법의 세계로 옮겨줄 필요가 있다. 물론 이것이 성매매를 가치 높은 일로서 승인하는 것은 아니다. 법은 깡패성과 창녀성을 가치로서 지향할 수 없다. 그러므로 성매매 여성들에게 사회권적 인권을 보장하기는 하되, 노동조합의 인정과 같은 도덕화 기획을 수용해서는 안된다. 그런 법적 조치는 숙녀와 창녀의 코드적 구분을 지워버리고, 숙녀성과 창녀성을 완전히 같은 하나의 코드로 만들어 버릴 것이기 때문이다.

가정주부인 부인의 재산분할청구권을 가장 주부에게 유리하게 평가된 가사노동의 사회적 가치를 넘어서는 정도까지, 남편의 상속재산까지 포함하여 그리고 남편의 경제적 능력과 재산의 크기를 고려하지 않고 전체재산의 절반에 가깝게 인정하는 것도 이런 점에서 매우 우려스러운 일이다. 노동으로 창출되지 않은 가치의 귀속을 인정하는 것은 고가의 매춘행위와 그 도덕적 수준에서 크게 다르지 않기 때문이다. 이것은 마치 법이 창녀성을 조장하는 것과 같다. 성매매를 전면 금지함으로써 창녀의 숙녀성을 전혀 인정하지 않는 것과 비교하면, 그런 정책이 의식의 전일성을 심하게 훼손한다는 점을 알 수 있다. 그 결과는 파괴적일 수 있다. 너도나도 앞다투어 그(녀)가 소유한 부의 크기에 따라 배우자를 선택하게 될 것이며, 이는 시민들로 하여금 신사성과 숙녀성을 심각하게 잃어버리도록 만들 수 있기 때문이다.

2. 법의 그림자

둘째, 법을 근대적 자아(cogito)로 바라보면, 영화 <나쁜 남자>는 법의 그림자, 즉 법이 공식적으로 기획하는 도덕적 가치와 반대되며 의식되지 않은 반가치(反價値)를 의식화하고 법의 공식적 기획 속에 동화시키라는 권고로 읽힐 수 있다. 가령 법이 상습마약복용자를 처벌하는 것은 '국민보건 향상'이라는 도덕적 가치를 기획하는 것이다. 이런 법은 신사의 법이라고 할 수 있다. 그러나 의료인에게 신고의무를 부과하거나, 치료보다는 처벌을 위주로 하는 법은 상습마약복용자를 도움이 없는 고립무원의 상태로 몰아 넣을 것이고, 이는 음성적으로 마약복용자가 확산되는 역작용을 발생시킬 수 있을 것이다. 이런 법의 기능은 마치 깡패와 같은 것이다. 그런 점에서 이런 법의 모습을 법이라는 근대적 자아의 무의식에 있는 그림자, 줄여서 법의 그림자라고 할 수 있다.

법이 수범자들이 그들의 무의식에 있는 그림자와 마주하는 것을 도와야 하는 것처럼, 법의 자아(법의 공식적인 도덕적 기획) 또한 자신의 무의식(법이 의식하지 못한 부작용)과 마주하여야 한다. 그리고 그 그림자를 응시하고 자신의 일부로 수용하고, 그것과 소통하면서 자신의 자아를 언제나 새롭게 재구성해나가야 한다. 그럴 때 법은 파괴적이지 않고, 안정된 것일 수 있다.

[12]

선과 악이 만나는 배꼽으로서 법: <지구를 지켜라>

〈지구를 지켜라〉의 줄거리

이병구(신하균 분)는 여자친구 순이(황정민 분)와 함께 산기슭에서 양봉을 하며 살아가는 청년이고, 그의 어머니는 원인모를 병으로 인해 식물인간이 되어서 병원에 입원해 있다. 병구는 외계인들이 지구를 파괴할 것이며, 지구파괴를 막기 위해서는 개기월식날 지구로 오는 외계인 왕자를 자신이 만나야만 한다고 믿고 있다. 병구는 외계인이라고 의심되는 사람들을 잡아다가 생체실험을 하고 살해하는데, 그 사람들은 대부분 과거에 병구에게 몹쓸 짓을 했던 사람들이다. 병구가 가장 주목하는 외계인은 경찰청장의 사위이자 유제화학 사장인 강만식(백윤식 분)인데, 병구는 과거에 그의 공장에서

사진 1. 집 지하실에서 강 사장을 고문하는 병구

노동자로 일을 했었다. 강만식은 막강한 권력을 배후에 두고, 다양한 불법을 저지른다. 병구의 이론에 따르면 강 사장은 외계인왕자와 소통할 수 있는 유일한 외계인이다. 병구와 순이는 강 사장을 납치하는데 성공하고, 병구의 집 지하 1층에 그를 감금한 후 정보를 말하라면서 그를 고문한다. 이상한 헬멧을 쓰고 강 사장에게 고향이 안드로메다가 아니냐고 묻고, 바닥에 알약을 쏟는 병구는 딱 보기에도 정신병자 같다. 강 사장은 자신은 외계인이 아니라고 극구 부인한다.

한편 강만식 납치사건을 해결하기 위해 이 반장(기주봉 분)을 중심으로 수사팀이 꾸려지고, 이 반장과 사이가 좋지 않으며 뇌물수수 문제로 정직된 추 형사(이재용 분)도 이 사건에 관심을 갖는다. 엘리트 신참형사인 김 형사(이주현 분)는 추 형사를 따르며 그를 돕는다. 추 형사는 병구가 범인이라는 직감을 가지게 되고, 산기슭에 있는 병구의 집을 조사하러 갔다가 병구가 기르는 개 '지구'가 사람 뼈를 먹고 있는 것을 발견한다. 추 형사가 김 형사에게 지원을 요청하던 도중 첩첩 산중에서 핸드폰 연결이 끊기고, 병구는 추 형사를 살해한다. 자신이 외계인이 아니라고 강력히 주장하던 강 사장은 병구가 다리를 자르려고 하자, 자신이 외계인이 맞으며 병구의 어머니는 외계인들의 실험 때문에 혼수상태에 빠진 것이므로 자신이 주는 해독제를 먹이면 살릴 수 있다고 말한다. 이 말에 병구는 해독제를 가지고 급히 어머니에게 가지만, 병구가 도착한 순간 어머니는 숨을 거둔다. 병구가 병원에 간 사이 강 사장은 병구의 일기를 들춰보며 그의 과거 이야기를 알게 된다. 광부였던 아버지가 사고로 팔을 잃었고 병구와 병구 어머니에게 행패를 부리다가 사고로 죽었으며, 수업료를 못 내서 담임으로부터 모욕적인 구타를 당했고, 자신의 어머니를 괴롭히던 깡패를 칼로 찔러서 살인미수로 소년원에 갔으며 거기서도 구타에 시달렸다는 것 등등. 병구의 일기를 보며 눈물을 흘리던 강 사장은 괴로움에 몸부림을 치면서 실험실을 부순다.

추 형사가 실종된 것에 의문을 품은 김 형사는 결국 병구의 존재를 알아차리는데, 김 형사가 지하실에서 강 사장을 구출하려는 순간 병원에 갔던 병구가 돌아온다. 병구는 강 사장에게 총을 겨누면서 김 형사에게 강 사장이 자신의 어머니를 죽였다고 말하고, 김 형사는 '다 안다'고 하면서 총을 버리라고 한다. 이때 갑자기 나타난 순이가 김 형사의 목을 조르고, 병구와 순이는 김 형사를 결박한다. 병구는 결박해 놓은 김 형사에게 '다 안다면서 자신이 미쳐갈 때 어디서 무얼 했냐'고 말하면서 김 형사를 총으로 쏘려한다. 그 순간 강 사장이 그만하라고 소리치면서, 자신이 안드로메다에서 온 외계인이 맞고, 인간의 '공격성 유전자'로 인해 지구가 멸망할 것을 우려한 외계인들이 유전자 변형 실험을 통해 인류를 구하려 하는 것이라고 말한다. 강 사장은 왕자님을 만나게 해주겠다며 자신을 강릉 공장으로 데려가 달라고 말하고, 병구는 김 형사에게 지구를 부탁한다고 하고 떠난다. 강릉공장에서 병구와 강 사장은 생사를 건 육탄전을 벌이고, 병구가 강 사장에게 총을 겨눈 순간, 김 형사가 등장해서 병구를 총으로 쏴 죽인다. 김 형사는 병구를 쏜 후에 동요하면서, 죽어버린 병구를 한동안 응시한다. 강 사장이 형사들의 호위를 받으며 차에 타자마자, 하늘에 나타난 비행선으로 강 사장이 빨려 들어가고, 그의 정체가 외계인왕자였음이 드러난다. 외계인왕자는 이제 지구에는 희망이 없다면서 실험을 중단하고 지구는 폭발한다.

Ⅰ. 미친 인류, 병든 지구와 법의 미래

영화 <지구를 지켜라>는 지구를 지키지 못하는 것으로 끝난다. 많은 관객들이 지구를 구하지 못하는 결말을 두고 일종의 반전이라고 말한다. 행복한 결말이거나 결말을 정하지 않은 채 끝나는 종래의 통상적인 엔딩방식을 따르지 않았기 때문일 듯하다. 왜 이런 반전이 설정되었을까? 감독은 미친 인류, 병든 지구('병구')를 구하려면 영화 속에서는 지구를 죽여야 한다고 생각했을 법하다. 사실 지구의 죽음은 인간의 무의식적인 죽음충동을 가장 강하고 완벽하게 발현시킨다. 나의 적들만 죽이는 것이 아니라 아예 모든 인간들을 죽이기 때문이다.

이처럼 무의식적인 죽음충동을 극대화시켜 놓으면, 사람들은 사랑충동(에로스)을 발현하려는 무의식적 경향을 더 강하게 가지게 된다. 의식의 전일성이 그런 균형을 요구하기 때문이다. 죽음충동과 사랑충동의 균형은 인간의 의식이 원형적으로 지향하는 바이다. 그렇지만 영화 <지구를 지켜라>는 이런 에로스가 현재 지구를 지배하는 인간들의 질서와 법에 대한 다른 해석이 없이는 불가능한 것임을 우리에게 호소한다. 이 영화는 영화 속 인물들이 담지하는 기호들을 우리에게 낯선 방식으로, 심지어는 상식을 뒤집는 방식으로 배열한다. 그 방식은 우리의 무의식으로 침투해 들어가서, 인간질서와 법을 의식의 전일성을 회복하는 방향으로 재해석해낼 수 있게 한다. 또한 그렇게 함으로써 영화는 인류와 지구에 대한 에로스를 더 강력하게 호소할 수 있게 된다.

Ⅱ. 기호의 엇갈린 배열과 법의 의미

영화 <지구를 지켜라>는 정상인과 비정상인(범죄자), 내부인과 외계인, 선한 사람과 악한 사람의 기호를 통념과는 다른 방식으로 배열한다.

1. 영화 속 인물의 기호론적 배열

(1) 병구, 외계인화와 비정상성 및 선

병구는 노동자이자 양봉인으로서 지구의 '내부인'이지만, '정상인'의 경계선 밖에 있는 — 마치 결국에는 지구를 파괴하는 강사장과 같은 외계인이나 가질 법한 — '이상성'을 지닌 사람이다. 법은 병구에게 범죄자의 낙인을 찍는다. 병구는 살인미수로 소년원에 갔다왔고 현재 엽기적인 연쇄살인을 저지르고 있기 때문이다. 병구가 주장하는 '지구를 지킨다'는 그의 목표를 제거해놓고 본다면 병구는 그저 정신이상의 연쇄살인범일 뿐이다. 여기서 범죄자로 낙인찍는 것은 동시에 그를 마치 '외계인'처럼 만드는 작업이 되기도 한다. 외계인이 따로 있는 것이 아니라, 범죄의 낙인을 찍는 등의 방식으로 법이 그를 배제함으로써 범죄자는 내부인에서 외계인으로 위치를 바꾸는 것이다. 사회세계로부터 외계인으로 내몰리는 병구는 이렇게 외친다.

> "알아? 다 안다고? 그래, 다 알 수 있겠지. 뻔한 얘기니까. 근데 다 알면서 어디 있었는데. 내가 미쳐갈 때 어디 있었어. 니들이 더 나빠. 니들이 죽인거야. 니들이 다 죽였어."

그러나 병구의 이상성은 병구로 하여금 지구를 파괴할 수 있는 실제의 외계인과 조우할 수 있게 하고, 지구의 존속이라는 최고의 선을 달성하려고 애를 쓸 수 있게 만든다. 또한 '아버지의 잘린 팔'로 대변되는 병구의 인권지향의식은 선을 실현하는 의식의 일종이 된다.

(2) 강 사장, 내부인화와 정상성 및 악

영화 속 강 사장은 실제로는 '외계인'으로 지구의 외부인이지만, 자본가로서 정상성의 경계 내부에 자리를 잡고 '정상인'으로 살아가고 있다. 이로써 강 사장은 지구의 내부인으로 위치를 바꾼다. 법도 강 사장과 같은 사람들에게 정상성을 인정하고 그들이 공동체를 형성할 수 있도록 질서를 유지한다. 그러나 강 사장은 주가조작, 수뢰, 노조간부 폭력 교사 등의 범죄행위, 그리고 톱모델과의 스캔들 등의 향락적 행동, 대리운전비를 반 밖에 주지 않으면서도 잘리지 않으려면 잘하라고 윽박지르는 식의 덕과 인간미가 없는 면모를 갖고 있다. 게다가 강 사장은 영화의 끝에 가면 외계인으로서 지구를 파괴하는 극악을 실현하기도 한다. 이

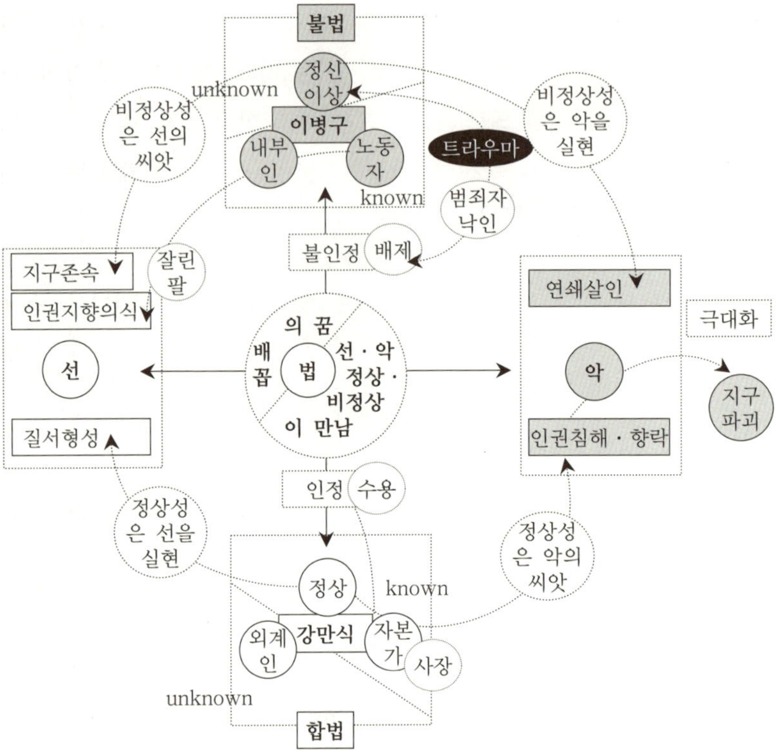

런 설정은 정상성에는 — 실제의 외계인이나 할 법한 — 악이 내재할 수 있음을 기호화한다.

2. 영화 속의 기호체계와 법

영화 <지구를 지켜라>는 <내부인—정상인—선>과 <외계인—비정상인—악>이라는 통상적인 기호체계를 뒤틀어 놓는다.

(1) 기호체계의 뒤틀기

첫째, 법에 의해 정상인이자 지구 내부인이 된 강 사장이라는 인물을 통해 영화는 내부인이자 정상인에게 지구를 폭파하는 것과 같은 외계인의 악한 의지가 내재함을 보여준다. 즉, 《내부인—정상인—선》의 기호체계를 《내부인(←외계인)—정상인—악》의 체계로 뒤틀어 놓는다. 영화 속에서 개기월식을 4시간 남겨두고 김 형사를 결박한 채, 병구와 강 사장이 대화를 나누는 장면이 대표적이다. 그 대화에서 강 사장은 외계인들의 역사와 계획을 다 설명해주면서 병구의 믿음이 사실임을 확인해준다. 이런 진실 폭로를 통해 강 사장이 외계인임이 공식화되고, 그런 외계인들의 계획에 대해서 "이제와서 우릴 다 죽이려고!"라고 항변하는 병구의 대사에서처럼 내부인과 정상성에 내재된 악이 표출된다.

둘째, 법에 의해 비정상인이자 외계인이 된 병구라는 인물을 통해 영화는, 외계인이자 비정상인에게 지구를 지키려는 내부인의 선한 의지가 내재할 수 있음을 보여준다. 즉, 《외계인—비정상인—악》의 기호체계를 《외계인(←내부인)—비정상인—선》의 기호체계로 뒤틀어 놓는다. 좀더 간단히 말하면 범죄자 안에 인류를 구하고 지구를 지키는 가장 선한 내부인적 특성이 있을 수 있고, 정상인 안에 지구를 파괴하는 최악의 외계성이 존재할 수 있다는 것이다.

셋째, 영화 <지구를 지켜라>는 이런 기호체계의 뒤틀기를 한 번으로 끝내지 않고 계속 해간다. 이를테면 강 사장의 정체를 밝힌 병구는 '우리'의 한 명으로, 즉 '내부인'으로 다시 자리를 바꾸고, 지구를 지키려 한다는 점에서 선의 기호를 띠게 되지만, 병구가 죽인 십여명의 사람들 중 외계인은 단 두명 밖에 없었으며, 나머지 사람들을 살해한 것은 모두 다 병구의 사적인 복수였다는 점이 드러난다. 그래서 김 형사를 살해하려는 병구에게 강 사장이 절규하면서 외친다.

"그만! 미친 척 그만해, 이 미친 놈아! 너도 똑같은 놈이야! 지구를 지킨다고? 누굴 위해서? 뭘 위해서? 너 괴롭힌 놈들 다 잡아다 죽이면, 그럼 지구가 지켜지는 거야? 그래?"

병구는 사적 복수를 위해서 고교 담임, 소년원시절 교도관, 유제화학 공장장 등을 잔인하게 고문하고 생체실험을 했으며, 그들의 신체를 자신이 기르는 개 '지구'에게 '외계인 고기'라며 먹였던 것이다. '우리'들 중 하나인 '내부인' 병구가 보이는 이와 같은 싸이코패스적인 잔인함과 엽기적인 '이상성'은 강 사장과 대비해볼 때 오히려 병구를 또 다시 더 '외계인'인 것처럼 느끼게 한다.

이에 반해 나치, 집단학살, 전쟁 등의 문제를 지적하면서 오직 인간만이 자신의 종을 잔인하게 학살하며 즐긴다고 개탄하는 강 사장은 외계인임에도 불구하고 그 어떤 내부인보다 더 선한 내부인과 같은 모습을 보인다. 이제 누가 정말 '외계'인인지는 대답하기 어려운 질문이 되어 버린다. 또한 누가 정상인지 비정상인지, 그리고 누가 선이고 누가 악인지를 구분하기 어려워진다.

(2) 불법과 함께 하는 법

영화 <지구를 지켜라>가 뒤틀어 놓는 이러한 기호체계를 법정신분석학의 명제로 옮겨보자. 첫째, 《강 사장=[내부인(←외계인)—정상인—악]》이라는 뒤틀린 기호체계는 '무의식 속의 충동적 욕망에서 비롯되는 악을 억압하는 의식 속에도 다시 불법의 씨앗이 있다'는 것을 의미한다. 둘째, 《병구=[외계인(←내부인)—비정상인—선]》라는 뒤틀린 기호체계는 억압된 충동적 욕망에서 비롯되는 악이 응축되어 있는 무의식 속에 합법의 씨앗이 있다는 것이 된다. 이를 좀 줄여 말하면, 법에 불법의 씨앗이 내재해 있고, 불법에 법의 씨앗이 내재해 있다는 것이다. 셋째, 이런 상호내재성은 강 사장이 가진 선의 의지와 병구가 가진 악의 의지를 통해 계속 더 뒤집히게 된다. 이와 같은 법과 불법의 상호내재성과 상호변환성을 포괄하여 말한다면 '불법과 함께 하는 법', '법은 항상 불법과 함께 한다(legality with illegality)'는 명제가 된다. '불법과 함께 하는 법'을 정신분석학의 언어로 옮겨보면 프로이트나 융이 강조하는 '무의식의 의식화'라고 할 수 있다.

Ⅲ. 꿈의 배꼽과 법의 말할 수 없음

1. 경계 허물기

무의식을 포함한 정신의 세계에서 법은《정상인—선 vs 비정상인—악》이나《내부인—선 vs 외계인—악》이라는 이분법을 유지할 수 없다. 영화 <지구를 지켜라>는 내부와 외계, 정상과 이상 사이의 경계가 흐릿해지고, 내부가 외계이고 외계가 내부이며, 이상이 정상이고 정상이 곧 이상이 되는 상황을 보여주고 있다.

(1) 두려운 낯설음과 외밀함

그러나 이렇게 경계가 사라짐으로써 가장 내밀한 내부가 외부와 만날 때, 인간은 낯설음과 두려움, 공포를 느낀다. 이와 같이 '익숙한 것에서 낯설음을 느낄 때 수반되는 두려움, 공포' 등을 프로이트는 '두려운 낯설음'(Unheimliche)이라고 개념화 했고, 라깡은 이를 '외밀함'(extimité)이라고 번역했다.[1] 익숙한 내부에

1) 라깡의 extimité은 프로이트의 unheimliche의 불어번역어로 라깡이 만들어낸 단어이다. 프로이트의 unheimliche를 '두려운 낯설음'으로 번역한 것에 대해서는 지그문트 프로이트, 「두려운 낯설음」, 『예술, 문학, 정신분석』(정장진 옮김)

서 외계성을 발견하고 익숙한 정상성에서 이상성을 발견할 때, 그 '내적 이질성'[2]에서 인간은 섬뜩함을 느낀다. 이는 크리스테바의 논의를 참조할 때 더 잘 이해가 된다. 크리스테바는 공포를 야기하는 것은 사실 더러움과 관련이 있으며, 더러움이란 '경계 밖에 있는 것'을 의미한다고 보았다. 내부와 외부의 경계가 흐려지며 내부에 있는 것이 외부로 나올 때, 그것은 '더러운 것', 그리고 '두려운 것'으로 인식된다는 것이다.[3] 예를 들어, 체액이 경계를 지키며 그 안에 있을 때에는 촉촉함을 주는 아름다운 것일 수 있지만, 그것이 경계를 넘어서서 찐득하게 배어나올 때, 그것은 더러움과 두려움, 공포감을 주는 것이 되어버린다.[4]

(2) 영화 속 외밀함의 장면들

그런 두려움과 공포를 영화 <지구를 지켜라>는 전체를 관통하는 섬뜩하고 '보기 괴로운' 장면들을 통해 표현하고 있다. 이를테면 병구가 강 사장에게 처음 행한 고문은 발등의 피부를 벗겨내고 물파스를 바르는 것이었다. 이런 고문은 그 실질이 갖는 잔인성이 별로 대단한 것이 아님에도 불구하고 상당히 강한 혐오감과 경악을 느끼게 한다. 피부는 인간의 내부와 외부를 구분 짓는 가장 극단의 경계이기 때문에, 피부를 벗겨내는 것은 가장 원

(열린책들, 2007), 399~452쪽 참조; unheimliche는 프로이트의 정신분석적 개념들이 결집되는 핵심개념이다. 이에 관해서는 Mladen Dolar, ""I shall be with you on your wedding-night": Lacan and the uncanny", *October* (Vol. 58, Rendering the real, Autumn, 1991), 6쪽 참조.

2) '내적 이질성'에 대한 설명은 조현준, 「『프랑켄슈타인』에 나타난 "낯선 두려움"—서사 구조, 응시, 비체에 대한 정신분석학적 접근」, 『19세기 영어권 문학』(제13권 1호, 2009), 162쪽 참조.

3) 이에 대해서는 줄리아 크리스테바, 『공포의 권력』(서민원 옮김)(동문선, 2001), 113~116쪽 참조.

4) 조현준, 「『프랑켄슈타인』에 나타난 "낯선 두려움"—서사 구조, 응시, 비체에 대한 정신분석학적 접근」, 『19세기 영어권 문학』(제13권 1호, 2009), 177쪽 참조.

사진 2. 강릉공장에서 병구와 강 사장

초적으로 육체의 경계를 허물고 내부에 있어야 할 것을 외부에 노출시키는 것이기 때문이다. 또한 마지막 결말 장면에서 병구와 강 사장이 목숨을 건 혈투를 벌일 때, 병구의 얼굴과 강릉공장 바닥에 첨벙거리며 넘쳐흐르던 피는 경계 내부에 있어야 할 것이 외부로 넘쳐 흘러버린 찐득한 섬뜩함을 느끼게 한다. 이와 같은 혐오감과 공포는 경계가 허물어져버림으로써 우리가 그것을 '알 수 없다'는 점에서 기인한다. 경계를 넘어선 비체(abject)[5]들은 이분법적 경계에 기반한 이성적 사고체계로는 이해할 수 없고 포착할 수 없는 낯선 것들이기에 공포와 혐오를 느끼게 하는 것이다.[6]

2. 법의 말할 수 없음과 외밀성

(1) 꿈의 배꼽

여기서 프로이트가 '꿈의 배꼽(dream's navel)'이라 표현한 것에 주목할 필요가 있다. 그것은 "꿈이 미지의 세계에 도달하는 시섬"인데,[7] 프로이트는 꿈의 배꼽이라는 표현을 통해서 '분석의

5) 비체는 주체와 객체의 경계를 넘어선 '무엇인지 알 수 없는 어떤 것'을 의미하는 크리스테바의 개념으로, 이에 대해서는 줄리아 크리스테바, 『공포의 권력』(서민원 옮김)(동문선, 2001), 22~25쪽 참조.

6) 이와 같은 영역을 라깡은 '실재'라고 일컬었다. 실재는 '미끄러운(slippery)' 것으로서 이분법에 기초한 이성적 언어 질서로는 포착할 수 없다는 Fred Botting, "Relations of the real in Lacan, Bataille and Blanchot", *SubStance* (Vol. 23, No. 1, Issue 73, 1994), 24~26쪽 참조.

7) 지그문트 프로이트, 『꿈의 해석』(김인순 옮김)(열린책들, 2007), 612쪽 참조. 이 번역본에는 꿈의 탯줄이라고 번역되어 있는데, dream's navel은 꿈의 배꼽이 더 정확한 번역일 것이다.

불완전한 종결'을 설명했다. 아무리 잘 분석된 꿈이라 해도, 분석되지 않는 미지의 부분은 언제나 남는다는 것이다.[8] 프로이트는 '이르마의 주사 꿈'을 분석하면서 기존의 해석틀로는 더 이상 해석되지 않고, 해석하기 위해서는 분석이 영원히 종결될 수 없을 만큼 막대한 작업을 해야 하는 지점에 직면한다. 그는 더 이상 분석을 진행하지 않기로 결정하고, 분석되지 않는 영역을 탐구하지 않은 채 분석을 종결짓는다. 프로이트는 분석을 진행할 수 없는 영역이 시작되는 지점이 '해석되지 않는 무의식적 내용들이 밀집된 매듭과 같다'고 하면서, 그 지점을 '꿈의 배꼽'이라고 불렀다. 그렇기에 꿈의 배꼽은 '아는 것(known)'과 '알지 못하는 미지의 것(unknown)' 사이의 가장 첨단의 경계이며, 분석의 불완전성의 징표이다.[9] 프로이트의 '꿈의 배꼽'은 내 안에 있지만 알 수 없는 것, 즉 '내 안의 타자'인 무의식에 가장 가까이 직면하고 있는 경계로서, 가장 큰 두려움과 조우하고 있는 지점이다.

(2) 김 형사, 법의 말할 수 없음

법의 기호를 바로 이 프로이트의 '꿈의 배꼽'이란 개념으로 표현할 수 있다. 법은 우리가 생각하듯 '선과 정상인'의 의미로만 구성되는 것이 아니다. 법은 이상성과 정상성이, 그리고 선과 악이 가장 적나라하게 서로를 마주하는 최극단의 경계에 자리하는 것으로서, 이상성과 정상성 사이에, 선과 악 사이에 있는 것이다. 그렇기에 법은 언제나 두려움에 직면하게 되고, 그 두려움에 동요하면서도 언제나 어느 지점에서인가 '분석의 종결'을 결정하는

8) 꿈의 배꼽 개념을 중층해석과의 관련 속에서 이해하는 장 라플랑슈/장 베르트랑 퐁탈리스, 『정신분석 사전』(임진수 옮김)(열린책들, 2005), 442쪽 참조.
9) 프로이트의 '꿈의 배꼽' 개념에 대한 더 자세한 설명은 Fred Botting, "Relations of the real in Lacan, Bataille and Blanchot", *SubStance* (Vol. 23, No. 1, Issue 73, 1994), 36쪽 참조.

경계 긋기 – 내부인화와 외계인화 – 의 결단을 내려야만 한다.[10] 법은 안과 밖, 위와 아래, 선과 악의 가장 최전방의 경계로서 '배꼽'과도 같은 것이다.

이처럼 알고 있음(known) – 예컨대 병구의 내부인성과 강 사장의 정상성－과 알지 못함(unknown) – 예컨대 병구의 이상성과 강 사장의 외계인성－이 폭로되고, 내부성과 외계성, 이상성과 정상성의 경계가 용해되어 '내적 이질성'이 적나라하게 노출되는 순간을 직접 목격한 사람은 김 형사이다. 그렇기에 김 형사는 법의 기호를 담지하는 주체가 될 수 있다. 그는 자신이 집행하는 법이 그처럼 선과 악, 정상과 비정상, 내부인과 외부인의 최전방의 경계로서 배꼽과 같은 것임을 느낀다. 그렇기에 김 형사가 느꼈을 공포와 혐오는 엄청나게 컸을 것이다.

이와 같은 경계의 용해 앞에서 그는 어떠한 말도 할 수가 없다. 이 점을 영화는 김 형사가 병구와 강 사장의 대화 내내 결박되어 있고, 그의 입은 테이프로 막아져 있는 장면으로 표현한다. 그는 법이 그처럼 꿈의 배꼽과 같은 것임을 지켜보면서 어떤 말도 할 수 없는 것이다. 바꿔 말하면 그는 더 이상 법이 무엇인지를 말할 수 없게 된다. 여기서 '말할 수 없음'(unsagbarkeit)은 — 카프카의 『법 앞에서』(vor dem Gesetz)처럼[11] — 법은 자기를 드러내보여주지 않는 '현전불가능한' 그 무엇임을 의미한다.

---

10) 다른 사회체계들과 비교할 때 법체계가 더 날카롭게 직면하는 문제는 옳고 그름을 경계 짓는 문제이지만, 법의 결단은 자기-준거성의 순환에서 빠져나올 수가 없기에 언제나 불확정적인 것이라는 점은 이를 아동복지의 문제와 관련해서 고찰하는 Michael King, "Future Uncertainty as a Challenge to Law's programmes: the dilemma of parental disputes", *The Modern Law Review* (Vol. 63, No. 4, Jul., 2000), 523～525쪽 참조.

11) 이에 관해서는 Jacques Derrida, "Before the Law", in Derek Attridge (ed), *Act of Literature* (Routledge, 1992), 181～220쪽 참조.

(3) 외밀성과 법

병구와 강 사장이 보이는 '외밀성'은 이성적 언어로 포착하거나 설명할 수 없는 두렵고 이질적인 것이다. 강릉공장에서 병구를 사살한 후에 불안해하고 동요하며 그를 응시하는 김 형사의 모습은 허물어진 경계 앞에서 자신이 지켜야 하는 것이 무엇인지를 말할 수 없는, 다시말해 '자신이 무엇인지'를 말할 수 없는 법의 불확정성을 압축적으로 보여준다.[12] 법은 어떤 순간에도 경계의 어느 한 편에 전속될 수 없으며, 말을 할 수 없고 결정을 내리고도 불안하게 동요하는 김 형사처럼 언제나 양 쪽 사이의 경계지점에서 불확정적으로 출현할 수밖에 없다. 배꼽에서 위와 아래, 안과 밖이 만나듯, 법은 정상과 비정상, 선과 악, 내부와 외부가 만나는 지점에서 등장하는 '실재'이다.[13] 여기서 실재라는 개념은 라깡이 상상계, 상징계, 실재계를 구분할 때 말하는 그 실재의 개념이다. 즉 실재는 이미지나 언어로 파악될 수 없다는 점에서 '불가능성'을 의미하며,[14] 그럼에도 불구하고 분명히 존재하고, 언어적 상징세계의 틈을 끊임없이 비집고 들어오면서 예

---

12) 이런 법의 불확정성을 데리다는 유령, 여성의 실루엣 등으로 표현한다. 자세히는 Peg Birmingham, "Toward an Ethic of Desire: Derrida, Fiction, and the Law of the Feminine", in Nancy J. Holland (ed.), *Feminist Interpretations of Jacques Derrida* (The Pennsylvannia State Universitiy, 1997), 137~138쪽 ; Jaques Derrida/John D. Caputo, "Justice, If Such a Thing Exists", *Deconstruction in a nutshell: A conversation with Jacques Derrida* (Fordham University Press, 1997), 138쪽 참조.

13) 카프카의 작품들에서 법은 의식적으로 되는 것에 저항하는, 다시말해 무의식적으로 남아있으려고 하는 것으로 등장하는데, 이런 관점은 라깡의 실재가 의식화에 저항하는 것이라는 점에서 우리의 정신분석적 법 이해와 공유되는 부분이 있다. 자세히는 Rodolphe Gasché, "Kafka's Law: In the Field of Forces between Judaism and Hellenism", *MLN* (Vol. 117, No. 5, Comparative Literature Issue, Dec., 2002), 976쪽 참조.

14) 불가능한 것으로서 실재는 딜런 에반스, 『라깡 정신분석 사전』(김종주 외 옮김)(인간사랑, 2004), 217쪽 참조.

기치 못한 순간에 갑작스럽게 출몰함으로써 불안과 두려움을 야기하는 것15)을 의미한다. 이렇듯 실재는 내부에 있는 것도 아니고 외부에 있는 것도 아니며, 내부와 외부의 경계를 흩뜨리는 '외밀성'을 갖는다고 할 수 있다. 법도 바로 그런 외밀성의 존재가 된다.

[라깡의 상상계—상징계—실재계] 상상계, 상징계, 실재계라는 세 개의 '계'는 세 가지 질서를 말하는 것으로, 라깡의 사고의 핵심이다. 상상계는 이미지와 관련된 세계이며, 상징계는 언어와 관련되어 있다. 반면 실재계는 상상계와 상징계의 잉여, 즉 이미지나 언어로 포착되지 않는 '존재'의 차원을 의미한다. 이는 칸트의 '물자체'와 유사한 개념인데, 때로는 물질적 현실 자체를 의미하기도 한다.

라깡은 다른 동물종과는 달리 인간만이 유아기에 거울에 비춰진 자신의 이미지에 열광하는 것에 주목하면서, 이 시기를 거울단계라고 이름 붙힌다. 유아는 자신의 이미지를 환희에 차서 관찰하며 나르시시즘적으로 사랑한다. 유아는 거울에 비친 이미지를 통해서 비로소 자신을 '전체'로서 인식하기 시작하는데, 거울 단계의 이미지는 비춰진 상에 불과하고 실재가 아니라는 점에서 필연적으로 실재의 소외를 수반한다. 이 소외는 유아가 언어를 습득하는 과정에서 더 심화된다. 상징계는 주체가 언어를 습득하여 언어의 주체로 다시 태어나는 단계이다. 주체는 상징계의 단계에 와서야 비로소 사회적 존재가 될 수 있다. 오감을 이용하는 상상계에서, 오감보다는 추상적인 언어로 세계를 파악해야 하는 상징계로 이동하는 것은 상상계에서 가질 수 있었던 미미한 사물(존재)과의 만남조차도 더 이상 불가능하게 한다.16)

---

15) 상징계로의 실재계의 출몰과, 이로 인한 불안은 '결여의 결여' 때문이라는 관점은 Mladen Dolar, ""I shall be with you on your wedding-night": Lacan and the uncanny", *October* (Vol. 58, Rendering the Real, Autumn, 1991), 6, 13쪽 참조.

16) 이를 '상징계는 사물 대신 단어를 제공한다'고 설명하는 Mladen Dolar, ""I

Ⅳ. 소통의 매체로서 법

1. 경계지우는 법의 종말

그럼에도 법은 현실에서 합법과 불법의 판단을 내려주어야 한다. 그래서 <지구를 지켜라>의 김 형사는 병구에게 이렇게 말한다.

> "알아요, 다 알아요. 하지만 이제 다 끝났어요"

법은 누군가를 내부인, 정상인, 선한 사람으로, 또는 외계인, 비정상인, 악한 사람으로 만드는 경계지음의 결정을 내려야만 한다. 소통을 하지 않는 법의 미래는, 김 형사가 병구를 사살함으로써 가져왔던 지구종말과 같은 모습이다. 병구는 강릉공장으로 떠나면서 이제 모든 것을 아는 사람은 김 형사 밖에 없다며, 자신의 개 '지구'를 한번 쳐다보고는 김 형사에게 "지구를 부탁한다"고 말한다. 그러나 김 형사는 결국 병구를 사살하는 것을 선택함으로써 푸른 행성 '지구'를 지킬 수 있는 마지막 희망을 스스로 제거했고, 그가 확실히 할 수 있었던 것은 병구가 기르는 개 '지구'를 지하 1층 고문실에서 꺼내주는 것 뿐이었다. 이는 법

---

shall be with you on your wedding-night": Lacan and the uncanny", *October* (Vol. 58, Rendering the Real, Autumn, 1991), 15쪽 참조; 이런 언어의 한계에 대해서, 니체는 언어의 역사는 단축 과정의 역사이며, 언어적 의사소통은 심오한 것을 담을 수 없고 오직 평균적이고 비속한 것만 담을 수 있다고 비판하기도 했다. 이에 대해서는 Philippe Nonet, "What is positive law?", *The Yale Law Journal* (Vol.100, No.3., Dec., 1990), 689~690쪽 참조.

역시 '알고 있지 않음(unknown)'에 동요하며 직면해 있음을,[17] 다시 말해 배꼽으로서 법이 설정한 경계도 역시 불확정적인 것일 뿐임을 다시한번 말해준다.

2. 법의 배꼽기능회복

(1) 꿈의 배꼽을 잃어버린 영화의 결말

영화 <지구를 지켜라>는 마치 프로이트의 '꿈의 배꼽'처럼 안과 밖, 내부와 외계, 이상과 정상 사이의 기존의 경계를 흩트리며 계속적으로 새로운 최극단의 경계를 만들어 나갔다. 그러나 영화가 도달한 지점인 종말론이라는 결말은 영화가 힘겹게 구축해온 '배꼽으로서의' 균형 잡힌 시각을 잃어버린 것이다. 이는 법이 현실을 합법과 불법 가운데 어느 하나로만 규정짓는 기능과 유사하다. 배꼽으로서의 기능을 잃어버린 법은 결국 죽음을 가져오는 것이다. <지구를 지켜라>의 결말은 '꿈의 배꼽'을 잃어버린 것이다. 물론 이는 죽음충동의 극대화를 통해 인류의 지구에 대한 에로스를 회복시키는 무의식의 작용이기도 하다. 그러나 어쨌든 영화는 영화가 해체하고자 했던 이분법의 틀 속으로 스스로 들어가버렸다. 결국 외계인의 심판이 있었으니 말이다.

(2) 대안적 결말

꿈의 배꼽을 잃지 않으려면 병구가 지구를 지키려는 과정에서 비로소 자신이 지키고자 했던 지구가 무엇인지를 이해해갔듯이, 외계인들 또한 지구를 파괴하려는 과정을 통해서 지구를 이해해가는 과정이 그려졌어야 한다. 그래야 영화의 결말 이전까지

17) 법의 무지에 대해서는 알리싸 리 존스, 「편집자의 말: 법의 무지」, 『법은 아무것도 모른다』(알리싸 리 존스 엮음)(강수영 옮김)(인간사랑, 2008), 22~23쪽 참조.

영화가 힘들게 구축해나갔던 배꼽으로서의 특성, 즉 균형성이 지켜질 수 있었을 것이다. 영화 <지구를 지켜라>는 병구의 일기를 보면서 흘린 강 사장의 눈물을 통해서 그런 균형의 가능성을 약하게나마 보여주기도 했다. 그러나 외계인이 지구를 이해하는 과정은 결국 실패해버림으로써 지구파괴라는 종말로 진행되었고, 그 결과 김 형사로 대변된 법은 배꼽으로서의 기능을 잃어버리고, 악의 실현매체로 전락해버렸다.

(3) 법체계와 다른 사회체계 사이의 소통

하지만 영화의 이런 결말은 법이 배꼽기능을 상실할 때에는 죽음만 남게 됨을 보여줌으로써 법의 미래를 새롭게 바라보는 정신분석학적 시도의 계기를 마련해준다. 즉, 법은 확정적인 것이 아니라 불확정적인 것이며, '단절시키는 경계'에 머물러서는 안되는 것이다. 다시말해 법은 '경계지우되, 경계사이를 소통시키는 경계'가 되어야 한다.[18] 이와 같이 재해석된 법을 실현하는 것은 사회체계가 분화된 현대사회에서 법이 정의로울 수 있기 위한 미래적 과제이다. 예컨대 사회체계의 하나인 법체계에 전승되어온 규범과 법원칙에 의해 정의로 승인되는 내용은 또 다른 사회체계인 경제체계에서는 비효율을 낳는 것이 될 수 있다. 이때 전통적인 법은 법체계의 정의를 경제체계의 효율성과 경계 짓고, 앞의 것을 합법으로, 뒤의 것을 불법으로 선택하고 결정하는 모습을 보여왔다. 그러나 미래의 법은 법의 전승된 정의내용과 경제체계의 효율성 사이에 충돌이 있을 경우에 그 둘 사이를 소통시키는 과제를 수행할 수 있어야 한다.[19]

18) 자세히는 이 책 [공동경비구역 JSA] 단락 참조.
19) 이런 점에 대해 이상돈, 『윤리경영과 형법』(신영사, 2005) 참조.

제 4 부 법과 트라우마의 치유

(13) 의식의 전일성과 균형으로서 법: 〈해운대〉

(14) 트라우마의 전이로서 법: 〈화려한 휴가〉

(15) 쾌락원칙과 도덕원칙 사이의 법: 〈연애의 목적〉

Part 4

[13] 의식의 전일성과 균형으로서 법: <해운대>

〈해운대〉의 줄거리

해운대 미포 선착장 상가번영회 회장인 최만식(설경구 분)은 무허가 횟집을 운영하고 있는 강연희(하지원 분)를 사랑한다. 하지만 자신의 판단 실수로 연희 아버지가 죽게 된 사고 때문에, 마음을 고백하지 못한 채 그저 연희를 물심양면으로 도와주고 있다. 만식은 아들 승현이와 어머니와 함께 살고 있는데, 승현이는 만식이 하룻밤의 실수로 만든 아이이고, 아내는 예전에 그를 떠나버렸다. 최억조(송재호 분)는 삼일해운의 회장으로, 2004년에 연희 아버지를 죽게 만든 인도양 쓰나미가 왔을 때 만식에게 배를 띄우라고 지시했던 일 때문에 만식의 미움을 받고 있다. 억조는 해운대를 개발하는 골든비치 사업 허가를 받는 것에 집중하고 있고, 이 사업을 결사반대하는 상가번영회 사람들과 심한 갈등관계에 있다. 해양연구소 소속 지질학자인 김 휘(박중훈 분)는 실력 있는 연구자로, 한반도에 메가 쓰나미가 올 가능성을 인식하고 계속 경고하지만, 아무도 그의 말을 믿지 않는다. 김 교수와 이혼한 전처인 이유진(엄정화 분)은 혼자서 어린 딸 지민(김유정 분)을 키우는 성공한 커리어우먼으로, 국제문화엑스포를 개최하는

업무를 위해 해운대에 온다. 만식의 동생 최형식(이민기 분)은 해양구조대 소속 구조대원으로, 해운대로 휴가를 온 삼수생 김희미(강예원 분)가 바다에 빠졌을 때 그녀를 구조해주었고, 그 일을 계기로 그녀와 연애를 하게 된다. 희미는 바다에 빠질 당시, 친구들과 함께 해변에서 만난 준하(여호민 분) 일행과 준하의 요트를 타고 바다에 나간 상황이었다.

만식은 술을 많이 마시는 편이고, 연희와 상가번영회 사람들과 함께 간 야구장에서 술에 취한 채 난동을 부려서 쫓겨나기도 한다. 만식이 자신의 마음을 표현하지 못하자 연희가 먼저 그와 결혼할 의중을 비치고, 만식은 그녀에게 프러포즈를 한다. 연희는 대답을 미루고 두 사람은 때마침 시작된 불꽃놀이를 행복하게 구경한다. 최억조 회장도 그날 골든비치 사업허가를 받게 되고, 행복한 마음으로 불꽃놀이를 감상한다. 준하는 희미가 형식과 연애를 하는 것을 못마땅하게 생각하고, 친구들을 데리고 가서 형식을 구타하면서 희미가 자신의 약혼녀라고 거짓말을 한다. 희미와 자신의 세계가 너무 다른 것에 고민하고 있던 형식은 준하의 말을 믿고 희미에게 절교를 선언한다. 만식이 연희에게 프러포즈를 했다는 말을 들은 연희의 동창 동춘(김인권 분)은 연희에게 연희가 모르고 있던, 아버지가 죽던 날의 일을 말해준다. 동춘은 지금은 백수지만, 만식의 배를 함께 탔었기 때문에 그 날의 상황을 잘 알고 있다. 만식의 판단이 아버지의 죽음의 계기가 되었음을 이제야 알게 된 연희는 만식의 프러포즈를 외면한다.

한편, 메가쓰나미의 징조들이 점점 더 많이 나타나고, 급기야 일본이 쓰나미 경보를 내린 상황에까지 이른다. 이런 상황 속에서 해운대 세계문화엑스포는 시작되고, 김 교수는 유진에게 엑스포를 즉시 멈추고 사람들을 대피시킬 것을 요청하지만, 유진은 자신의 일을 망치려는 거라며 화를 내고 그의 말을 믿지 않는다. 그녀는 딸 지민을 남자친구에게 맡겨둔 채 회의장에 가 있지만, 유진의 남자친구는 지민을 혼자 둔 채 해변에서 선탠을 즐긴다. 조금 후, 당장 쓰나미 경보와 대피명령을 내리라는 지시가 전달되고, 지민에게 가던 유진은 설상가상으로 엘리베이터 안에 갇히고 만다. 이들에게 주어진 대피 시간은 10여분 남짓. 유진은 김 교수에게 지민을 부탁한다. 이때 희미는 준하의 배를 타고 바다로 나가있었고, 해일에 휘말려 위험한 상황에 처한다. 그들을 구조하러 형식과 구조대원들이 출동하고, 바다에서 희미를 구하면서 형식은 희미와 약혼했다는 준하의 말이 거짓말이라는 것을 알게 된다. 형식은 희미를 구조하고 준하를 구하러 다시 바다로 뛰어들지만 구조기기에 문제가 생기고, 형식은 준하를 살리기 위해 자신의 목숨을 포기한다. 쓰나미가 해운대에 덮쳐오고, 억조는 만식의 생명을 구해주지만, 자신은 목숨을 잃고 만다. 메가 쓰나미의 여파로 해운대에 있는 건물들이 마구 무너지고, 유진과 김 교수는 지민이만을 헬리콥터에 태워서 탈출시키고는 서로 마주안은 채 죽음을 맞이한다. 쓰나미가 지나간 후, 상가번영회 사람들은 쓰나미가 오던 날 최회장이 어렵게 받은 골든비치의 허가를 취소했음을 알게 된다. 그리고 연희와 만식은 결혼하기로 한다.

Ⅰ. 쓰나미의 정신분석학적 의미

영화 <해운대>는 천만을 훨씬 넘는 관객을 동원하였다. 무엇이 이토록 많은 관객을 동원할 수 있게 만들었을까? 컴퓨터그래픽의 화려함이나 배우들의 탄탄한 연기 또는 코믹적 요소 등, 영화비평학적 이유는 많을 것이다. 그러나 다양한 이유들 중에서도 가장 중심적인 것은 바로 '쓰나미'라는 소재일 것이다. 우리의 뇌리에는 외국에서 일어났던 쓰나미의 참담한 현장들이 깊게 각인되어 있다. <해운대>는 다양한 재난영화들과 연장선 상에 있는 것이고, 따라서 <해운대>의 성공요인에 대한 분석은 '대재난'이라는 소재가 인간정신에 발휘하는 기능을 해명하는 것으로부터 시작해야 할 것이다.

1. 무의식의 보상작용

그 질문에 대한 설명의 모델로는 융의 분석심리학 이론이 매우 유용하다. 융은 의식이 불균형 상태에 있을 때 무의식이 보상작용을 하고, 무의식의 작용으로 정신의 '균형'이 달성된다는 이론을 전개했다. 융의 분석심리학을 수용해서 영화 <해운대>를 읽어보면, 해운대에 들이닥치는 쓰나미는 '무의식의 보상작용'으로 해석될 수 있다.

(1) 의식의 전일성과 대극의 균형

융은 무의식이 창조성과 자율성을 가지고 있으며, 꿈이나 상징을 통해서 자율적으로 스스로를 드러냄으로써 의식으로 하여금 자신을 인식하도록 독려한다고 보았다. 또한 융은 무의식이 '의식의 전일성'을 구현해나가는 방향으로 '자율적인 조절작용'을 한다고 생각했는데, 이를 보상작용(compensation)이라고 개념화 했다.[1] 여기서 의식의 전일성이란 의식에 대극(大極)이 균형있게 실현되는 상태를 의미한다.[2] 여기서 첫째, 대극이란 선과 악, 남성성과 여성성 등과 같이 서로 대립하는 특질들로 이루어진 개념짝들을 가리킨다. 둘째, 대극의 '균형'이란 대극의 '통합'이 아니라, 대극들이 공존하면서 — 마치 원에서 중심점으로부터 각각의 점들이 동일한 거리에 놓이는 것처럼 — 균형 있게 실현되는 것을 말한다. 그러므로 선과 악이라는 대극을 예로 들어 설명해보자면, 의식의 전일성은 악을 선으로 통합하는 것이 아니라 의식이 선과 악 사이에 균형을 이룰 때 달성되는 것이다. 융은 이와 같은 의식의 전일성을 산스크리트어로 원을 의미하는 만다라(Mandala)라는 도형으로 상징화했다.[3] 의식의 전일성은 서로 대립하며 양 극단을 이루는 정신의 요소들이 모두 다 삶의 조건이라는 점을 수용하고, 양극이 정신의 기본적 구조라는 점을 인식하면서 그 양극의 '중앙'(die Mitte)[4]에 서서 자신을 이해할 때

1) 이처럼 무의식에 적극적이고 자율적인 기능이 있다고 보는 것은 융의 고유하고 특별한 사고라는 점에 대해서는 이부영, 『그림자』(한길사, 2009), 38쪽 참조.
2) 대극과 의식의 전일성 개념에 대해서는 이 책 [천하장사마돈나] 단락 참조.
3) 만다라에 대한 융의 설명은 카를 융, 『꿈에 나타난 개성화 과정의 상징』(한국융연구원 C.G. 융 저작 번역위원회 옮김)(솔출판사, 2006), 121~130쪽 참조.

달성된다.

(2) 무의식의 보상작용과 파괴성

의식이 불균형 상태에 있을 때, 다시말해, 의식이 두 극 중 어느 하나만을 편향되게, 불균형적으로 실현하고 있을 때, 무의식은 의식이 인정하지 않고 억압하는 부분을 꿈에 출현시키거나 신경증 등의 증상으로 발현시킴으로써 불균형에 대한 보상을 하고 균형의 회복을 꾀한다. 이때 의식은 꿈의 해석을 통해 의식의 불균형을 주의깊게 인식하고 그것을 시정하려는 노력을 해야 한다. 그러나 만약 의식이 완강하게 무의식의 메시지를 무시하고 불균형성을 점점 더 심화시킨다면, 그만큼 비례하여 무의식의 보상작용은 강력한 파괴성을 가지고 작동하게 된다. 그 결과 과도한 보상기능은 인격해리와 같은 정신적 장애들을 불러일으킬 수 있다. 이런 장애들은 무의식이 균형 있는 전일성을 실현하고자 노력하는 과정 속에서 과도기적으로 발생하는 것들이고, 무의식이 의식에게 보내는 메시지인 것이다. 융은 이런 무의식의 보상작용이 정신작용의 기본 법칙이며, 형이상학적 이론이 아니라 경험과학을 통해 입증되는 엄연한 사실이라고 믿었다.[5)]

2. 영화 〈해운대〉의 분석심리학적 독해

영화 <해운대>는 바로 대극의 균형을 잃어버린 인류가 의식의 전일성을 회복하기 위해 꾸는 꿈과 같은 것이다. 영화 속 쓰

---

4) 융이 말하는 대극 사이의 중앙에 대해서는 카를 융, 「분석심리학에서의 선과 악」, 『인간과 문화』(한국융연구원 C.G. 융 저작 번역위원회 옮김)(솔출판사, 2004), 144쪽; 이부영, 『그림자』(한길사, 2009), 208~209쪽 참조.

5) 융은 "실제 의식과 꿈 사이에는 가장 엄격한 인과성이 있고, 최고로 섬세하게 평형을 이루는 상호관계가 있다"고 설명한다. 이러한 보상작용에 대한 융의 신념은 카를 융, 「꿈 분석의 실용성」, 『정신요법의 기본문제』(한국융연구원 C.G. 융 저작 번역위원회 옮김)(솔출판사, 2007), 139~140쪽 참조.

나미는 인류의 의식이 신경증을 넘어 인격해리와 같은 증상으로 진단될 만큼, 불균형이 심화되어 있는 상태에서 작동하는 무의식의 보상작용을 상징한다.

(1) 쓰나미와 유포리아로서 불꽃놀이

이 점은 불꽃놀이 장면에서 극적으로 상징화된다. <해운대>의 불꽃놀이 장면은 의식의 불균형성이 더 이상 인내 될 수 없는 한계지점에 이른 순간, 그래서 쓰나미로 상징화되는 무의식의 보상작용이 곧 일어나려고 하는 일촉즉발의 순간, 다시 말해 '불균형의 한계지점'을 상징한다. 영화에서 모든 인물들은 불꽃놀이를 행복한 표정으로 바라보며, 저마다 다른 각자의 꿈을 꾼다. 그러나 불꽃놀이가 한창이던 순간은 실은 서로 다른 꿈을 꾸는 인물들 간의 갈등이 가장 극대화된 순간이었다. 만식은 자신의 마음속에 있는 연희 아버지에 대한 죄책감을 털어놓지 못한 채 프러포즈를 하고, 형식과 희미는 준하의 거짓말 때문에 다투고 형식은 희미에게 다시는 보지 말자고 말한다. 그날은 억조가 해운대 상가 상인들이 결사반대하는 사업의 허가를 기어코 받아낸 날이기도 하다. 쓰나미라는 방식으로 선인과 악인의 구분이 없이 죽음을 불러온 균형회복의 고통은, 서로 소통하지 않은 채 제각기 추구한 각자의 꿈들이 초래한 불균형에서 빚어진 것이다. 영화에서 불꽃놀이를 바라보는 인물들의 행복하거나 평안한 표정은 대극 사이의 불균형을 시정하는 무의식의 작업이 시작되기 직전, 그러니까 한계에 이른 극도의 불균형의 고통 속에

사진 1. 해운대에 들이닥친 메가-쓰나미

수반되는 병적인 행복감, 즉 유포리아라고 해석될 수 있다. 불꽃놀이는 화해와 조화를 의미하는 아름답고 도덕적인 순간인 것이 아니라, 대립의 극단적 끝자락에서 체험되는 마약과도 같은 쾌락인 유포리아인 것이다.

(2) 권선징악이 아닌 선악의 균형

이렇게 이해할 때, 영화 <해운대>를 인물들 사이의 갈등의 해소와 대립의 지양, 그리고 궁극적인 합일과 화해로의 지향으로 읽는 것이 부적절함을 알 수 있다. 그런 독해는 쓰나미에다 도덕적 상징을 덮어씌우기 때문이다. 쓰나미는 성경의 노아의 방주편에 나오는 홍수, 즉 악을 쓸어내고 선으로 다시 세상을 채우는 도덕적 응징의 상징이 되어버린다. 그러나 정신분석학적으로 읽어볼 때, 영화 <해운대>의 쓰나미는 대립의 지양이 아니라 대립하는 요소들(대극들) 사이의 불균형을 시정하는 무의식의 보상작용을 의미한다. 이처럼 영화 <해운대>의 쓰나미를 기독교적으로 읽지 않고, 정신분석학적으로 읽는 것이 더 설득력이 있는 이유는 이 영화가 선악의 기호들을 다루는 방식에 있다. 영화 <해운대>의 결말에서는 화해를 이룸으로써 선을 실현한 인물들의 일부가 죽음에 이르는 반면, 악의 상징을 띤 인물들의 일부는 실아남는다. 만약 쓰나미가 도덕적 메시지를 갖고 있는 것이라면, 악한 사람들은 죽고 선한 사람들이 살아남는 '권선징악'의 결말을 가져와야 했을 것이다. 그러나 쓰나미는 선인과 악인을 구분하지 않고 죽음을 불러왔다.

무의식의 보상작용으로서 쓰나미는 용서와 화해를 이룬 '선인(善人)'들만을 살려둠으로써 궁극의 선이 도래하도록 하는 것에 관심이 있지 않으며, 의식의 불균형을 시정하고 '의식의 균형',

'의식의 전일성'을 획득하는 방향으로 움직일 뿐이다.[6] 쓰나미가 수많은 죽음이라는 고통과 상실을 불러왔듯이, 균형성이 파괴된 일그러진 의식에 전일성을 회복하는 과정은 고통을 수반한다.

(3) 가족애와 휴머니즘에 의한 비평의 오류

얼핏보면 영화 <해운대>는 가족 간의 화해와 같은 '가족애'를 강조하는 영화라고 생각되기 쉽다.[7] 그러나 영화가 그려내고 있는 가족애의 메시지는 '의식적 차원'에서의 메시지이다. 가족애의 과잉 강조는 오히려 사람들을 혈연주의의 울타리에 갇히게 만들고, 이는 우리의 일상에서 보듯 미움과 갈등을 발생시킨다. 심층심리적으로 바라본다면, 가족애가 과잉 강요되는 것은 의식의 전일성이 파괴된, 불균형적인 상태인 것이다. 가족애가 과잉 강조될 경우에, 의식의 불균형성이 더 이상 견뎌질 수 없는 한계 지점에 이르면, 무의식이 불균형에 대한 '보상'으로서 작동하고 불균형이 시정된다. 다시말해, 가족애 때문에 희생되었던 것들이 보상을 받는 것이다. 이와 같은 무의식의 작용은 영화를 제작하는 동안 감독에게도 진행된다. 감독이 가족애를 강조하는 영화를 만들었으면서도 결국 가족의 합일을 이룬 사람들이 죽는 것으로 결말을 내게 된 것은 — 물론 의식의 차원에서는 그런 설정을 통해 가족의 소중함을 더 느끼게 하고자 하는 기획이었다고 생각될 수 있겠지만 — 감독 스스로 가지고 있는 의식의 불균형성, 즉 가족애에 편향됨으로써 발생한 의식의 불균형성을 시정하려는 감독 자신의 무의식의 작용이 있었다고도 이해할 수 있다.

---

6) 따라서 영화 속에서 강조되는 화해와 화합은 지향점 그 자체인 것이 아니며, 불균형이 보상을 받으면서 수반되는 부수적 효과라고 이해할 수 있다.

7) <해운대> 홈페이지에 보면 "사람과 사람 사이의 관계와 정을 부각한 감동적인 스토리"라고 소개되어 있다.

Ⅱ. 영화 속에서 대극들의 균형회복

<해운대>의 등장인물들에게 우리 사회를 구성하는 대극점이 되는 이념들의 기호를 설정함으로써 무의식의 보상작용이 일어나는 모습을 확인해보자.

1. 대극의 구조

<해운대>의 각각의 인물들은 사회를 구성하는 특정한 입장들을 대표한다.

(1) 개발 · 독재와 환경 · 민주

최억조는 '개발'(주의)과 회장의 지위가 보여주는 '독재'를 상징한다. 억조와 대극에 위치하는 최만식은 환경과 '민주'를 상징한다. 여기서 만식이 '민주'를 상징한다고 해석하는 이유는 만식이 회장으로 있는 상가번영회가 조합의 형태일 가능성이 크고, 억조와는 달리 만식은 상가번영회 사람들과 민주적 방식으로 교류하기 때문이다.

(2) 성장과 안정

다음으로 이유진은 '성장'(주의)을 대변하고, 유진과 대극에 있는 김휘는 '안정(안전)'(주의)을 의미한다. 유진의 성장주의적 면모는 그녀가 김휘의 경고에도 불구하고, 국제문화엑스포를 성공적으로 개최하겠다는 일념으로 딸 지민이를 무책임한 남자친구에게 맡겨두고 회의장에 가있었고, 그로 인해 쓰나미가 닥쳐 온 순간 지민이를 구할 수 없었던 점에서 볼 수 있다. 반면 김휘는

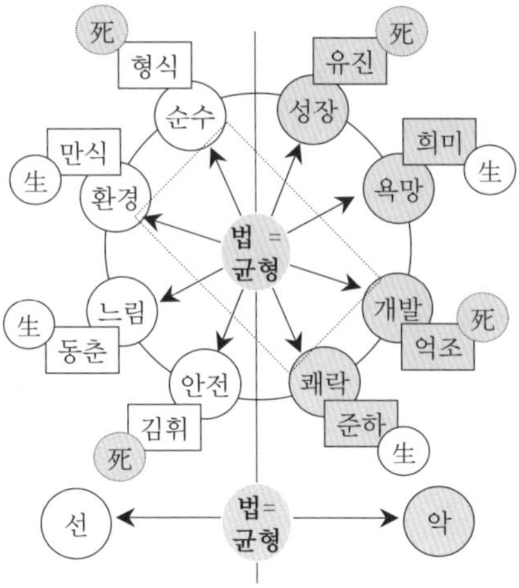

해양연구소 소속 지질학자로서 지진과 해일 등으로 인한 재해를 방지하는 일을 하며, 국제적인 규모의 엑스포의 성공적인 개최로 인한 국가경제 및 국가위상의 제고 등보다는 '안전'을 중시한다는 점에서 그를 '안정(안전)'의 대변자로 위치시킬 수 있다.

(3) 쾌락 · 이기심 · 타락과 순수·희생·도덕

그리고 준하는 쾌락과 이기심, 윤리적 타락을, 형식은 순수와 도덕, 희생을 대변하는 것으로 볼 수 있다. 형식은 해양구조대 소속 구조대원으로서, 자신을 속이기도 했던 준하를 구하기 위해서 자신의 목숨을 바친다. 이런 형식의 희생은 도덕의 극대화된 모습을 보여준다. 반면 준하는 희미를 소유하고 싶은 자신의 이기심과 쾌락을 위해서 형식을 구타하는 등 불법을 저지르기도 하는 인물이다.

(4) 느림과 욕망

영화 속에서 감초같은 역할을 하는 동춘은 게으르다. 게으른 그가 영화의 끝에 가면 용감한 시민상을 받는다. 이는 그의 게으름을 도덕적으로 재해석하게 만든다. 동춘의 게으름은 현대사회에 유행하는 대안철학의 이념, 즉 '느림'으로 재해석할 수 있다. 물론 동춘이 추진력 강한 개발주의자 억조에게 협조하는 모습을 보이기도 하지만, 동춘은 여전히 자신에게 맡겨진 임무를 그다지

열성적으로 수행하지 않는다. 억조에게 협조하는 것은 지속되어 온 백수 상태에서 벗어나고자 하는 지향성으로부터 비롯된 것일 뿐, 그의 본성은 아닌 것이다. 동춘이 상징하는 느림의 반대극은 빠름이다. 이 빠름은 물질적 욕망으로 표현될 수 있고, 해변에서 만난 준하일행과 요트 여행을 하는 희미는 물질적 욕망의 화신이라 할 수 있다. 희미가 형식과 순수한 사랑의 감정을 갖는 것 때문에 그녀의 물질적 욕망이 희석되기도 하지만, 그 사랑은 그녀가 가진 세속적 욕망이 불균형적으로 과도해지는 것을 경계하는 무의식의 보상작용의 결과라고 이해할 수 있다. 물론 동춘과 희미의 대척관계는 '억조-만식', '유진-김 휘', '준하-형식'의 대극관계에 비하면 다소 흐릿하다고 볼 수 있다.[8)]

2. 의식의 전일성을 이루는 영화의 구성들

이상에서 분석해본 각각의 대척적 입장들은 서로가 서로에 대한 '그림자'[9)]이다. 앞의 도표에서와 같이 이 대극들을 원에 위치시킬 수 있다. 여기서 원은 대척점들이 균형을 이루고 있는 상태, 즉 의식의 전일성을 상징한다.

(1) 선과 악의 사회구조적 균형

이 의식의 전일성을 사회구조적 차원에서 바라본다면, 형식, 만식, 김휘, 동춘은 선의 측면에, 유진, 억조, 준하, 희미는 악의

8) 영화 속에는 이 밖에도 '승현-지만', '만식 母-동춘 母' 등과 같은 또 다른 대척점들이 등장한다. 예컨대 만식 母와 동춘 母는 성격에서 서로 대립한다. 만식 母는 아들을 구박하기도 하고 화가 나는대로 연희의 머리채를 휘어잡고 싸움을 벌이는 등, 불화를 일으키기도 하는 어머니이다. 반면 동춘 母는 자식에게 싫은 소리 한 번 못하고 순종적으로 희생하는 전형적인 한국의 전통 어머니상을 보여준다. 그러나 이들은 위의 4가지 대척점들에 비하면 대척점으로서의 성질이 상당히 희미한 관계들이다.

9) 융의 그림자 개념은 이 책 [나쁜남자] 단락 참조.

측면에 위치시킬 수 있다.[10] 영화의 결말에서 형식, 김 휘, 유진, 억조는 죽고, 만식과 준하, 동춘, 희미가 살아남는다. 이렇게 (사회구조적인) 선과 악의 차원에서 동일한 수의 인물들이 죽고, 살아남는 것은 사회구조적으로 선과 악의 균형(equillibrium), 즉 사회구조적인 전일성이 유지되는 것을 의미한다.

(2) 사면의 만다라

또한 영화 <해운대>는 융이 의식의 전일성을 표현하는 상징으로 제시한 사면의 만다라의 형상을 통해서도 해석될 수 있다. 융이 개념화한 '의식의 전일성'은 네 가지 정신적 기능을 각각의 꼭지점으로 하는 사각형으로도 표현될 수 있다. 융은 정신기능을 사고(thinking), 감정(feeling), 감각(sensation), 직관(intuition)으로 분류하고, 각 기능의 발달 정도에 따라 심리학적 유형을 파악할 수 있다고 보았다. 즉, 네 가지 정신기능 중 어떤 것은 우월기능으로 발달하고, 어떤 것은 열등기능으로 덜 발달한 상태에 있다는 것이다. 사람마다 우월기능과 열등기능이 다른데, 우월한 기능은 자아가 좋은 것으로 의식하며 더 발전시킨 기능이고, 열등한 기능은 별로 가치가 없는 것으로 여기면서 방치해둔 것이다. 그래서 우월한 기능과 열등한 기능은 대극을 이루게 되고, 열등한 기능은 무의식 속으로 잠재되어져서 그림자를 형성한다. 이렇게 정신의 기능을 분석함으로써 자신의 그림자를 파악하고, 그림자인 열등기능을 의식화하고 개발해서 네 가지 정신 기능이 정사각형으로 균형을 이루도록 할 때, 의식의 전일성이 보다 완만한 모습으로 구현된다. 여기서 사고와 감정은 합리적 기능, 직관과 감각은 비합리적 기능이라고 한다.

---

10) 이는 사회구조적 의미에서의 선악이므로, 그 인물이 개인적으로 선한 인물인지, 악한 인물인지를 말하는 것은 아니다.

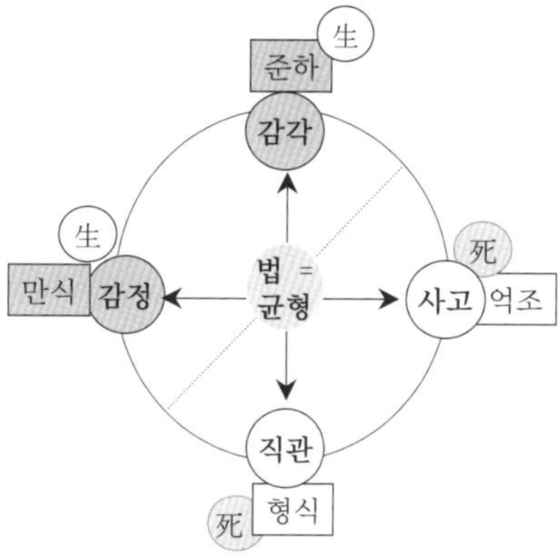

(3) 영화 속 사면의 만다라

영화 <해운대>의 억조(사고)-형식(직관)-만식(감정)-준하(감각)로 사면의 만다라를 구성해볼 수 있다. 억조가 대변하는 개발주의는 곧 자연 지배와 이성주의를 의미하기에, 억조는 '사고'의 꼭지점에 위치한다. 반면 연희를 대하는 감정적이고 감성적인 태도나 술을 먹고 이성이 마비된 채 야구장에서 난동을 부리는 모습, 그리고 그가 하룻밤의 실수로 아들 승현이를 만들었으며 결국 아내가 도망갔다는 점 등은 만식이 사유보다는 '감정'에 충실한 인물임을 말해준다. 형식은 도덕을 위해서 현재의 쾌락을 포기하는 도덕적 '직관'의 인물이며, 준하는 현재에 충실하고 이기적으로 자신의 육체적 쾌락을 추구하는 '감각'의 인물이다.

이런 설정에서 바라볼 때, 의식의 전일성을 더 철저하게 구현하려면 억조와 형식이 죽고, 만식과 준하가 살아남는 것이 아니라, 만식이 살았다면 억조가 살고, 준하를 살린다면 형식을 살리는 것으로 결말이 났어야 했다는 아쉬움이 남는다.

Ⅲ. 무의식의 법과 법의 무의식

1. 대극의 균형으로서 법

영화 <해운대>는 법 또한 대극의 요소들을 균형 있게 실현해야 함을 보여준다. 법은 대립하는 각 입장들과의 거리를 균형 있게 유지함으로써 원을 유지하는 균형점이 되어야 하는 것이다. 그럴 때에만 법은 의식의 전일성을 구현하고 의식의 균형을 유지하는 기제가 될 수 있다. 이처럼 무의식을 고려하는 법, 즉 무의식의 법이 되기 위해서 법은 의식의 전일성을 구현하는 사각형의 꼭지점들 중 어느 한쪽으로 치우치지 않고 정사각형으로 균형을 유지하고 있어야 하는데, 이는 사고, 감정, 직관, 감각이라는 네 가지 정신기능이 모두 다 균형적으로 법의 기제로서 작동해야 함을 말해준다. 이성적 '사고' 뿐만 아니라, 법감정[11]이라고 말해지는 '감정', '직관'적 판단, 흄의 경험주의적 전통에서 말해지는 '감각', 이 네 가지가 모두 고르게 작동할 때 '균형적인 법'으로 구성될 수 있는 것이다. 법학에서 전형적인 학설대립의 구조, 즉 주관설과 객관설이 펼쳐지고, 절충설(또는 종합설)이 통설과 지배설이 되는 것도 대극의 균형을 이루어 나가는 법무의식의 현상이라고 볼 수 있다.

11) 우리나라 대법원은 주로 법감정을 윤리적 선으로 환원시키고 관념주의적으로 사용하는 경향을 보인다. 이에 대한 비판과 함께 법감정 개념을 이성과 윤리에 외재적인 것으로, 즉 아름다움의 체험으로 재해석하는 이상돈, 『법미학』(법문사, 2008), 87쪽 참조; 관념주의적 법감정 개념은 융의 이론에서 사유나 직관에 더 가까운 것이고, 법감정 개념이 가지고 있는 고유한 감성의 차원을 제거한 채 그 개념을 사유와 직관에 편향되게 사용하는 법은 의식의 전일성을 잃어버릴 위험이 있다.

사진 2. 우연적이고 무차별적인 죽음을 불러오는 파괴적인 쓰나미

2. 법의 쓰나미

법이 의식의 전일성을 구현하는 것에 실패할 때, 다시 말해 법이 균형을 이루는 것에 실패하고 불균형이 한계지점에 도달하면, 법의 쓰나미가 발생한다.

(1) 법무의식의 보상작용

법에서 쓰나미란, 법이 대극의 균형을 이룩하지 못한 것에 대한 (법)무의식의 보상작용을 말한다. 이런 보상작용은 대표적으로 법(의 법치국가성)을 파괴하는 현상으로 나타난다. 이와 같은 법에 의한 법의 파괴가 바로 법무의식의 보상작용이다. 영화 <해운대>의 쓰나미처럼, 덮쳐오는 무의식은 불균형으로 인한 희생을 보상하여 균형을 회복하는 목적만을 가지고 작동하며, 영화 속에서 악한 인물만 죽는 것이 아니라 선한 인물 또한 우연적으로 죽음의 결말을 맞이했던 것처럼, 선악의 카테고리로 움직이지 않는다. 다시말해, 법의 실패로 인한 불균형을 바로잡는 (법)무의식의 보상작용은 권선징악(勸善懲惡)의 결말을 향하는 것이 아니며, 오직 의식의 전일성을 회복하고자 하는 목적만을 향해서 작동한다. 이를 「5·18 민주화 운동 등에 관한 특별법」과 「성매매알선 등 행위의 처벌에 관한 법률」을 예로 들어서 간단하게 살펴보자.

(2) 민주의 쓰나미

군사정권은 개발과 독재로 대변되는 '억조'에 대입될 수 있으며, 군사정권의 시기에는 쿠테타를 지탱해주는 방향으로 형법, 집시법, 국가보안법 등이 강화되었다. 이런 법들은 만식으로 대변되는 민주와 환경을 억압했다. 이 대립과 불균형은 해소되지 않고 유지되었고, 그 결과 공소시효제도 등의 법치국가적 장치들이 파괴되고 나서야 불균형이 시정되고 균형이 회복될 수 있었다. 즉 극심한 불균형이 보상되는 과정에서 법(의 법치국가성)이 파괴된 것이다. 이 파괴가 민주의 회복을 위한 것이었다는 점에서, 민주의 쓰나미라고 부를 수 있을 것이다.

(3) 성의 쓰나미

또 다른 예로 「성매매알선 등 행위의 처벌에 관한 법률」(이하 성매매처벌특별법)을 들 수 있다. 이 법은 자발적 성매매를 비롯해서 일체의 성매매를 금지하고 있다. 이런 성매매처벌특별법은 영화 <해운대>에서 형식으로 대변되는 순수와 도덕, 그리고 성윤리를 편향되게 추구하는 것이다. 성매매처벌특별법의 도덕주의적 기획으로 인해 준하로 대변되는 '감각'은 희생되고 억압되며, 이로 인한 불균형성은 법의 의식의 전일성 실현 기능을 마비시킨다. 그 결과, 불균형과 감각의 결핍을 보상하기 위해서 '성의 쓰나미'가 발생한다. 성매매처벌특별법이 시행된 이후에 성매매가 근절되기보다는, 더 음성화되고 더 일상화되는 부작용이 나타난 점이 바로 그 증거라고 할 수 있다. 음성화된 성매매행위가 초등학생들의 등하굣길과 주택의 골목길에까지 깊게 침투하게 된 것이다.

(법)무의식에 의한 보상작용은 법의 파괴와 같은 고통을 수반한다. <해운대>에서 쓰나미가 수많은 죽음의 고통을 발생시켰듯이, 균형을 잃은 법, 의식의 전일성을 실현하지 못하는 법은 고통을 수반하고서야 비로소 시정된다.

[14] 트라우마의 전이로서 법: <화려한 휴가>

〈화려한 휴가〉의 줄거리

광주에서 택시운전을 하는 민우(김상경 분)는 순박하고 성실한 청년인데, 부모님을 여의고 동생 진우(이준기 분)와 단둘이 살고 있다. 고등학생인 진우는 공부를 잘하는 모범학생이면서, 순박한 형과는 달리 기타도 잘 치고 연애에 대한 끼도 있는 활달한 성격의 소유사이다. 민우는 진우가 성당에서 알게 된 신애(김요원 분)를 짝사랑하는데, 신애는 간호사이고, 은퇴한 군인인 박흥수 대령(안성기 분)의 딸이다. 박 대령은 인봉(박철민 분)과 민우가 다니고 있는 택시 회사를 운영하고 있다. 신애도 민우의 마음을 알고 있고, 5·18민주화운동을 겪으면서 서로 사랑하게 된다. 인봉은 민우의 연애 상담을 도맡아 해주는 사람 좋은 형이다. 민우, 진우, 신애 그리고 인봉 등의 광주시민들은 소소하지만 행복한, 평화로운 일상을 살아가고 있다. 그러던 이들의 일상 속으로 계엄군이 쳐들어온다.

계엄군이 광주시내로 진입한 날은 민우가 진우, 신애와 함께 영화를 보러 간 날이다. 신애는 영화관으로 가는 버스 안에서 전남대학교 정문에 모인 학생들이 "전두환은 물러가라", "계엄군은 물러가라"라고 시위를 하고, 군인들이 봉을 들고 전진하는 광경을 목격한다. 민우, 진우, 신애가 영화를 보고 있는 도중, 극장 안으로 최루탄이 던져지고 갑자기 군인 하나가 극장으로 들어와서 도망치던 학생을 마구 구타한다. 사람들이 최루탄 연기를 피해 밖으로 나오자 거리는 완전히 아비규환이다. 군인들은 시위 참가자와 민간인을 구별하지 않고 무차별적으로 공격을 하고, 그러던 중 진우의 친구인 상필이가 구타로 인해 죽게 된다. 이에 광분한 진우는 같은 반 친구들과 함께 시위에 참여한다. 시민들의 정신적 지주와도 같은 김 신부(송재호 분)는 전두환 정권이 가만히 있는 광주를 공격하고, 시민들이 들고 일어서면 폭도로 몰아서 진압함으로써 자신의 정당성을 만들려고 하는 것이라고 설명한다. 한편 군부회의에서는 시위참가 학생들과 무고한 시민들은 구분되지 않는다며, 군인에게 덤비는 사람들은 다 폭도라고 한다. 점차 시민들의 참여가 광범위해지지만, 최승기 대장은 강경 노선을 바꾸지 않는다.

5.21. 도청 앞 금남로. 전라남도 도지사가 금일 정오까지 계엄군이 철수할 것이라는 방송을 하고, 사람들은 거리로 나와 태극기를 흔들면서 환호한다. 계엄군과 시민들이 마주보고 대치한 상태에서 시민들은 노래를 부르며 축제 분위기 속에서 흥겨워하다가, 약속한 정오가 가까이 오면서 애국가가 울려 퍼지자 가슴에 손을 얹고 모두 함께 애국가를 부른다. 그 순간 군인들이 장전하고 무차별 사격을 시작한다. 이 날의 사태로 진우도 총에 맞아서 사망하고, 민우는 복수를 다짐한다. 시민들의 공격에 군인들은 일단 철수한다. 5.22. 전남도청 앞. 사람들은 계엄군이 완전히 물러갔다면서 환호성을 지르지만, 이 환호성은 사랑했던 사람들의 장례 절차 속에서 울음으로 변해버린다. 공수특전단 예비역 대령인 박흥수 대령은 지금의 군인은 더 이상 대한민국 국군이 아니며 폭도이고 반란군이라면서, 자신이 시민군을 정비하고 광주를 사수하도록 이끌겠다고 한다. 민우는 도청의 태극기 위에 조기를 올린다. 시민들은 스스로 교통 신호도 정비하고, 헌혈도 하면서 평화롭고 질서 있게 상황을 수습해간다. 앞으로의 5일에 생사가 달려있다는 판단 아래 시민군들은 점점 더 비장한 각오를 해가고, 이제 광주로 탱크가 들어온다. 그러자 민우는 최승기 장군에게 TNT를 보내서 위협하고, 그의 위협으로 탱크가 철수한다. 박 대령은 민우의 방식에 사람 생명 가지고 장난하냐고, 정말 폭도가 되고 싶냐고 호통 친다. 군부는 광주의 상황이 해외 언론에도 알려지게 되자, 더 이상 장기화되어서는 안된다고 판단한다. 박 대령의 후배인 계엄군의 한 장교가 박 대령에게 주타격

목표가 도청이라면서 이제 그만 그 곳을 떠나라고 하지만, 박 대령은 시민들과 함께 도청에 남는다. 민우는 박 대령과 함께 도청에서 전투를 치르고, 신애는 광주 곳곳을 돌면서 지금 계엄군이 광주 시내로 쳐들어오고 있다고 방송을 한다. 이 방송을 들은 광주 시민들은 도청으로 몰려와 총을 들고, 김 신부도 시민군에 합류한다. 5.27. 새벽 4시. 투항하라는 말과 함께 무차별 사격이 시작되고, 시민군은 무수히 죽어나간다. 박 대령은 신애를 위해서 민우를 살리려고 하지만, 도망가던 민우는 그만 계엄군들에게 발각되고 만다. 민우는 "폭도는 총을 버리라"는 계엄군의 말에 분노하며 총을 들고, 결국 사살된다. 박 대령도 사망한다. 그 시각, 신애는 광주 곳곳을 다니면서 자신들을 잊지 말아달라고, 자신들을 기억해달라고 호소한다.

Ⅰ. 화려한 휴가와 아픈 기억의 재생

영화 <화려한 휴가>는 30년전 광주에서 일어난 5·18민주화운동을 소재로 한 영화이다. 당시의 광주민주화운동은 지금까지도 한국인에게 집단트라우마로 남아 있다. 5·18민주화운동의 책임자를 처벌하기 위한 특별법이 제정되었고, 민주화운동에 헌신한 사람들에 대한 보상을 하는 등, 아픈 과거를 청산하려는 노력들이 이어졌다.

1. 영화는 영화다

물론 영화 <화려한 휴가>는 영화일 뿐이다. 다큐멘터리도 아니고 역사적 사실은 더더욱 아니다. 그 시대를 직접 살았던 사람이라면, 이런 영화를 통해 자신들의 아픈 기억을 치유하고 싶겠지만, 영화가 그런 아픔을 실제로 치유할 수는 없다. 그저 얼마간의 위안을 줄 수 있을 뿐이다. 바로 그렇기 때문에 직접 그 시대를 살았던 사람들은 이런 영화가 그 시대를 살지 않은 젊은 세대에게 어떤 의미로 다가올 것인지가 궁금해진다. 더욱이 이 영화처럼 700만이 넘는 관객을 동원하였다면, 그런 궁금증은 더 커져만 간다. 심지어 자신들의 경험적 이해와 다른 해석이 쌓일 것을 염려스러워 하기도 한다.

이렇게 그 시대를 살았던 사람들의 관심에서 바라보면, '영화는 영화다'라는 말은 이중적 의미를 갖는다. 첫째, '영화는 영화'이기에 5·18민주화운동에서 빚어진 아픈 기억 — 정신분석학적 개념으로 집단트라우마 — 을 치유할 수 없다. 둘째, 그러나 '영화는 영화'이기에 그런 집단트라우마를 문화적 트라우마로 전환시키고, 문화기억을 공유하게 만드는 이데올로기적 장치가 될 수 있다. 법도 그런 이데올로기적 장치의 한가지가 되기도 한다.

2. 영화의 서술관점

여기서 법정신분석학적 과제가 등장한다. 공유된 문화기억은 미래의 법이 생성되는 물적 기반이기 때문이다. 이 영화가 집단트라우마를 다루는 방식은 어떻게 평가할 수 있을까? 과연 이 영화는 어떤 문화기억들을 공유하게 만드는 것일까? 먼저 결론부터 요약해보자면, <화려한 휴가>가 5·18민주화운동을 해석하는 틀은 '선-악의 이분법적 구도'와 '나르시시즘적 서술'이라고 할 수 있다. 이 두 해석틀은 트라우마를 객관화해서 성찰적으로 극복하게 하는 문화기억을 생산하기 보다는, 섣부르게 의미화하고 나르시시즘적으로 그것에 고착되는 방식이라고 평가할 수 있다. <화려한 휴가>가 "서로 화합을 하고 용서를 구하고 마음을 여는 계기가 됐으면 한다"는 감독의 변[1]과는 달리, 영화는 서로

---

1) http://movie.naver.com/movie/bi/mi/detail.nhn?code=58018 네이버 영화 참조.

다른 집단기억들 사이의 관점 교환과 소통을 촉진하는데 실패했으며, 오히려 이념적 갈등의 골을 더 깊게 하는 작용을 한다는 염려도 떨쳐버릴 수 없다. 어쩌면 <화려한 휴가>는 우리 사회가 민주화되기 이전, 그러니까 제5공화국의 권력이 살아있던 1980년대 중반에 만들어졌어야 했을지도 모른다. 그랬다면 민주화운동의 에너지를 집결시키는 원동력으로 기능하여, 독재체제의 극복에 크게 기여했을 것이다. 그러나 포스트모던의 시대에 이런 서술방식의 영화가 생성시키는 문화기억이 미래의 법을 더 인간적인 법으로 만드는 데 긍정적인 기여를 할 수 있을 것인지는 다소 의문이다.

Ⅱ. 집단기억과 문화기억 그리고 법

1. 영화 속의 외상신경증

먼저 영화 <화려한 휴가>는 5・18민주화운동이 생성시킨 집단트라우마를 그리는 데 집중한다. 그런 기획이 투영된 대표적인 장면을 살펴보자.

(1) 죽은 자의 기억

주인공 민우는 '폭도는 총을 버리고 투항하라'는 군인의 말에 분노하면서 외친다.

"아니야, 아니야, 우린..우린 폭도가 아니야, 이 개새끼들아!!!"

결국 민우는 그를 포위한 군인들로부터 수십 발의 총을 맞고 죽는다. 그의 이 대사는 5 · 18민주화운동과 관련하여 광주시민들이 하고 싶었던 절절한 말을 대변한다. 그런데 이미 5 · 18민주화운동으로 5 · 18사건의 의미가 재조명되고 기념사업 또한 진행되었을 뿐 아니라, 피해자들의 명예회복을 위한 법적 조치들이 취해진 지금 시점에서, '우리는 폭도가 아니야!'라는 영화의 메시지는 낯설게 들려온다. 그 낯설음으로부터, 영화가 트라우마 속에 갇혀서 그 사건이 일어났던 과거의 그 순간으로부터 한 발짝도 미래로 나아가지 못한 것은 아닐까 라는 의문이 든다. 여주인공 신애의 애절한 호소는 이런 의문을 더욱 짙게 만든다.

사진 1. 자신들을 잊지 말아달라는 신애

> "사랑하는 광주시민 여러분, 우리를 잊지 말아 주세요. 시민 여러분, 우리를 기억해주세요. 제발 우리를 잊지 말아 주세요."

(2) 넘치는 트라우마와 부족한 성찰

이미 문화기억으로 수용된 5 · 18민주화운동은 국가 정체성의 일부로 수용되었고, 망각될 수 없다. 그리고 5 · 18민주화운동 등과 같은 수많은 민주화운동들을 초석으로 삼아, 현재 우리 국가의 정체성은 민주적 법치국가이다. 그런데도 <화려한 휴가>가 보여주는 신경증적 증상들은 아직도 집단트라우마가 현재적 현상으로 유지되고 있음을 반증해준다. 그러나 이제는 트라우마로부터 해방되어 과거로 고착되어 있는 에너지를 미래로 전환시켜 나아갈 때가 아닌가 하는 생각을 갖게 된다.

트라우마는 주체가 그 의미를 이해할 수 없고, 해석할 수 없으며, 그 충격을 감당할 수 없는 정신적 충격으로 인해 발생한다. 따라서 결국 트라우마의 해소란 '그 사건을 어떻게 해석하는가'라는 해석의 문제에 달려있다고 해도 과언이 아니다. 트라우마로 인한 신경증으로부터 해방되는 것은 교조화된 해석이 아닌, 자기자신 또한 반성적으로 되돌아보고 그를 통해 타인을 더 깊이 이해하는 심층적이고 성찰적인 해석[2)]을 통해서 가능해진다. 그러나 <화려한 휴가>에는 트라우마에 시달리고 있는 증상들만이 발견될 뿐, 트라우마에 대한 성찰적 고찰은 찾아보기 매우 힘들다.

2. 법과 기억

그런 성찰적 고찰을 위해서 지난 이십여년간 서구 학계에서 논의되어 온 기억연구에 주목할 필요가 있다.

(1) 문화기억으로서 법

여기서 먼저 집단기억과 문화기억을 구별해보자. 집단기억은 '공동체의 하부 집단'의 기억이며, 문화기억은 '공동체 전체'가 공유하는 기억이라 할 수 있다. 집단기억을 형성하는 작업은 수없이 다양하고 이질적인 개개인의 기억들을 공유되는 집단기억으로 접합시키는 정치적 행위가 된다. 집단기억은 진실을 공유하는 것이 아니라, 의미를 만들어내는 정치적 행위인 것이다. 왜냐하면 정의(justice) 작업에 본질적 요소인 '기억'은 데리다가 말하는 유

2) 우리가 정신분석적 통찰을 통해서 '우리 자신에 대한 더 나은 이해에 도달 할 수 있으며, 나아가 서로를 더 깊고 더 열정적으로 이해할 수 있게 될 것'이라는 베틀하임의 말은 정신분석학의 치유적 힘을 잘 표현하고 있다. 이는 Bruno Bettelheim, *Freud and Man's Soul: An Important Re-Interpretation of Freudian Theory* (Vintage, 1983), 4쪽.

령(spectrality)에 의해 매개되는 것으로서, 명확한 것이 아니고 진리의 문제도 아니며 사회운동을 통해 구성되는 것이기 때문이다.[3] 이에 반해 문화기억은 공동체(또는 국가) 전체가 공유하고 있고, 그 공동체의 정체성을 형성하는 기억이라고 할 수 있다. 국가는 문화기억의 공동체이며, 법은 문화기억의 저장소인 것이다. 그렇기에 문화기억은 규범성을 가지며, 공동체의 정체성을 유지, 재생산하는 수행적 성격을 갖는다.[4]

문화기억은 물론 집단기억으로부터 전환하여 얻어질 수 있으며, 법은 그 전환의 매체로 기능하다. 그런데 집단기억이 문화기억으로 전환되기 위해서는 공동체 전체가 해당 집단기억을 방관자적 위치에서 바라보는 것이 아니라, 그 집단기억에 공감을 해야 한다.[5] 공감은 관점의 상호교환을 통해서 가능해지는 것이고, 따라서 집단기억이 문화기억으로 전환되는 것은 '여러 집단기억들 사이의 상호적 관점교환'[6]을 전제로 한다. 법은 바로, '여러 집단기억들이 의견을 개진하고 상호적으로 관점을 교환하는 의사

3) Mariana Valverde, "Derrida's Justice and Foucault's Freedom: Ethics, History, and Social Movements", *Law & Social Inquiry* (Vol. 24, No. 3, Summer, 1999), 662~663쪽 참조.

4) 이러한 문화기억의 특성은 기억문제가 핵심적인 학문적 주제로 부각되는데 중요한 계기를 마련했다고 평가되는 얀 아스만의 견해인데, 이에 대해서는 탁선미, 「포스트 트라우마 시대의 기억문화－그 쟁점과 함의」, 『독일어문학』(제44집, 2009), 468~469쪽 참조.

5) 이는 히로시마원폭사건이 일본의 국가정체성을 형성하는 국가트라우마로 변환되는 과정에서, 일본 국민들의 히로시마 사건에 대한 감정적 태도가 동정(pity)에서 공감(sympathy)으로 변환되었다는 점을 설명한 Saito의 분석을 집단기억과 문화기억의 문제로 응용한 것이다. 이런 분석에 대해 자세히는 Hiro Saito, "Reiterated Commemoration: Hiroshima as National Trauma", *Sociological Theory* (Vol. 24, No. 4, Dec., 2006), 359쪽 참조.

6) 집단기억들 간의 상호적 관점교환의 중요성에 대한 인식을 같이하는 견해로는, 트라우마적인 과거는 청산되는 것이 아니라 극복되어야 하는 것이며, 그 극복은 "다양한 집단기억들 간의 교호작용 속에서" 이루어지는 것이라는 전진성, 「과거는 청산되어야 하는가?－독일의 '과거극복' 개념에 비추어본 한국의 '과거청산'」, 『역사가 기억을 말하다』(휴머니스트, 2005), 159쪽 참조.

소통의 통로'로 기능해야 한다.7)

(2) 집단기억을 재생산하는 법

그런데 기억작업에 있어서 법의 기능은 집단기억을 문화기억으로 전환시키는 것에 국한되지 않는다. 규범성을 갖는 핵심적인 문화기억들은 법에 침전되어 있으며, 법은 핵심적인 문화기억들과의 상호교류 속에서 집단기억을 재해석하고 재생산하는 기능도 수행한다. 그러니까 법은 현재 우리나라 국가정체성의 핵심인 '민주적 법치국가'와 같이, '우리는 어떤 문화기억을 가진 공동체이어야 한다'라는 규범을 (특히 차세대의) 집단기억의 재생산 과정 속으로 이식하는 기제이기도 한 것이다. 법은 이런 순환적 과정 속에서 집단기억과 문화기억이 서로를 파괴하지 않는 방향으로 형성될 수 있도록 끊임없이 관점을 교환시키는 가교로서의 역할을 해야 한다. 이처럼 법은 단지 주입되는 기억을 수용하는 수동적 역할에 머무는 것이 아니라, 기억작업의 핵심적인 주체로서 기능한다.

Ⅲ. 집단트라우마의 이데올로기화와 법의 성찰

1. 집단트라우마와 법의 성찰

<집단기억-법-문화기억>의 순환적 기억작업 구조에 영향을 미치는 또 하나의 요인은 집단트라우마(collective trauma)이다.

---

7) 입법과정은 민주적 참여를 보장하는 의사소통의 통로화라는 이상돈, 『기초법학』(법문사, 2008), 45쪽 참조.

[트라우마] 트라우마는 어떤 사건으로 인해 주체에게 가해진 자극과 충격의 강도가 그 사람의 심리적 역량을 넘어서는 것이어서, 주체가 그것을 적절히 방출하거나 심리적으로 가공함으로써 대처하는 것에 실패할 때 발생한다.[8] 트라우마가 발생하면, 주체는 강박적으로 그 사건이 일어났던 상황을 반복하게 되는데, 이로 인해 정신이 트라우마적 사건의 시점으로 고착되고, 정신 기능과 심리적 에너지의 흐름에 장애가 발생한다. 트라우마는 외상이라고 번역되며, 이런 증상들은 외상신경증이라고 불린다.

(1) 집단트라우마에 의한 법의 기능왜곡

집단트라우마는 이성적 관점교환을 마비시키고 의사소통에 지속적인 장애를 불러일으키며, 강력한 이데올로기적 효과를 가질 수 있기 때문에, 집단기억과 문화기억을 소통시키는 법의 기능에 심각한 장애를 야기한다. 이 기능장애는 현재의 문화기억, 즉 민주적 법치국가라는 국가 정체성의 훼손으로 이어질 가능성이 높다. 한 예로, 평등한 자유를 보장하는 기획을 실현하는 법인 민법이 사회국가적 기획을 구현하는 법으로 자꾸 그 정체성이 변화되는 현상[9]도 집단트라우마로 인한 법의 기능 왜곡현상으로 이해해볼 수 있다. 과거로부터 발생한 집단트라우마는 현재의 입법자에게 전이되어서, 현재의 법에 영향을 미친다.[10] 집단트라우마는 한 집단의 경계를 넘어서서 공동체 전체를 단위로 하는 문화트라우마로 확장될 수도 있는데, 80년대의 에로물에 대한 집착

8) 이에 대해서는 장 라플랑슈/장 베르트랑 퐁탈리스, 『정신분석 사전』(임진수 옮김)(열린책들, 2005), 273쪽 참조.

9) 불법행위책임의 사회국가적 변형은 이상돈, 『로스쿨을 위한 법학입문』(법문사, 2009), 69~73쪽 참조.

10) 트라우마적 사건과 관련된 사법은 그것을 반복하는 증상적 표현이 된다는 Kirsten Campbell, "The Trauma of Justice: Sexual Violence, Crimes against Humanity and the International Criminal Tribunal for the Former Yugoslavia", *Social Legal Studies* (13, 2004), 344쪽 참조.

이나[11], 시대에 뒤떨어진 체제이데올로기 논쟁이 오랜 기간 지속되고(예: 올림픽을 치렀던 80년대 말까지도 지속된 사회구성체론의 논쟁), 80년대 말부터 90년대 중·후반까지 다분히 좌파적인 도덕적 엘리트주의로 각인된 시민운동이 우리사회의 주류를 이루었던 것이 그 예가 될 수 있겠다. 우파적 시민단체의 출현은 2000년대 중반에 와서야 이루어졌다. 좌파적, 도덕적 엘리트주의로 각인된 시민운동과는 달리, 그 시대의 사회경제적 수준이나 문화수준은 이미 포스트모던적인 양식을 띠고 있었다는 점은 시민운동의 그와 같은 경향성을 문화트라우마적 현상이라고 해석할 수 있는 근거이다. 이런 문화트라우마는 사회민주주의이념의 팽창이나 MB정부를 군사독재체제였던 5공화국의 정부로 비유하는 경향에서도 발견된다.

(2) 기억 소통의 매체로서 법

집단트라우마의 이데올로기화는 법의 기능을 왜곡시키고, 문화기억을 훼손함으로써 거시적인 안목에서 보면 공동체의 안정에 위험이 될 수 있다. 사회역사적 차원에서 집단트라우마의 문제를 고찰하는 연구들에 의하면 집단트라우마는 이데올로기적인 정치적 작업을 통해서 치유될 수 없다. 트라우마의 진정한 치유는 트라우마적 효과로부터의 해방을 필요로 하고, 이 해방은 '트라우마를 객관화함으로써 성찰적으로 극복'함으로써만 가능하다는 것이다.[12] 따라서 법은 트라우마와 관련된 이질적인 개인기억들을 접

11) 1982년 <애마부인>이 본격적인 에로영화의 시대를 열었고 80년대에서 90년대 중반 정도까지 에로 영화 붐이 있었다는 점은 문학산, 「에로비디오의 섹슈얼리티: 시선을 호객하는 몸, 남근이 된 시선」, 『한국영화 섹슈얼리티를 만나다』(유지나·조흡 외 지음)(생각의 나무, 2004), 190쪽 아래 참조.

12) 육영수, 「기억, 트라우마, 정신분석학: 도미니크 라카프라와 홀로코스트」, 『치유의 역사학으로: 라카프라와 정신분석학적 역사학』(육영수 엮음)(푸른역사, 2008), 393~395쪽 참조.

합시키고, 서로 대항적인 집단기억들을 소통시키며, 아울러 표현되지 못했던 목소리들을 복원시키는 소통의 매체로 기능하여야 한다. 그렇게 함으로써 집단기억을 성찰적으로 재구성하고, 그로부터 추출할 수 있는 규범들을 문화기억으로 전환시켜 공동체를 구성하는 원리로 만드는 것이다. 가령 「5·18민주화운동 관련자 보상 등에 관한 법률」이 배상이 아닌 보상으로 규정된 것은 법이 문화기억과 소통하면서 집단기억을 형성하는 측면을 잘 보여준다. 피해자를 돌보더라도 배상이 아닌 보상이라는 개념을 사용함으로써 어느 한 쪽에 편향된 집단기억이나 문화기억이 만들어지는 것을 반성하는 것이다. 이는 5·18민주화운동에 관한 문화기억을 형성함에 있어서 – 쿠데타와 민간인 살상의 불법성은 물론 의문의 여지가 없지만 – 당시에 저항권을 발동할 요건이 완전히 갖추어진 것이었는지, 현대적인 법이론의 개념으로 옮기면 시민불복종의 한계는 어디까지인지에 대한 성찰의 공간을 남겨두는 것이다.

이와 같은 소통의 법은 자유와 평등을 변증시키는 민주적 법치국가의 초석일 뿐만 아니라 다원주의시대에 세계시민사회로 발전하기 위한 발판이 되기도 한다. 왜냐하면 트라우마가 치유되면서 혁명과 전복 등의 집단적 에너지는 순화되지만, 힘의 탈중심화, 다중화를 추진하는 에너지는 강화되고, 그에 따라 지역화된 인권운동[13]이 더 활발히 전개될 수 있기 때문이다.

---

13) 이에 대해서는 이상돈, 『인권법』(세창출판사, 2005), 150~168쪽 참조.

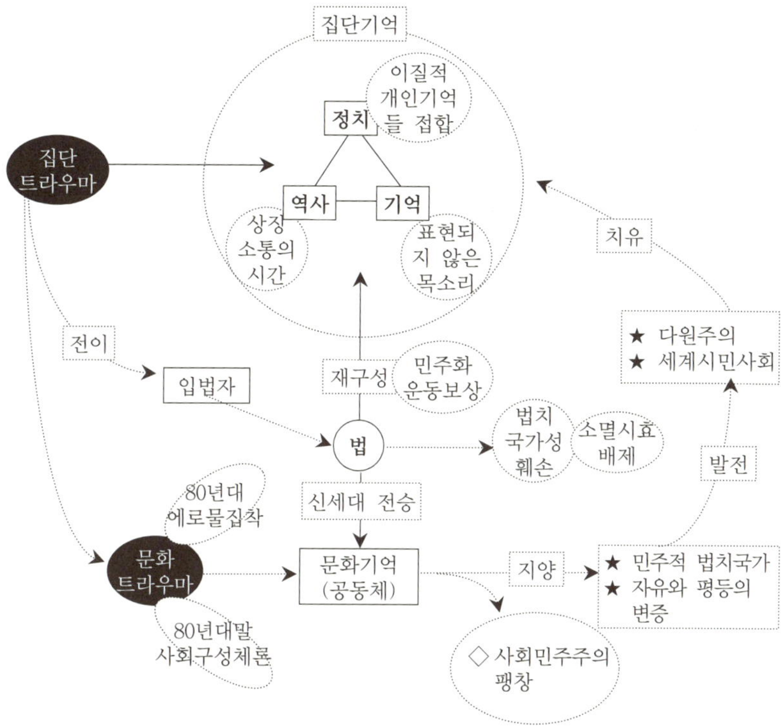

2. 5·18특별법과 트라우마

(1) 집단기억들의 대항과 트라우마의 이네올로기화

「5·18민주화운동 등에 관한 특별법」(이하 5·18특별법)은 트라우마로 인한 법의 기능 왜곡을 보여주는 한 예가 될 수 있다. 이 법을 제정하는 과정에서 공소시효제도와 소급효금지원칙이라는 민주적 법치국가의 원칙이 훼손되었기 때문이다. 물론 초법률적 불법을 처벌하기 위해서 불가피하게 법치국가원칙을 후퇴시킬 수밖에 없는 경우도 발생할 수 있다. 하지만 5·18민주화운동의 책임자 처벌이 그런 경우에 해당하는 것인지를 판단함에 있어서는, 문민정부(김영삼 대통령 정부)가 들어서서 공소시효가 완성되기 이전에 처벌을 할 수 있는 가능성이 있었는데도 불구하고, 그런 기소와 처벌이 현실화되지 못한 이유와 맥락을 되돌아볼 필요가 있다. 그 이유는 아마도 5·18특별법이 수용하고 있는 집단기억에 대항하는 집단기억'들'이 존재했기 때문일 것이다. 문민정부가 들어서고도 몇 년이 지나도록 공소시효의 완성 이전에 책임자를 처벌하지 못한 것은 피해당사자들의 집단기억이 대항적인 집단기억들을 물리칠 수 있을 만큼 공감과 공론경쟁력을 획득하지 못했다는 것을 보여준다. 그럼에도 불구하고 5·18특별법은 그런 집단기억을 도덕적 논증을 통해 법으로 수용함으로써, 동시에 민주적 법치국가의 핵심적 문화기억에 속하는 공소시효제도와 소급효금지원칙을 왜곡했던 것이다.[14] 따라서 법치국가원칙을 침해하면서 뒤늦게 5·18관련 책임자를 처벌하게 된 것은 이성적 관점교환의 결과라기보다는 특정집단의 트라우마가 이데올로기화된 결과라고 볼 수 있다. 그런데 여기서 공소시효완성 이전의 책임자 처벌을 반대하는 것이 아님에 다시 한번 주의할 필요가 있다. 다만 적법절차에 담긴 문화기억들을 훼손한 것이 문제라는 것이다.

---

14) 같은 견해로, 김영환 교수는 5·18특별법과 관련하여 그 법이 법체계의 정합성에 비추어 볼때 타당하지 않으며, 나아가 5·18민주화운동에 관한 국민들의 정의이념이 아직 확고하게 마련된 것이 아니라는 점을 비판적으로 지적한다: "5·18관련자들을 처벌할 수 있는 특별법을 만드는 것은 좋은 방안이 아니다. 왜냐하면 이러한 특별법을 통해 그 상위의 법인 헌법의 내용을 제한하는 것은 무엇보다도 법체계상 맞지 않기 때문이다. 더 나아가 과연 모든 국민들이 관련자들을 처벌할 것을 요구할 정도로 정의의 이념이 확고한 것도 아니다. 따라서 이러한 국민들의 정의감을 확인하는 의미에서라도 헌법개정을 통해서 정의의 이념에도 부합되고, 법적 안정성에도 합치되는 해결방식을 모색하는 것이 가장 합리적이라고 생각된다." 이에 대해서는 김영환, 『법철학의 근본문제』(홍문사, 2006), 109쪽.

(2) 문화기억을 밀어내는 집단기억의 법의 정치성

그러나 이렇게 핵심 문화기억을 훼손하면서 정치적 힘에 의하여 문화기억의 영역으로 들어온 집단기억은 진정한 문화기억으로서 완전하게 인정받지 못하며 오히려 사회분열의 단초가 될 수도 있다. 그런 문화기억은 단지 집단기억의 재생산일 뿐이며, 법은 그런 재생산의 정치적 수단이 될 뿐이다. 여기서 법이 정치와 구별되는 간격이 사라지게 된다. 그러나 정치화된 법은 실제 현실이 되기는 어렵다. 법 제정 이후에 펼쳐지는 정치적 역학관계에 따라 그 법의 실효성이 좌우되기 때문이다. 이를 테면 5·18 특별법 제정 이후, 전두환 전 대통령이 형을 선고받기는 했지만 정치적인 이유로 결국 사면된 점이나, 쿠데타와 관련되어 있는 군인들 중 국회의원으로 계속 활동한 사람들이 많았고, 민주화 이후에도 집권여당의 중심세력을 형성했던 점 등은[15] 이를 말해준다.

Ⅳ. 영화 속 트라우마의 이데올로기적 구조

이제 영화 <화려한 휴가>가 5·18민주화운동에서 생성된 집단트라우마를 어떻게 다루는지를 분석해보자. 먼저 전제할 점은 아래에서 진행될 영화에 대한 비평은 정신분석적 사고에 집중한

15) 책임자 사면이 '국민통합'을 표면적 이유로 대면서 이루어졌고, 가해자 세력의 위세가 한동안 지속될 수 있었던 것은 '처벌이 정치적 수사에 불과했기 때문'이라고 비판적으로 바라볼 때에도, 그렇게 된 이유 중에는 5·18민주화운동에 대한 각 집단들의 집단기억들이 서로 대립하고 있었기 때문인 점도 있었음을 간과해서는 안된다. 책임자 처벌이 정치적 수사에 불과했다는 지적은 최정기, 「과거청산에서의 기억 전쟁과 이행기 정의의 난점들—광주민주화운동 관련 보상과 피해자의 트라우마를 중심으로」, 『지역사회연구』(제14권 제2호, 2006), 11~12쪽 참조.

것이며, 영화에서 다루고 있는 5·18민주화운동의 진실, 그리고 그와 관련된 정의의 문제에 대한 어떤 확정된 입장을 밝히는 것이 아니라는 점이다.

1. 선-악의 이분법적 구도

영화 <화려한 휴가>는 5·18특별법과 매우 유비적인 관계에 놓인다. 5·18특별법이 문화기억을 훼손하면서 자연법적 논증에 의거하여 제정된 것과 마찬가지로, 영화 <화려한 휴가>는 광주 시민군의 도덕성을 확고하게 증명하는데 주력한다.

(1) 진압군을 향해 총을 든 신부의 의미

이런 기획에 기여하는 영화 속 핵심 인물이 바로 김 신부(神父)이다. <화려한 휴가>는 김 신부를 광주시민들의 편에 세움으로써, 광주시민군을 절대 도덕으로서 상징화한다. 광주시민군이 절대 선(善)으로 위치됨에 따라, 광주시민군을 공격했던 시위진압대는 절대 악(惡)이 된다. 이와 같은 선-악 이분법 구도는 사제인 김 신부가 십자가상 앞에서 성호를 그은 후에 도청에서의 전투에 참가하면서, 어떻게 이곳까지 왔느냐는 박 대령의 질문에 다음과 같이 답할 때 극명해진다.

> "주님 만나러 왔습니다. 나도 화끈하게 한 판 붙고 천국 가려구요. 아 뭐해요, 나도 총 한 자루 주세요. 좋은 놈으로다가..."

사제인 김 신부는 위의 대사에서 시위진압군인을 '살해해 마땅한 절대악'으로 단정짓고, 그 군인들을 살해하는 것을 '악의 제거로서 천국에 갈 선한 행위'로 평가한 것이다. 게다가 총도 죽이기 좋은 놈으로 달라고 한다. 하느님 앞에서 모든 인간은 죄인이며 길 잃은 어린 양이라는 정신을 갖는 천주교 사제의 이런 평가 앞에서, 시위진압군인들은 반드시 제거되어야만 하는 사탄이 되어버린다. 시위진압군이 부상자를 구하러 온 구급차마저 공격해서 의사를 사살하는 설정은 시위진압군의 야만성을 부각시키는 또 다른 에피소드이다. 그러나 그 군'인'들이 과연 사탄인가? 시위진압군인들의 지독한 잔인함은 그들이 절대 악이라는 반증할 수 없는 증거인가? 그렇다면 광주시민군이 시위진압군인들에게 행했을 잔인한 폭력은 무고한 희생에 대한 복수와 자기방어로써 행해졌다는 이유만으로 온전하게 도덕적이며 선한 것인가?

(2) 악의 타자화, 치유가 아닌 독

역설적이게도 위와 같은 성찰 없는 선-악 이분법 구도는 '용서'의 가능성을 완전히 지워버림으로써 트라우마를 절대로 치유될 수 없도록 만든다. 절대적 선인 자신들에게 부당한 폭력을 휘두르고 자신들의 가족을 살상한 절대적 악, 사탄은 '용서'의 대상이 아니라 '제거'의 대상일 뿐이기 때문이다. 관점교환의 가능성이 완전히 말라버린다는 것은 두말할 필요도 없다. 이와 같은 이분법적 태도는 진압군인들을 광주시민들과는 완전히 다른 '타자'로 위치시킨다. 다시말해 진압군인들은 광주시민들이라는 도덕적으로 선한 사람들과는 질적으로 구분되는 타자로서의 악, 즉 절대악으로 자리매김되는 것이다.[16] 이런 태도는 내 안의

사진 2. 무고한 시민을 구타하는 진압군인

16) 이런 선-악 이분구도와 그로 인한 타자화는 준법시민들이 범죄자에 대하여 취하는 태도와도 구조적으로 동일하다. 사형제도의 작동을 미학적 관점에서 분석

'악'을 성찰할 수 없게 눈을 가려버린다.

반면 정신분석적 통찰은 모든 인간에게 공격성과 잔인함에 대한 본성이 내재해 있음을, 그리고 인간이 자신의 그와 같은 이중적 본성을 직시해야 함을 강조함으로써, 이런 선-악 구도의 해체를 돕는다. 물론 군인들의 민간인 살상은 절대로 정당화될 수 없는 범죄행위임에는 틀림이 없다. 그러나 진압당시 군인들이 보인 극단적 폭력성이 인간 모두에게 내재해 있는 본능적 공격성이라는 점을 인정한다면, 진압군인들이 살인이라는 부도덕한 범죄행동을 했음을 비판하면서도, 그들을 절대악으로 위치시키는 상징화는 경계되었어야 한다. 그런 경계는 집단트라우마의 치유를 위한 시작이 된다.

[인간의 양면성] 정신분석학은 인간이 타인을 사랑하고 돌보는 선한 충동 뿐만 아니라, 다른 사람을 살해하고 파괴하려는 악한 충동을 동시에 가지고 있는 양면적 존재라는 점을 전제로 한다.[17] 이런 악한 면을 융은 그림자라고 개념화했고, 프로이트는 죽음충동이라 불렀다. 프로이트의 고찰에 따르면, 인간의 악한 본성은 문명화의 과정 속에서 감추어지고 다듬어질 뿐, 사라지지 않고 무의식 속에 도사리고 있다. 문명이 붕괴되는 전쟁 상황에서는 그와 같은 악한 본성에 대한 초자아의 통제가 실패하게 되고, 인간은 자신의 양면성을 감춤 없이 드러내게 되는데, 문명의 요구가 사라진 전쟁 상황에서 개인들은 문명인이 보이리라고 생각할 수 없는 정도의 잔인함과 야만성을 행동으로 옮긴다. 그래서 전쟁은 "우리가 나중

하고, 사형제도는 사형수를 비인간화, 타자화하고, 사형수에게 짐승의 이미지를 부여함으로써 유지된다고 분석하는 Desmond Manderson, "Requiem: Green death-Aesthetic interpretations and influences in the Death penalty", *Songs without Music: Aesthetic Dimension of Law and Justice*, (University of California Press, 2000), 114~119쪽 참조.

17) 정신분석학의 인간관은 성선설도, 성악설도 아니라는 점은 지그문트 프로이트, 「전쟁과 죽음에 대한 고찰」, 『문명 속의 불만』(김석희 옮김)(열린책들, 2005), 45쪽 참조.

에 얻어 입은 문명의 옷을 발가벗기고, 우리 모두의 마음속에 숨어 있는 원시인을 노출"[18]시키는 것이다. 프로이트는 제1차 세계대전 당시 「전쟁과 죽음에 대한 고찰」을 집필하면서, 전쟁이 인류가 가지고 있던 인간 종의 도덕성에 대한 '환상'을 산산조각 냈음에 주목했다.[19]

(3) 정신분석학적 휴머니즘과 인권

진압군인들이 보인 잔인함은 평범한 준법시민들에게는, 즉 영화에 등장하는 순박하고 소박한 시민들인 민우나 신애와 같은 사람들에게는 존재하지 않는 진압군인들'만'의 특성인 것이 아니다. 잔인함은 시민군에게도 똑같이 내재해 있는 인간의 본래적 특성인 것이다. 물론 영화에는 시민군의 잔인함은 전혀 묘사되지 않았다. 그러나 목숨을 건 전쟁상황에서는 누구나 다 제어되지 않은 잔인성을 보일 수 있다.

사진 3. 총을 쏘는 시민군

정신분석학적 휴머니즘은, 사람들이 자신의 본성을 좀 더 진솔하게 이해한다면 더 자유롭고 행복해 질 것이라는 믿음을 바탕에 두고 있다.[20] 모든 인간에 내재하는 악한 본성을 직시하는 것은 휴머니즘을 실

---

18) 지그문트 프로이트, 「전쟁과 죽음에 대한 고찰」, 『문명 속의 불만』(김석희 옮김)(열린책들, 2005), 68~69쪽.

19) 이렇게 인간의 자아도취적 환상을 깨고 현실을 직시하게 하는 프로이트의 작업은 윤리주의자, 도덕주의자들로부터 많은 비방을 받아왔다는 점은 Albert A. Ehrenzweig, "Psychoanalytical Jurisprudence: A common language for Babylon", *Columbia Law Review* (Vol 65., No. 8, Dec., 1965), 1348~1349쪽 참조.

20) 이에 대해서는 마크 에드문슨, 『광기의 해석: 프로이트 최후의 2년』(송정은 옮김)(추수밭, 2008), 242쪽 참조.

현하기 위한 전제조건인 것이다. 이런 정신분석학적 사고에서 바라볼 때, '사람냄새 나는 영화를 만들고 싶었다'는 감독의 말은 반쪽짜리 말일 뿐이다. 그의 휴머니즘은 이데올로기적일 뿐, 진정한 휴머니즘이 아니다. 그의 영화에서 '사람'은 오직 광주시민들뿐이었고, 광주시민을 공격하는 시위진압군은 '사람이 아닌 사탄'이었다. 뿐만 아니라 그가 말하는 '사람 냄새'는 사람 냄새가 아니다. 사람은 그가 시민군을 통해 그려내고자 했던 것처럼 '선함'만으로 이루어진 존재가 아니기 때문이다. 사람은 선한 만큼 악한 본성 또한 내재하고 있는 존재이다. 또한 이런 타자화의 과정은 국민의 의무인 병역의무 때문에 진압군에 어쩔 수 없이 참여해야만 했던 젊은이들의 목소리를 외면하고, 그들의 인권을 소홀히 하는 것이다. 법은 존재하지 않고, 정치와 힘만이 존재하는 것이다. 수많은 민간인 살상을 낳은 책임자는 분명 적법절차에 따라 처벌되어야 한다. 그러나 그 명령에 따랐던 진압군인들을 절대악으로 묘사하는 영화의 서술태도는 집단트라우마를 치유하기보다는 그 독을 더 강화할 것이다.

2. 나르시시즘적 서술

영화가 보여주는 나르시시즘적 서술태도도 영화 <화려한 휴가>가 집단트라우마를 치유하기보다 그 독을 더 강화시킬 위험성의 또 다른 요인이다.

(1) 영화 속, 낙원 같은 광주

영화에서 그려지는 광주, 그러니까 1980년 5월 어느날 계엄군이 공격해오기 전의 광주는 마치 천국과도 같다. 민우가 새가 지저귀고 따뜻한 햇살이 쏟아지는 푸른 숲길을 운전해가는 영화의 시작 장면은 감독이 그려내고 싶었던 '상실된 낙원'을 상징하는 듯하다. 이 아름다운 숲길은 바로 다음으로 이어지는 국군의 진군장면, 위압적인 전투비행기와 군인들의 군홧발 소리, "빨갱이들에게 피의 복수를 하겠다"는 섬뜩한 명령과 극적인 대조를 이룬다. 소소한 일상 속에서 연애 문제로 고민하고, 신부님을 중심으로 주민들이 모여 야유회를 열고, 불쌍한 할머니를 공짜로 태워드리고 서로 그런 선한 행동을 칭찬해주는 아름다운 시민들. 동네에 하나 있는 티비 앞에 주민들이 옹기종기 모여 <전설의 고향>을 본다. 이런 나르시시즘적 서술은 모든 광주시민들을 절대선으로 상징화하는 기제로 작동한다. 그러나 적어도 그 당시 끊임없이 학생시위가 이어졌던 광주는 그렇게 평화롭기만 한 천국은 아니었을 것이다. 영화가 그리는 소담한 인간들의 천국은 5·18민주화운동으로 인해 광주시민들이 '상실(loss)'한 낙원인 것이 아니라, 그 어느 곳에도 '부재(absence)'한 상상 속의 이상향일 뿐이다.21)

(2) 나르시시즘적 서술의 위험성

그렇기에 영화 <화려한 휴가>가 그려내는 《5·18민주화운동 ↔ 트라우마의 생성 ↔ 낙원의 상실》의 이미지는 트라우마의 섣부른 의미화22)를 가져오기 쉽다. 그런 의미화는 트라우마를 치유하기보다 이데올로기로 전용하고, 정치적 목적을 위한 수단으로 이용당할 위험성을 높인다.23) 또한 트라우마를 섣부르게 의미화

21) 상실과 부재에 대해서는 Dominick LaCapra, "Trauma, Absence, Loss", *Critical Inquiry* (Vol. 25, No. 4, Summer, 1999), 699~703쪽.

22) 트라우마를 섣부르게 의미화하는 것의 위험성은 트라우마란 본질적으로 '의미의 너머'에 있는 것으로 의미화에 저항하는 것이라는 점에 있다. Tim Dean, "Art as Symptom: Zizek and the Ethics of psychoanalytic Criticism", *Diacritics* (Vol. 32, No. 2, Summer, 2002), 34쪽 참조.

23) 한 예로 홀로코스트의 국가 이데올로기화에 대해서는 최호근, 「이스라엘의 역

하거나 나르시시즘적으로 서술하는 관점은 트라우마를 치유할 수 없게 만드는 것이다.[24] 그렇기 때문에 특히 우리 시대와 같이 포스트모던의 에토스가 성장하는 사회에서 5·18민주화운동을 그려내는 영화라면 "트라우마적 사건들이－전형적으로는 정체성 형성 등의 목적을 위한－상징자본으로서 이데올로기적으로 사용될 가능성"[25]을 경계하고 차단하는 데서부터 시작해야 할 것이다. 영화 <화려한 휴가>는 그런 시작의 문을 열기보다는, 꽁꽁 닫고 잠금쇠를 걸어 잠그는 폐쇄적 집단기억을 생성시킬 뿐이다.

사교육과 홀로코스트」, 『역사교육논집』(34권, 2005), 151～153쪽 참조.

24) 전진성, 「우울에서 애도로: 안젤름 키퍼의 작품에 나타나는 역사적 트라우마」, 『현대미술사연구』 (제22집 , 2007), 68쪽 참조.

25) Dominick LaCapra, "Trauma, Absence, Loss", *Critical Inquiry* (Vol. 25, No. 4, Summer, 1999), 712쪽.

[15]

쾌락원칙과 도덕원칙 사이의 법: <연애의 목적>

〈연애의 목적〉의 줄거리

최 홍(강혜정 분)은 27살의 교생이다. 그녀는 미술대학을 다니다가 유부남 조교와의 스캔들 때문에 대학을 그만두고, 뒤늦게 교사로 진로를 바꾸었다. 홍이 교생을 맡게 된 반의 담임교사인 이유림(박해일 분)은 처음부터 홍에게 관심을 보이고 집적대지만, 그녀는 유림에게 거리를 둔다. 홍에겐 3년간 사귄 의사 남자친구가 있고, 남자친구를 사랑하는 것은 아니지만 그가 주는 안정감 때문에 다음 달에 결혼을 하기로 했다. 홍은 불면증이 심해서 해가 뜨기 전에는 거의 잠을 자지 못하고, 신경증 증세도 있어서 문에 자물쇠를 3개나 걸고도 불안해한다. 유림도 여자친구가 있는데, 그녀도 고등학교 교사이고 유림과는 6년간 사귀었다. 유림의 여자친구인 희정(박그리나 분)은 '원래 섹스를 싫어한다'고 하는 도덕적인 여성이고, 유림은 그녀와의 연애에 약간 권태감을 느끼고 있다.

교사들이 회식을 한 날, 유림과 홍은 2차로 둘이 술을 마시게 된다. 유림은 홍에게 계속 추근대며 같이 자자고 하고, 홍은 어떻게 사랑 없이 자냐고 하면서 거절한다. 유림은 택시를 잡아주면서 홍의 뺨에 뽀뽀를 하

사진 1. 홍에게 수작을 거는 유림과 무심한 홍

고, 홍도 그런 유림이 아주 싫지는 않다. 한편 유림과 홍은 수학여행을 가고, 교사들끼리 모여 술을 마시다가 술에 취한 유림이 실수로 홍의 핸드폰 주소록을 지워버린다. 홍은 화가 나서 나가버리고, 유림은 홍을 데리고 방으로 들어가서 사과하면서 화 풀라며 애교를 부린다. 그런 유림을 보던 홍이 그의 스킨쉽을 받아주면서 그의 키스에 응하고, 유림은 '딱 5초만 넣고 있겠다'며 갑작스럽게 섹스를 한다. 홍은 유림을 밀쳐내고 방에서 나가버린다. 수학여행을 다녀온 후에도 유림이 계속 스킨쉽을 하며 집적거리자, 홍은 유림의 여자친구 희정에 대해 아는 사람에게 물어봤다며 이러지 말라고 한다. 유림의 태도에 큰 변화가 없자, 홍은 유림에게 자기랑 자고 싶으면 50만원을 달라고 한다. 사랑하지도 않는데 자려면 돈을 내라는 홍의 말에, 그녀를 말리던 유림은 그렇게 하자며 모텔로 간다. 모텔에서 50만원을 준다는 유림에게 홍은 왜 반말하냐고 묻고, 홍이 유림에게 '나 처음 볼때부터 하고 싶었지'라고 묻는 것을 시작으로 두 사람은 즐거운 섹스를 한다. 몇일 후 홍이 다음달에 결혼한다는 소식을 들은 유림은 홍에게 자기를 가지고 논거냐며 마음이 너무 아프다고 한다. 그날 유림과 홍은 술을 마시고, 홍은 자신의 과거 이야기를 자기 친구 이야기라고 하면서 말해준다. 유림과 홍은 둘의 감정을 정리하고 각자의 파트너에게 돌아가기로 결정하지만, 잠에서 깨어보니 둘이 모텔에서 알몸으로 한 침대에 누워있다. 모텔에서 나온 유림은 자기 여자친구는 자유로운 홍과는 달리 도덕적이라고 말하고, 그 말에 화가 난 홍은 '이선생님이 저 강간한 거에요'라고 쏘아 붙힌다. 홍은 그 날 이후 학교에도 나오지 않고 연락이 두절되고, 답답해하던 유림은 홍의 집을 찾아간다. 유림은 홍의 집키를 뺏어서 허락없이 홍의 집으로 들어가고, 그날 홍의 집에서 아침까지 있게 된다. 유림은 홍이 나가 있던 틈을 타 홍의 소지품을 뒤지다가, 예전에 홍이 조교와 통화한 것을 녹음해 놓은 걸 듣게 되고, 그 일로 두 사람은 크게 다툰다. 꺼지라는 홍의 말에 화가 난 유림은 여자친구에게 가지만, 홍이 '잠이 안 온다'며, '같이 자고 싶다'고 문자를 보내자 다시 홍의 집으로 온다. 유림과 홍은 침대에 누워 껴안고 잠을 청하고, 홍은 유림과 있으면 잠이 잘 온다고 말한다. 그날 이후 둘은 따듯하고 소소한 연애를 한다. 희정은 유림의 부탁으로 홍과 스캔들이 났던 유부남 조교에 대해 알아보던 중 홍의 과거를 알게 되고, 그 사실을 유림의 학교에 있는 동료교사에게 이야기한다. 이로 인해 학교에 홍의 과거가 파다하게 소문이 나게 되고, 유림과 홍이 모텔에 갔다는 글이 학교 홈페이지에 올라온다. 유림은 화가 머리끝까지 나서 게시판에 글을 쓴 학생들을 처벌하고, 상황을 무난히 수습하려고 노력한다. 홍은 자신과의 관계를 부인하는 유림과 유림을 위로하는 동료 교사들의 태도에 과거의 일이 겹쳐서 떠오르면서 괴로운 마음이 들고, 교육위원회에 유림이 자신을 강제로 성추행했다고 말한다. 그 일로 유림은 학교에서 잘리고, 아는 형네 학원에 강사로 취직한다. 홍은 남자친구에게 좋아하는 사람이 생겼다고 말하고 그와 헤어진다. 시간이 흐른 후, 폐인처럼 살아가는 유림에게 홍이 찾아가서 같이 자자고 하고, 홍에게 어떻게 그럴 수 있냐며 원망을 쏟아내던 유림은 술에 만취 되서 결국 홍과 같이 모텔에 가서 잠을 잔다. 다음날 아침, 두 사람은 다정하게 모텔에서 걸어 나오고, 첫눈이 내린다.

Ⅰ. 연애의 목적, 그 형용의 모순

영화 <연애의 목적>은 그 제목의 어울리지 않음을 통해 연애를 하고 있거나, 했거나, 하고픈 모든 사람들에게 관심을 끌었다. 흥행에 대성공을 거둔 것은 아니지만, 특히 젊은이들 사이에 결코 안보고 넘어갈 수는 없는 문제작으로 받아들여졌다. 왜 그런 것일까?

첫째, 연애에 목적이 있다고 생각한다면, 그 목적(telos)은 아마 결혼이라는 성의 도덕적 결합일 것이다. 하지만 그렇게 생각하는 도덕주의자들에게조차도 결혼과 같은 성의 도덕적 결합을 연애의 '목적'이라고 개념화하는 것은 여전히 낯설고 불편하며, 내키지도 않는다. 그 까닭은 도덕주의자들의 무의식에도 연애욕망이 자리하고 있기 때문이다. 욕망은 도덕적인 목적을 갖고 있지 않다. 바로 그런 점에서 연애에 목적이 있다고 확정적으로 말하는 것은 역설적이게도 맹목적(盲目的)인 것이 된다.

둘째, 이에 비해 연애에 목적이 없다고 생각한다면, 그 연애는 그냥 사랑을 하는 것일 뿐이다. 그리고 사랑은 목적을 초월할 때 비로소 순수하고 사랑다워질 수 있는 것도 사실이다. 하지만 그렇게 생각하는 로맨티스트들에게도 연애에서 일체의 목적을 영원히 제거하는 것은 왠지모를 공허함을 안겨준다. 그 까닭은 로맨티스트들에게도 사랑의 영원성과 그것을 기약해주는 도덕적 목적을 향하는 의식적 의지가 자리하고 있기 때문이다.

영화 <연애의 목적>은 도덕주의자와 로맨티스트 사이에서 영원히 왔다갔다 하는 연애의 모습을 그려내고 있다. <연애의 목적>에서 '연애'는 로맨티스트의 사랑욕망을, 그리고 '목적'은 도덕주의자의 도덕적 목적의지를 대표한다. 그렇기에 <연애의 목적>은 사랑욕망의 도덕적 목적의지라고 읽힐 수 있다. 그러니 <연애의 목적>을 형용의 모순이라고 하지 않을 수가 없다. 이 형용의 모순이, 영화 <연애의 목적>을 바라보는 관객들의 기본 정서일 듯하다.

Ⅱ. 연애 트라우마의 생성

영화 속 홍에겐 이전 애인과의 사랑에서 생긴 상처가 일종의 트라우마로 새겨져 있는 듯이 보인다. 그녀는 자물쇠를 세 개나 잠그고도 마음을 놓지 못하고 불안해하며, 매일같이 불면증에 시달린다. 그러면 홍에게 트라우마가 발생한 이유는 무엇일까?

1. 도덕원칙과 쾌락원칙 사이에

이 문제를 다루기 위해서는 먼저 도덕원칙과 쾌락원칙을 이해할 필요가 있다. 앞서 설명한 바와 같이, 도덕주의자들이 연애를 바라보는 기본관점을 도덕원칙이라고 한다면, 로맨티스트들이 연애를 바라보는 기본관점은 쾌락원칙이라고 부를 수 있다. 이 두 원칙은 인간에게 주어지는 모든 경험들, 특히 사랑의 경험을 해석하는 두 가지 해석틀이 된다.

(1) 초자아의 도덕원칙과 이드의 쾌락원칙

프로이트의 이론에서 보면, 도덕원칙은 초자아의 작동원리이며 쾌락원칙은 이드의 작동원리이다. 도덕원칙은 쾌락의 포기를 명령하며, 쾌락원칙은 쾌락의 즉각적인 충족을 명령한다. 자아는 현실원칙에 따라 도덕원칙과 쾌락원칙을 중재한다. 쾌락의 즉각적인 충족은 현실의 상황이나 초자아의 도덕명령을 고려할 때 불가능한 것이므로, 자아는 쾌락의 충족을 억압·지연시키거나 우회적으로 달성시킨다.

정신분석학적으로 바라보면 인간은 도덕원칙과 쾌락원칙이라는 두 가지 해석틀을 균형있게 사용할 수 있을 때, 유연하고 현실에 적응력이 있는 사람이 될 수 있다. 반면 두 가지 해석틀 중 어느 하나에 고착될 경우, 그 주체는 병리적 주체가 될 가능성이 높아진다. 도덕원칙은 초자아의 명령이고, 쾌락원칙은 이드의 명령이기에, 도덕원칙과 쾌락원칙을 해석틀로서 균형있게 사용한다는 것은 초자아와 이드 사이에 균형을 잘 갖추고 있음을 말한다. 그런데, 아무리 두 원칙 사이에서 유연하게 균형을 잡으려고 해도, 도덕원칙과 쾌락원칙 사이에는 반드시 메울 수 없는 간극이 존재한다. 이 간극은 인간이라면 누구나 가지게 되는 존재론적 구조이고, 그것의 해결은 실존적 과제이다. 이런 간극은 언제나 해석상의 혼란을 가져오고, 따라서 때때로 트라우마를 발생시킨다. 그러므로 트라우마는 인간존재의 구조적 요소라고도 할 수 있다.[1)] 문학적 표현을 빌리자면, 인간은 "자연과 정신, 짐승과 천사 사이의 위치에서 과도한 긴장과 두드러진 어려움을 갖는 병적인 짐승"[2)]인 것이다.

(2) 도덕원칙과 쾌락원칙의 구성요소

프로이트는 도덕원칙과 쾌락원칙의 구성요소를 분석적으로 개념화하지는 않았다. 여기서 우리는 도덕원칙의 구성요소로 '도덕', '책임', '제도'를, 그리고 쾌락원칙의 구성요소로는 '부도덕', '무책임', '제도의 부정'을 제시할 수 있다고 본다. 이를 사랑과 섹스의 영역에 대입해보자. 우선, 도덕원칙에 따를 경우, '도덕'이란 섹스는 사랑이 있을 때에만 해야 함을, 그리고 '책임'이란 사랑과 섹스를 책임 있게 지속해야 함을 의미한다. 또한 '제도'의 요소는 사랑과 섹스는 결혼이라는 제도 속에서 이루어져야 함을 말한다. 그래서 연애의 도덕적인 최종목적은 결혼이 되는 것이다. 이와 같은 도덕원칙은 일반적으로 '선(善)'으로 평가된다. 반면, 쾌락원칙은 선인 도덕원칙에 대립하는 축으로, 선을 기준으로 볼 때에는 악(惡)으로 평가되는 것들이다. 쾌락원칙이 '부도덕', '무책임', '제도의 부정'을 내용으로 한다고 할 때, '부도덕'이란 사랑 없는 섹스를 말한다. 쾌락원칙의 편에서 섹스는 마치 '물 한모금'을 먹는 것과 다를 바가 없다.[3)] '무책임'이란 섹스와 사랑이 책임에서

1) 존재의 제거할 수 없는 조건으로서 트라우마는 Tim Dean, "Art as Symptom: Zizek and the Ethics of psychoanalytic Criticism", *Diacritic* (Vol. 32, No. 2, Summer, 2002), 39쪽 참조.

2) 토마스 만, 『쇼펜하우어·니체·프로이트』(원당희 옮김)(세창미디어, 2009), 146쪽.

벗어나서 단지 일시적일 수 있음을 말한다. 사랑을 시작했다고 해서 계속해서 섹스를 하고 사랑을 해야 하는, 즉 사랑과 섹스를 지속해야 하는 책임을 부정하는 것이다. 사랑은 아무런 책임없이 언제든지 끝낼 수 있는 것이다. 마지막으로 제도의 부정은 성과 사랑이 결혼이라는 제도와 무관하게 이루어짐을 말한다. 성은 결혼 이전에도, 결혼 밖에서도 그리고 결혼 속에서도 어떤 제한도 없이 가능하다.

2. 연애해석의 주관성과 편향성

(1) 주관적 해석의 문제로서 트라우마

트라우마는 어떤 사건에 대한 주관적인 '해석'의 문제이다. 즉, 트라우마는 그 사건 자체의 객관적 특성 때문에 발생하는 것이 아니라, 그 사건에 대한 주체의 '해석'에 따라 발생 여부가 결정된다. 따라서 그 주체의 고유한 '심리적 해석틀'에 따라, 누군가에겐 깊은 트라우마가 되는 사건이 다른 누군가에겐 아무런 심리적 충격을 주지 않는 일이 될 수도 있다.[4] 이를테면, '도덕원칙'의 해석틀을 가지고 있는 사람에겐 트라우마적인 일이, '쾌락원칙'의 해석틀을 가진 사람에게는 아무것도 아닌 일이 될 수도 있는 것이다.

(2) 과도한 도덕원칙과 최 홍의 트라우마

최 홍에게 트라우마가 발생한 까닭을 도덕원칙과 쾌락원칙으로 설명해보기로 하자. 그녀에게 이런 증상을 발생시킨 직접적인

3) 물 한모금의 섹스관에 대해서는 이상돈, 『욕망은 행복을 낯설게 한다』(연극과 인간, 2003), 264~270쪽 참조.

4) 트라우마는 주체의 고유한 감수성, 심리적 역량 등 사람에 따라 상대적으로 다른 특성에 대한 고려 속에서 이해되어야 한다는 점은 장 라플랑슈/장 베르트랑 퐁탈리스, 『정신분석사전』(임진수 옮김)(열린책들, 2005)267, 273쪽 참조.

원인이 된 사건은 보통 사람들이 '뻔한 스토리'라고 말할 법한 흔한 사랑이야기이다.[5] 간단히 말하자면 대학교 재학시절 유부남인 조교와 연애를 했고, 그 조교가 헤어지자고 말한 것에 화가 나서 그 사실을 폭로했으며, 그로 인해 조교는 이혼하고 홍은 자퇴를 한 것이 사건의 전말이다. 이 과정에서 조교가 그녀를 스토커로 몰았고, 그 사실이 홍에게 큰 상처로 남았다. 여기서 그녀에게 트라우마적 충격을 준 것은, 자신을 사랑한다고 했던 사람이 헤어지자고 하고 자신을 스토커로 몰았다는 점이다. 이 헤어짐이 그녀에게 감당할 수 없는 충격을 준 것은 그녀가 오로지 도덕원칙의 편에 서서 사건을 바라보았기 때문이다. 만약 홍이 도덕원칙과 쾌락원칙 사이의 균형을 잘 유지하고 있었다면, 사건이 다르게 진행되었을 수도 있다. 홍이 유부남인 조교를 매우 깊이 사랑했고 그 또한 잠시 홍과 연애했으며 그래서 섹스도 했다. 그러나 어느 시점에서 그가 홍에게 이별을 통보했고, 홍은 물론 깊은 슬픔을 느꼈지만, 상황을 받아들이고 무난히 학교를 졸업했을 수도 있다. 하지만 도덕원칙의 편에 서있던 홍은 사랑을 배반한 자신의 연인을 용서할 수 없었고 자신과 연인 모두를 파국적 결말에 빠뜨리고 말았다. 홍은 조교 때문에 자신이 모든 것을 잃고 희생양이 되었다고 생각하면서 조교에 대한 원망을 삭히지 못하고 과거에 갇혀 있지만, 사실 그녀에게 트라우마를 발생시킨 것은 그 조교도 아니고, 주변 사람들도 아니고, 그녀 자신의 심리적 해석틀이다.

---

5) 홍은 유림에게 자신의 이야기를 친구 이야기라고 에둘러서 말해주는데, 유림은 홍의 이야기를 들으며 뻔한 스토리라고 말하고, 홍 또한 그렇다며 고개를 끄덕인다.

Ⅲ. 연애 트라우마의 치유

개인에게 사랑과 관련하여 트라우마가 생성된 경우에, 그 트라우마는 도덕원칙과 쾌락원칙 사이의 간극을 다시 조율함으로써 치유될 수 있다.

1. 트라우마 치유의 구조

(1) 도덕원칙과 쾌락원칙 사이의 무한왕래

도덕원칙과 쾌락원칙의 사이를 무한히 반복적으로 오고감으로써 그 간극을 해체적으로 재구성하는 과정을 통해, 인간의 구조적 조건인 트라우마도 해체적으로 재구성되고 해소될 가능성이 열릴 수 있다. 영화 <연애의 목적>에서 최 홍은 도덕원칙을, 이유림은 쾌락원칙을 주된 해석틀로 삼는다. 그렇기 때문에 홍이 유림과 관계를 맺어나간다는 것은 그녀가 도덕원칙과 쾌락원칙 사이를 오가게 됨을 의미한다. 홍은 유림과의 엎치락 뒤치락하는 관계를 통해서, 자신의 심리내부의 '도덕원칙과 쾌락원칙 사이의 간극'을 다시 조율할 수 있었다. 이로써 그녀의 트라우마적 증상들이 치유되고 불면증도 사라진 것이다. 이처럼 도덕원칙과 쾌락원칙을 오가면서 그 간극을 조율하고 지속적으로 발생하는 트라우마를 치유하는 것은 인간이 생을 유지하기 위한 조건이다. 다시말해 인간은 도덕원칙과 쾌락원칙 사이를 무한반복하며 삶을 살아가는 것이다.6)

6) 올바른 죽음을 위해서는 삶의 에피소드들에서 도덕원칙과 쾌락원칙의 무한반복이 필요하다는 관점은 Peter Brooks, "Freud's Masterplot", *Yale French Studies* (55/56, 1977), 291～292쪽 참조.

(2) 놀이와 고통의 지배

프로이트는 이 무한반복의 구조를 자신의 어린 손자의 놀이에서 발견했다. 도덕원칙과 쾌락원칙 사이의 무한왕래에서 도덕원칙은 쾌락의 포기를, 쾌락원칙은 보상을 의미한다. 프로이트는 어느 날 18개월된 자신의 손자가 하는 놀이를 유심히 관찰하고, 그것을 '포르트-다 놀이(fort-da game)'이라고 부른다. 그는 손자의 이 놀이가 '쾌락의 포기'와 '보상'을 반복적으로 재현하는 것이라고 해석했다. 프로이트의 손자는 실로 연결된 실패를 가지고 놀았는데, 그것을 침대 가장자리 쪽으로 던져서 사라지게 하고는 "fort!(가버렸다)"라고 외치고, 그 다음에 실을 잡아당겨서 실패를 끌어오고는 "Da!(거기에)"라고 외치며 좋아하고 만족스러워했다. 아이는 실패를 던지고 다시 끌어당기면서 "fort!", "Da!"라고 외치는 것을 계속 반복했다. 프로이트는 아이의 그 행동이 어머니가 하루에도 몇 번씩 자신의 곁을 떠나 사라지는 것에 대한 심리적 충격을 주체적으로 장악하기 위한 것이라고 해석했다. 어머니가 사라지는 것은 '쾌락의 포기'이고 고통스러운 것인데, 그 사건을 반복적으로 재현함으로써 고통에 지배되지 않고 오히려 그것을 장악하려고 한다는 것이다. 실패를 던지는 것이 쾌락의 포기라면, 실패를 다시 끌어오는 것은 쾌락의 포기에 대한 보상이다. 아이는 실패놀이를 통해서 쾌락의 포기라는, 도덕원칙이 야기하는 심리적 충격을 주체적으로 지배하고, 동시에 쾌락의 포기에 대한 보상을 상징적으로 얻는 것이다. 아이는 이렇게 도덕원칙과 쾌락원칙을 오가면서 어머니의 상실이라는 트라우마적 사건을 재해석하고 주체적으로 지배해나간다. 어린아이의 놀이는 단순히 재미를 위한 것이 아니라, 이처럼 '고통을 지배'하고자 하는 심리적 매커니즘을 가지고 있는 것이다.[7] 말놀이로서 법도 같은 의미를 갖는다.[8] 법률말놀이에 참여하는 것은 자기 삶의 고통의 주인이 되어가는 과정인 것이고, 그 과정을 모두가 함께 하는 것이다. 고통의 주체가 되는 경험은 아름다운 것이며, 그렇기에 법률말놀이에 참여하는 것은 아름다운 체험이 된다.

홍이 유림과 모텔에서 섹스를 하면서 "너 처음부터 나랑 자고 싶었지"라고 말하는 것도 그녀가 유림과의 섹스를 가지고 어린아이의 실패놀이와 같은 포르트-다 게임을 하고 있었음을 말해준다. 유림과의 연애'놀이'에서 그녀는 도덕원칙과 쾌락원칙 사이를 오가면서 쾌락의 포기와 보상을 반복한 것이다.[9]

2. 영화 속의 도덕원칙과 쾌락원칙

영화 <연애의 목적>의 주된 무대는 학교와 모텔이다. 학교는 도덕원칙을, 모텔은 쾌락원칙을 의미한다. 영화가 학교와 모텔을 오고가며 진행되는 것은 성(聖)과 속(俗)의 반복이며, 도덕원칙과 쾌락원칙 사이의 반복이다. 이제 영화 속에서 홍이 도덕원칙과

7) 자세히는 Ludwig Marcuse, "Freud's Aesthetics", *The Journal of Aesthetics and Art Criticism* (Vol. 17, No. 1, Sep., 1958), 5쪽 참조; Richard King, "Memory and Phantasy", *MLN* (Vol. 98, No. 5, Comparative Literature, Dec., 1983), 1204쪽 참조; 아이들이 즐겨하는 놀이 중에는 전쟁놀이와 병원놀이가 있는데, 이런 놀이들은 아이들이 트라우마석 상황을 놀이로 반복한다는 점을 보여준다.

8) 놀이로서 삶과 법은 "법은 사람들이 그것을 통해 누구와 함께 하고, 무엇인가를 하며, 또한 즐겁게 되고, 그러면서도 무질서해지지 않을 수 있게 해주는 그런 놀이이어야 한다"라고 하는 이상돈, 『법미학』(법문사, 2008), 2~3쪽; 법률말놀이에 대해서는 이상돈, 『새로쓴 법이론』(세창출판사, 2005), 183~187쪽 참조; 법과 놀이를 함께 고찰하는 또 다른 견해로, 데리다는 법의 불확정성에 주목하면서 법을 '실루엣'으로 표현하고, 동시에 '법은 놀이하는 실루엣(silhouette that plays)'이라고 말한다. 여기서 놀이는 창조적이고, 생산적이며 권한을 부여하는 것인데, 이에 대해서는 Peg Birmingham, "Toward an Ethic of Desire: Derrida, Fiction, and the Law of the Feminine", in Nancy J. Holland (ed.), *Feminist Interpretations of Jacques Derrida* (The Pennsylvannia State Universitiy, 1997), 140쪽 참조.

9) 유림과 홍이 대화를 할 때, 존댓말과 반말을 오가는 것도 같은 구조이다.

쾌락원칙을 오고가는 과정을 분석해보자.

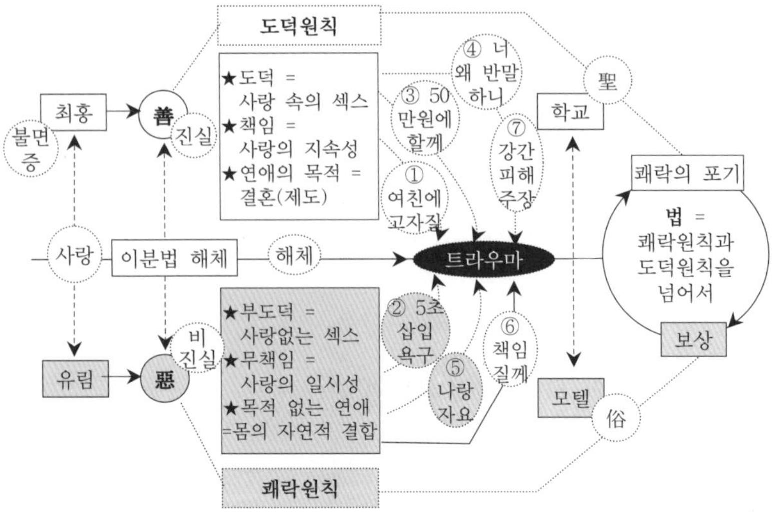

(1) 쾌락원칙으로 다가감(往)

처음에 홍은 도덕원칙에서 시작한다. 그런 그녀를 유림이 쾌락원칙으로 끌어들인다. 유림은 홍에게 같이 자고 싶다고 말하고, 홍과 유림은 사랑과 섹스에 대해 대화를 나눈다.

> 홍: 처음 보는 여자랑 자본 적 있어요?
> 유림: 그럼요.
> 홍: 사랑하지 않는데 어떻게 자요?
> 유림: 최선생님, 애네요. 그런(사랑) 거 3개월이면 끝나요. 사랑 그런거 없어요.
> 그냥 호감가고 좋아하는 사람이랑 원하면 자고. 부담없이 쿨하게.
> 홍: 죄송해요. 전 별로 하고 싶은 생각이 없네요.
> 유림: 저기요, 저기가서 키스만 하고 갈래요?

이렇게 사랑과 성에 대해 홍은 도덕원칙의, 유림은 쾌락원칙의 편에서 시작한다. 그런데 '사랑하지 않으면 잘 수 없다'는 홍의 말은 거짓말이다. 왜냐하면 그녀는 결혼할 남자친구를 사랑하지 않는다고 하면서도, 그가 주는 안정감을 유지하기 위해서 그와 성관계를 하고 있기 때문이다. 또한 '사랑과 섹스는 무관하다'는 유림의 말에도 변증의 가능성이 들어있는데, 홍이 곧 결혼한다는 사실을 알게 되고 유림이 '자신은 다칠 거 생각 안하고 감정 가는대로 솔직했기 때문에 마음이 너무 아프다'고 말하는 것에서 그 점이 드러난다.10)

유림은 수학여행에서 홍과 스킨쉽을 하다가 이렇게 말한다.

"딱 5초만 넣고 있을께요"

이런 유림의 행동은 책임으로부터 완전히 자유로운 성을 의미한다. '5초만' 섹스는 '섹스는 모름지기 오르가즘에 도달해야 한다' 혹은 '섹스는 잘해야 하는 것이다'라는 등등의 책임으로부터 완전히 자유롭다. 그런데, 유림의 그 말은 그의 욕망이 개인주의적인 성욕 해소에 향해있는 것이 아니며, 일시적 에로스의 상호주관적인 소통에 향해있는 것임을 또한 발해준다. 이처럼 이기적인 것으로 보이는 쾌락원칙 속에 상호주관적인 사랑이 변증태로서 내재해 있는 것이다.11) '물 한모금'과 같은 섹스라고 해서, 사랑의 씨앗이 배제되는 것이 아니다. 오직 일시적인 에로스만이 진정으로 에로틱한 것이라는 프로이트의 말처럼, 때로는 그

10) 사랑 없는 섹스에서 사랑이 생겨날 수도 있음을, 다시말해 사랑과 섹스는 변증적이라는 점을 고찰하는 이상돈, 『욕망은 행복을 낯설게 한다』(연극과인간, 2003), 193~214쪽 참조.

11) 개인주의적 성과, 인간적 소통으로서 상호주관적 성에 대해서는 이상돈, 『욕망은 행복을 낯설게 한다』(연극과인간, 2003), 256~257쪽 참조.

런 찰나적 에로스에서만 책임이나 의무로부터 해방된 순수한 사랑—남녀의 사랑이든, 아니면 보다 넓은 의미의 인간적인 애정이든—이 숨 쉴 수 있기도 하다. 도덕원칙에서 쾌락원칙으로의 전환은 '50만원 주면 자 주겠다'는 홍의 대사에서도 엿보인다. 이 대사는 홍이 자신의 도덕원칙을 가지치기하듯 버리면서 쾌락원칙으로 다가섬을 의미한다.

(2) 도덕원칙으로 돌아옴(來)

그러나 아직 그녀는 도덕원칙으로부터 완전히 자유롭지는 않다. 홍은 아직 '에로스의 일시성'에는 이른 것이 아니며, 도덕으로부터 해방된 성을 누리고 싶다고 생각하긴 하지만, 그것은 부도덕한 것이므로 성매매나 다름없는 것이라는 의식을 가지고 있는 것이다. 홍이 모텔에서 유림과 애무를 나누면서 "근데 너 왜 반말하니?"라고 말하는 것이나[12], 자긴 섹스를 싫어한다고 말하는 것, 그리고 유림과의 섹스 이후, 유림이 홍을 자신의 도덕적인 여자친구와는 다른 '성에 대해 자유로운 여자'로 개념화하자 "오늘 이선생님이 저 강간한 거에요"라고 말하는 것, 교육위원회에서 자신이 성추행을 당했다고 말하는 것 등은 그녀가 도덕원칙으로 회귀하는 것을 의미하는 에피소드들이다.

(3) 다시 쾌락원칙으로 나아감과 다시 도덕원칙으로 되돌아 옴

그런데 이 둘의 관계는 도덕원칙으로의 회귀에서 끝나지 않는다. 이 관계는 다시 쾌락원칙의 편으로 되돌아 간다. 도덕원칙

---

12) 이 대사를 전환점으로 둘이 열정적인 섹스를 한다는 점에서 이 대사가 도덕원칙으로의 회귀를 의미한다는 해석에 의문이 생길 수 있다. 여기서 이 대사가 도덕원칙으로의 회귀라고 해석한 것은 그녀가 그 대사를 유림이 '홍이 원한대로 50만원을 주겠다'고 한 것에 대한 대답으로 했기 때문이다. 즉, 그녀는 돈과 섹스를 연결짓는 것을 거부하고 유림의 그런 말에 대답하지 않은 채, 사회적 관계 속에서 도덕적으로 지켜야 하는 '존댓말'이라는 규범을 다시 언급하고 있다.

의 피해자가 된 유림에게 홍이 '같이 자자'고 하는 것에서 그 점을 말할 수 있다. 쾌락원칙을 추구하다가 도덕원칙의 희생양이 되어버린 유림에게 홍이 다시 쾌락원칙의 편에서 사랑을 하자고 말하는 것은, 규범적 사고에서 볼 때에는 비이성으로 비춰질 수 있다. 그러나 쾌락원칙의 관점에서 볼 때 이런 홍의 제안은 욕망의 실현과정인 것이며, 이런 반복은 홍의 트라우마가 약화되는 과정이 된다. 그런데 '같이 자자'는 홍의 제안은 쾌락원칙에 편향되어 있는 것이 아니며 도덕원칙을 향해있는 것이기도 하다. 홍은 자기랑 자자는 말을 하면서, '너 때문에 자신이 이렇게 망가졌다'고 말하는 유림에게 '내가 책임질께'라고 대답한다. 이 둘은 도덕원칙과 쾌락원칙 사이를 수 없이 순환하면서, 다시 '책임'이라는 도덕원칙의 영역 속으로 들어온 것이다.

> 홍: 같이 잘래?
> 유림: 미친 년, 돌았냐?
> 홍: 같이 자자, 같이 자고 싶어. 응?
> 유림: 나 이제 너한테 안 속아. 나 너 이후로 여자 믿을 수도 없고, 무서워서 여자 사귀지도 못해. 니가 날 이렇게 만들어 놨어.
> 홍: 그러니까 내가 책임질게.
> 유림: 미친 년, 너 죽을래?
> 홍: 나 이제 잠 잘 자. 너 없어도... 서울와서 몇 년 만인지 모르겠어.
> 유림: 잘 됐네. 이제 진짜 나 필요 없겠네. 그러니까 이거 놓으라고.
> 홍: 그래서... 고마워..

그러나 물론 여기서의 책임은 홍이 유림과의 관계 속에서 트라우마를 해체하기 이전, 다시말해 홍이 조교에 대해서 가지고 있었던 책임의식과는 다른 것이다. 심한 불면증에 시달리던 홍이 이제 잠을 잘 잔다고 이야기하는 것은 유림과의 관계 속에서 트라우마가 해체되고, 치유되었음을 의미한다.

사진 2. 폐인이 된 유림에게 찾아와 자기가 책임지겠다고 하는 홍

Ⅳ. 도덕원칙과 쾌락원칙 사이의 법

1. 법의 정신분석학적 순환구조

여기서 법이 새롭게 이해될 수 있는 지평이 열린다. 법은 쾌락의 포기와 보상, 즉 선과 악, 성과 속의 무한반복이라는 것이다. 이를 법의 '정신분석학적 순환구조'라고 말할 수 있다. 법은 도덕원칙과 쾌락원칙 중 어느 한 편에만 서 있어서는 정의를 실현할 수 없다. 만약 법이 도덕원칙으로 완전히 환원 되어서, 성범죄에 대한 법의 진압이 계속 강화되고 예컨대 영화 속 유림이 강간범으로 처벌되어서 전자팔찌를 차게 되었다고 해보자. 그와 같은 유림에 대한 법의 처벌은 정의를 실현한 것일 수 없다. 도덕원칙과 쾌락원칙을 오고갔던 그들의 관계에서 유림의 행위는 '강간'으로 개념화될 수 있는 것이 아니기 때문이다. 유림을 강간범이라고 말하는 것은, 비록 법은 (도덕원칙의 편에 서서) 진실을 발견하고자 한 것이겠지만, 오히려 '비진실'이다.

여기서 우리가 흔히 생각하는 선과 진실의 관계가 전복된다. 통상적으로 '선은 곧 진실'이라고 생각하기 쉽다. 그러나 도덕원

사진 3. 불면증에 시달리던 홍은 유림과 함께 있을 땐 깊은 잠을 잔다.

칙에 합당한 것, 즉 선으로 평가되는 것이 꼭 진실인 것은 아니다. 그렇기에 홍이 자신은 조교를 '진심'으로 사랑했는데, 그의 사랑(혹은 섹스)은 '진실'한 것이 아니었다고 추궁하고 비난하는 것은 공허한 것이 되고 만다.[13] 도덕원칙의 측면에서의 진실은 쾌락원칙의 편에서는 비진실일 수 있는 것이다.

2. 법의 미래

법은 자신이 진실을 발견한다면서 도덕원칙에 편향된 결정을 내릴 수 있음을 성찰해야만 한다. 여기서 알 수 있듯이, 법이 진정으로 인간을 위한 것이 되기 위해서는 '도덕원칙을 넘어서' 있어야 한다. 즉 법은 도덕원칙과 쾌락원칙을 넘어서, 선과 악, 성과 속을 넘어서 작동해야 한다. 사랑이 도덕원칙과 쾌락원칙 중 어느 하나에 의해서 모두 다 성취될 수 있는 것이 아니며 둘 사이의 순환을 통해 비로소 실현되는 것이듯이[14], 법도 마찬가지인 것이다. 그러나 이처럼 도덕원칙과 쾌락원칙 사이에서 무한히 왕래를 반복하는 법은 아직은 미래의 법으로 열려있을 뿐이다.

---

13) 홍의 녹음 테이프에서 홍은 조교에게 '선배, 진심이 뭐에요'라고 간절하게 묻는다. 그러나 진실이란, 도덕원칙과 쾌락원칙 둘 중 하나에는 허구일 수밖에 없다.

14) 사랑은 도덕원칙과 쾌락원칙의 순환 속에서 성숙해지는 것이다. 도덕, 책임, 제도만으로 상대를 붙잡는 사랑은 더 이상 사랑이 아니다. 도덕원칙만을 강조하는 사랑을 하는 사람은 그 도덕이 니체가 말하는 '노예도덕'이 아닌지를 성찰해야 한다. 도덕에 대한 니체의 통찰처럼, 사랑의 약자가 사랑의 강자를 구속할 수 있는 유일한 길은 강자의 힘을 구속하는 노예도덕 뿐이기 때문이다.

참고문헌

1. 국내문헌

권택영, 「버틀러의 퀴어이론과 정신분석」, 『영미문학 페미니즘』(제10권 1호, 2002), 1~26쪽.

김범춘, 「슬라보예 지젝의 이데올로기론에 관한 비판적 접근」, 『시대와 철학』(제19권 제2호, 2008), 73~106쪽.

김서영, 『영화로 읽는 정신분석』(은행나무, 2008)

김　석, 『에크리 읽기-라캉으로 이끄는 마법의 문자들』(살림, 2007)

김성민, 「악의 문제와 그 극복에 관한 고찰－C. G. 융의 그림자 이론과 흥부전에 대한 분석심리학적 해석을 중심으로－」, 『한국기독교신학논총』(22집, 2001), 373~406쪽.

김영환, 『법철학의 근본문제』(홍문사, 2006)

김임구, 「근세의 종언－카프카의 소설 『소송』에 대한 잠재정신사적 해석」, 『카프카연구』(제21집, 2009), 5~46쪽.

김정현, 「니체의 심층심리학: 무의식의 개념을 중심으로」, 『철학』(49권, 1996), 151~180쪽.

김정현, 「무의식과 꿈의 문제－니체와 프로이트, 융의 해석을 중심으로－」, 『니체연구』(제13집, 2008), 35~66쪽.

김희진, 「"왜 그녀를 창녀라고 부르는거죠?": 새로 쓰는 『오셀로』, 폴라 보겔의 『데스데모나: 손수건에 대한 극』」, 『셰익스피어 비평』(제41권 3호, 2005), 399~416쪽.

맹정현, 「칸트와 정신분석의 윤리」, 『포스트모던 칸트』(한국칸트학회 엮음)(문학과 지성사, 2006), 51~79쪽.

문학산, 「에로비디오의 섹슈얼리티: 시선을 호객하는 몸, 남근이 된 시선」, 『한국영화 섹슈얼리티를 만나다』(유지나· 조흡 외 지음)(생각의 나무, 2004), 187~224쪽.

민승기, 「라캉과 레비나스-타자의 윤리학」, 김상환·홍준기 엮음, 『라깡의 재탄생』(창비, 2009), 304~352쪽.

박상환, 「20세기 초 한국의 춤과 몸에 대한 예술철학적 소고」, 『인문과학』(제44집, 2009), 215~236쪽.

박찬부·조윤숙, 「대타자에 대한 주체의 위치—라캉의 성담론」, 『영어영문학』(제51권 1호, 2005), 69~98쪽.

서동욱, 「데리다의 '차연'과 들뢰즈의 '차이 자체'-프로이트 '사후성의 논리'의 상속자들」, 『문화과학』(통권27호, 2001), 143~169쪽.

손현경, 「한국의 성씨제도와 부계혈통주의」, 『여성과사회』(제11호, 2000), 203~214쪽.

신경원, 「데리다의 하이멘 경제와 이라가라이의 '타자의 타자'」, 『영미문학페미니즘』(제8권 제1호, 2000), 97~124쪽.

육영수, 「기억, 트라우마, 정신분석학:도미니크 라카프라와 홀로코스트」, 『치유의 역사학으로:라카프라와 정신분석학적 역사학』(육영수 엮음)(푸른역사, 2008), 371~409쪽.

윤석진, 「한국 멜로드라마와 가부장제 이데올로기의 길항 관계 고찰-<정사>와 <해피엔드>를 중심으로」, 『한국극예술연구』(제23집, 2006), 209~241쪽.

윤택림, 『한국의 모성』(미래인력연구원, 2001)

이명호, 「젠더 트러블과 성차의 윤리: 주디스 버틀러의 논의를 중심으로」, 『안과밖:영미문학연구』(제21호, 2006), 90~119쪽.

이부영, 『그림자』(한길사, 2009)

이부영, 『자기와 자기실현』(한길사, 2008)

이상돈, 『기초법학』(법문사, 2008)

이상돈, 『법미학』(법문사, 2008)

이상돈, 『로스쿨을 위한 법학입문』(법문사, 2009)

이상돈, 『새로쓴 법이론』(세창출판사, 2005)

이상돈, 「사형폐지론의 이론과 정책」, 김일수교수화갑기념논문집 간행위원회(편), 『한국형법학의 새로운 지평』(박영사, 2006), 692~718쪽.

이상돈, 「성매매의 범죄화와 인권침해」, 『시민과 변호사』 (통권 131호, 2004), 18~22쪽.

이상돈, 「성찰적 법여성주의」, 『법철학』(법문사, 2003)

이상돈, 『시민운동론』(법문사, 2007)

이상돈, 『욕망은 행복을 낯설게 한다』(연극과인간, 2003)

이상돈, 『윤리경영과 형법』(신영사, 2005)

이상돈, 『인권법』(세창출판사, 2005)

이상돈, 『헌법재판과 형법정책』(고려대학교 출판부, 2005)

이상돈, 「형법해석의 한계—김영환 교수와 신동운 교수의 법학방법론에 대한 비평」, 『법률해석의 한계』(신동운·김영환·이상돈·김대휘·최봉철 공저)(법문사, 2000), 41~89쪽.

이상돈 · 이소영, 『법문학』(신영사, 2005)

이상돈 · 이소영 · 민윤영 · 정채연, 『문헌연구 포스트모더니즘과 법』(세창출판사, 2006)

이상돈 · 홍성수, 『법사회학』(신영사, 2000)

이수연, 「라깡과 영화비평: 라깡의 이데올로기 개념으로 접근한 한국 정치영화」, 김상환 · 홍준기 엮음, 『라깡의 재탄생』(창비, 2009), 638~661쪽.

이준일, 「트랜스젠더(transgender)의 헌법적 문제」, 『고려법학』(제51호, 2008), 39~75쪽.

이창재, 『프로이트와의 대화』(학지사, 2005)

이희원, 「레비나스, 타자 윤리학, 페미니즘」, 『영미문학페미니즘』(제17권 1호, 2009), 237~268쪽.

임진수, 『환상의 정신분석: 프로이트 · 라캉에서의 욕망과 환상론』(현대문학, 2005)

장수경, 「일제강점기 모성담론에 맞서는 위반의 포즈-이태준의 『성모』, 『청춘무성』을 중심으로」, 『비교한국학』(17권 2호, 2009), 269~294쪽.

전진성, 「과거는 청산되어야 하는가?-독일의 '과거극복' 개념에 비추어본 한국의 '과거청산'」, 『역사가 기억을 말하다』(휴머니스트, 2005), 155~183쪽.

전진성, 「우울에서 애도로: 안젤름 키퍼의 작품에 나타나는 역사적 트라우마」, 『현대미술사연구』 (제22집 , 2007), 63~104쪽.

조현준, 「안티고네: 숭고미에서 퀴어 주체로」, 『라깡과 현대정신분석』(제8권 제2호, 겨울 2006), 181~211쪽.

조현준, 「『프랑켄슈타인』에 나타난 “낯선 두려움”—서사 구조, 응시, 비체에 대한 정신분석학적 접근」, 『19세기 영어권 문학』(제13권 1호, 2009), 161~186쪽.

조 흡, 「소비 주체의 시선: 남성성의 형성」, 『한국영화 섹슈얼리티를 만나다』(유지나 · 조흡 외 지음)(생각의 나무, 2004), 125~159쪽.

주은우, 「라깡과 지젝: 슬라보예 지젝의 라깡-헤겔-맑스주의」, 김상환 · 홍준기 엮음, 『라깡의 재탄생』(창비, 2009), 553~571쪽.

최정기, 「과거청산에서의 기억 전쟁과 이행기 정의의 난점들—광주민주화운동 관련 보상과 피해자의 트라우마를 중심으로」, 『지역사회연구』(제14권 제2호, 2006), 3~22쪽.

최호근, 「이스라엘의 역사교육과 홀로코스트」, 『역사교육논집』(34권, 2005), 135~162쪽.

탁선미, 「포스트 트라우마 시대의 기억문화－그 쟁점과 함의」, 『독일어문학』(제44집, 2009), 467~490쪽.

한인섭, 「정치군부의 내란행위와 성공한 구테타론의 반법치성: 형사법적 검토를 중심으로」, 『5.18 법적책임과 역사적 책임』(이대출판부, 1995)

홍준기, 「라깡과 프로이트 · 키에르케고르: 불안의 정신분석I」, 김상환 · 홍준기 엮음, 『라깡의 재탄생』(창비, 2009), 191~228쪽.

홍준기, 「불안과 그 대상에 관한 연구: 프로이트 · 라캉 정신분석학과 키에르케고르의 비교를 중심으로」, 『철학과 현상학 연구』(17권, 2001), 234~268쪽.

홍준기, 「슬라보이 지젝의 포스트모던 문화 분석－문화적 · 정치적 무의식과 행위(환상을 통과하기)－」, 『철학과 현상학 연구』(Vol.22, 2004), 201~229쪽 참조.

홍준기, 『오이디푸스 콤플렉스, 남자의 성, 여자의 성』(아난케, 2008)

2. 번역서

니체, 프리드리히, 『선악의 저편 · 도덕의 계보』(김정현 옮김), (책세상, 2002)

니체, 프리드리히, 『우상의 황혼』(백승영 역)(책세상, 2005)

데리다, 쟈크, 『마르크스의 유령들』(진태원 옮김)(문학과 지성사, 2007)

도르, 조엘, 『라깡 세미나 · 에크리 독해 I 』(홍준기 · 강응섭 옮김)(아난케, 2009)

라플랑슈 장/퐁탈리스, 장 베르트랑, 『정신분석사전』(임진수 옮김)(열린책들, 2005)

르메르, 아니카, 『자크 라캉』(이미선 옮김)(문예출판사, 1998)

만, 토마스, 『쇼펜하우어·니체·프로이트』(원당희 옮김)(세창미디어, 2009)

사럽, 마단, 『알기쉬운 자끄 라깡』(김해수 옮김)(백의, 1996)

샌포드, 존 A., 『융학파 정신분석가가 본 악(惡)』(심상영 옮김)(심층목회연구원출판부, 2003)

쉬스, 마리안느 엮음, 『사랑에 대한 칼 융의 아포리즘』(솔, 2007)

쉐프, 알프레트, 『프로이트와 현대철학』(김광명 · 김정현 · 홍기수 옮김)(열린책들, 2001)

에드문슨, 마크, 『광기의 해석: 프로이트 최후의 2년』(송정은 옮김)(추수밭, 2008)

에반스, 딜런, 『라깡 정신분석 사전』(김종주 외 옮김)(인간사랑, 2004)

융, 카를(A. 야페 편집), 『기억, 꿈, 사상』(조성기 옮김)(김영사, 2007)

융, 카를, 「꿈 분석의 실용성」, 『정신요법의 기본문제』(한국융연구원 C.G. 융 저작 번역위원회 옮김)(솔출판사, 2007), 121~149쪽.

융, 카를, 『꿈에 나타난 개성화 과정의 상징』(한국융연구원 C.G. 융 저작 번역위원회 옮김)(솔출판사, 2006)

융, 카를, 「분석심리학에서의 선과 악」, 『인간과 문화』(한국융연구원 C.G. 융 저작 번역위원회 옮김)(솔출판사, 2004), 134~153쪽.

융, 카를, 「정신의 본질에 관한 이론적 고찰」, 『원형과 무의식』(한국융연구원 C.G. 융 저작 번역위원회 옮김)(솔출판사, 2006), 13~94쪽.

존슨, 로버트 A., 『로맨틱 러브에 대한 융 심리학적 이해: We』(고혜경 옮김)(동연, 2009)

존스, 알리싸 리 엮음, 『법은 아무것도 모른다』(강수영 옮김)(인간사랑, 2008)

주판치치, 알렌카, 『정오의 그림자』(조창호 옮김)(도서출판b, 2005)

지젝, 슬라보예, 『까다로운 주체』(이성민 옮김)(도서출판b, 2005)

지젝, 슬라보예, 『당신의 징후를 즐겨라! 할리우드의 정신분석』(주은우 옮김)(한나래, 1997)

지젝, 슬라보예, 『이데올로기라는 숭고한 대상』(이수련 옮김)(인간사랑, 2002)

칸, 마이클, 『21세기에 다시 읽는 프로이트 심리학』(안창일 옮김)(학지사, 2008)

크리스테바, 줄리아, 『공포의 권력』(서민원 옮김)(동문선, 2001)

크리스테바, 줄리아, 『정신병, 모친살해, 그리고 창조성: 멜라니 클라인』(박선영 옮김)(아난케, 2006)

클라크, 데이비드 스태포드, 『한권으로 읽는 프로이트』(최창호 옮김)(푸른숲, 2005)

파이어, 존/디어, 레임, 『무엇 하나 소중하지 않은 것이 없다』(정도윤 옮김)(아름드리미디어, 2004)

포스터, 할, 『욕망, 죽음 그리고 아름다움』(전영백과 현대미술연구팀 옮김)(아트북스, 2007)

프란츠, 마리-루이제 폰, 『융 심리학과 고양이』(심상영 옮김)(한국심층심리연구소, 2007)

프로이트, 지그문트, 『꿈의 해석』(김인순 옮김)(열린책들, 2007)

프로이트, 지그문트, 「꿈-이론의 수정」, 『새로운 정신분석 강의』(임홍빈 · 홍혜경 옮김)(열린책들, 2007), 13~43쪽.

프로이트, 지그문트, 「나르시시즘 서론」, 『정신분석학의 근본개념』(윤희기 · 박찬부 옮김)(열린책들, 2007), 45~85쪽.

프로이트, 지그문트, 「나의 이력서」, 『정신분석학 개요』(박성수 · 한승완 옮김)(열린책들, 2004), 203~279쪽.

프로이트, 지그문트, 「덧없음」, 『예술, 문학, 정신분석』(정장진 옮김)(열린책들, 2007), 335~339쪽.

프로이트, 지그문트, 「두려운 낯설음」, 『예술, 문학, 정신분석』(정장진 옮김)(열린책들, 2007), 403~452쪽.

프로이트, 지그문트, 「마조히즘의 경제적 문제」, 『정신분석학의 근본개념』(윤희기 · 박찬부 옮김)(열린책들, 2007), 417~432쪽.

프로이트, 지그문트, 「문명 속의 불만」, 『문명 속의 불만』(김석희 옮김)(열린책들, 2007), 233~329쪽.

프로이트, 지그문트, 「문명적 성도덕과 현대인의 신경병」, 『문명 속의 불만』(김석희 옮김)(열린책들, 2005), 7~34쪽.

프로이트, 지그문트, 「불안과 본능적 삶」, 『새로운 정신분석 강의』(임홍빈 · 홍혜경 옮김)(열린책들, 2007), 110~149쪽.

프로이트, 지그문트, 「<신비스런 글쓰기 판>에 대한 소고」, 『정신분석학의 근본 개념』(윤희기·박찬부 옮김), (열린책들, 2007), 435~441쪽.

프로이트, 지그문트, 「열네 번째 강의: 소원성취」, 『정신분석강의』(임홍빈 · 홍혜경 옮김)(열린책들, 2008), 291~311쪽.

프로이트, 지그문트, 『일상생활의 정신병리학』(이한우 옮김)(열린책들, 2007)

프로이트, 지그문트, 「자아와 이드」, 『정신분석학의 근본개념』(윤희기 · 박찬부 옮김), (열린책들, 2007), 347~414쪽.

프로이트, 지그문트, 「전쟁과 죽음에 대한 고찰」, 『문명 속의 불만』(김석희 옮김)(열린책들, 2005), 37~69쪽.

프로이트, 지그문트, 「집단 심리학과 자아 분석」, 『문명 속의 불만』(김석희 옮김)(열린책들, 2005), 73~163쪽.

핑크, 브루스, 『에크리 읽기: 문자 그대로의 라캉』(김서영 옮김)(도서출판b, 2007)

핑크, 브루스, 『라캉과 정신의학』(맹정현 옮김)(민음사, 2008)

호머, 숀, 『라캉읽기』(김서영 옮김)(은행나무, 2009)

3. 해외문헌

Ankersmit, F.R., "Freud as the last natural law theorist", *Political Representation* (Stanford University Press, 2002), pp. 60-88.

Balke, Friedrich, "From a Biopolitical Point of View: Nietzsche's Philosophy of Crime", in P. Goodrich & M. Valverde eds., *Nietzsche and Legal Theory: Half-written laws* (Routledge, 2005), pp. 49-66.

Barshack, Lior, "The body politic in dance", in P. Goodrich, L. Barshack and A. Schutz(eds.), *Law, Text, Terror: essays for Pierre Legendre* (Routledge, 2006), pp. 47-60.

Bettelheim, Bruno, *Freud and Man's Soul: An Important Re-Interpretation of Freudian Theory* (Vintage, 1983)

Birmingham, Peg, "Toward an Ethic of Desire: Derrida, Fiction, and the Law of the Feminine", in Nancy J. Holland (ed.), *Feminist Interpretations of Jacques Derrida* (The Pennsylvannia State Universitiy, 1997), pp. 127-146.

Bocock, R. J. "Freud and the centrality of instincts in psychoanalytic sociology", *British Journal of Sociology* (Vol. 28, No. 4, Dec., 1977), pp. 467-480.

Botting, Fred, "Relations of the real in Lacan, Bataille and Blanchot", *SubStance* (Vol. 23, No. 1, Issue 73, 1994), pp. 24-40.

Brooks, Peter, "Freud's Masterplot", *Yale French Studies* (55/56, 1977), pp. 280-300.

Butler, Clark, "Hegel and Freud: A Comparison", *Philosophy and Phenomenological Research* (Vol. 36, No. 4, Jun., 1976), pp. 506-522.

Butler, Judith, "Circuits of Bad Conscience: Nietzsche and Freud", in Alan D. Schrift (ed.), *Why Nietzsche Still?* (University of California Press, 2000), pp. 121-135.

Butler, Judith, "Is Kinship Always Already Heterosexual?", *Left Legalism/Left Critique* (W. Brown & J. Halley eds.,)(Duke University Press, 2002), pp. 229-258.

Butler, Judith, *Gender Trouble: Feminism and the Subversion of Identity* (Routeledge, 1999)

Campbell, Kirsten, "The Trauma of Justice: Sexual Violence, Crimes against Humanity and the International Criminal Tribunal for the Former Yugoslavia", *Social Legal Studies* (13, 2004), pp. 329-350.

Caputo, John D., "Dreaming of the Innumerable: Derrida, Drucilla Cornell, and the Dance of Gender", E. Feder, M. Rawlinson, E. Zakin (eds.), *Derrida and Feminism: Recasting the Question of Woman* (Routledge, 1997), pp. 141-160.

Charles, Marilyn, "Monogamy and its discontents: On winning the Oedipal war", *The American Journal of Psychoanalysis* (Vol. 62, No. 2, June 2002), pp. 119-143.

Clough, Patricia Ticineto, "The technical substrates of unconscious memory: Rereading Derrida's Freud in the age of teletechnology", *Sociological Theory* (Vol.18, No.3, Nov., 2000), pp. 383-398.

Cohn, Robert Greer, "Mallarmé on Derrida", *The Frendch Review* (Vol. 61, No. 6, May, 1988), pp. 884-889.

Dean, Tim, "Art as Symptom: Zizek and the Ethics of psychoanalytic Criticism", *Diacritics* (Vol. 32, No. 2, Summer, 2002), pp. 21-41.

Denno, Deborah W., "Criminal Law in a Post-Freudian World", *University of Illinois Law Review* (2005), pp. 601-655.

Derrida, Jacques, "Before the Law", in Derek Attridge(ed.), *Act of Literature* (Routledge, 1992), pp. 181-220.

Derrida, Jaques/ Caputo, John D., "Justice, If Such a Thing Exists",

Deconstruction in a nutshell: A conversation with Jacques Derrida (Fordham University Press, 1997), pp. 125-155.

Derrida, Jacques /McDonald, Christie V., "Choreographies: Interview", in Nancy J. Holland(ed.), *Feminist Interpretations of Jaques Derrida* (The Pennsylvania State University, 1997), pp. 23-41.

Dolar, Mladen, ""I shall be with you on your wedding-night": Lacan and the uncanny", *October* (Vol. 58, Rendering the real, Autumn, 1991), pp. 5-23.

Douzinas, Costas, "Identity, Recognition, Rights or What can Hegel teach us about human rights", *Journal of Law and Society* (Vol. 29, No. 3, Sep., 2002), pp. 379-405.

Douzinas, Costas/ Gearey, Adam, "Psychoanalysis becomes the Law", *Critical Jurisprudence: The Political Philosophy of Justice* (Hart Publishing, 2005), pp. 305-335.

Douzinas, Costas /Warrington, Ronnie, "Antigone's law: a genealogy of jurisprudence", in C. Douzinas & R. Warrington eds., *Politics, Postmodernity and Critical Legal Studies* (Routeledge, 1994), pp. 187-225.

Drassinower, Abraham, *Freud's theory of Culture: Eros, Loss and Politics* (Rowman&Littlefield, 2003)

Ehrenzweig, Albert A., "Psychoanalytical Jurisprudence: A common language for Babylon", *Columbia Law Review* (Vol 65., No. 8, Dec., 1965), pp. 1331-1369.

Gasché, Rodolphe, "Kafka's Law: In the Field of Forces between Judaism and Hellenism", *MLN* (Vol. 117, No. 5, Comparative Literature Issue, Dec., 2002), pp. 971-1002.

Golder, Ben /Fitzpatrick, Peter, *Foucault and law* (Routledge, 2009)

Gras, Vernon W., "Myth and the Reconciliation of Opposites: Jung and Levi-Strauss", *Journal of the History of Ideas* (Vol. 42,

No. 3, Jul. - Sep., 1981), pp. 471-488.

Grey, Thomas C., "Eros, Civilization and the Burger Court", *Law and Contemporary Problems* (Vol.43, No.3, The Burger Court: Reflections on the First Decade, Summer, 1980), pp. 83-100.

Grosz, Elizabeth, "Ontology and Equivocation: Derrida's Politics of Sexual Difference", in Nancy J. Holland (ed.), *Feminist Interpretations of Jacques Derrida* (The Pennsylvannia State Universitiy, 1997), pp. 73-101.

Hird, Myra J., "Considerations for a psychoanalytic theory of gender identity and sexual desire: the case of intersex", *Signs* (Vol. 28, No. 4, Summer, 2003), pp. 1067-1092.

Hutcheon, Linda/Hutcheon, Michael, "Death Drive: Eros and Thanatos in Wagner's "Tristan und Isolde"", *Cambridge Opera Journal* (Vol. 11, No. 3, 1999), pp. 267-293.

King, Michael, "Future Uncertainty as a Challenge to Law's programmes: the dilemma of parental disputes", *The Modern Law Review* (Vol. 63, No. 4, Jul., 2000), pp. 523-543.

King, Richard, "Memory and Phantasy", *MLN* (Vol. 98, No. 5, Comparative Literature, Dec., 1983), pp. 1197-1213.

Kowsar, Mohammad, "Lacan's "Antigone": A Case Study in Psychoanalytical Ethics", *Theatre Journal* (Vol. 42, No. 1, Mar., 1990), pp. 94-106.

Lacan, Jacques, *The Seminar. Book II. The ego in Freud's theory and in the technique of psychoanalysis, 1954-55* (trans. Sylvana Tomaselli)(Norton, 1991)

Lacan, Jaques, *The Seminar of Jacques Lacan. Book VII. The ethics of psychoanalysis. 1959-1960* (Jacques-Alain Miller ed.) (Norton, 1992)

LaCapra, Dominick, "Trauma, Absence, Loss", *Critical Inquiry* (Vol. 25, No. 4, Summer, 1999), pp. 696-727.

Lasswell, Harold D., "The contribution of Freud's insight interview to the social sciences", *The American Journal of Sociology* (Vol. 45, No. 3, Nov., 1939), pp. 375-390.

Levine, Michael G., "Freud and the scene of censorship", Writing *Through Repression* (The Johns Hopkins University Press, 1994), pp. 21-42.

Linarelli, John, "Nietzsche in Law's Cathedral: Beyond Reason and Postmodernism", 53 *Catholic University Law Review* 413 (2004), pp. 1-43.

Manderson, Desmond, "Requiem: Green death-Aesthetic interpretations and influences in the Death penalty", *Songs without Music: Aesthetic Dimension of Law and Justice*, (University of California Press, 2000), pp. 93-129.

Marcuse, Ludwig, "Freud's Aesthetics", *The Journal of Aesthetics and Art Criticism* (Vol. 17, No. 1, Sep., 1958), pp. 1-21.

May, Simon, *Nietzsche's Ethics and his War on 'Morality'* (Oxford University Press, 1999)

Miller, James, "Carnivals of Atrocity: Foucault, Nietzsche, Cruelty", *Political Theory*, (Vol. 18 No.3, August 1990), pp. 470-491.

Mladek, Klaus, "The psychic life for punishment(Kant, Nietzsche, Freud)", in Austin Sarat and Patricia Ewick(eds.), *Punishment, Politics, and Culture* (JAI Press, 2003), pp. 211-245.

Nonet, Philippe, "What is positive law?", *The Yale Law Journal* (Vol.100, No.3., Dec., 1990), pp. 667-699.

Ragland-Sullivan, Ellie, "Jacques Lacan: Feminism and the Problem of Gender Identity", *SubStance* (Vol. 11, No. 3, Issue 36, 1982), pp. 6-20.

Saito, Hiro, "Reiterated Commemoration: Hiroshima as National Trauma", *Sociological Theory* (Vol. 24, No. 4, Dec., 2006), pp. 353-376

Themi, Tim, "How Lacan's ethics might improve our understanding of Nietzsche's critique of Platonism: the neurosis & nihilism of a 'life' against life", *Cosmos and History: The Journal of Natural and Social Philosophy*(Vol. 4, no. 1-2, 2008), pp. 328-346

Valverde, Mariana, "Derrida's Justice and Foucault's Freedom: Ethics, History, and Social Movements", *Law & Social Inquiry* (Vol. 24, No. 3, Summer, 1999), pp. 655-676.

West, Robin, "Law, rights and other totemic illusions: Legal liberalism and Freud's theory of the rule of law", *University of Pennsylvania Law Review* (Vol. 134, No.4, Apr., 1986), pp. 817-882.

Whitmont, Edward C., *The Symbolic Quest* (Princeton University Press, 1978)

Wolfenstein, Eugene Victor, "Mr. Moneybags meets the rat man: Marx and Freud on the meaning of money", *Political Psychology* (Vol. 14, No. 2, Special Issue: Political theory and political psychology, Jun., 1993). pp. 279-308.

사항색인

인명색인

ㄱ~ㅎ

A~Z

[저자 약력]

이상돈
서울고등학교 졸업
고려대학교 법과대학 졸업(총장상 수상)
고려대학교 대학원 법학과 졸업(법학석사)
독일 프랑크푸르트 대학교 대학원 졸업 (Dr.jur.)
현 고려대학교 법학전문대학원 정교수
　고려대학교 기초법연구센터 소장

민윤영
한영외국어고등학교 졸업
고려대학교 영어영문학과 졸업(심리학 이중전공)
고려대학교 대학원 법학과 졸업(법학석사)
현 고려대학교 대학원 법학과 박사과정
　고려대학교 법학연구원 연구원

법정신분석학입문

2010년 4월 10일 초판 1쇄인쇄
2010년 4월 15일 초판 1쇄발행

저 자 이 상 돈 · 민 윤 영
발행인 배 효 선
발행처 도서출판 法 文 社
413-756 경기도 파주시 교하읍 문발리 526-3
등 록 1957년 12월 12일/제2-76호(윤)
전 화 (031)955-6500~6 FAX (031)955-6525
E-mail (영업) bms@bobmunsa.co.kr
(편집) edit66@bobmunsa.co.kr
홈페이지 http://www.bobmunsa.co.kr
조 판 (주) 성 지 이 디 피

정가 27,000원 ISBN 978-89-18-08001-7